Convite a crer

BERNARD SESBOÜÉ

Convite a crer

Dos sacramentos críveis e desejáveis

Tradução:
Monica Stahel

Título original:
Invitation à croire - Des sacrements crédibles et désirables
© Les Éditions du Cerf, 2009
24, rue des Tanneries, 75013, Paris, France
ISBN 978-2-204-08790-2

Dados Internacionais de Catalogação na Publicação (CIP)
(Câmara Brasileira do Livro, SP, Brasil)

Sesboüé, Bernard
   Convite a crer : dos sacramentos críveis e desejáveis / Bernard Sesboüé ; tradução Monica Stahel. -- São Paulo : Edições Loyola, 2024. -- (Sacramentária)

   Título original: Invitation à croire : des sacrements crédibles et désirables.
   Bibliografia.
   ISBN 978-65-5504-352-5

   1. Cristianismo 2. Eucaristia (Liturgia) 3. Sacramentos - Liturgia 4. Teologia pastoral I. Título. II. Série.

24-199286   CDD-264.025

Índices para catálogo sistemático:
1. Sacramentos : Liturgia : Igreja Católica : Cristianismo   264.025

Eliane de Freitas Leite - Bibliotecária - CRB 8/8415

Preparação: Marta Almeida de Sá
Capa: Ronaldo Hideo Inoue
   The Incredulity of Saint Thomas, óleo sobre tela (c. 1601-1602) de Caravaggio (1571-1610), coleção da *Bildergalerie von Sanssouci*, Potsdam, Alemanha. © Wikimedia Commons.
Diagramação: Desígnios Editoriais

Edições Loyola Jesuítas
Rua 1822 nº 341 – Ipiranga
04216-000 São Paulo, SP
T 55 11 3385 8500/8501, 2063 4275
editorial@loyola.com.br
vendas@loyola.com.br
www.loyola.com.br

Todos os direitos reservados. Nenhuma parte desta obra pode ser reproduzida ou transmitida por qualquer forma e/ou quaisquer meios (eletrônico ou mecânico, incluindo fotocópia e gravação) ou arquivada em qualquer sistema ou banco de dados sem permissão escrita da Editora.

ISBN 978-65-5504-352-5

© EDIÇÕES LOYOLA, São Paulo, Brasil, 2024

Sumário

Prefácio 11
Abreviaturas 15

CAPÍTULO I Por que sacramentos? 17
   1. A prática humana dos aniversários 17
   2. O papel do rito em nossa vida 19
   3. O rito e o sagrado nas religiões 22
   4. A conversão cristã do rito e do sagrado: os sacramentos 26
      Rememorar 28
      A memória engendra o relato 29
   5. O sacramento é um "símbolo" no sentido estrito do termo ... 30

CAPÍTULO II De Jesus, primeiro sacramento, aos sacramentos da Igreja 35

I. CRISTO, PRIMEIRO SACRAMENTO E FUNDAMENTO DOS SACRAMENTOS 35
   1. Cristo, primeiro sacramento de Deus 37
   2. Os atos da vida de Cristo, sacramentos originais de nossa salvação ... 39
   3. Dos gestos de Jesus aos sacramentos da Igreja 41
   4. A Igreja é um grande sacramento, o sacramento de Cristo .. 42
   5. O papel do Espírito Santo 43
   Conclusão: "Os sacramentos, vínculo carnal com Deus" 44

II. OS SACRAMENTOS FAZEM A IGREJA E A IGREJA FAZ OS SACRAMENTOS 45
   A. Os sacramentos fazem a Igreja 46
   1. Pequena história do termo e do número de sacramentos 46
      Na Escritura 46
      Mistérios e sacramentos 47

    Rumo ao septenário 50
  2. Em que sentido Jesus "instituiu" os sacramentos?......................... 51
  3. Como compreender a eficácia dos sacramentos?........................... 54
    O dom da graça 56
  4. O que é o caráter sacramental?.. 58
  B. A Igreja faz os sacramentos 59
  1. A Igreja responsável pela liturgia 60
    A liturgia sacramental na Igreja antiga............................... 60
    Na Idade Média e nos tempos modernos 62
  2. A Igreja responsável pela administração dos sacramentos 65
    O direito canônico 65
    Sacramentos válidos e sacramentos frutuosos 66

CAPÍTULO III   O batismo, fundamento da identidade cristã 71

I.   Na origem do batismo, o simbolismo da água................................ 72
  1. As águas da vida e as águas da morte 73
  2. A passagem cristã do "cosmológico" ao "histórico"........................ 75
  3. A água, o Espírito e a Igreja 76

II.   Quando Jesus instituiu o batismo?... 77
  1. Jesus: do batismo de água ao batismo de sangue............................ 78
  2. A promessa do dom do Espírito 80
  3. Primeiras teologias do batismo em Paulo e João............................. 81

III.   História do batismo e de sua liturgia.. 82
  1. A liturgia batismal na Igreja antiga.. 83
  2. A disciplina batismal 86
  3. Como a Igreja passou a batizar as crianças?.................................... 89

IV.   O batismo, sacramento da aliança... 93
  1. O Deus trinitário vem ao homem... 94
  2. A resposta e o engajamento do fiel.. 97
  3. O batismo é necessário à salvação?... 99

V.   A pastoral do batismo e o batismo das crianças hoje..................... 101

CAPÍTULO IV   A confirmação, dom do Espírito e consumação
                     do batismo... 107
  1. A simbologia dos ritos 107
  2. O fundamento da confirmação no Novo Testamento 109

    3. A confirmação é um sacramento distinto do batismo? 112
    4. De uma dificuldade pastoral a teologias diferentes 114
    5. A teologia e a pastoral da confirmação no Ocidente até o século XX...... 116

CAPÍTULO V   A eucaristia, apogeu dos sacramentos:
                 1. Instituição e história............ 121

I. A REFEIÇÃO E SUA SIMBOLOGIA NA CONDIÇÃO HUMANA............ 122
    1. A refeição e o homem 122
    2. Das refeições religiosas à celebração da Páscoa judaica 124

II. DAS REFEIÇÕES COM JESUS À INSTITUIÇÃO DA EUCARISTIA 126
    1. A importância das refeições nos evangelhos............ 126
    2. A última refeição: a instituição da eucaristia 127
    3. Mateus e Marcos: a última refeição do Senhor............ 128
    4. Lucas e Paulo: a refeição institucional 133
    5. As particularidades da instituição em Lucas 135
    6. Comparação final entre os dois extremos: Marcos e Paulo 136
    7. A eucaristia amplamente presente em todo o Novo Testamento....... 137

III. A VIDA EUCARÍSTICA DA IGREJA NO PRIMEIRO MILÊNIO............ 138
    1. No final do século I: a "Doutrina dos apóstolos, Didaquê"............ 140
    2. Em meados do século II: Justino descreve a celebração eucarística.... 144
    3. No final do seculo II, o testemunho de fé de Ireneu de Lyon 147
    4. No século IV: Cirilo de Jerusalém diz o sentido da eucaristia 149
    5. No século V, Agostinho e a Igreja corpo de Cristo 151
    6. Agostinho e a eucaristia como sacrifício 153

IV. A TRADIÇÃO LITÚRGICA 155
    1. Breve perfil da história das liturgias eucarísticas 155
    2. A estrutura da oração eucarística 159

CAPÍTULO VI   A eucaristia, apogeu dos sacramentos:
                 2. Memorial, sacrifício e sacramento 163

I. A EUCARISTIA MEMORIAL, SACRAMENTAL E SACRIFICIAL............ 165
    1. O que é um memorial? 165
    2. O memorial da primeira Páscoa 166
    3. A refeição do Senhor, memorial de sua morte e de sua ressurreição 169

II. O VÍNCULO ENTRE A EUCARISTIA E A CRUZ............ 171
    1. Duas palavras a serem proscritas para expressar este vínculo:
       "repetição" e "renovação"............ 172

    2. Duas palavras a serem preservadas: "representar" e "atualizar"......... 172
III. COMPREENDER A PRESENÇA REAL DE CRISTO NA EUCARISTIA...................... 176
    1. A Idade Média e as três formas do corpo único de Cristo 177
    2. A crise teológica sobre a presença real: Berengário............................ 178
    3. A entrada em cena da transubstanciação... 180
    4. O Concílio de Trento 182
    5. Compreender hoje a presença real 184
IV. A EUCARISTIA FAZ A IGREJA.. 188

CAPÍTULO VII Conversão, perdão e reconciliação............................. 191

I. DO PROCESSO HUMANO DE RECONCILIAÇÃO NO SACRAMENTO.................... 195
    1. A conduta humana do arrependimento... 195
    2. A conduta humana do perdão.. 200
    3. Da conduta de reconciliação ao sacramento de Cristo..................... 205
II. A INSTITUIÇÃO DO SACRAMENTO DE RECONCILIAÇÃO 207
III. UMA HISTÓRIA MOVIMENTADA E A CAPACIDADE DE ADAPTAÇÃO DA IGREJA 209
    Primeira etapa: antes da institucionalização (século II).................. 209
    Segunda etapa: a instituição da penitência pública e única
       (séculos III-IV) 211
    Terceira etapa: a passagem à penitência privada e reiterada
       (séculos VI-X)... 214
    Quarta etapa: a evolução da prática da penitência privada a partir
       do século XII.. 216
IV. CONCLUSÕES PROSPECTIVAS 219

CAPÍTULO VIII A unção dos enfermos, ternura de Deus para
                    com a humanidade sofredora........................... 223

I. A CONDIÇÃO HUMANA DA DOENÇA E DA MORTE... 224
    1. A doença na sociedade tradicional... 224
    2. A questão do sentido da vida 225
    3. A doença na sociedade científica e médica moderna 227
    4. O remédio e a cura: médicos e medicinas 229
    5. A morte invertida: da sociedade tradicional à sociedade moderna.. 233
    6. A simbolização ritual da morte 237
II. A INSTITUIÇÃO DO SACRAMENTO 240
    1. A atenção de Jesus aos homens enfermos: o anúncio da salvação... 240

    2. O texto de referência: a Carta de São Tiago, 5,14-16 242
III. As diversas configurações do sacramento através da história ... 244
IV. O sentido do sacramento 248
    1. Um sacramento fundado com vista à humanidade e ao Evangelho. 248
    2. Um sacramento para os enfermos e os ameaçados pela morte 249
    3. Os modos de receber a unção 250
    4. Recapitulação 252

CAPÍTULO IX   O sacramento da ordem e os ministérios na Igreja   255
I. Da autoridade na sociedade à autoridade na Igreja 257
    1. Hierarquia, autoridade e poder 257
    2. Autoridade e poder na Igreja 258
    3. Comunidade, colegialidade e presidência 261
    4. O fundamento último de toda autoridade e todo poder na Igreja 264
II. Uma releitura dos testemunhos sobre a instituição dos ministérios no Novo Testamento 266
    1. O ponto de partida: de Jesus a seus discípulos 267
    2. Um vocabulário múltiplo, consequência de uma inovação radical ... 268
    3. Os ministérios na estrutura da Igreja 271
III. Algumas sondagens históricas 275
    1. A sucessão apostólica 276
    2. A trilogia "bispo, padre, diácono" 277
    3. A presidência da eucaristia 277
    4. O nascimento do par "clérigos e leigos" 278
    5. A Idade Média e as mudanças da sociedade 281
    6. Do Concílio de Trento aos tempos modernos 284
    7. O século XX e o Concílio Vaticano II 286
IV. Diaconato permanente e ministérios dos leigos 289
    1. A especificidade do ministério diaconal 289
    2. Ministério batismal e ministério pastoral dos leigos 291
V. Uma questão discutida: o celibato dos padres 292

CAPÍTULO X   O casamento, instituição humana e sacramento da Igreja 297
I. O casamento em crise hoje 298
    1. Um desuso crescente do casamento 298

    2. Sobre o casamento civil 300
    3. O casamento "na igreja" 302
    4. O casamento: um lance de humanidade 303
II. O CASAMENTO CRISTÃO: INSTITUIÇÃO E SACRAMENTO 309
    1. O casamento instituído já na Criação 309
    2. Jesus e a instituição do casamento 311
    3. O ensinamento de Paulo 312
III. A CELEBRAÇÃO DO CASAMENTO AO LONGO DA HISTÓRIA 313
    1. A celebração do casamento na Igreja antiga 314
    2. A doutrina de Agostinho, decisiva para o Ocidente 315
    3. O casamento sacramento na Idade Média 316
    4. A doutrina do casamento em Lutero e Calvino 317
    5. O Concílio de Trento 318
    6. A forma canônica do casamento (o decreto chamado de "Tametsi") 320
    7. O conflito entre a Igreja e o Estado nos tempos modernos 321
IV. O CASAMENTO E A ALIANÇA DE DEUS COM A FAMÍLIA HUMANA 323
    1. O casamento e a condição humana 323
    2. O casamento como sacramento 324
    3. Rumo a futuros desenvolvimentos 325
V. SOBRE ALGUNS PROBLEMAS PASTORAIS 326
    1. A gestão da indissolubilidade: as declarações de nulidade 326
    2. Os casamentos "mistos", entre cristãos de confissões diferentes 328
    3. Os casamentos entre fiéis de religiões diferentes 329
    4. Um casamento legítimo entre dois batizados? 331
    5. O caso doloroso dos "divorciados recasados" 333

Conclusão: O septenário sacramental 337

Vocabulário dos termos mais técnicos 339
Elementos de bibliografia 361

Prefácio

No livro *Croire. Invitation à la foi catholique pour les femmes et les hommes du XXIe siècle*[1], editado em 1999 por Éditions Droguet & Ardant, apresentei uma "proposição da fé" para permitir que as pessoas do nosso tempo vivam um "sim" intelectualmente honesto à fé cristã. Depois de evocar as questões fundamentais pertencentes à condição humana, uma vez que todo ser humano as coloca assim que tenta compreender quem ele é e qual é o sentido de sua existência, abordei o conteúdo dos três artigos do Credo: o primeiro fala de Deus, Pai e Criador; o segundo faz o relato breve do evento de Jesus de Nazaré, que veio ao nosso mundo viver, morrer e ressuscitar; o terceiro anuncia o dom do Espírito Santo feito à Igreja e nos conduz ao fim dos tempos.

Nesse artigo é que seria preciso falar dos sacramentos, o que fiz de maneira demasiado sucinta, em cerca de vinte páginas, por falta de espaço. O livro começava a se sobrecarregar, e fora combinado com o editor que não se deveria estendê-lo a um segundo livro. Sempre tive consciência de que esse tratamento dos sacramentos era o ponto fraco da obra. Então, fui solicitado a apresentar o conteúdo de *Croire* no âmbito das conferências noturnas no Centre Sèvres, ao longo de quatro anos consecutivos. Reservei o tratamento dos sacramentos ao quarto e último ano, dando-me o tempo, assim, de desenvolver consideravelmente

---

1. SESBOÜÉ, Bernard. *Croire. Invitation à la foi catholique pour les femmes et les hommes du XXIe siècle*, Éd. Droguet & Ardant, 1999 [*Pensar e Viver a Fé no Terceiro Milénio*, trad. portuguesa, Coimbra, Gráfica de Coimbra, 1999]. (N. do E.)

o que fora apenas esboçado no livro. É o conteúdo dessas conferências que retomo hoje, sob a forma de um segundo volume tardio.

Outra razão me impele, com urgência, a realizar esse projeto: a constatação elementar de que, se a fé está em crise nas Igrejas do Ocidente, a prática sacramental está mais ainda. Para tomar apenas o exemplo da França, o desuso da prática dos sacramentos diz respeito a todos, maciçamente. Não cabe aqui dar estatísticas que se encontram em vários documentos, jornais e revistas[2]. A diminuição da prática dominical da celebração eucarística é a mais contundente e a leva a menos de 10%. A primeira queda da solicitação de batismos data de 1963, para chegar hoje a uma divisão por dois. Muitos batizados não são confirmados, pois a confirmação é celebrada na condição de uma formação para a fé perseverante. O sacramento de penitência ou de reconciliação, aquele que se repete e fazia parte, junto a eucaristia, da vida corrente do católico praticante, já foi abandonado há muito tempo. É inútil insistir na rarefação das ordenações presbiterais, cada vez mais preocupante para o futuro. Uma de suas consequências é a de que o sacramento da unção dos enfermos é celebrado mais dificilmente. O casamento católico também está muito em baixa com relação ao casamento civil, quer se leve em conta ou não a coabitação juvenil.

Essa redução da prática dos sacramentos remete evidentemente à redução global da fé na segunda metade do século XX. Muitos já se diziam, por volta de 1950, "crentes mas não praticantes". É bastante lógico que a redução do número dos primeiros repercuta ainda mais sobre os segundos. Mas podemos ser mais precisos. O sacramento remete à esfera do "sagrado", da "coisa sagrada" ou do "religioso". É um "rito" que inscreve os participantes numa ordem simbólica das coisas que parece cada vez mais estranho à maneira de agir e de pensar de nosso mundo prático, eficaz e secularizado. O rito tornou-se uma

---

2. O dossiê mais recente é o publicado por *Le Monde des religions,* "L'Église de France en chiffres" [*O mundo das religiões,* "A Igreja da França em números"], n. 21, jan.-fev. 2007, 42-43. Baseando-me nos números fornecidos, fiz uma apresentação sintética da situação em *La Théologie au XXᵉ siècle et l'avenir de la foi, Entretiens avec Marc Leboucher,* Paris, DDB, 2007, 318-320.

curiosidade alheia, que muitos de nossos contemporâneos consideram arbitrário e formal, uma sobrevivência mágica, enfim, sem significado nem interesse. Sua obrigatoriedade é igualmente contestada como imposição pela autoridade de uma repetição exaustiva. À pergunta "Para que serve?", a resposta é óbvia: "Não serve para nada!". O significado e até a eficácia do rito são de ordens completamente diferentes: não é fundamental tentar fazer com que seja entendido?

Não me cabe aqui estender-me sobre a intenção, o método e os destinatários dessa nova publicação. Não tenho nada a alterar daquilo que desenvolvi na introdução do livro *Croire. Invitation à la foi catholique*.... Trata-se ainda de um *convite* ao mesmo tempo a crer e a "praticar". Diante do desuso evocado, eu gostaria de contribuir para tornar os sacramentos críveis e desejáveis em nossa época. No primeiro tomo, eu partia sempre da dificuldade de crer; aqui, partirei da dificuldade de "praticar". Essa dificuldade é, decerto, maior do que a primeira, pois a fé remete, antes de tudo, à pessoa de Cristo, de modo geral, muito respeitada. A prática sacramental remete à Igreja, habitualmente mais criticada, até mesmo rejeitada. Destacarei o duplo enraizamento da instituição sacramental, a princípio, na pessoa de Cristo, em seguida, no homem, o que não é de surpreender, uma vez que, na pessoa de Cristo, Deus se fez homem e respeita soberanamente os avanços do homem. Minha intenção é, enfim, manter sempre juntos o ensino da doutrina e o testemunho da fé[3].

Considerarei inicialmente a instituição geral dos sacramentos na medida em que ela pertence ao mistério da fé cristã. Que ninguém se surpreenda por eu tomar como ponto de partida as páginas do primeiro esboço. Falarei, então, sucessivamente, dos sete sacramentos reconhecidos pela Igreja como instituídos por Jesus: o batismo, a confirmação, a eucaristia, a reconciliação ou penitência, a unção dos enfermos, a ordem e o matrimônio ou casamento.

---

3. Tal como em *Croire* [*Pensar e Viver a Fé*], alguns desenvolvimentos, não indispensáveis numa primeira leitura, serão compostos em corpo diferente (e colocados em quadro); ao final do volume encontra-se um vocabulário dos termos mais técnicos.

Não se trata de uma obra nova, mas simplesmente de capítulos complementares. Espero que prestem o mesmo serviço que os do volume anterior. Agradeço, finalmente, os dois casais que aceitaram trabalhar comigo mais uma vez, fazendo uma leitura crítica da obra: suas reações e sugestões me foram muito úteis.

Abreviaturas

BA   Bibliothèque augustinienne. Paris: Desclée de Brouwer.

DzH   DENZINGER, H., *Symboles et définitions de la foi catholique* [Símbolos e definições da fé católica], HÜNERMANN, P. e HOFFMANN, J. (edição francesa). Paris: Éd. du Cerf, ^{37}1996.

NBA   Nouvelle bibliothèque augustinienne. Paris: Desclée de Brouwer.

PG   *Patrologia Graeca* (J.-P Migne), Paris.

PL   *Patrologia Latina* (J.-P Migne), Paris.

SC   Sources chrétiennes, Lyon e Paris: Éd. du Cerf.

CAPÍTULO I

Por que sacramentos?

1. A prática humana dos aniversários

Nossa humanidade é mesmo complexa. No momento em que fazemos constatações negativas sobre a prática sacramental, estamos em presença de outros aspectos do nosso mundo cultural que as contradizem em muitos pontos. Pois nossos contemporâneos redescobriram o sentido e o gosto da celebração, particularmente dos aniversários. Nunca se inventaram tantos aniversários, de acontecimentos da nossa história ou de centenas de personagens mortos. O mesmo ocorre nas famílias, em que são celebrados com emoção os aniversários de nascimento, de casamento e outros. Ora, o que é um aniversário?

A celebração de um aniversário é, antes de tudo, uma *vitória sobre o tempo*, o qual não podemos deter, o qual se escoa e escorre sem cessar entre nossas mãos como a areia numa ampulheta. O presente, como já dizia Santo Agostinho, é apenas um instante fugaz entre um futuro cheio de esperança e um passado que se encerra no esquecimento. No entanto, nesse tempo, ocorre algo irreversível: é o meio em que se realizam nossas vidas e não se pode voltar atrás. Então, de "tempos em tempos", e mais ainda quando se trata de um número redondo, sente-se necessidade de traçar uma linha virtual que une o hoje ao outrora e recapitula o tempo transcorrido. Celebrar um aniversário é uma forma de atualizar nosso passado. É um exercício de nossa *memória*, graças à qual podemos, de certo modo, transcender o tempo e voltar a ser contemporâneos de nossa juventude. Pois a celebração responde sempre a uma falta: festejar um aniversário é, seja como for, "fazer alguma coisa" para "marcar a ocasião".

Um aniversário também é uma oportunidade para verificarmos nossa *identidade*: sou hoje, de fato, aquele ou aquela que viveu no passado este ou aquele acontecimento importante, que disse um sim decisivo para sua existência, por exemplo, ao escolher uma profissão ou, mais ainda, um casamento. Mudo todos os dias, enriqueço-me com novas experiências, envelheço também, mas continuo sendo a mesma pessoa que se constrói, se desenvolve, mantém o rumo e quer permanecer fiel a si mesma.

O aniversário ajuda-nos ainda a confirmar *o sentido de nossa existência*. São necessários dois pontos para orientar uma linha reta, nos diz a matemática mais elementar. O aniversário nos faz realizar a orientação profunda de nossa vida, não apenas sua direção, mas o *sentido*, ou seja, o significado que ela assume. Se necessário, corrigimos o rumo de acordo com o objetivo, como todo bom marinheiro sabe fazer.

O aniversário, enfim, nos faz compreender que nossa vida não é apenas o que fizemos dela, é também a recordação de tudo o que nos *foi dado* viver. A vida nos ultrapassa, pois é um dom gratuito desde sua origem, um dom cotidiano e frágil, aberto para o desconhecido do futuro; assim sendo, ela implica um fundo de mistério que não controlamos. Esse mistério incontornável, que não podemos analisar nem expressar na linguagem do dia a dia, é o que buscamos celebrar na festa de aniversário. A festa é uma linguagem de outra natureza, linguagem afetiva que nos toca e nos comove, pois nos remete a uma misteriosa *transcendência*. A festa tem sentido em si mesma; caso contrário, não a celebraríamos. No entanto, ela não serve para nada, é eminentemente gratuita. Mas quem dirá que não é fecunda por todos os sentimentos de alegria, de amizade e de amor que ela permite expressar e fortalecer? Se temos a infelicidade de nos esquecer de um aniversário importante, isso é sinal de uma degradação de nossa existência?

A festa é, portanto, um ato de memória, um ato paradoxal, pois a memória se antecipa ao futuro. É preciso fazer do casamento um dia *memorável*, um dia de referência, como uma pedra miliária no desenrolar da vida. Será preciso lembrar-se dele.

E eis que a celebração e a festa nos remetem aos *ritos*. Ousemos empregar esse termo, tomando-o por ele mesmo e independentemente de qualquer referência ao sagrado. A festa em si é um rito e multiplica os ritos, ou seja, formas de fazer esperadas e repetidas: por exemplo, o bolo com velinhas, as canções, o champanhe espumando nas taças. Se alguns ritos esperados pelo grupo não se realizassem, alguma coisa faltaria na festa. Esses ritos podem evoluir, mesmo assim, fazemos questão deles. O rito pode incluir discursos, mas passa essencialmente pelos gestos. Porque o homem é corpo, porque ele não pode viver apenas de palavras, porque está inscrito no tempo e tem memória, tem necessidade de ritos que são a linguagem dos gestos. Por menos que lhe demos atenção, o rito está onipresente em nossa vida, mesmo na ausência de alguma referência religiosa. Vamos refletir, então, de maneira mais ordenada sobre o lugar do rito em nossa vida.

2. O papel do rito em nossa vida

O que é o rito? É uma atividade – quase sempre social – programada e recorrente, às vezes, estereotipada, cujo significado está ligado à sua repetição regular ou à sua realização em circunstâncias previstas. O rito inclui sempre um gesto: as palavras rituais são pronunciadas na ocasião do "fazer alguma coisa". O rito é uma atividade corporal. Tem essencialmente relação com o corpo – com o corpo físico e também com o corpo social.

O rito não obedece à lei de uma eficácia na ordem da produção temporal. Sua eficácia é de outra ordem. O rito está além da esfera do útil ou do "rentável" de toda atividade normal. Ele implica uma gratuidade ou, às vezes, até uma perda. No plano imediato, não serve para nada: não é um meio para outra coisa, tem finalidade em si mesmo. Por exemplo, por ocasião de uma vitória esportiva, abre-se uma garrafa de champanhe que se asperge sobre todo mundo. Quando se celebra o "batismo" – termo significativo – de um barco recém-saído do estaleiro e que vai ao mar, quebra-se uma garrafa também de champanhe em seu casco. Perde-se um produto caro e precioso. Mas quem protesta contra esse desperdício terá compreendido o que pretende expressar esse gesto, pelo símbolo da espuma leve do champanhe, uma alegria inexprimível de outro modo?

O rito cadencia nossa vida no cotidiano. Inscreve no fluxo indiferenciado do tempo referências indispensáveis a uma vida um tanto pensada, e constitui, como tal, uma busca de sentido ou, pelo menos, de uma normalidade. Ele põe ordem, e toda vida humana necessita dessa regulação ao mesmo tempo pessoal e social. Pois o rito dá segurança: determina o indeterminado e aplaca a angústia da existência. Está a serviço da ordem das coisas. Por isso é também da ordem do dever-ser: o rito é o que se deve respeitar para se permanecer fiel a si mesmo e aos seus. É fruto de certa escolha ética. O homem não pode viver sem rito[1].

Pode-se dizer, aliás, que a criança nasce dentro do rito. Começa com a regularidade das mamadas, que não têm apenas valor alimentar mas constituem um primeiro rito da existência e a expressão de uma primeira relação com a mãe. A mamada é um rito que dá segurança à criança. Aliás, as crianças são muito ritualistas. Têm necessidade de que as coisas se façam de acordo com um cerimonial, como o cerimonial do sono, com a história contada antes de dormir. Seu avanço na vida dará ensejo a ritos de passagem ou de iniciação, uma vez que o rito marca as épocas da vida.

A refeição em família ou num grupo de amigos é um rito da existência. A refeição é regular e é ocasião de encontro e compartilhamento. Por isso, é própria à celebração e, normalmente, faz parte da ritualidade de uma festa. Pensemos na refeição de casamento e nas inúmeras refeições festivas para as quais a família chega a fazer despesas desmedidas.

Permanecemos até aqui na esfera dos ritos familiares. Mas toda nação e toda sociedade também têm seus ritos, como por exemplo a

---

1. O rito pode até tornar-se compulsivo para a pessoa ansiosa que multiplica maneiras de fazer repetitivas e propriamente rituais para encontrar segurança, como por exemplo quem lava as mãos constantemente. Esse desvio perigoso revela, a seu modo, um dos significados do rito.

celebração de um acontecimento fundador, como a festa de 14 de julho[2], ou de uma grande vitória, como o 11 de novembro[3]. São celebrações importantes para a manutenção do vínculo social e comunitário. Hoje, em nossas sociedades, há muitos ritos seculares. Lembremo-nos dos ritos do esporte: um jogo importante de futebol, em francês, é uma "missa"[4], em que o grau de participação é intenso. Trata-se de uma verdadeira celebração que promove a unidade de uma multidão, dá-lhe uma alma e propicia a experiência de uma grande satisfação festiva.

> É notável que a sociedade soviética, em seu grande movimento de luta antirreligiosa, havia criado em 1929 uma instituição chamada "Competição socialista", que, arraigando-se na mentalidade religiosa do povo, era encarregada de inventar ritos e celebrações capazes de substituir as celebrações cristãs. Assim, a celebração da Transfiguração tornou-se "Dia da industrialização". Essa instituição engendrou um verdadeiro ritual leigo inspirado no religioso. Atualmente também existe na França um "batismo republicano" que é celebrado em cartório, porque os pais precisam "celebrar" o nascimento do filho de uma forma ou de outra.

Todas as civilizações também conhecem ritos funerários: diante do luto e de seu lado assustador, o homem tem necessidade de comunicar por ritos o que lhe está acontecendo. É preciso "fazer alguma coisa". Enterrar já é um rito fundamental que dá ensejo a celebrações diversas que expressam a afeição dos seus pelo morto. O arqueólogo que descobre ossadas tem certeza de que se trata de homens quando descobre sepulturas intencionais. A sepultura e os ritos funerários são um protesto contra a morte. Expressam a "transcendência" da existência humana com relação ao tempo que corre inexoravelmente,

---

2. Festa nacional francesa em que se celebra a Tomada da Bastilha. (N. da T.)
3. Um dos feriados nacionais mais importantes da França, que celebra o Dia do Armistício, em que foi assinado o acordo de paz que marcou o fim da Primeira Guerra Mundial. (N. da T.)
4. Em francês, *messe*. Não há correspondência em português. (N. da T.)

ou seja, a obscura consciência de um *plus,* presente em nossa vida e ausente da vida dos animais e das plantas.

Os ritos que acabamos de abordar pertencem à esfera "profana" de nossa vida. No entanto, eles remetem de maneira velada a essa "transcendência", ou seja, a uma passagem do homem com relação a sua vivência imediata. Isso se verifica particularmente no caso de certas refeições solenes e dos ritos funerários. Essa transcendência se avizinha da esfera do "sagrado", hoje desvalorizada. Mas convém esclarecer esse termo. Já coletamos um indício ao encontrar o vocabulário religioso a propósito de ritos puramente sociais: "batiza-se" um barco; um jogo importante de futebol é uma "missa", há refeições de valor sagrado. O rito tem afinidade particular com o sagrado, ele abre espontaneamente para uma expressão do sagrado e para uma atitude religiosa.

3. O rito e o sagrado nas religiões[5]

Vamos tentar dar mais uma definição: pode-se considerar sagrado "tudo o que aparece neste mundo, e especialmente na vida do homem, como sinal revelador da existência, da presença, da atividade de Deus" ou dos deuses (Louis Bouyer)[6]. Rudolf Otto, Gérard Van Der Leeuw e Mircea Eliade, os grandes especialistas da ciência das religiões no século XX, analisaram os ritos sagrados com probidade, pois não tentaram, como seus predecessores, reduzi-los a outra coisa. O método que consiste em analisar os fatos por aquilo que são levou-os a aceitar a originalidade própria da esfera religiosa na existência humana. A atitude religiosa não é apenas uma atitude primitiva do homem: é uma atitude que lhe pertence em todos os tempos, mas de maneira mais ou menos

---

5. As comparações feitas aqui com a história das religiões situam-se acima das determinações concretas desta ou daquela religião. Uma comparação mais precisa dos ritos do cristianismo com os de outras religiões presentes em muitas regiões do mundo, como por exemplo o islamismo, seria muito elucidativa. Mas é impossível realizá-la no contexto deste livro.
6. Nestes parágrafos inspiro-me no livro de BOUYER, L. *Le Rite et l'Homme,* Paris, Éd. du Cerf, 1962.

elaborada. A atitude religiosa diante do sagrado vem da "relação do homem com o conjunto de sua experiência. Ele descobre no mundo uma totalidade que também é uma unidade" e que lhe coloca a questão do sentido de sua existência (L. Bouyer). O homem percebe esse todo de sua existência ao mesmo tempo como o que é inseparável de sua natureza (ele não pode fazer com que seja "fabricado" de modo diferente) e como o que o ultrapassa, ou seja, que o transcende. O *Eu* do homem situa-se então diante de um *Tu* sagrado, pessoal ou impessoal, divino. O que se expressou na tradição religiosa da humanidade habita igualmente o homem dos tempos modernos que opta pelo agnosticismo ou pelo ateísmo: também ele é confrontado, por sua condição humana, com uma experiência do tipo que permanece para ele uma interrogação. Aliás, é significativo que o termo "sagrado" pertença a nosso vocabulário corrente para designar um dever ou um costume que achamos extremamente importante e no qual não se deve tocar.

O rito é o lugar privilegiado de expressão do sagrado, em razão da força da transposição simbólica. No rito sagrado sempre se encontra a conjugação complementar e unificada de *palavras sagradas e ações santas*. A palavra já é uma ação e tende à ação. A palavra tem uma força própria. A palavra pronunciada faz bem ou faz mal: dizer bom-dia é um ato de cordialidade que estabelece uma relação, não dizer expressa uma primeira forma de ruptura; amaldiçoar alguém é ameaçá-lo de todos os males e já contribuir para fazê-lo entrar na engrenagem desses males. Pensemos hoje no efeito temível de uma palavra de demissão. Segundo Van Der Leeuw, "a palavra é um poder que decide. Quem pronuncia uma palavra coloca forças em movimento". Toda uma panóplia de efeitos pode dar um poder maior às palavras: a voz forte, o canto, a repetição litânica ou ritmada, o júbilo, a lamentação. Pensemos também na eficácia de uma palavra de admissão, num contrato, num "sim" conjugal, num juramento, nos votos religiosos e nas palavras de consagrações diversas.

A palavra sagrada desenvolve-se espontaneamente em *mito*. A prece, anterior ao mito, seria o seu cadinho. O mito é um relato organizado que expressa a origem do mundo e dos homens e situa seus deveres diante do universo divino. Tem a função de dar um sentido à existência humana. É também "etiológico", ou seja, enuncia causas e diz as razões pelas quais o mundo vai mal e não é o que o homem esperaria. Por isso o mito se coloca num tempo transcendente, imagem da eternidade.

> Na história, o mito está sempre intimamente ligado ao rito. Os pesquisadores se questionam sobre qual deles tem a prioridade na gênese das religiões. É mais provável que o rito seja o primeiro, porque as ações são significativas por si mesmas. O rito vive o que o mito exprime e faz funcionar a ordem das coisas que esse último anuncia. O rito sagrado é, de certo modo, o relato mítico transformado em ato da comunidade que o celebra para mostrar que faz dele a regra de sua vida.

Nas tradições religiosas, a refeição era frequentemente sacralizada. O sacrifício, o rito sagrado por excelência, encontra sua origem na refeição sagrada. Segundo a etimologia do termo, "*sacrum facere*" não significa "fazer sagrado", mas "fazer o que é sagrado", ou seja, o que se impõe ao homem como sagrado. Pois o homem não tem poder sobre o sagrado. O sacrifício, portanto, não cria o sagrado: ele coloca o homem em relação com o sagrado. O sacrifício, de início, nada mais é do que a refeição sagrada: "É toda refeição que manteve a sacralidade primitiva, mais ligada à refeição do que a qualquer outra ação humana" (L. Bouyer). Pois a refeição exige que se matem animais quando se quer comer carne. Matar é verter sangue, lugar da vida e dom de Deus. Era preciso, de um modo ou de outro, obter para isso a permissão ou pelo menos o perdão da divindade. "O sacrifício nasceu da cozinha" (Jean Perroneaud). O sacrifício é a refeição tomada pelo homem com os deuses ou, pelo menos, com a permissão deles. O alimento é reconhecido como dom recebido. O sacrifício inscreve-se, então, numa dinâmica de troca: a esse dom responde o contradom do homem que oferece alimento (animais ou frutos da terra) em reparação pelo mal cometido e a fim de permanecer em comunhão com os deuses[7].

---

7. Encontraremos também alguns aspectos da refeição sacrificial a propósito da eucaristia, mas radicalmente "convertidos", ver aqui p. 122-137.

Por que sacramentos?

> As religiões ditas *de mistérios*, porque os ritos têm nelas lugar importante, conheceram verdadeiro sucesso nas eras grega e romana, antes e depois do surgimento do cristianismo. São religiões ou *de origem grega* (por exemplo, os mistérios de Elêusis, rito agrário da colheita silenciosa da primeira espiga); ou *de origem oriental* (mistérios de Adônis provenientes da Síria, mistérios de Mitra de origem iraniana, culto do Deus solar; refeição comunitária com sacrifício do touro); ou *provindos do Egito* (Osíris e sua esposa-irmã Ísis, que morre e depois renasce ou ressuscita graças aos esforços de Ísis). Todos esses mitos, de origem agrária, têm a particularidade de ser cobertos de segredo. Dão espaço importante a ritos de iniciação, simbolizando a morte e o *renascimento* ou a *ressurreição* do fiel para uma vida nova. Esses termos, assim como o termo "iluminação", são empregados com frequência. Expressam o desejo de experimentar mas também de sofrer coisas divinas (*pati divina*).

Mas o equilíbrio entre palavra e ação é frágil. O rito pode absorver a palavra: torna-se, então, uma ação esotérica ou supersticiosa, na qual as palavras já não valem por seu sentido, mas por sua musicalidade. As palavras tornam-se opacas a qualquer significado, viram palavras de papagaio. Cai-se na magia, ou seja, numa prática pela qual o homem pretende controlar ou domesticar o sagrado. A esfera divina, considerada perigosa ou maléfica, é então conjurada. A magia também pode redundar em atos compulsivos. É o perigo de todo rito: já que respeitei as prescrições impostas, a coisa deve "funcionar" de maneira automática, qualquer que tenha sido minha disposição quando cumpri o rito.

Reciprocamente, a palavra pode volatilizar o rito concreto e reduzi-lo a uma abstração sem ligação com a existência. O gesto é, então, acessório, reduzido a um esquematismo formal, considerando-se que o essencial se realiza pela palavra. Ora, é preciso aceitar a humildade do rito que pertence a nossa condição de homens, nem anjos nem animais, mas ao mesmo tempo corpos e almas.

Os ritos atestados na história das religiões baseiam-se num *simbolismo natural*, fonte do simbolismo religioso. O homem não pode atribuir arbitrariamente, de fora, um sentido simbólico a um rito qualquer. Se o faz, corre o risco de cair rapidamente na magia. Nota-se também uma certa constância dos grandes temas que estão na origem dos diversos rituais, particularmente tudo o que gira em torno da água e da refeição, necessárias à vida, e tudo o que se refere à transmissão da vida: sacralidade da colheita e da sexualidade. Esses dois últimos ritos estão ligados ao mistério da fecundidade e representam a transcendência da vida que o homem recebe sem poder controlá-la. Os grandes ritos da humanidade impõem-se de certo modo em razão de seu valor antropológico. Eram, aliás, considerados obra dos deuses.

4. A conversão cristã do rito e do sagrado: os sacramentos

Palavras sagradas e ações santas: o que acabamos de lembrar corresponde à própria estrutura do sacramento, que é sempre constituído pela relação entre uma palavra e um gesto. "Uma palavra se acrescenta a um elemento", dizia Agostinho, "e isso constitui um sacramento." Essa estrutura corresponde à nossa condição humana, que é a de um *corpo falante*, ou seja, de um corpo que age e transforma o mundo, mas também de um corpo que se comunica com seus semelhantes pela palavra e é capaz de construir uma sociedade e até um corpo social. Dizemos, também nós, que os sacramentos são obra de Cristo. Os Padres da Igreja, por sua vez, empregavam o termo "mistérios", no plural, para designar o batismo e a eucaristia. Durante algum tempo, considerou-se que as religiões de mistérios tinham exercido uma influência mais ou menos decisiva sobre o cristianismo e sobre a instituição sacramental.

Não haveria, portanto, nada de novo sob o Sol? O cristianismo não seria apenas uma religião de mistérios como as outras? Tocamos aqui no paradoxo desse cristianismo: ele se pretende completamente diferente do conjunto das religiões; julga escapar radicalmente à sua ritualidade. Substitui os sacrifícios rituais pelo sacrifício do dom de si realizado por Cristo até a morte; não nos convida a cumprir ritos sacrificiais, mas exorta-nos ao dom de nós mesmos. Por outro lado, ele reinstaura uma nova ritualidade, assumindo seus muitos modos humanos de expressão das religiões. Vamos tentar entender por quê.

Qual é o status próprio da ritualidade cristã? Qual é a diferença entre o sagrado pagão e o sagrado judaico-cristão? O sagrado pagão opõe o sagrado ao profano, como duas realidades facilmente em conflito. A esfera de Deus e das atividades divinas parece potencialmente perigosa para a esfera secular do homem. O que é dado a Deus é tirado do homem e vice-versa. O homem deve pagar seu dízimo ao sagrado, por ritos e fórmulas, por sacrifícios, para conquistar a segurança de que por seu lado ele estará em paz e poderá exercer sua dominação no âmbito do "profano". Mas, em nosso mundo secularizado, para o qual a esfera do religioso parece evaporada, conta apenas a realidade "concreta" da esfera profana. A separação das duas ordens levou à supressão prática da primeira.

O sagrado judaico e cristão visa a abolir a separação absoluta entre sagrado e profano. No entanto, não é para reduzir tudo ao secular, mas, sim, para fazer que seja descoberta a dimensão sagrada de toda a existência humana, enfim, para reduzir tudo ao sagrado. O sagrado judaico remete a Deus criador e se revela pela entrada de Deus em um processo histórico em que ele se faz parceiro vivo do homem. O sagrado cristão está ligado à intervenção do Filho de Deus em nosso mundo. Portanto, longe de constituir um mundo à parte do nosso, uma vida à parte da vida, ele estabelece a comunicação entre a vida de Cristo e o mundo novo, em que sua ressurreição o fez entrar, "e nossa vida inteiramente transfigurada pela dele, à sua própria imagem, num mundo prometido ao julgamento da cruz e à metamorfose final da parusia" (L. Bouyer).

Esse é o sentido do "sacerdócio universal" dos cristãos. Toda a sua atividade no mundo reveste a dimensão do sagrado. O sagrado cristão se expressará, portanto, por ritos, em razão da lógica da Encarnação que vem ao encontro do homem tal como ele é, com seus próprios recursos e seu próprio corpo, numa linguagem gestual. A economia dos ritos cristãos respeita a condição humana fundamental.

A disposição da instituição dos sacramentos respeita o que somos como homens e vem a nosso encontro por meio do rito e da festa. Os sacramentos são ritos, bem sabemos, mas são também celebrações, ou deveriam sê-lo. No entanto o sentido dos ritos é radicalmente renovado, pois sua referência cósmica e humana, para não ser apagada, é transformada por uma referência histórica à vinda de Cristo.

Nesse ponto situa-se a grande novidade cristã. A referência à vinda de Jesus Cristo nos faz sair do mito geral, porque esse evento é um fato histórico datado na história. A primeira referência já não é imediatamente cosmológica, mas histórica: a morte e a ressurreição de Cristo. O rito cristão aparece como uma substituição do corpo ausente de Cristo.

Rememorar

Essa perspectiva nos remete ao sacramento como *memorial*, ou seja, como ato de memória do evento ocorrido definitivamente em nossa história. Estamos habituados à ideia de que a eucaristia é um memorial. Jesus disse: "Fazei isto em minha memória". Mas essa afirmação, que encontra seu apogeu na eucaristia, vale para todos os sacramentos. Se não fossem *memoriais*, não seriam *sacramentos*, de onde se vê a importância da instituição dos sacramentos por Cristo, não apenas o Cristo *fundador,* mas o Cristo *fundamento* da Igreja. Já vimos os aniversários como celebrações que atualizam um acontecimento do passado e o rememoram. Os ritos cristãos que são os sacramentos são atos de memória do que Cristo realizou para nós definitivamente.

O *batismo* é a introdução do neófito no mistério da morte e da ressurreição de Cristo, e a celebração da água relembra simbolicamente o batismo de Jesus. A *confirmação* é a memória do dom do Espírito, primeiro, a Jesus, em seguida, à comunidade de Pentecostes, e aos pagãos. A *eucaristia* é a memória por excelência da morte e da ressurreição de Cristo, segundo a ordem expressa que ele nos deu. A *penitência* ou a *reconciliação* é um segundo batismo, uma nova introdução no mistério de Cristo. A *unção dos enfermos* é a memória das curas operadas por Jesus e retomadas por seus discípulos, com seu valor duplo de saúde temporal e escatológica. A *ordem* é a memória da investidura dos discípulos por Jesus. O *matrimônio* ou o *casamento* une os esposos rememorando a união de Cristo e da Igreja. A lembrança do evento de Cristo é, portanto, sempre vista de maneira original conforme as situações da Igreja e do fiel. O ciclo do ano litúrgico nos faz reviver os grandes aniversários da vida de Cristo. Cada sacramento é uma atualização em nossa vida, de forma particular, de um dom de Cristo. Cada um deles marca o curso da existência do crente em sua longa caminhada com Deus.

A memória engendra o relato

A perspectiva da memória nos orienta para o relato. Na origem do rito sacramental cristão, nem sempre há um ato da instituição (o mais formal concerne à eucaristia), mas há sempre um relato. O relato substitui o mito das diversas religiões. Aliás, os ritos já existiam (por exemplo, o batismo e a refeição). Jesus não os instituiu formalmente, mas sua prática dos ritos alterou-lhes o sentido. A instituição dos sacramentos sempre se conclui pela ressurreição de Cristo e pelo dom do Espírito Santo em Pentecostes. O evento pascal de Jesus, contado na comunidade pelo dinamismo que vem do Espírito, torna-se um *relato instituinte*. O relato, reproduzido simbolicamente numa prática da comunidade, torna-se *rito instituído*. A prática de Jesus se faz reconhecer pela memória da Igreja, como recurso e convite a perpetuá-la por meio de uma prática similar. A inventividade do ritual decorre da fecundidade do relato (J. Moingt).

O relato fundador, recebido pela fé como pacto de aliança, escreve uma história comum entre Deus e seu povo, uma história de graça. O relato atinge o fiel em seu corpo e o torna membro desse povo assim como de um outro corpo. Por isso ele reivindica uma inscrição no corpo social tal como no corpo individual. Assim o relato do evento pascal de Jesus, reproduzindo-se e corporificando-se na comunidade dos discípulos, faz dessa comunidade o templo do Espírito que ele transmite a todos aqueles que são agregados a ela.

Desse modo, descobrimos a novidade radical da prática do rito segundo o Novo Testamento. A eucaristia não é um sacrifício ritual no sentido dos sacrifícios do Antigo Testamento. *Ela é a representação ritualizada de um sacrifício existencial*, ou seja, torna presente o dom de si no amor, realizado por Jesus até a morte na cruz e coroado por sua ressurreição. Ela convida a viver uma memória desse sacrifício da vida de Jesus. Remete-nos ao relato – pois o relato da instituição lhe pertence – dizendo-nos que esse relato realiza para nós aqui e agora o que ele conta. Dá-nos receber o dom da salvação de Cristo e transformar nossa vida a exemplo da vida de Jesus. A eucaristia não funciona, portanto, por sua pura objetividade, como os sacrifícios das religiões. Ela convida a viver uma vida de dom de si, como a de Jesus, ou seja, uma vida eucarística.

5. O sacramento é um "símbolo" no sentido estrito do termo

Tudo o que vimos nos mostra que o rito é eficaz em razão não do que ele realiza materialmente, mas do que ele evoca na ordem complexa dos grandes símbolos que governam a existência humana e nos quais todos estamos mergulhados. *O rito é fundamentalmente simbólico.* Exprime a preocupação que temos em nos tornar presentes na totalidade de nossa existência. Soprar as velinhas do bolo de aniversário não se esgota no gesto de soprar. Evoca meu avanço feliz pela vida, se sou criança ou jovem; lembra-me uma vida já bem plena e a entrada numa outra fase da existência se já sou idoso. A celebração marca data no correr da minha vida e me convida a uma tomada de consciência.

O termo "símbolo" é profundamente ambíguo em nosso mundo. Ora, na linguagem corrente, o que é simbólico é o que não tem realidade. Por exemplo, vende-se por um euro simbólico uma fábrica que se sabe já não ter nenhum valor de produção. O símbolo, nesse caso, é uma falsa aparência. Felizmente, o termo "símbolo" foi reavaliado pela reflexão filosófica e teológica contemporânea e em algumas ciências que foram capazes de mostrar a natureza original, mas muito real, da atividade simbólica que tem sua eficácia própria.

O símbolo é uma garantia de reconhecimento, um objeto dividido em dois e distribuído entre dois parceiros aliados que deveriam cada um receber sua parte e transmiti-la a seus descendentes, de tal modo que esses elementos complementares, novamente aproximados, permitissem por seu ajuste recíproco fazer os portadores serem reconhecidos e atestar os laços de aliança contraídos anteriormente.[8]

Esse elemento original do símbolo ainda se verifica em nossa sociedade: a nota de dinheiro, o talão de cheques, o cartão de crédito, valores fiduciários como ações ou obrigações, a carteira de identidade, todos esses objetos têm valor de símbolo. Em minha carteira, eles não são nada. Tornam-se valores de troca ou de reconhecimento quando os apresento a alguém que os reconhece, como o comerciante, o policial, o caixa eletrônico quanto ao cartão bancário, o banco quanto aos valores. Nosso mundo se caracteriza pela multiplicação dos símbolos financeiros. O mesmo ocorre com todo contrato redigido em duas cópias consignadas por dois parceiros. Destaco que entra em jogo a noção de *valor*, embora na maioria dos casos se trate apenas de valores financeiros. O símbolo é da ordem do valor.

> O *sum-bolon* consiste, então, na correlação entre elementos sem valor isolado, mas cuja reunião (*sum-ballô*) ou cujo ajustamento recíproco permite a dois aliados reconhecer-se como tais, ou seja, como ligados entre si.

O símbolo funciona, então, com base em quatro termos: os dois objetos cuja correspondência é significante, como a chave corresponde à fechadura, e os dois parceiros ligados por um contrato ou uma aliança, o amigo a quem confiei a chave da minha casa e eu. Os dois primeiros significantes remetem aos outros dois. Os primeiros são materiais: é

---

8. ORTIGUES, Edmond. *Le Discours et le Symbole,* Paris, Aubier, 1962, 60. Sobre o símbolo, ver também: CHAUVET, L.-M. *Du symbolique au symbole. Essai sur les sacrements,* Paris, Éd. du Cerf, 1979; *Symbole et sacrements. Une relecture sacramentelle de l'existence chrétienne,* Paris, Éd. du Cerf, 1990.

preciso e é suficiente que a chave abra a fechadura. O segundo significante é diferente do primeiro, pois nele intervém a confiança que tenho em meu amigo abrindo a ele meu interior, ou seja, o encontro entre pessoas, a comunicação entre elas, um dever-ser, uma lei ou um direito, em última análise, uma ordem de valores que transcende a realidade imediatamente objetiva da chave. A chave dada é o símbolo de nossa amizade e dos deveres de cada um para com o outro. O segundo significante tornou-se imanente ao primeiro, cada um o enxerga no simples reflexo da chavinha. Talvez bem mais tarde, quando essa chave não servir para mais nada, aquele que a tiver guardado por inadvertência lembrará com felicidade a amizade da qual ela permanece o símbolo. Essa transmissão na ordem dos valores indica o compromisso das duas liberdades.

Até mesmo as trocas humanas mais comerciais revestem-se de um valor simbólico. No Oriente Próximo, quando entramos numa loja de *souvenirs*, somos obrigados a comprar alguma coisa. Se negociamos, devemos chegar a um acordo sobre o preço. Não se interrompe uma negociação a meio caminho. Ir embora sem comprar nada é uma ofensa. A venda é, de fato, símbolo de uma aliança. No Chade, um vendedor da praça da catedral em N'Djamena queria me vender um anel. Eu não tinha dinheiro para comprá-lo. Ele baixava o preço sem parar. Acabou por me dizer: "Patrão, você não quer fazer negócio comigo!". Considerava minha recusa em comprar uma recusa em travar uma aliança com ele de homem para homem. São sempre indivíduos que trocam entre si por meio do objeto trocado.

> Há diferença entre sinal[9] e símbolo? Sim, mas é uma diferença um tanto sutil.
>
> De forma geral, os símbolos são materiais com os quais se constituem uma convenção de linguagem, um pacto social, uma garantia de reconhecimento mútuo entre liberdades. [...] *Enquanto o sinal é a*

---

9. Em francês, *signe*, que pode ser traduzido por "signo" ou "sinal". Neste texto, traduziremos de modo geral por "sinal", de uso já consagrado neste contexto. (N. da T.)

> *união de um significante e um significado, o símbolo é o operador de uma relação entre um significante e outros significantes* (E. Ortigues).
>
> O sinal funciona entre dois termos: um significante e um significado. A significação pode ser natural: a fumaça é o sinal do fogo; a germinação das plantas é o sinal da primavera. Ela pode ser artificial e puramente convencional: o farol verde diz que podemos passar; o farol vermelho, que devemos parar. O símbolo é da ordem da comunicação. A particularidade do símbolo é, portanto, constituir uma relação entre dois significantes. Isso põe em contato duas vezes dois termos: os elementos do objeto dividido em dois e os dois indivíduos que se comunicam. O sinal é um valor de conhecimento; o símbolo é uma mediação de reconhecimento (L.-M. Chauvet).

O termo "símbolo" verifica-se a propósito da confissão de fé, ou do credo. Falamos do *Símbolo dos apóstolos*. O símbolo de fé era chamado assim porque desempenhava o papel de reconhecimento mútuo entre os cristãos. Saber o símbolo de cor era uma espécie de senha entre cristãos que viajavam e não se conheciam. Conhecemos nos exércitos modernos o uso da senha. É como se fosse, de outra maneira, o símbolo do batismo: "Crês? – Sim, creio". É o acordo trocado na profissão da mesma fé que exprime o comprometimento mútuo do fiel e da comunidade.

Detenhamo-nos, então, na transposição e na superação operada pela ordem simbólica com respeito à ordem da objetividade imediata, ou seja, sua *transcendência* e, por conseguinte, uma eficácia que lhe é própria. O símbolo introduz em outra ordem, mas essa ordem já existe no funcionamento sensível do símbolo. Compreende-se, pois, que a teologia contemporânea utilize cada vez mais o termo "símbolo" a propósito dos sacramentos. O sacramento pertence à ordem do símbolo, assim como Santo Tomás dizia que ele pertencia ao "gênero do sinal". Durante uma época, essa palavra foi suspeita. Hoje, aparece como termo privilegiado para dar conta ao mesmo tempo da natureza do sacramento e de sua eficácia.

Vamos tomar um último exemplo: o beijo não é apenas o sinal do amor, ao qual ele remeteria como a um sentimento interior independentemente do ato corporal; é também o amor se concretizando e se realizando como história efetiva: é o símbolo do amor.

A instituição sacramental, o que chamamos com frequência de *economia*, ou seja, a *disposição* geral que nos faz entrar no dom da salvação pelos sacramentos, respeita, portanto, o que somos como humanos e aproxima-se de nós por meio do rito e da festa. O rito torna-se nela *memorial*, e o mito torna-se *relato*. Para recapitular o percurso realizado, fiquemos com esta bela definição de sacramentos dada pelo Grupo de Dombes:

> Os sacramentos são atos pelos quais o Deus de Jesus Cristo se compromete e cauciona sua palavra e suas promessas, no seio da nova aliança que contraiu com seu povo por meio do evento pascal de seu filho. Recuperam, portanto, a realidade misteriosa em que o mesmo Deus que interveio na história dos homens vem a eles, sob o véu e na transparência dos sinais, para lhes atestar sua presença e viver com eles e neles como seu aliado. São celebrados na comunidade eclesial, parceiro que obedece na fé à palavra do Salvador, como encontros efetivos de Deus que se dá a nós pela presença de seu filho e na força de seu espírito.[10]

---

10. GROUPE DES DOMBES, *L'Esprit saint, l'Église et les sacrements* [*O Espírito Santo, a Igreja e os sacramentos*], n. 25, in *Pour la communion des Églises*, Paris, Éd. du Centurion, 1988, 124.

CAPÍTULO II

De Jesus, primeiro sacramento, aos sacramentos da Igreja

O lugar do rito na história religiosa da humanidade é consequência de nossa condição histórica e corporal. A revelação cristã mostra que Deus, querendo realizar nossa salvação, respeita totalmente essa condição, a ponto de correr o risco de aproximar-se dela, a ponto de assumi-la em si mesmo. Por isso, só podemos compreender os sacramentos e a ritualidade cristã à luz da pessoa de Cristo. Em seguida, passaremos do evento de Cristo à instituição da Igreja e veremos como esta, "feita" pelos sacramentos, segundo a expressão tradicional, está habilitada a "fazê-los", ou seja, a celebrá-los.

I. Cristo, primeiro sacramento e fundamento dos sacramentos

Nos sacramentos, tudo vem de Cristo. Os sacramentos são todos, cada um à sua maneira, atos que rememoram o evento de Jesus. A Igreja também diz que eles foram instituídos por ele e que, por essa razão, ela não pode criar outros. Para compreender a disposição que passa pelos sacramentos e é desejada por Deus visando a nossa salvação, é preciso, pois, sempre remontar a Jesus. Não nos basta reportar cada um deles a um ato instituído particular – essa maneira por demais formal de colocar o problema corre o risco, aliás, de levar a impasses –, é preciso nos aprofundar muito mais. Cristo não é apenas o *fundador* dos sacramentos, ele é seu *fundamento*. É seu fundamento porque é, em si mesmo, um sacramento, o primeiro de todos os sacramentos. A economia ou a disposição de nossa salvação, que passou antes de tudo pela encarnação do Verbo de Deus em nossa carne, passa em seguida do Cristo sacramento à Igreja sacramento e finalmente aos diversos sacramentos celebrados na Igreja. É com base nessa linha geral, desenvolvida a partir do evento único do mistério pascal, que podemos compreender a dinâmica dos sacramentos.

Isso, no entanto, exige ampliarmos nossa compreensão do termo "sacramento", que já não abrange exatamente a mesma coisa nesses diferentes usos. Um sacramento é um gesto, um ato realizado no tempo com uma palavra e no contexto de uma liturgia. Cristo é uma pessoa, ele não se reduz a um gesto transitório, mas também realiza, por meio de seu corpo, por sua palavra e seus atos, gestos simbólicos de salvação. O uso do único e mesmo termo "sacramento" nestes diferentes casos se faz por analogia. Analogia significa semelhança real entre duas coisas, respeitando suas diferenças. Por exemplo, o coração no sentido moral não é a mesma coisa que o coração no sentido físico. No entanto a mesma palavra é empregada nos dois casos graças à semelhança simbólica entre o coração físico, que anima todas as funções do corpo, e o coração moral, que exprime o centro de referência de uma personalidade.

Assim, também, vemos imediatamente a diferença entre Cristo, a Igreja e cada um dos sacramentos. Entretanto, a estrutura do sacramento tem profunda semelhança com a da pessoa de Cristo. Nos dois casos temos uma visibilidade (gesto, elemento, palavra de um lado e corpo de carne, corpo falante de outro) expressando a presença invisível do dom de Deus. A pedagogia que nos leva das realidades visíveis às realidades invisíveis é a mesma:

> A quem pergunta "Por que os sacramentos?", respondemos, diz ainda o Grupo de Dombes, que o sacramento é palavra visível e ato celebrado na fé. Ele nos conforma à economia da encarnação, assim como à pedagogia de Cristo que fala por atos simbólicos. O sacramento é capaz de concretizar e realizar em nós o dizer da Palavra. Sua função própria é *apor* a

uma comunidade ou a uma pessoa o *selo da Aliança* concluída entre Deus e seu povo (nº 129).

> Aqui me inspirarei livremente no pensamento de Santo Tomás de Aquino[1], que estabelece uma correspondência entre a pessoa de Cristo assim como os gestos de salvação realizados ao longo de sua vida, por um lado, e por outro lado a Igreja e seus sacramentos. Os sacramentos são para a Igreja o que os gestos de Cristo eram para sua pessoa. Há sempre uma *proporção*, ou uma *similitude* entre os sacramentos e Jesus, o Verbo de Deus encarnado. Essa teologia da salvação mostra a continuidade da causalidade divina que passa antes de tudo pela humanidade de Cristo, primeiro "*instrumento*" da salvação, e depois pelos novos "*instrumentos*", a partir de então separados, que são os sacramentos, pela celebração ritual na Igreja dos atos de Cristo. Essa linguagem muito concreta e até um pouco material de Santo Tomás expressa ao mesmo tempo a continuidade e a descontinuidade entre os gestos salvadores de Cristo e os sacramentos da Igreja.

Vamos desenvolver a questão em quatro tempos: *Cristo-sacramento*; os *gestos de Cristo, sacramentos originais* da salvação, os *sacramentos da Igreja*, e a *Igreja-sacramento*.

1. Cristo, primeiro sacramento de Deus

Cristo é sacramento, uma vez que é ao mesmo tempo Deus e homem, Palavra e Verbo de Deus encarnado, segundo a frase de São João: "E o Verbo se fez carne e habitou entre nós" (Jo 1,14)[2]. Antes dele, a realidade sacramental ainda é apenas imagem e antecipação. Cristo é

---

1. O texto de referência é a *Somme théologique* [*Suma teológica*], IIIa, Q. 60-65. As expressões entre parênteses são extraídas dessas cinco questões.
2. A fé em Cristo Filho de Deus e Verbo feito carne foi desenvolvida em *Croire* [*Pensar e Viver a Fé*], particularmente 347-381.

o primeiro a verificar na história "a perfeita realidade do sacramento". De fato, nos sacramentos, uma ação divina se efetua sob sinais visíveis, à imagem de Cristo que era Deus num envoltório humano e visível. Se é necessário que em todo sacramento uma palavra esteja unida a alguma coisa sensível, é porque, na Encarnação, a Palavra de Deus uniu-se a uma carne sensível. Nos dois casos, "coisa" e "carne" são santificadas e recebem o poder de santificar, graças ao Verbo ou à palavra que lhes estão unidos. Sem dúvida, o dom da graça poderia ser obtido de outra maneira, mas o sacramento, sinal sensível e eficaz, está na lógica da Encarnação, que fez de Cristo um sinal sensível e humano.

A Igreja ensina que o sacramento é ao mesmo tempo sinal e causa da graça. Cristo é, de fato, ao mesmo tempo *sinal* e *causa* de nossa salvação. Em razão da união da humanidade à própria pessoa, Cristo é o sinal da vontade salvífica do Pai, manifestada "quando a bondade de Deus nosso Salvador e seu amor para com todos os homens se manifestou" (Tt 3,4). Também é sua causa por sua estrutura pessoal, que o faz ao mesmo tempo homem e Deus.

Primeiro efeito, primeira realização do amor divino, a Encarnação permanece seu sinal principal. Assim como no dia da Criação a palavra realizava o que proferia, o Verbo encarnado realiza a salvação de que seu ser é o testemunho. Em suma, Cristo é o sacramento de Deus, porque é sinal e causa: "Ele deve ser um *sinal* de contradição" (Lc 2,34) e "*causa* de salvação eterna para todos os que lhe obedecem" (Hb 5,9). Cristo é o sacramento de Deus por excelência.

Essa ideia já estava presente em um homem como Santo Agostinho, e a reencontramos em Santo Tomás de Aquino. Foi retomada pelo próprio Lutero quando este disse: "As Escrituras Sagradas conhecem um só sacramento, que é o próprio Cristo". Ela ressurge no século XIX e no século XX. Foi expressa por Yves de Montcheuil em 1942:

> Talvez seja preciso, sobretudo, recorrer aqui à ideia tradicional que nos mostra em Cristo o primeiro sacramento, o grande sacramento do qual os outros são apenas prolongamentos e participações. Por sua simples existência, Cristo é o símbolo, o sinal eficaz da divinização da humanidade. Sinal porque sua humanidade visível é o testemunho expresso em

termos inteligíveis por nós do amor de Deus, de seu perdão, de sua vontade de nos elevar até ele. Sinal eficaz porque é em virtude dessa união que a graça se difunde a todos os outros homens. Basta-lhe deixar-se conduzir. Assim todo equívoco com respeito à encarnação acarreta um equívoco com respeito ao sacramento[3].

Alguns anos depois, Edward Schillebeeckx publicou um belo livro intitulado *Le Christ sacrement de la rencontre de Dieu*[4].

2. Os atos da vida de Cristo, sacramentos originais de nossa salvação

Tudo o que Jesus viveu, fez e sofreu são sacramentos originais de nossa salvação. Pensemos em seus milagres que curam e que salvam, nas refeições partilhadas, na paixão tolerada com amor, em sua morte suportada como dom de si mesmo a seu pai e a seus irmãos. "Tudo o que Jesus fez", escreve São Jerônimo, com simplicidade, "são sacramentos [...] O Salvador, ao andar, se sentar, comer, dormir, são nossos sacramentos[5]." A tradição cristã emprega habitualmente o termo "mistério" para designar os diferentes acontecimentos da vida de Jesus: veremos a correspondência entre esse termo e a palavra "sacramento". Ela pretende destacar por meio desse termo a fecundidade salvadora de cada acontecimento da vida de Jesus.

> Também aqui Santo Tomás é testemunha dessa convicção, mas neste caso com o emprego deliberado da palavra "sacramento". Aliás, ele emprega facilmente os termos *"mysterium"* e *"sacramentum"* um pelo outro. Todas as ações e paixões de Cristo agem em virtude de sua divindade pela salvação do homem. Particularmente, a paixão e a ressurreição de Cristo são sacramentos em razão de seu duplo caráter

---

3. MONTCHEUIL, Yves de. *Mélanges théologiques,* Paris, Aubier, 1946, 91.
4. Paris, Éd. du Cerf, 1960.
5. *Anecdota Maredsolana,* III, 2, 335.

> de *sinal exemplar* e *causa instrumental e efetiva*. Deixemos de lado seu vocabulário um tanto técnico para registrar dele uma visão profunda da fé.
>
> Eis algumas de suas frases: a paixão de Cristo é "o sacramento da redenção humana". O batismo de Cristo é a manifestação do "mistério de nossa primeira regeneração", e a transfiguração é o "sacramento de nossa segunda regeneração", pois significa a visão bem-aventurada que será reservada aos eleitos. Os mistérios da vida de Cristo confirmam a definição do sacramento cristão, sinal e causa, porque são ao mesmo tempo *causas exemplares* e *causas instrumentais* de nossa salvação. Observemos o vínculo estabelecido entre a exemplaridade e a eficácia, o que equivale a ligar o sinal dado e a realidade da causa: "A morte de Cristo", diz ele, "é a causa da remissão de nosso pecado, [...] causa efetiva e sacramentalmente exemplar. Quanto à ressurreição, ela foi a causa de nossa ressurreição, causa efetiva e sacramentalmente exemplar."

Mais recentemente, Yves de Montcheuil desenvolvia, num sentido um pouco diferente, a grande perspectiva segundo a qual o sacrifício da Cruz é o sacramento do sacrifício de toda a humanidade. Pelo termo "sacrifício" deve-se entender aqui o ato de amor preferencial por Deus e pelos outros que nos faz passar para Deus. O sacrifício de Cristo foi sua "Páscoa", sua passagem para Deus, e toda a humanidade tem por vocação passar para Deus. A totalidade dos sacrifícios individuais dos homens pode ser considerada um grande sacrifício da humanidade que passa pelo curso da história:

> Uma vez que a humanidade predestinada é o corpo de Cristo, diremos que o sacrifício histórico cumprido definitivamente, num momento do tempo e num lugar determinado, é o sacramento do sacrifício cumprido pelo Cristo total. Reencontramos aqui a ideia [...] de que Cristo é o primeiro sacramento, o grande sacramento. O sacrifício cumprido por Cristo na cruz é o símbolo, o sinal, mas o sinal eficaz do sacrifício que todos os homens devem cumprir. [...] portanto o sacrifício de Cristo já é um

sacramento. Só é compreendido como sacramento, símbolo eficaz de algo que não é ele[6].

Em outras palavras, o sacrifício de Cristo simboliza o sacrifício de toda a humanidade retornando para Deus; também é sua causa eficaz, uma vez que dá a esta o poder de cumpri-lo. Entre Cristo e a Igreja há o símbolo do lado aberto de Jesus na cruz, de onde a tradição cristã viu correr, sob os sinais do sangue e da água, a Igreja e os sacramentos.

3. Dos gestos de Jesus aos sacramentos da Igreja

Nessa perspectiva, os sacramentos da Igreja são a transposição, sob formada instituição, dos atos de salvação feitos por Jesus. Sem dúvida, nem todo gesto de Jesus se torna sacramento. Os sete sacramentos constituem um organismo estruturado que recapitula a totalidade do que Jesus viveu e fez. Esse organismo tem dupla referência: em primeiro lugar, os eventos mais importantes da vida de Jesus, como seu batismo e o mistério pascal, nos sacramentos do batismo e da eucaristia, e em seguida na diversidade de situações humanas que requerem a graça de Deus, ou seja, o nascimento, a alimentação, o perdão dos pecados, a doença, o ministério em nome de Jesus, o matrimônio. Todo o simbolismo sacramental simplesmente difrata, como as cores de um prisma, o mistério de Cristo. Estamos habituados a compreender a eucaristia como o memorial do mistério pascal. Devemos entender que cada sacramento é, de forma original, um memorial, como diz claramente Santo Tomás, exprimindo a trilogia do passado, do presente e do futuro: "Um sacramento é o sinal que comemora o que precedeu, isto é, a paixão de Cristo, sinal que demonstra o que a paixão de Cristo opera em nós, ou seja, a graça e o presságio da glória futura[7]."

---

6. MONTCHEUIL, Yves de. Mélanges théologiques, 53.
7. *Somme théologique*, IIIa, Q. 60, a. 3.

Os sacramentos são, portanto, celebrações que substituem a humanidade de Cristo e permitem aos fiéis pôr-se em contato com a ação dos mistérios salvadores de sua carne. O autor dos sacramentos é Cristo. Quando Pedro batiza, quando Paulo batiza, quando Judas batiza, dizia Santo Agostinho, é sempre Cristo que batiza.

4. A Igreja é um grande sacramento, o sacramento de Cristo

Remontamos agora dos sacramentos à Igreja grande sacramento. Ora, para Santo Tomás, a Igreja é simplesmente constituída pela "fé e pelos sacramentos da fé", o que significa que a Igreja é a grande batizada, ela vive do dom do Espírito Santo expresso pela confirmação, é o Corpo de Cristo continuamente alimentado pela eucaristia. Do lado do Cristo adormecido na cruz, diz ele, brotaram os sacramentos, "pelos quais a Igreja é feita" ou "instituída". Essa perspectiva vale ao mesmo tempo para a origem e para o presente. Pode-se dizer na verdade que os sacramentos fazem a Igreja. A pessoa da Igreja é "o grande objeto dos sacramentos", comenta o padre de Lubac, é o Corpo de Cristo que se constrói.

Os sacramentos fazem, antes, a Igreja para que a Igreja possa, por sua vez, celebrar os sacramentos. A Igreja é santificada antes de ser santificante e recebe sua vida dos sacramentos. Mas é claro que ao dom de Cristo deve responder a fé da Igreja. A Igreja não pode viver outros sacramentos assim como não pode professar outra fé. Deve aceitar-se tal como Cristo a engendrou e a mantém viva. Com esse fundamento a Igreja recebe a responsabilidade de ser ministro dos sacramentos.

A Igreja é, então, de certo modo, a "matriz" deles. Chegamos aqui à Igreja-sacramento. Pois a pessoa da Igreja age por intermédio de cada ministro. O ministro age "no poder de Cristo", mas também "na pessoa de toda a Igreja", dessa Igreja fundada na fé e nos sacramentos da fé e que exerce o ministério dessa fé e desses sacramentos. Pois a fé da Igreja é indefectível e pode suprir a falta de fé do ministro.

Essa grande visão da Igreja-sacramento nos vem de teólogos alemães do final do século XIX. Foi retomada no século XX, ao mesmo tempo na Alemanha (O. Semmelroth, K. Rahner), na França (Y. Congar, Y. de Montcheuil, H. de Lubac) e na Holanda (E. Schillebeeckx), antes do Concílio Vaticano II. Dentro do mesmo espírito, o padre Congar falava dos ministros da Igreja como "sacramentos-pessoas". Registremos, entre outras, esta bela formulação do padre de Lubac:

> A Igreja é um mistério, ou seja, um sacramento. "Lugar total dos sacramentos cristãos", ela mesma é o grande sacramento, que contém e vivifica todos os outros. É neste mundo o sacramento de Jesus Cristo, assim como Jesus Cristo é para nós, em sua humanidade, o sacramento de Deus.[8]

Aqui é imediatamente necessário um esclarecimento. A Igreja nunca é igual a Cristo. Este é o sacramento ao mesmo tempo fundador e fundamento de tudo; a Igreja é um sacramento fundado que depende totalmente da iniciativa e do dom de Cristo. Mas, à imagem de Cristo, ela confirma em sua globalidade a estrutura do sacramento, sinal visível da graça invisível. Ela é humana e não é Deus, mas é portadora do dom de Deus. Cristo é santo por origem e santificante; a Igreja é apenas santificada, resgatada, mas lhe foi dado ser santificante.

Essa grande perspectiva dos teólogos foi retomada oficialmente e confirmada pelo Concílio Vaticano II:

> Foi do lado de Cristo adormecido na cruz que nasceu o admirável sacramento de toda a Igreja (*Sacrosanctum concilium,* nº 5).
> Foi pelo espírito de Pentecostes que Cristo constituiu seu corpo, a Igreja, como sacramento universal da salvação (*Lumen gentium,* nº 48).

5. O papel do Espírito Santo

Nessa visão, não se deve esquecer o papel do Espírito Santo. A teologia católica ocidental compreendeu de forma prioritária a Igreja em seu vínculo com Cristo, considerando com razão que Cristo age

---

8. LUBAC, H. *Méditations sur l'Église,* Paris, Aubier, 1953, 175.

sempre em simbiose com o Espírito Santo. Mas, por vezes, subestimou a solidariedade indissolúvel entre Cristo e seu Espírito. Foi o reparo que os orientais ortodoxos fizeram à eclesiologia católica até o Vaticano II. O padre Congar levara essa objeção muito a sério. É conhecida a frase de Bossuet: "A Igreja é Jesus Cristo difundido e comunicado"[9]: essa formulação é ao mesmo tempo muito bonita e inexata, uma vez que parece não dar lugar ao Espírito.

A Igreja pertence ao terceiro artigo do Símbolo de Fé, conforme vimos[10]. Ocorre o mesmo com relação aos sacramentos. Seu fundamento cristológico inclui a relação com o Espírito Santo. Jesus fazia seus gestos de salvação sem ajuda do Espírito, pois o Espírito estava nele. No entanto a passagem de Cristo à Igreja se faz por dom do Espírito: é Pentecostes e também o envio dos discípulos na noite de Páscoa no evangelho de João. A presença e a ação de Cristo na Igreja sempre se realizam por dom do Espírito, que, segundo Ireneu, constitui nossa "comunhão com Cristo". A Igreja, portanto, só pode celebrar os sacramentos invocando o Espírito (*epiclese*) e pelo dom de seu poder.

Conclusão: "Os sacramentos, vínculo carnal com Deus"

Retomo esta expressão de François Mallet-Joris: "os sacramentos, vínculo carnal com Deus"[11]. Os sacramentos pertencem, de fato, a uma economia da carne. Estas linhas pretenderam mostrar a unidade e a coerência da estrutura de nossa salvação que vai da encarnação de Cristo até a ressurreição da carne no final dos tempos. Tertuliano já o entendera em magníficos textos em que mostra que "a carne é o eixo da salvação (*Caro salutis cardo*)" e encadeia assim os diversos sacramentos:

---

9. Bossuet, *Oeuvres oratoires,* Lebarcq, t. VI, 508.
10. Ver *Croire* [*Pensar e Viver a Fé*], 437-445.
11. Mallet-Joris, Françoise. *La Maison de papier,* Paris, Grasset, 1970, 217; *PL*, 2, 806.

A carne é o eixo da salvação. Quando a carne é recrutada por Deus para essa salvação, é a carne que dá condições à alma de ser assim recrutada por Deus. A carne é lavada para que a alma seja purificada; a carne é ungida para que a alma seja consagrada; a carne é consignada para que a alma seja fortalecida; a carne é sombreada pela imposição das mãos para que a alma seja iluminada pelo Espírito; a carne é alimentada pelo corpo e pelo sangue de Cristo para que a alma se sacie de Deus. Elas não podem ser separadas na recompensa, uma vez que estão unidas nas obras.[12]

A economia sacramental, respeitando a condição humana que é carne e espírito, sempre passa por nossa carne, a carne do homem criado à imagem de Deus e assumida na pessoa de Jesus. Tudo vai, portanto, da carne de Cristo encarnado e ressuscitado à nossa carne prometida à ressurreição:

> Longe, longe o pensamento de que Deus possa abandonar a uma destruição eterna a obra de suas mãos, o objeto dos cuidados de sua inteligência, o envoltório de seu sopro, a rainha de sua criação, a herdeira de sua liberalidade, o padre de sua religião, o soldado que lhe presta testemunho, a irmã de seu Cristo. Sabemos que Deus é bom. Aprendemos com seu Cristo que ele é o único muito bom. É ele que comanda o amor ao próximo depois do seu, e ele faz o que determina: ama a carne que é seu próximo por tantas razões.[13]

II. Os sacramentos fazem a Igreja e a Igreja faz os sacramentos

Chegamos logo de início à mais profunda realidade dos sacramentos: são gestos de Cristo celebrados pela Igreja, em poder do Espírito

---

12. TERTULIANO, *De la résurrection de la chair* [Sobre a ressurreição da carne], cap. VIII; *PL 2,* 806.
13. Ibid., cap. IX.

que lhe foi dado. Mas os sacramentos têm toda uma história nessa Igreja, que, curiosamente, levou um certo tempo para identificar com precisão o que era sacramento propriamente dito e o que não era. O percurso histórico será apresentado de acordo com os dois pontos de vista sucessivos e complementares já mencionados. Em primeiro lugar, *os sacramentos fazem a Igreja*, ou seja, eles a constroem e até mesmo a constituem: voltaremos então ao sentido do próprio termo "sacramento", sua instituição por Jesus e a modalidade de sua "eficácia". Em seguida, *a Igreja faz os sacramentos*, ou seja, ela exerce uma autoridade necessária sobre sua administração. É evidente que, nesse terreno, ela encontra a consciência cultural de cada época.

A. Os sacramentos fazem a Igreja

1. Pequena história do termo e do número de sacramentos

O sacramento foi definido em sua realidade mais profunda, mas o uso e o sentido da palavra através da história nos reservam algumas surpresas.

Na Escritura

Primeira surpresa: o termo "sacramento" está ausente da Escritura. Isso não deveria ser motivo de inquietação? O termo mais próximo no Novo Testamento é "mistério". É empregado por São Paulo no singular e designa globalmente o projeto de salvação que Deus estabeleceu em favor da humanidade. Esse projeto tem seu cerne na pessoa de Jesus. Ele estava oculto havia séculos e se revelou em Cristo (Cl 1,27). Seu conteúdo afirma que os pagãos são admitidos à mesma herança que os judeus; pertencem ao mesmo corpo de Cristo e se beneficiam da mesma promessa (Ef 1,9). Esse projeto tem, portanto, uma aspiração absolutamente universal. De forma abreviada, o Novo Testamento falará então do "mistério de Deus" (Cl 2,2), da "revelação do mistério" (Ef 3,3), do "mistério do Evangelho" (Ef 6,19). Do "mistério da fé" (1Tm 3,9) ou do "mistério da piedade" (1Tm 3,16). Até encontramos uma vez o termo "mistério" empregado a propósito da relação de Cristo e da Igreja, no desenvolvimento paulino sobre o matrimônio: "Este mistério é sublime. Digo isso porque ele se refere a Cristo e à Igreja" (Ef 5,32). Desse mistério, o matrimônio é o sinal e a figura. O termo passa para o plural nos evangelhos para exprimir "os mistérios do reino" (Mt 13,11; Mc 4,11; Lc 8,10). As coisas podem ser resumidas assim: "O mistério é antes de tudo algo que está em relação com o plano de Deus sobre a humanidade, quer ele designe seu termo ou vise a seus meios de realização[14]".

Claro que o Novo Testamento fala do batismo, da eucaristia e de outros ritos, aos quais voltaremos. No entanto ele não sente necessidade de inscrevê-los sob o abrigo de um termo comum a todos. É preciso dizer também, então, que as traduções latinas do Novo Testamento hesitam, a respeito do termo grego *"mystèrion"*, entre *"mysterium"* e *"sacramentum"*. É por meio da primeira tradução latina de *"mysterion"* que o termo "sacramento" se encontra no texto bíblico. Particularmente na passagem de Efésios 5,32, sobre a união do homem e da mulher, o latim escreve "esse sacramento é sublime". A tradição o recordará, ao refletir sobre o sacramento do matrimônio.

Mistérios e sacramentos

Os padres da Igreja grega empregam habitualmente o termo "mistérios", no plural, para designar as celebrações cristãs do batismo, da eucaristia e das ordenações. Esse emprego um pouco derivado vem ao mesmo tempo da Escritura e da influência das religiões de mistérios. Mas era preciso encontrar um termo em latim. O criador do termo "sacramento" em seu sentido cristão foi o jurista africano Tertuliano, bem no início do século III. Ele transpôs um termo do direito romano:

---

14. MONTCHEUIL, Yves de. *Problèmes de vie spirituelle* [*Problemas de vida espiritual*], Paris, DDB, 2006, 208.

o *sacramentum* era o juramento sagrado (*sacrum sermentum*[15]) que acompanhava um compromisso jurídico fidedigno ou um engajamento militar em que o soldado prestava juramento a seu imperador. O alistado recebia na ocasião uma tatuagem que lhe servia como placa de identidade. Essa imagem será retomada a propósito do batismo, que é o engajamento na milícia de Cristo e inscreve um cunho na alma.

O termo "sacramento" destaca, então, mais o aspecto da resposta de fé de quem recebe o sacramento e também o aspecto cultual: um sacramento é um ato do culto. No entanto, como sempre acontece quando um termo é transposto de um universo de linguagem para outro, o emprego cristão de "sacramento" carrega a palavra com todo o sentido inscrito em "mistério" ou "mistérios". Tertuliano, que conhecia bem o grego, também empregava o termo "mistério". Ele é contemporâneo da primeira tradução latina do Novo Testamento (chamada tradução *Vetus Latina*): decerto houve interferência entre ele e essa tradução.

> Agostinho também desempenhará um papel importante no uso do termo "sacramento", ao qual dá três sentidos distintos, mas que se comunicam mutuamente: em primeiro lugar, sacramento é todo rito religioso visivelmente celebrado. Para ele, os sacramentos cristãos são: o batismo, a unção (a confirmação), a imposição das mãos, a profissão religiosa, e também o símbolo de fé, a Escritura, a oração dominical (o *Pater*), as festas. Ele é o autor da famosa frase "Uma palavra se acrescenta a um elemento, e isso constitui o sacramento". Como se vê, ele não menciona a totalidade do septenário, e lhe acrescenta realidades que não serão consideradas sacramentos.

---

15. Na tapeçaria da rainha Matilde, exposta em Bayeux, que reproduz a epopeia de Guilherme, o Conquistador, uma legenda latina comenta o texto. Quando Haroldo presta juramento a Guilherme, juramento que ele infringirá, em seu detrimento, lê-se: "*Harold* sacramentum *fecit Guillelmo duci* – Haroldo fez juramento ao duque Guilherme." Na Idade Média, o termo ainda pode ter o sentido de juramento.

> O segundo sentido é o do sacramento-símbolo. O símbolo é, para ele, a capacidade que toda criatura tem de expressar as realidades divinas: os astros do céu, os animais da terra, as personagens ou as ações históricas. Assim, toda a Escritura é o livro dos sacramentos divinos, em que figuras encerram um sentido oculto. O termo "símbolo"[16], portanto, está ligado há muito tempo a "sacramento".
>
> O terceiro sentido é o do sacramento-mistério, e já nele encontramos a ideia de Cristo mistério, ou sacramento global de Deus: "De fato, não há outro mistério de Deus que não Cristo". Também, quando ele fala do "sacramento de nossa regeneração", pensamos espontaneamente no batismo, mas é possível que ele pensasse na Encarnação redentora. O termo "sacramento" designa, então, "os mistérios da fé católica", "o mistério da graça" ou o "mistério da vida eterna".

O trabalho de reflexão de Agostinho sobre o termo "sacramento" é muito correto, mas ainda não é bastante preciso, pois não distingue suficientemente o que é um sacramento vindo de Cristo e o que não é. A estimativa do número de sacramentos, portanto, vai evoluir. Ao ler os padres gregos, tem-se a impressão de que há menos de sete sacramentos. A prática penitencial, apesar de amplamente vivida na Igreja, ainda não é contada entre os sacramentos, e o matrimônio não é celebrado na igreja durante os primeiros séculos. Mas, ao ler os padres latinos e os teólogos da Idade Média, constata-se que há muito mais do que sete sacramentos. No século XI, por exemplo, Pierre Damien conta doze: o batismo, a confirmação, a unção dos enfermos, a consagração dos pontífices, a unção dos reis, a dedicação das igrejas, a confissão, a consagração dos monges, dos eremitas e das monjas, e o matrimônio. Nessa lista não figuram a eucaristia nem a ordem, que são, no entanto, segundo o autor, "sacramentos principais". São Bernardo considera dez, entre eles, o lava-pés, a exemplo de Santo Ambrósio. De fato, é de surpreender que esse gesto vivido pelo próprio Jesus e incluindo a ordem de imitá-lo não tenha sido considerado sacramento.

---

16. Ver páginas 30-34.

Rumo ao septenário

O termo "sacramento" vai se definir por ocasião da reflexão sobre a origem de cada rito: quais são os ritos cristãos que têm fundamento no próprio Cristo? Quais são os ritos que a Igreja vive legitimamente, mas que pôde inventar, e os ritos que expressam simplesmente o dom de Cristo à Igreja? Depois, serão distinguidos os sacramentos principais, instituídos pelo Senhor (batismo e eucaristia), e os sacramentos menores, vindos mais diretamente dos apóstolos. Farão indagações sobre alguns ritos de origem eclesial ainda chamados de sacramentos. Assim, chegar-se-á à elaboração do septenário sacramental depois de algumas hesitações. O critério principal desse discernimento será:

Só é sacramento o que Cristo instituiu como dom para sua Igreja; o que esta recebe sem poder fazer alterações, e não o que ela institui por si. A Igreja é constituída pelos sacramentos, não tem poder direto sobre eles; não pode inventá-los.

Na lista definitiva, portanto, só estão os ritos que expressam apenas uma resposta ou um engajamento do cristão, como os votos religiosos. De fato, eles não são atos de Cristo para sua Igreja; expressam a resposta dos fiéis ao dom de Deus. Do mesmo modo, a consagração de um rei ou de um imperador é um rito da Igreja, não um sacramento. Em torno dos sacramentos serão reconhecidos, assim sacramentais, gestos rituais estabelecidos ou reconhecidos pela Igreja e realizados na fé.

Encontramos a primeira lista do septenário no início do século XII em um autor anônimo, o Mestre das sentenças, nome extraído de uma obra chamada *Suma das Sentenças,* ancestral da *Suma Teológica* da Idade Média. Em 1155, Pedro Lombardo, arcebispo de Paris, enumera os sete sacramentos e trata-os de acordo com a lista que temos hoje e na mesma ordem. Essa lista, confirmada por Inocêncio III em 1208, será aceita universalmente, e os orientais que participaram das tentativas de reconciliação em Lyon (1274) e em Florença (1439) a reconheceram sem dificuldade. Pode ser encontrada em diversos documentos magisteriais e, evidentemente, no Concílio de Trento, que diante da contestação protestante formaliza pela primeira vez uma exposição sistemática sobre os sete sacramentos. Seu novo questionamento pelos reformadores provém de uma concepção muito rígida por parte deles da instituição explícita e formal de cada sacramento por Cristo[17].

Estamos diante de um paradoxo, semelhante ao da recepção das Escrituras. A Igreja reconhecia a autoridade dos textos bíblicos do Antigo e do Novo Testamento, aos quais ela se submetia; mas era a mesma Igreja que discernia com autoridade os livros que pertenciam e os que não pertenciam às Escrituras. Do mesmo modo, a Igreja reconhece sete sacramentos que a constituem, mas é ela que tem responsabilidade e autoridade para discernir os sacramentos instituídos por Cristo dos outros ritos que não vêm dele. A Igreja os recebe em obediência; no entanto, é ela que os determina. Para o cânone das Escrituras, isso aconteceu no século II; para o septenário dos sacramentos, foi preciso esperar o século XII. Porém, não significa que a Igreja já não tenha vivido dos sete sacramentos desde sua fundação.

2. Em que sentido Jesus "instituiu" os sacramentos?

Essa determinação estrita e mínima dos sacramentos leva-nos a outra questão. Se um sacramento é ato de Jesus, um gesto fundamentalmente desejado e instituído por Jesus, é preciso poder provar que isso é verdade para cada um deles. Ora, as coisas não são tão simples. A explicação necessária para cada um será proposta nos capítulos seguintes. Mas convém abordar desde já os dados gerais da questão. A exegese e a teologia modernas exigem que se examinem as coisas de perto.

A teologia medieval, que é aqui a primeira em questão, pois foi ela que determinou o septenário, teve uma concepção muito ingênua da instituição dos sacramentos por Cristo. Definia de maneira rigorosa

---

17. As igrejas oriundas da reforma praticam a confirmação, o matrimônio e a ordenação por imposição das mãos; algumas, a penitência e a unção dos enfermos. Mas não as consideram sacramentos, como o batismo e a eucaristia. Esses atos litúrgicos são objeto de uma revalorização de sua parte. O grupo de Dombes propôs a esse respeito a distinção entre *sacramentos* e *atos sacramentais*. A questão mais importante reside na atribuição a esses atos sacramentais de um dom de graça vindo de Cristo e do Espírito Santo.

a *matéria* e a *forma* de cada sacramento, ou seja, o elemento ou o gesto por um lado e, por outro, a palavra que o acompanhava. Estimava que esses dois elementos constituíam não apenas o cerne de sua celebração litúrgica, mas também sua própria realidade. Concluiu um tanto precipitadamente que o próprio Jesus estabelecera os dois elementos do rito. Um desconhecimento da história levava-a a pensar que esses gestos não haviam se alterado em nada desde a época de Cristo. Encontramos um eco da mesma ingenuidade na posição do monsenhor Lefebvre ao considerar que o rito da missa de São Pio V permanecia praticamente inalterado havia 2 mil anos, a rigor, como se Jesus tivesse celebrado a primeira ceia de acordo com esse rito.

Essa forma de entender as coisas suscitava muitos problemas: se ela vale para a eucaristia e se dispomos de uma ordem clara de Jesus para o batismo e a penitência, não temos dados precisos para a instituição da confirmação e do sacramento chamado na época de extrema-unção. Os teólogos, portanto, fizeram uma distinção entre uma instituição imediata por Jesus para determinados sacramentos e uma instituição mediata para os outros: Jesus os "insinuou" e "prometeu", e eles foram promulgados pelos apóstolos, que estabeleceram sua forma e sua matéria. São Tiago promulgou, assim, a extrema-unção. Era a posição de São Boaventura; no entanto, Santo Tomás, que admitia seu princípio, afirmava que Cristo instituíra pessoalmente a matéria e a forma de cada sacramento.

> Esta última perspectiva não respeita a história e não pode ser assumida. É evidente que os ritos passaram por desenvolvimentos e até sofreram mudanças: a forma do batismo na Igreja antiga era constituída pelo diálogo da recitação do Credo entre o celebrante e o neófito. Após cada "Crês? – Creio", o batizado era mergulhado na piscina. A frase indicativa "Eu te batizo em nome do Pai..." não era empregada. Também, a Antiguidade cristã via na imposição das mãos o rito essencial da ordenação; mas na Idade Média considera-se que a transmissão dos instrumentos próprios a cada ordem constitui esse gesto essencial. Em 1947, o papa Pio XII, com o

> objetivo de evitar alguma dúvida sobre a validade das ordenações, voltara à imposição das mãos. Paulo VI fez o mesmo para a confirmação, no entanto, valorizando a unção com o crisma sagrado. Deve-se, então, fazer clara distinção entre a instituição de um sacramento em razão de seu sentido e da natureza da graça dada e a determinação precisa de seu rito.

Atualmente, a questão é retomada apelando não apenas para Jesus *fundador* dos sacramentos, mas, ainda mais, para Jesus *fundamento* dos sacramentos, principalmente em razão de seu mistério pascal. São Paulo dizia: "Ninguém pode fazer outro alicerce além do que foi colocado, que é Jesus Cristo" (1Cor, 3,11). Segundo outra imagem, os apóstolos são a própria fundação, ao passo que Jesus é a chave da abóbada ou da pedra angular (ver Ef 2,20). O que se disse sobre a passagem dos gestos de Jesus aos sacramentos da Igreja permite compreender sua importância, assim como a determinação da Igreja como sacramento primordial. O teólogo Karl Rahner considera até que se possa constatar uma instituição imediata dos sacramentos a partir de palavras e de gestos de Jesus que não nos teriam sido transmitidos pelas Escrituras. Isso não significa que não haja no Novo Testamento indicações suficientes sobre cada um dos sacramentos.

Há dois polos na instituição dos sacramentos: o do evento de Jesus, em que ele é ao mesmo tempo fundador e fundamento de todos os sacramentos em sua própria pessoa; e o do discernimento da Igreja, que reconhece um sacramento, por um lado, a partir dos indícios evangélicos e escriturários e, por outro, em razão das situações principais da existência humana que levam o fiel à necessidade da graça salvadora. É o que constatamos na gestão secular dos sacramentos; depois, no discernimento do septenário sacramental.

Essa perspectiva vê-se confirmada por um caso contrário bastante surpreendente. A Igreja não incluiu no septenário dos sacramentos o lava-pés (Jo 13). Trata-se, no entanto, de um gesto marcante de Jesus, a cujo respeito ele pede expressamente aos discípulos que façam o mesmo que ele: "Se eu, o Senhor e Mestre, vos lavei os pés, também vós deveis lavar os pés uns aos outros" (Jo 13,14). Não podemos deixar de comparar essa fala ao "fazei isso em minha memória" da eucaristia. Alguns Padres da Igreja consideraram o lava-pés um sacramento, e a Igreja não o esquece completamente na celebração da Quinta-Feira Santa. No entanto, nunca o considerou um sacramento propriamente dito. Em seu discernimento, não o viu como um gesto simbólico que expressasse um dom específico de graça, como para a eucaristia, mas, antes, o exemplo da própria realidade da vida cristã.

3. Como compreender a eficácia dos sacramentos?

A eficácia ou a "causalidade" dos sacramentos, talvez fosse melhor dizer sua "fecundidade", é um ponto que suscitou muitos debates na Igreja desde a Reforma Protestante. Uma expressão em particular, retomada pelo Concílio de Trento, constituiu um pomo de discórdia. Os sacramentos agem *ex opere operato*, ou seja, pelo simples fato de seu rito ser realizado corretamente com a intenção de fazer o que a Igreja quer. Disso concluiu-se uma concepção puramente mágica: o rito foi cumprido, portanto, "está tudo bem" automaticamente. O adágio não significa isso, de modo nenhum. Ele não diz que o rito supre automaticamente a ausência de fé e de disposições desejadas por parte de quem recebe o sacramento. É claro que o fruto do sacramento dependerá da qualidade do amor do fiel. A frase diz que a eficácia do sacramento vem de Cristo e que não depende de disposições do ministro[18] nem de sua santidade pessoal. Um ministro pecador, se resolve dar o sacramento, o faz com toda a sua força. Como dizia Agostinho, seja qual for o padre que batize, é Cristo que está batizando.

O Concílio de Trento pede que reconheçamos que os sacramentos são dons de Deus que conferem *a graça que eles significam* aos que não criam obstáculos a isso e que não são apenas sinais exteriores a essa mesma graça. A própria expressão "a graça que eles significam"

---

18. Em latim diz-se que o sacramento não age *ex opere operantis,* ou seja, em razão de quem o opera.

coloca-nos no caminho de uma causalidade intencional, ou seja, da que se exerce entre pessoas humanas.

Essa causalidade[19] não pode ser material ou física, pois tal perspectiva nos levaria a uma concepção mágica. Já Tertuliano, autor do primeiro *Tratado sobre o batismo*, colocava a questão cruamente: como realidades materiais podem produzir efeitos espirituais? Ele queria mostrar que a resposta está em outro lugar: os sacramentos não são remédios especializados, em que uma molécula tem efeito imediato. Não encerram virtudes ocultas, como os sais de uma fonte mineral.

Os sacramentos são atos e gestos que se inscrevem na ordem da comunicação entre as pessoas, pessoas estas ao mesmo tempo espirituais e corporais, para as quais a comunicação com inteligência e amor se expressa através dos gestos físicos. Assim, a comunicação que se dirige das pessoas divinas às pessoas humanas modela-se pelos modos de comunicação que praticamos todos os dias em nossos intercâmbios entre pessoas humanas. Um sinal se expressa através de uma realidade física, mas, como sinal ou signo a ser compreendido, não é uma realidade física. O semáforo em sua materialidade pura não indica a obrigação de parar e tampouco a obtém. Quando me detenho diante dele, percebo-o em sua intencionalidade de sinal. Ele me envia uma mensagem que recebo e à qual obedeço. Sua eficácia consiste em me fazer marcar a parada pela resposta de minha inteligência e minha vontade.

Vamos tomar dois exemplos: primeiro, o presente dado. Se dou um presente a um ente querido, meu presente tem significado espiritual que não é necessariamente proporcional a seu preço. O que constituirá seu preço real é a qualidade da afeição que ele expressa naquela circunstância; o que constituirá sua eficácia é a alegria provocada e o amor que retorna ao donatário. Um presente é uma mensagem. Não só abraçamos espontaneamente a pessoa que acaba de nos dar um presente como esse presente convida à reciprocidade. Um dia ou outro, vai provocar um presente em retorno. O dom suscita o contradom. A

---

19. Emprego as expressões "causa" e "causalidade", embora tenham sido muito contestadas nas últimas décadas, porque me parecem incontornáveis nessa questão. Mas está claro que não se trata de uma causalidade de tipo científico.

comunicação torna-se troca, não troca econômica do tipo de um reembolso ou do desejo de ficar "quite". Ora, estamos aqui na ordem da gratuidade de uma troca de amor. Por outro lado, o presente, além de sua utilidade, será sempre portador da memória do dom recebido. Por isso é desejável que tenha um valor simbólico. Pois sua "eficácia" espiritual, como presente, é bem diferente daquela que possa ter o objeto em si. Está ligada ao seu significado. Os presentes mantêm o amor e inscrevem-se na história que se desenvolve entre duas pessoas.

Vamos tomar um segundo exemplo a partir da linguagem *performática*, segundo o vocabulário dos linguistas. A linguagem performática é a que realiza o que diz pelo simples fato de dizê-lo. O "sim" que os esposos se dizem para contrair matrimônio é uma palavra que realiza o que ela significa. Além de expressar o compromisso de cada um, ela o efetua. A relação deles mudou, são a partir de então marido e mulher. O mesmo ocorre num juramento ou num voto pelo qual o religioso ou a religiosa se compromete com Deus a praticar a castidade, a pobreza e a obediência numa comunidade. É claro que o gesto acentua devidamente a importância da palavra. Os esposos colocam as alianças um no dedo do outro como sinal concreto de sua união. E beijam-se diante das testemunhas de seu casamento.

O dom da graça

Os sacramentos são os presentes, dons que Deus dá aos homens por intermédio de Cristo e com o poder do Espírito. São atos simbólicos[20] que significam a intenção de salvação, cujo portador era o gesto de Cristo. O presente dado no caso chama-se graça. Mas, ao contrário de uma representação por demais comum, a graça não é uma coisa, é uma relação. A graça é o amor que Deus tem por nós. O próprio termo sublinha a gratuidade do amor: a graça é benevolência, favor, benefício, indulgência, às vezes. Maria "achou graça diante de Deus", estava "cheia de graça", ou seja, plena do amor de Deus. Gostamos de cair

---

20. Para compreensão do símbolo, ver páginas 30-34.

nas boas graças de alguém que tenha poder, podemos sofrer uma desgraça, há condições que designamos como "estados de graça". Retomamos, assim, o vocabulário de nossos catecismos, que nos diziam que estamos em "estado de graça" quando nada em nós se opõe à amizade divina. Todos esses empregos correntes do termo "graça" mostram que a graça é relação. Mas a graça é também beleza, encanto, atrativo, agrado, sedução, fonte de alegria; fala-se na graça do gesto de uma criança ou de um rosto. Na graça divina, esses dois elementos, amor e beleza, estão ligados.

A graça é, portanto, a benevolência amorosa de Deus para com os homens e a bênção de que somos objeto de sua parte. Na graça, Deus comunica-se conosco e nos transforma para nos tornar capazes de acolhê-lo. A graça dos sacramentos é a realidade dessa benevolência de Deus para conosco manifestada e particularizada segundo as diversas situações de nossa existência. É por isso que a tradição cristã nos diz que os sacramentos são causas na medida em que são sinais, ou seja, mensagens. Sua eficácia é intencional: a intenção é uma realidade espiritual que se expressa por meio de um gesto material. Falaremos, então, de causalidade simbólica no sentido de que o corpo é símbolo da alma.

Sendo assim, a causalidade dos sacramentos não é nada "técnica": é eminentemente livre, pois se exerce de uma pessoa livre para uma pessoa livre. Encontramos um exemplo disso na educação dos filhos pelos pais ou na influência do mestre sobre o discípulo. A liberdade de uns forma a liberdade dos outros, para que essa liberdade seja reconduzida a si mesma. A influência recebida será livremente aceita, sinal disso é que poderá também ser rejeitada. Os filhos, aliás, não são chamados a ser cópia fiel dos pais, mas têm necessidade de sua educação para se tornarem eles mesmos; do mesmo modo, o discípulo encontra sua independência e não faz simplesmente repetir as ideias de seu mestre.

Por ser uma causalidade livre que se dirige a liberdades, a causalidade dos sacramentos age no tempo. Ela pode antecipar-se: quem se prepara para o batismo com toda a fé já vive da graça do batismo; esta pode ser adiada; quem não havia recebido o sacramento em disposições suficientes pode corresponder-lhes depois da celebração.

Os sacramentos inscrevem-se na iniciativa de dom que nos solicita, ao mesmo tempo que o possibilita, um contradom. São eventos de graça que vêm a nosso encontro ao longo de toda a vida, como a expansão do evento de graça que foi a vida de Jesus. A existência de Jesus já exercia uma causalidade sacramental, como vimos; seus gestos de amor e de salvação exercem uma sedução conversora sobre seus contemporâneos. A fecundidade sacramental da existência de Jesus encontra-se universalizada nos limites do espaço e do tempo sob a forma ritual pela qual a instituição remonta a ele em seu fundamento. Os sacramentos "capitalizam", por assim dizer, para cada um de nós a livre causalidade divina que nos criou e nos salvou. Essa fecundidade é vivida na Igreja, que por sua vez é sinal sacramental do dom da salvação. Os sacramentos são celebrados por um gesto também sacramental, que bem mostra que nem todo organismo dos sacramentos é um poder humano, mas, sim, um dom de Deus[21].

4. O que é o caráter sacramental?

A Igreja nos diz que três sacramentos – o batismo, a confirmação e a ordem – interferem no caráter da pessoa que os recebe. O que seria isso? Uma convicção profunda, que remonta às origens, julga que esses sacramentos são dados para sempre e nunca devem ser repetidos, ao passo que a eucaristia e a penitência podem ser vividas com frequência; quanto ao matrimônio e à unção dos enfermos, estes podem, eventualmente, ser revividos pela segunda vez ou até mais.

Mas o que acontece se um indivíduo recebeu o batismo em más disposições, que o impediram de receber a graça da amizade divina? Ele não pode mais ser batizado? É, então, definitivamente excluído do desígnio de salvação? A resposta consiste em dizer que o sacramento reencontra sua fecundidade de graça a partir do momento da conversão real do batizado. O sacramento, nesse caso, apesar de ser

---

21. Inspirei-me para essas explanações no pensamento de K. Rahner e de L.-M. Chauvet.

infrutífero, não se torna inexistente ou inválido. O batizado recebeu "algo" do batismo, algo suficientemente importante para que não se possa repeti-lo.

De fato, Cristo imprimiu sua marca espiritual no batizado. Essa marca é definitiva. Portanto, basta que o batizado se converta à fé e à caridade para que a fecundidade de graça do batismo "reviva" nele, uma vez que isso lhe havia sido impedido. A essa marca deu-se o nome de "selo" (*sphragis*, em grego), termo bíblico já empregado a propósito da circuncisão e que evoca a marca do espírito prometido. Santo Agostinho traduziria o termo "selo", em latim, por "caráter", por trás do qual havia uma imagem muito concreta. A palavra designava a tatuagem dos animais de um rebanho que marcava seu pertencimento a um dono, ou a tatuagem do soldado incorporado ao exército romano. Na Idade Média, a teologia do caráter se refinara para expressar um sinal ou uma marca espiritual e indelével na alma do batizado, do confirmado ou do ministro ordenado, marca esta que não permite reiterar seus sacramentos. Essa doutrina foi confirmada pelo Concílio de Trento. Deve-se ver nela, sempre, a marca de Cristo e do Espírito Santo.

B. A Igreja faz os sacramentos

Se, por um lado, os sacramentos são um dom de Cristo à Igreja, sobre cuja realidade esta não tem nenhum poder, por outro lado, esses mesmos sacramentos foram confiados à Igreja para que ela os administre aos crentes. Os sacramentos são da ordem da prática. Essa prática visa a pessoas que vivem na história de acordo com modalidades culturais bem diferentes. A Igreja exerce uma dupla responsabilidade com respeito aos sacramentos, a fim de que estes sejam vividos e recebidos em plena conformidade com a intenção de Cristo. Essa responsabilidade é, por um lado, litúrgica e, por outro, da ordem da disciplina (direito canônico). O papel da Igreja é fazer com que os sacramentos sejam celebrados numa figuração tão transparente quanto possível do seu sentido e que sua administração obedeça a determinado número de regras que lhes respeitem a natureza e o valor.

1. A Igreja responsável pela liturgia

No princípio, Cristo[22] deixara pouquíssimas indicações sobre a liturgia dos sacramentos. Só a eucaristia enseja algumas indicações. De início, as primeiras comunidades cristãs estavam, então, condenadas a criar amplamente. No entanto a liturgia cristã não partia do zero, pois vivia com base na herança da prece judaica. A grande regra inicial foi a improvisação sobre o fundamento dos dados da nova fé. Para a eucaristia, por exemplo, era preciso obedecer às palavras de Jesus que pediam que se repetisse o que ele fizera, integrando o que traziam as narrativas de instituição a uma liturgia da Palavra, em primeiro lugar, e a uma oração eucarística, em seguida, concluindo-se tudo pela comunhão.

A liturgia sacramental na Igreja antiga

No final do século I, dispomos de um livreto chamado *Doutrina dos doze apóstolos* (*Didaquê*), que é um pequeno manual de catequese, de liturgia e de prescrições disciplinares, ou seja, um embrião de missal e de direito canônico. A parte litúrgica compreende uma primeira descrição do batismo e uma liturgia eucarística. Esses textos nos mostram que a oração cristã tem raízes nos modelos das bênçãos judaicas pronunciadas à mesa. As primeiras orações eucarísticas escritas a que temos acesso cristianizaram preces de bênçãos judaicas. Essa cristianização manifestou-se na linguagem pela passagem do termo "bênção" para "eucaristia", a fim de designar essa celebração. A celebração acontece no domingo e começa com um pedido mútuo de perdão. Assistimos, assim, à construção muito gradual de uma liturgia cristã original. Justino, em meados do século II, dá testemunho de uma etapa mais evoluída de celebração eucarística.

---

22. Esse aspecto já foi lembrado anteriormente a propósito da matéria e da forma de cada sacramento.

No início do século III, dispomos de um novo livreto litúrgico e disciplinar, a *Tradição apostólica*, atribuído a Hipólito de Roma. Essa obra nos apresenta um ritual mais detalhado para o batismo, a eucaristia e as ordenações, começando pela ordenação do bispo. Ela contém uma das primeiras orações eucarísticas redigidas, a origem da segunda oração eucarística do rito de Paulo VI. Contudo, ele acrescenta: "Que o bispo dê graças, como dissemos anteriormente. Não é de modo algum necessário que ele pronuncie as mesmas palavras que dissemos, como se se esforçasse por dizê-las de cor, rendendo graças a Deus; mas que cada um ore conforme suas capacidades[23]."

Em meados do século IV, Cirilo de Jerusalém, em suas *Catequeses mistagógicas* (ou seja, de iniciação à liturgia), descreve aos novos batizados os ritos do batismo, da confirmação e da eucaristia, sacramentos que eles receberam durante a noite pascal. A regra do secreto (o arcano) prescrevia de fato que, se o Credo fosse ensinado aos catecúmenos antes do batismo, os sacramentos ou os mistérios só lhes seriam revelados depois de sua recepção. Reencontramos aí uma descrição exata da estrutura da oração eucarística. Não há texto estabelecido, mas a explicação do conteúdo e do sentido das orações em questão.

> Assim, codificaram-se gradualmente, com formulários cada vez mais determinados, as grandes liturgias do Oriente e do Ocidente. Essa determinação tornara-se necessária em razão das novas heresias; mas ela permanecia flexível e sempre dava espaço a variações e inovações. A diversidade era imediatamente ligada à das línguas, pois cada povo ou região tinha uma liturgia em sua própria língua. Três grandes grupos de liturgias desenvolveram-se, desse modo, no Oriente, em torno dos centros urbanos principais de Antioquia, na Síria, e de Alexandria, no Egito. No Ocidente, a princípio, ocorreu o mesmo: identificam-se dois tipos de liturgias, o tipo romano e o tipo galicano e moçárabe. O rito romano era, no início, a liturgia da cidade

---

23. HIPPOLYTE, *Tradition apostolique*, 9: trad. B. Botte, SC 11 *bis*, 65. [Hipólito, *A tradição apostólica*, Petrópolis, Vozes, 2004. (N. da T.)]

de Roma. Esse rito difundiu-se gradualmente pela Itália, com algumas variantes. A cidade de Milão dispunha da liturgia dita ambrosiana (do nome de Santo Ambrósio), inspirada na tradição romana com muita liberdade. O rito romano transpõe os Alpes, e Carlos Magno impôs a liturgia romana em seu império. O rito romano suplantou aos poucos as liturgias locais na Gália, na Germânia e, mais tarde, na Espanha. Uma das características do rito romano foi a oração eucarística mais tarde chamada de *cânone romano*. Roma tinha uma fórmula única, ao passo que as outras liturgias do Ocidente não tinham fórmulas fixas. Mas, numa época em que ainda não existia imprensa, esse rito podia ter particularidades muito diversas.

Na Idade Média e nos tempos modernos

Muito resumidamente, é possível reconhecer, após um período de improvisação controlada até o final do século IV, um período de surgimento dos formulários entre os séculos IV e VII, depois um período de compilação entre as liturgias do século VIII ao século XII e, finalmente, um período de fixação (séculos XIII e XIV). Esse longo desenvolvimento está intimamente ligado ao crescimento da Igreja na Ásia, na África e na Europa, em culturas e línguas diferentes, e a uma preocupação pastoral de expressar de forma adaptada e eloquente o conteúdo dos sacramentos.

Nesse itinerário é que se deve situar a reforma consecutiva ao Concílio de Trento. O final da Idade Média conhecera certa decadência litúrgica. Uma criatividade intemperante fizera com que ritos adventícios se multiplicassem. O povo pouco instruído era frequentemente excluído da liturgia, que não compreendia, e expressava sua fé por devoções. A invenção da imprensa facilitava essa reforma e agia em favor da difusão de liturgias mais estáveis. O Concílio de Trento tomou essa decisão, e sua execução foi confiada ao papa. O procedimento foi exatamente o mesmo no Concílio Vaticano II, com Paulo VI. Em 1570 foi publicado um novo missal, o assim chamado missal Pio V, e, em 1614, houve um ritual. O objetivo do rito assim reformado era fazer a

Igreja retornar à antiga regra da oração e estabelecer mais unidade nas celebrações litúrgicas. Essa reforma trouxe algumas reduções e uma simplificação do calendário. Como havia a imprensa, passou a ser publicada regularmente a *Ordo missae*, e os diferentes livros litúrgicos foram atualizados, acrescentando-se a eles as rubricas que davam todas as indicações necessárias sobre a maneira de celebrar.

A reforma impôs o rito romano da missa a todo o Ocidente e a suas novas descobertas, ou seja, não apenas até o Extremo Ocidente, que é a América, como também até a Ásia, a Índia e o Extremo Oriente, que são o Japão e a China. Conforme a decisão do Concílio de Trento, a liturgia continuava sendo celebrada em latim, mas os pastores eram convidados a fazer tudo para ensinar o povo em língua vulgar, até mesmo interrompendo a celebração dos ritos da missa. Depois de um período de criatividade litúrgica, induzida por essa reforma, a liturgia conheceu, no Ocidente – ou seja, na maior parte do mundo, pois as liturgias da tradição oriental só eram praticadas no Oriente Próximo –, uma época de estabilidade durante três séculos, a qual pôde dar a impressão de que a liturgia era inatingível, assim como o latim.

No entanto, a vida litúrgica despertou no século XIX, e pode-se marcar como origem do movimento litúrgico que levara ao Concílio Vaticano II a ação de dom Guéranger (1837-1875), primeiro abade de Solesmes. O início do século XX assistiu, então, ao grande desenvolvimento litúrgico que tirou proveito de um grande número de novos estudos históricos e foi comandado pela preocupação pastoral de tornar a liturgia mais facilmente acessível a fim de que o povo pudesse participar dela mais ativamente. Dois papas da primeira metade do século XX entraram nesse movimento: Pio X, com seus decretos sobre a comunhão frequente e a comunhão das crianças, e Pio XII, com a reforma da liturgia da Semana Santa. Bem antes do Concílio Vaticano II, os livros litúrgicos vindos do Concílio de Trento foram reformados. A missa segundo o rito de 1962 já revela muitas diferenças com relação à liturgia de São Pio V.

A reforma decidida pelo Concílio Vaticano II é, portanto, resultado de uma busca já secular. Na primeira Constituição, dedicada à liturgia, o concílio afirmou princípios gerais para a restauração e o progresso da liturgia, "cume e fonte da vida da Igreja". Um dos principais objetivos era favorecer a participação ativa dos fiéis no ato litúrgico e dar espaço maior à Sagrada Escritura nas celebrações. O concílio abre a possibilidade de amplo uso das línguas dos diversos países e recomenda a adaptação da liturgia ao temperamento dos diferentes países. Termina com a solicitação de uma revisão geral dos ritos dos sacramentos, do ofício divino e do calendário litúrgico.

> Foi instaurado um conselho litúrgico depois do concílio para efetuar todas essas atualizações. Em 1970 foi publicada a nova *Ordo missae*, preparada sob autoridade de Paulo VI. Nela o rito tridentino foi atenuado pela exclusão de certas repetições. A liturgia da Palavra ganha maior peso. O ritmo das leituras é estabelecido, por três anos, para os domingos. A oração universal, que já não existia a não ser para Sexta-Feira Santa, voltou a vigorar para domingos e festas. As frases de um ofertório que se desenvolvera a par da oração eucarística foram atenuadas. O cânone romano, ainda em uso, é acompanhado por uma escolha de três outras orações eucarísticas, inspiradas, por sua vez, em liturgias antigas, a fim de evitar a monotonia da repetição. A *epiclese*, ou seja, a invocação dirigida a Deus para que ele envie o Espírito Santo a fim de transformar os dons do pão e do vinho em Corpo e Sangue de Cristo, também é valorizada, pois o cânone romano, que ainda a incluía, deixara-a cair no esquecimento. A comunhão sob as duas formas tornou-se possível em alguns casos. Enfim, foi restaurada a concelebração dos padres para a eucaristia.

Eram muitas "inovações", mas, examinando mais de perto, vemos que essas inovações são quase sempre um retorno ao muito antigo. A tradição simplesmente mostrou que tinha boa memória e que podia fazer o novo com o antigo. Não se pode, portanto, opor o rito da "nova missa" ao "rito de sempre". As duas expressões estão igualmente erradas: a missa nova é mais antiga, em muitos aspectos, do que a missa tridentina. Se é que existe uma tradição bimilenar da eucaristia desde o testemunho de São Paulo, a história mostra claramente que nunca houve "rito de sempre" ou rito "bimilenar". A unidade de um mesmo e único sacramento é realizada de forma plural através da história e da geografia do mundo. Esse movimento de tradição, constituído de fidelidade e de criação, prosseguiu até nossos dias: em seu percurso, integrou a missa tridentina, e verificou-se também com a "restauração" realizada na esteira do Concílio Vaticano II.

2. A Igreja responsável pela administração dos sacramentos

Contudo, a gestão litúrgica dos sacramentos não basta. Pelo simples fato de serem atos concretos que dizem respeito a pessoas, os sacramentos suscitam também algumas questões práticas, se quisermos que sejam corretamente administrados conforme a intenção de Cristo e que produzam todos os seus frutos. São questões de direitos e deveres. Os fiéis, por um lado, têm direito a acesso normal e fácil aos sacramentos da Igreja; a Igreja hierárquica, por outro lado, tem o dever de lhes permitir esse acesso e de colocar os sacramentos à sua disposição. No entanto os fiéis também têm deveres no que diz respeito ao acesso aos sacramentos, e a Igreja tem o direito de apresentar esses deveres e lembrá-los aos fiéis.

O direito canônico

Tudo isso requer, então, uma codificação, que é oferecida pelo direito canônico. O código de direito canônico visa a prever e fornecer os regulamentos necessários às questões de justiça que se apresentam tanto na Igreja como em toda a sociedade. Essa regulamentação pode mudar conforme a época, e o direito canônico é constantemente atualizado. O último direito canônico data de 1983. É fruto do grande conjunto de reformas na Igreja empreendido por João XXXIII no momento do concílio, mas sua tecnicidade exigiu muito tempo e sua promulgação foi feita por João Paulo II. O código anterior datava de 1917 e fora promulgado por Bento XV. Indicando claramente a ordem dos direitos e dos deveres dos diversos membros da Igreja, o direito canônico está a serviço das pessoas e cuida particularmente para que não haja abusos no exercício da autoridade e para que os fiéis possam defender-se, se for o caso.

> O livro IV do último direito canônico é dedicado "à função de santificação na Igreja" e trata dos sete sacramentos. A propósito de cada um, o texto indica as condições mínimas de validade para sua celebração: quem pode ser o sujeito do sacramento, quem pode ser o ministro, os impedimentos à sua celebração (particularmente, os impedimentos concernentes às ordenações e ao casamento). Esses regulamentos definem também o que é próprio a cada um, por exemplo, as inscrições nos registros para os três sacramentos, que não se repetem. Essa inscrição se mantém atualizada, e a indicação da confirmação, do matrimônio e eventualmente da ordenação completa a menção do batismo. Tais registros fornecem a carteira de identidade cristã de cada fiel. O sacramento do matrimônio é o que dá ensejo ao maior número de determinações, em razão do caráter definitivo do compromisso mútuo dos esposos. A dissolução do vínculo é considerada nos casos em que algum impedimento grave ou uma falta de consentimento afeta a celebração.

Sacramentos válidos e sacramentos frutuosos

A Igreja cuida particularmente para que os sacramentos sejam administrados de forma válida – ou seja, para que preencham as condições que fazem deles atos de Cristo –, mas também frutuosa para os fiéis. A questão das condições da validade do batismo colocou-se já no século III a propósito dos batismos dados na África do Norte em Igrejas tornadas cismáticas. Cipriano de Cartago, bispo que se tornou um corajoso mártir, tomou a esse respeito uma posição extremamente rigorosa. Uma vez que o batismo confere o dom do Espírito Santo, ele julgava que um ministro privado do dom do Espírito, por sua dissidência com relação à comunhão da Igreja, não podia transmitir o que não tinha. Cipriano é autor da famosa frase "Fora da Igreja, não há salvação"[24]. De fato, quem deixou a Igreja deixou a nova Arca de Noé, a nova arca da salvação, e caiu no dilúvio do mundo. Fora da Igreja, portanto, já não há batismo, assim como não há salvação.

> A tradição ortodoxa permaneceu de modo global fiel à posição de Cipriano com Firmiliano de Cesareia, contemporâneo no Oriente do bispo de Cartago. Portanto, fora da Igreja ortodoxa, que se considera a única Igreja de Cristo, não há batismo válido, pelo menos em princípio. Isso tem graves consequências no plano ecumênico. Contudo, a ortodoxia admite uma "economia", ou seja, quando o maior bem da Igreja está em jogo, uma exceção à regra ou uma derrogação do rigor permite, apesar de tudo, considerar válidos os batismos e os sacramentos celebrados em outra Igreja. Essa disposição indulgente se exerce quando um cristão batizado pede para ser recebido na Igreja ortodoxa. No entanto ela está longe de ser aplicada sempre e em toda parte. Pode-se pensar que funcionaria, de certo modo retroativamente, no caso de plena reconciliação entre a Igreja Católica e as igrejas ortodoxas. Mas um delegado ortodoxo, por ocasião de um encontro ecumênico sobre os ministérios, fizera em outros tempos esta reflexão drástica: o papa Paulo VI não pode ser bispo de Roma, pois não é batizado!

Todavia, no Ocidente, a questão não parou por aí. O problema voltou a se colocar, sempre na África do Norte, no tempo de Agostinho. A Igreja cismática dos donatistas, fundada e desenvolvida pelo bispo Donato, celebrava muitos batismos. Alguns de seus fiéis pediam, em seguida, para ser recebidos na Igreja Católica. Seria preciso batizá-los de novo ou aceitá-los com base em uma profissão de fé? Agostinho

---

24. Sobre essa frase, ver B. SESBOÜÉ, *"Hors de l'Église pas de salut." Histoire d'une formule et problèmes d'interprétation* ["Fora da Igreja não há salvação". História de uma fórmula e problemas de interpretação], Paris, DDB, 2004.

considerava que já eram batizados, em nome de outro argumento, mais profundo que o de Cipriano. Não é o ministro que dá a graça do Espírito Santo, pois decididamente quem batiza é sempre Cristo. Não se pede ao ministro que celebre o batismo com a intenção de fazer o que a Igreja faz. Os batismos recebidos no cisma, portanto, são válidos e não devem ser repetidos: a "marca" de Cristo foi dada de fato. Mas, em razão da dissidência do fiel cismático, esse batismo não foi fecundo. O simples fato de sua reconciliação com a Igreja torna-o fecundo, então, da graça do Espírito Santo.

Essa é a doutrina que será recebida no Ocidente e que permitiu o reconhecimento mútuo dos batismos entre as igrejas católica, anglicana, luteranas e reformadas. Esse reconhecimento vai até mais longe do que no tempo de Agostinho, pois a Igreja Católica reconhece que os batismos dados nas igrejas protestantes são igualmente fecundos[25].

> Nos tempos modernos, o debate se deslocou para a validade das ordenações nas igrejas do Ocidente que romperam a continuidade da sucessão entre os bispos desde os apóstolos. Foi em nome dessa perda de continuidade que o papa Leão XIII, em 1896, em sua encíclica *Apostolicae curae*, declarou nulas as ordenações anglicanas. Na verdade, a modificação dos livros litúrgicos, no momento das primeiras ordenações, manifestava que os bispos já não tinham a intenção de fazer o que a Igreja faz quando ordena um padre ou um bispo. Essa decisão foi muito dolorosa para a Comunhão anglicana, fortemente apegada ao valor de seu episcopado "histórico", que remonta aos apóstolos. Por isso, desde então, muito bispos anglicanos foram ordenados por bispos velhos-católicos, entre os quais a Igreja Católica reconhece a presença da sucessão episcopal. Por essa razão, a situação tornou-se muito complexa e praticamente inextricável.

---

25. Só as igrejas batistas se excluem desse acordo, por recusarem o batismo de crianças. Ver página 101-102.

É claro que a consideração da validade não é a única por parte da Igreja. O conjunto das disposições jurídicas sobre os sacramentos tem objetivo eminentemente pastoral. A Igreja vive na história e, por ocasião da administração de seus sacramentos, encontra fiéis que pertencem a um mundo social e cultural determinado, um mundo em constante evolução. Seu desafio é adaptar o melhor possível a gestão dos sacramentos às evoluções históricas da consciência humana. Muitas determinações mudam no decorrer dos séculos, como teremos oportunidade de ver. A mudança mais notável é a da disciplina da penitência, que no início era pública, longa e irreiterável, e se tornou, ao longo dos séculos, rápida e, frequentemente, repetível[26]. Essas evoluções são expressão da responsabilidade pastoral da Igreja. Por isso, conforme as épocas, veem-se novas normas serem erigidas, como por exemplo a forma pública do matrimônio por ocasião do Concílio de Trento[27]. Essa tarefa nunca termina. Ela pertence a cada etapa da peregrinação da Igreja.

Péguy dizia que, nos assuntos humanos, tudo começa pela mística e tudo termina em política. Talvez este capítulo dê essa impressão. Começamos por Jesus sacramento fundador e seus gestos salvadores e chegamos a explicações jurídicas e canônicas em que a Igreja tem participação principal. Mas essa impressão não é correta, uma vez que desconsidera que os sacramentos permanecem na lógica da Encarnação em que o Verbo de Deus vem ao encontro da humanidade em sua condição temporal e carnal. Os sacramentos são transmitidos de acordo com a mesma lei que a Palavra de Deus é transmitida. Se ficassem na esfera etérea dos princípios, já não seriam sacramentos; se são gestos concretos situados na história frágil das comunidades humanas, devem, então, submeter-se a todas as contingências da história.

---

26. Ver páginas 209-218.
27. Ver páginas 320-321.

CAPÍTULO III

O batismo, fundamento da identidade cristã

O batismo é o primeiro sacramento, a porta de entrada para todos os sacramentos. É o sacramento que faz o cristão, o sacramento da identidade cristã. Como tal, ele é, por excelência, o sacramento que "permanece", diz Santo Agostinho, o sacramento dado definitivamente. A "carteira de identidade" batismal não se perde e não se renova. A figura do batismo é a do nascimento, ou seja, de um começo absoluto. O batismo faz "nascer" de novo, como diz Jesus a Nicodemo. Nosso primeiro nascimento nos dá a vida dos homens; esse segundo nascimento nos dá a vida de Deus. O batismo nos faz nascer na Igreja e, afinal, faz nascer a própria Igreja que se pode considerar como a grande batizada. Por isso há apenas um batismo, como há aos olhos de Deus uma só Igreja[1] e um só Cristo.

A celebração do batismo é indissociável da profissão de fé. Esta é solicitada ao catecúmeno ou aos pais da criança apresentada. Na igreja primitiva, o credo dialogado entre o ministro e o neófito constituía a própria forma do batismo. A profissão de fé, ou o símbolo de fé, pertence na verdade à carteira de identidade cristã. Assim, Basílio de Cesareia, no século IV, expressava de modo emocionante sua convicção do vínculo inseparável entre batismo e confissão de fé:

---

1. Embora existam hoje igrejas divididas – divisão que tem consequências a propósito do reconhecimento dos batismos, como veremos –, a Igreja é fundamentalmente uma, conforme professamos no Credo: "Creio na Igreja una, santa, católica e apostólica".

Como somos cristãos? Pela fé, todo o mundo dirá. Mas de que maneira somos salvos? Por que renascemos do alto, evidentemente, pela graça do batismo? [...] Se o batismo é para mim princípio de vida e se o primeiro dos dias é o da regeneração, está claro que a palavra mais preciosa será também a que foi pronunciada quando recebi a graça da adoção filial [...]. Para mim peço em minha oração para partir com essa profissão para a casa do Senhor[2].

Essa profissão de fé, aos olhos de Basílio, é um viático para a vida eterna.

O rito do batismo é o rito da água, seja por imersão, seja por aspersão na testa do batizado. Vamos partir, então, do *simbolismo da água*, como via de abordagem do mistério do batismo. Os sacramentos, vimos por que, passam pelo gestual do rito, e esses ritos têm raízes na experiência ancestral da humanidade. No entanto o cristianismo se refere ao evento de Jesus Cristo (1). Em seguida, voltaremos à Escritura e à forma pela qual podemos dar conta da instituição do batismo por Cristo (2). De acordo com o antigo adágio que diz que a regra da oração é a regra da fé (*lex orandi, lex credendi*), nós nos enriqueceremos com alguns elementos da liturgia e da disciplina do batismo ao longo do tempo (3). Depois, serão esboçadas as linhas gerais da doutrina do batismo como sacramento da aliança entre Deus e o homem (4). Para concluir, abordaremos as questões de disciplina concreta e de pastoral, particularmente as razões que justificam o batismo das crianças (5).

I. Na origem do batismo, o simbolismo da água

Os sacramentos vão ao encontro do homem por vias autenticamente humanas. Assim, antes do estudo de cada um deles, quero propor uma reflexão sobre a região de nossa humanidade que é visitada

---

2. CÉSARÉE, Basile de. *Sur le Saint-Esprit,* X, 26; trad. fr. B. Pruche, SC 17 *bis,* 337. [Basílio de Cesareia, *Tratado sobre o Espírito Santo,* in: Coleção Patrística, vol. 15, São Paulo, Paulus, 1999. (N. da T.)]

pela simbologia dos sacramentos. Explicitarei, desse modo, dados que quase sempre habitam nosso inconsciente mas cuja tomada de consciência pode nos ajudar a penetrar mais no universo da realidade cristã e a compreender por que os sacramentos nos são, de certo modo, "agarrados ao corpo". No que diz respeito ao batismo, o simbolismo da água, fonte de vida e fonte de morte, permite-nos alcançar o mistério de Cristo, que nos dá a vida passando pela morte.

1. As águas da vida e as águas da morte

Na consciência religiosa universal, as águas são sentidas ao mesmo tempo como se fizessem morrer e fizessem viver. É o que diz a antiga fórmula alquímica: "*A água é o que mata e o que faz viver*". As águas são ao mesmo tempo águas da morte, o abismo em que os seres desaparecem, perdem a forma e morrem, e águas da vida, que o fazem nascer como uma matriz, que fertilizam e regeneram, são as águas "cosmogônicas".

O simbolismo da água é, portanto, radicalmente ambivalente. Não há vida sem água: no ventre da mãe, a criança cresce dentro das águas, fontes fecundas, fontes maternas. Por toda a vida, a criança, tornando-se adulta, terá necessidade radical de água para beber e também para se lavar (tema conexo). Foi assim que o mundo saiu do caos original, caos essencialmente úmido, com as águas de cima e as águas de baixo. Era preciso separar o seco ou o continente dessa massa das águas. As águas são a substância primordial e o fundamento do mundo todo. A água é "germinativa" e fonte de toda vida. Nesse sentido, é chamada de "água viva". Um cientista chegou a dizer: "A vida é água organizada".

No entanto as águas são também as do dilúvio destruidor de toda vida. A narrativa do dilúvio bíblico é a de um cataclismo mortal, como um tufão. A água de uma inundação súbita após uma tempestade é uma água que destrói e mata. Mas, paradoxalmente, depois da morte, vem a vida: o dilúvio abre-se para a narrativa de uma nova criação, uma regeneração. O universo recomeça. A vida renasce imediatamente. É o que evoca, em nosso inconsciente coletivo, todo rito de passagem pela água: ele "remete a águas primordiais" de que saíram todos os seres determinados. "O rito das águas, portanto, tem valor de recriação e de renascimento para a existência histórica" (L. Beirnaert).

Esse simbolismo de vida e de morte está ligado ao simbolismo da água purificadora. A psicologia de Jung[3] verá nele um dos arquétipos que habitam a "psique" da humanidade. Mircea Eliade estima que o rito de imersão expressa a abolição da história:

> Na água tudo se "dissolve"; toda "forma" se desintegra, toda "história" é abolida; nada do que existiu antes subsiste após uma imersão na água, nenhum perfil, nenhum "sinal", nenhum "acontecimento". A imersão equivale, no plano humano, à morte, e no plano cósmico, à catástrofe (o dilúvio) que periodicamente dissolve o mundo no oceano primordial. Desintegrando toda forma e abolindo toda história, as águas têm a virtude de purificação, de regeneração e de renascimento.[4]

O simbolismo da água no batismo faz referência a estes dados: a Igreja dos primeiros séculos reconheceu a função mortificante e maternal das águas batismais. Assim, Cirilo de Jerusalém afirmou:

> Fostes imersos três vezes na água e depois emergistes. [...] Em um mesmo momento morrestes e nascestes: essa água salutar foi vossa tumba e vossa mãe. [...] Um único e mesmo tempo produziu esses dois acontecimentos, e com vossa morte coincidiu vosso nascimento.[5]

---

3. Carl Gustav Jung (1875-1961), discípulo de Freud, separou-se deste por diferenças ideológicas, e estudou particularmente o conceito do inconsciente coletivo.
4. ELIADE, Mircea. *Traité d'histoire des religions,* Paris, Payot, 1949, 173. [*Tratado de história das religiões,* São Paulo, Martins Fontes, 2016. (N. da T.)]
5. CYRILLE DE JÉRUSALEM, *Catéchèses mystagoigiques,* 2, 4; SC 126, 111-113. [CIRILO DE JERUSALÉM, *Catequeses mistagógicas,* Petrópolis, Vozes, 2004. (N. da T.)]

As águas do batismo, como as águas de todo banho ritual, são, portanto, também elas, "sepulcrais e maternais". Para Efrém, o Sírio, o batismo é um novo *útero*. A Igreja também é um *útero*. A celebração da Vigília Pascal, na oração de bênção da água, retoma o tema das águas desde a Criação e o Dilúvio, e também vê na água o elemento da purificação radical. O rito cristão, portanto, continua bem arraigado na consciência universal. O mistério da água é, na verdade, onipresente no Antigo Testamento: as águas da Gênese são a matriz da Criação; as águas do Dilúvio estão ligadas à aliança com Noé; as águas do Mar Vermelho lembram a libertação de Israel da servidão do Egito; as águas do Jordão estão ligadas à entrada na Terra Prometida. Jesus entra nessa história por meio de seu batismo no Jordão e seu diálogo com a Samaritana sobre a "água viva".

2. A passagem cristã do "cosmológico" ao "histórico"

Entretanto uma diferença surge imediatamente com o batismo cristão. As reflexões precedentes situam a humanidade em sua relação fundamental com o cosmo. A referência principal dos sacramentos passará a ser a das realidades históricas. A Igreja dos primeiros séculos não relaciona as águas batismais com as águas primordiais, em que todo ser desaparece e todo ser é regenerado. Para os padres e os rituais da Igreja, o rito de imersão e emersão não remete, antes de tudo, ao fundamento mítico, mas a um evento histórico, a morte e a ressurreição de Cristo, e à Igreja que vive na história. "A maternidade das águas não remete, em primeiro lugar, ao seio arcaico, mas à maternidade concreta da comunidade eclesial" (L. Beirnaert). No último texto citado, Cirilo de Jerusalém, tão eloquente a respeito do tema da água que confere a morte e a vida, define logo que a imersão significa "simbolicamente a sepultura dos três dias de Cristo". O que o batismo atualiza é o evento redentor. Seu fundamento é Jesus, o Cristo. É a originalidade absoluta do batismo cristão. Já o disse São Paulo:

Ou por acaso ignorais que todos os que fomos batizados em Jesus Cristo fomos batizados para participar de sua morte? Nós fomos sepultados como ele pelo batismo, para que, como Cristo foi ressuscitado pelo poder glorioso do Pai, assim também nós vivamos uma vida nova (Rm 6,3-4).

Decerto subsiste no batismo cristão uma relação com as águas da morte e da vida. Mas essa relação já não é imediata; é qualificada pelo evento constituído pela morte e pela ressurreição de Cristo. De fato, essa morte é apresentada, no Novo Testamento e depois na tradição da Igreja, como um batismo, ou seja, como uma imersão nas águas da morte: "Há um batismo que devo receber, e como estou ansioso para que ele se realize!" (Lc 12,50).

Para a Igreja dos primeiros séculos, essa imersão de Cristo nas águas da morte não é de modo algum seu desaparecimento nas águas nem sua regeneração; é, ao contrário, uma vitória de Cristo sobre as águas. "Cristo é batizado, mas é para lutar e vencer." Esta é também a perspectiva do batismo de Jesus no Jordão: sua descida às águas é uma vitória sobre as águas e, por conseguinte, uma transformação radical do poder das águas. É desse batismo vitorioso de Cristo nas águas da morte que as águas batismais cristãs extraem sua origem. Há, portanto, uma operação propriamente cristã baseada no simbolismo da água. As águas batismais operam o enxerto do mistério do batismo sobre o simbolismo da água.

Constatamos no batismo a aplicação de uma lei geral já vislumbrada: o cristianismo retoma o vocabulário e os ritos da história das religiões, mas transforma radicalmente seu sentido, fazendo-os transmitir outra coisa. Ele os faz passar do cosmológico ao histórico.

3. A água, o Espírito e a Igreja

O batismo de Jesus também faz o Espírito intervir em forma de pomba. Esse simbolismo remete ao da Criação original, em que o Espírito pairava sobre as águas do abismo – simbolismo esse que voltamos a encontrar no dilúvio, com o envio da pomba por Noé no momento em que as águas baixam. Jesus "transforma" – se é que se permite emprestar essa imagem do rúgbi – o batismo de água de São João Batista, batismo de penitência para a remissão dos pecados, em batismo de Espírito, dom de Deus manifestado pela descida da pomba. A água e o Espírito têm, assim, um vínculo fundamental: a fluidez da água que toma todas as formas e penetra por toda parte, saibam os homens ou não, tem uma afinidade simbólica com o Espírito, cujo carisma é estender-se para muito além de nossa experiência. Jesus também falará da água viva à Samaritana para designar o Espírito; anunciará as fontes de água viva que devem jorrar do seio do fiel: "Disse isto falando do Espírito que haviam de receber os que acreditassem nele" (Jo 7,37-39). Inácio de Antioquia, num texto de seiva bem joanina, disse: "Há em mim uma água viva que murmura e que diz dentro de mim: 'Vem ao Pai'[6]."

Vimos também o vínculo entre a matriz das águas, a matriz materna (útero) e a matriz eclesial:

> Essas novas águas, transformadas por Cristo, expressam e efetuam uma nova maternidade: a da Igreja oriunda de Cristo. Vimos que as águas batismais eram maternas. Mas a maternidade à qual se referem é a da comunidade que deve sua origem a Cristo. A Igreja dos primeiros séculos não separa o seio das águas batismais do seio da Igreja.[7]

II. Quando Jesus instituiu o batismo?

O Novo Testamento, portanto, não inventa o rito batismal, ele o retoma. É um rito muito difundido na tradição judaica, que praticava as abluções para obter a pureza ritual. Os ambientes da comunidade de Qumran (à beira do Mar Morto) conheciam práticas batismais ligadas a atos de penitência. Talvez haja uma ligação entre o batismo de

---

6. Ignace d'Antioche, *Lettre aux Romains,* 7,2; SC 10 *bis,* 135-137. [Inácio de Antioquia, *Carta aos Romanos.*]
7. Beirnaert, L. "Symbolisme mythique de l'eau dans le baptême" ["Simbolismo mítico da água no batismo"], *La Maison-Dieu,* n. 22, 1950, 105.

João Batista, batismo de penitência, e as práticas de Qumran. A partir de 80 d.C. as autoridades do judaísmo passaram a exigir um batismo de prosélitos, único, irreiterável.

A Igreja considera o batismo um sacramento instituído por Cristo. Como vimos, não tem poder de inventar um sacramento, pois é feita pelos sacramentos. Ora, por um lado, constatamos nos Atos dos Apóstolos que a prática do batismo é corrente e espontânea e, por outro, não se vê nenhum gesto de Jesus instituindo o batismo como ele instituiu a eucaristia. Mas sabemos que a preocupação de ligar cada sacramento a um gesto de Jesus é muito tacanha. No caso do batismo, verifica-se eminentemente a necessidade de apelar não só aos gestos de Jesus *fundador* da Igreja, mas à pessoa e ao evento de Jesus como *fundamento* da Igreja e como sacramento original da salvação.

Para o batismo temos, decerto, a ordem batismal "Ide, então, fazei de todos os povos discípulos, batizando-os em nome do Pai e do Filho e do Espírito Santo" (Mt 28,19), palavra atribuída ao Ressuscitado e que encerra o Evangelho de Mateus. Mas esse texto é relativamente tardio[8] e já supõe que o batismo seja óbvio na vida da Igreja. Em nenhum lugar, aliás, está dito que os apóstolos foram batizados com água, como está dito que receberam a eucaristia. O equivalente a esse batismo com água, segundo as palavras de Jesus, será para eles o batismo do Espírito prometido no Pentecostes (At 1,5)[9].

1. Jesus: do batismo de água ao batismo de sangue

Temos muito mais, no entanto, do que um gesto de instituição: temos o batismo do próprio Jesus por João no Jordão, transformação do batismo de água em batismo de Espírito, e a paixão de Jesus que ele mesmo chama de "seu batismo": temos, portanto, um batismo de água e um batismo de sangue. Enfim, Jesus promete o dom do Espírito a seus

---

8. Esta palavra, de fato, não é comum à tradição dos três evangelhos sinópticos.
9. Inspiro-me aqui em J. GUILLET, *Entre Jésus et l'Église*, Paris, Éd. du Seuil, 1985.

discípulos chamando-o de batismo "no Espírito" (At 1,5). A instituição do batismo está vinculada à ligação entre esses três momentos.

O batismo de Jesus no Jordão é um acontecimento bem comprovado historicamente. Nunca os evangelistas teriam inventado esse gesto paradoxal que põe Jesus na situação dos pecadores e choca o próprio João Batista: "Eu é que devo ser batizado por ti. E tu vens ao meu encontro?" (Mt 3,15). Há nesse gesto, portanto, mais do que um ato de humildade em que Jesus cumpre em sua pessoa a penitência dos pecadores: é uma profecia da cruz, uma imitação antecipada de sua morte e de sua ressurreição. Jesus desce às águas da morte para delas reerguer-se vivo e vencedor. Esse batismo é o lugar de uma *teofania* trinitária, ou seja, da manifestação súbita da transcendência divina, expressa na linguagem do Antigo Testamento. O Espírito revela-se sob a forma de uma pomba que desce sobre Jesus para mostrar que habita nele. O Pai autentica sua missão declarando "Este é o meu filho predileto, no qual encontro toda a minha satisfação" (Mt 3,17). Trata-se, portanto, de uma revelação do Pai, do Filho e do Espírito, e é em nome dessa Trindade, revelada no batismo de Jesus, que todo cristão será batizado. Por meio de seu batismo, Jesus converte o mundo da criação numa nova criação, ele santifica a água. O batismo de penitência torna-se um batismo de justificação, e o batismo de água, um batismo no Espírito. A "tentativa" do batismo de João é "transformada", para retomar novamente a imagem emprestada do rúgbi.

A Paixão é o segundo batismo de Jesus, e esses dois acontecimentos remetem um ao outro. Este fala repetidamente de sua paixão como um batismo: "Eu vim trazer fogo à terra, e como gostaria que já estivesse aceso! Há um batismo que eu devo receber, e como estou ansioso para que ele se realize!" (Lc 12,49-50; ver Mt 12,40 com a referência a Jonas e Rm 10,7). Do mesmo modo, aos filhos de Zebedeu que postulam os primeiros lugares no reino, Jesus responde: "Podeis beber do cálice que estou para beber?" (Mt 20,22). Essa linguagem enigmática não foi criada pela comunidade cristã. Pois aqui Jesus já não fala de um rito a ser cumprido, mas da experiência que o aguarda, da iniciação à vida gloriosa que deve receber na morte. Ele entra num combate mortal com toda a potência do pecado do mundo, combate do qual sairá vencedor e ressuscitado. Paradoxalmente, Jesus institui o batismo recebendo-o duas vezes, primeiro na água e em seguida no sangue. Se os cristãos são batizados é porque Jesus foi batizado e os faz entrar no mistério de seu próprio batismo.

2. A promessa do dom do Espírito

O último tempo da instituição do batismo é a promessa do dom do Espírito, anunciado aos discípulos como seu batismo. Isso nos permite compreender como os apóstolos foram batizados: o batismo foi, a princípio, a iniciação ao Evangelho que receberam de Jesus, acompanhando-o e compartilhando sua existência. No momento do lava-pés, Jesus lhe faz referência retomando o tema do batismo – "Quem tomou banho não precisa senão lavar os pés, pois está inteiramente limpo. Vós também estais limpos" (Jo 13,10) –, ou, ainda, "Vós já estais limpos por meio da palavra que vos tenho anunciado" (Jo 15,3). O lava-pés tem de fato um significado batismal. Mas a iniciação dos discípulos só será concluída quando Jesus tiver recebido seu próprio batismo e os apóstolos tiverem participado dele na fé. Terão necessidade, então, do dom do Espírito. Em João, Jesus diz aos seus: "Recebei o Espírito Santo" (Jo 20,22-23), no próprio dia da ressurreição; em Lucas, ouvimos a promessa do Espírito "dentro de poucos dias" (At 1,5) e vemos esse dom em Pentecostes. É nesse contexto que se deve compreender a ordem batismal que encerra o evangelho de Mateus. A Igreja jamais teria difundido o batismo cristão se Jesus não tivesse sido batizado, primeiro, na água e no Espírito e, em seguida, na morte e na ressurreição.

Compreende-se, então, que nos Atos dos Apóstolos o batismo seja evidente: acompanha a cada etapa a propagação do Evangelho. Em Jerusalém, no próprio dia de Pentecostes (At 2,38-41), três mil pessoas são batizadas; em Samaria, Filipe batiza (8,12); em Damasco, Ananias batiza Paulo (9,17); em Cesareia, Pedro batiza o centurião Cornélio (10,44); em Filipos, Lídia é batizada (16,15) e, em Corinto, Crispo e sua família (18,8); em Éfeso, finalmente, são os discípulos de João (19,5). O roteiro é o mesmo em toda parte; o batismo é a conclusão da prédica e da conversão à fé. A expressão mais comum é a de receber o batismo "em nome de Jesus", o que significa que este introduz numa relação pessoal com o Senhor e na comunidade que leva seu nome. O batismo é dado "para o perdão dos pecados", mas também para a passagem a uma vida nova. O vínculo com o dom do Espírito nem sempre é mencionado, porém é real: o batismo cristão é um batismo no Espírito. O intervalo entre a conversão e a administração do batismo é apresentado como muito breve.

3. Primeiras teologias do batismo em Paulo e João

São Paulo nos oferece a primeira teologia do batismo na Carta aos Romanos, no capítulo 6. Ele vincula diretamente o sacramento, ponto de partida da vida cristã, ao mistério da morte e da ressurreição de Cristo entendida como ligada a seu batismo de água, segundo a mesma linguagem dos evangelhos. O batismo é, portanto, um ingresso e uma participação nesse mistério, pois somos batizados "em Cristo": "Nós fomos sepultados como ele pelo batismo, para que, como Cristo foi ressuscitado pelo poder glorioso do Pai, assim também nós vivamos uma vida nova" (Rm 6,4). Nosso "velho homem", ou seja, nosso homem pecador, foi crucificado com ele para que deixássemos de ser subjugados pelo pecado. Nossa ressurreição com Cristo já é ao mesmo tempo um presente, é nossa nova vida nele, e um futuro, ou seja, uma garantia de nossa ressurreição definitiva. Aliás, é surpreendente ver Paulo, conforme os textos, falar de nossa ressurreição ao mesmo tempo como de um passado – já ressuscitamos com Cristo (Cl 2,12) – e como de um futuro. Pois atualmente somos assimilados ao mistério de Cristo em vista de uma ressurreição futura. Foi assim que fomos "revestidos de Cristo" (Gl 3,27). "O batismo é a ressurreição de Cristo atinente à Igreja e aos homens. É a vitória de Jesus Cristo sobre a morte, que se torna nossa vitória, o nascimento para a nova existência, a vida no Espírito" (J. Guillet).

A teologia joanina do batismo, expressa na conversa com Nicodemo (Jo 3), é um pouco diferente, pois desenvolve o tema do renascimento. Embora a imagem não seja a mesma que a da ressurreição, o tema é paralelo, pois em ambos os casos se trata da vida. Ter necessidade de "renascer" indica de fato que algo de mortal manteve-se presente na primeira vida recebida. O batismo é um novo nascimento que tem origem no dom do Espírito, por sua vez, ligado à morte e à ressurreição de Cristo. Esse nascimento só poderá ocorrer graças ao que vem do alto, o Filho do homem, que será erguido na cruz, a exemplo da serpente de bronze exposta por Moisés numa haste no deserto, antes de subir ao céu. Para receber a salvação e a vida eterna, exige-se a fé. Esse relato nos fala também das preocupações da Igreja primitiva e de sua intensa convicção da necessidade do batismo de água para a salvação. "Se alguém não nascer da água e do Espírito, não poderá entrar no Reino de Deus" (Jo 3,5). O diálogo insiste nessa necessidade e acentua a ligação da água com o Espírito, toma firme posição em favor do realismo sacramental, talvez em razão de pessoas que pretenderiam limitar-se ao batismo do Espírito.

Igualmente, a cura do cego de nascença (Jo 9) é uma catequese sobre o batismo. O cego tratado por Jesus foi lavar-se na piscina de Siloé; voltou curado, liberto ao mesmo tempo da cegueira e do pecado, graças à fé que manifestou em Jesus. A imagem da vida renovada é aqui a da luz oposta às trevas da cegueira. O batismo é uma iluminação, e os batizados são chamados na Igreja antiga de "iluminados", num sentido absolutamente positivo.

Vemos, então, como o batismo está ligado ao evento pascal de Cristo morto e ressuscitado. "O batismo é a atualização do evento-Cristo" (O. Cullmann). Ele o rememora ao mesmo tempo que o conclui em cada batizado reunido à Igreja.

III. HISTÓRIA DO BATISMO E DE SUA LITURGIA

A história é mestra de ensinamentos. Para compreender a realidade espiritual do batismo, colhemos prioritariamente o testemunho do Novo Testamento. Precisamos ver agora como a Igreja dos primeiros séculos recebeu e viveu a ordem batismal de Jesus. Isso nos remete, por um lado, à liturgia do batismo e, por outro, à sua disciplina, ou seja, às condições de sua preparação e de sua recepção.

1. A liturgia batismal na Igreja antiga

Dispomos de algumas indicações sobre o batismo já no fim do século I com a *Didaquê*, texto já encontrado, e de uma descrição completa da liturgia batismal na *Tradição apostólica* de Hipólito de Roma bem do início do século III. É emocionante ver que os ritos essenciais praticamente não mudaram até nossos dias. A celebração se faz normalmente no domingo. Os catecúmenos tiram suas vestimentas, e as mulheres, suas joias, a fim de mostrar que todos pretendem "despojar o velho homem" e "revestir o novo homem", simbolizado pela vestimenta branca[10]. O bispo benze o óleo de exorcismo – hoje, chamado de óleo dos catecúmenos – e o óleo perfumado de ação de graças – chamado hoje de santo crisma. Segue-se, então, a renúncia a Satã e a profissão de fé trinitária que acompanha os três mergulhos na água. Nesse momento, é necessária a citação do texto antigo:

> *O padre, tomando cada um dos que recebem o batismo, ordena ao batizado que renuncie dizendo "Renuncio a ti, Satã, e a toda a tua pompa e a todas as tuas obras!". Depois que cada um renuncia, o padre unge o batizado com óleo, dizendo "Que todo espírito mau se afaste de ti!". Dessa maneira, ele o confia nu ao bispo ou ao padre que se encontra perto da água para batizá-lo.*
> *Um diácono descerá com ele assim. Quando aquele que é batizado descer à água, aquele que batiza lhe dirá, impondo-lhe a mão:*
> *– Crês em Deus Pai Todo-Poderoso?*
> *E aquele que é batizado dirá, por sua vez, "Eu creio".*
> *E imediatamente aquele que batiza, mantendo a mão pousada em sua cabeça, o batizará uma vez.*
> *Em seguida, ele dirá:*

---

10. Será determinado adiante que o candidato se apresentará "nu" ao bispo ou ao padre que deverá batizar. Até que ponto chega essa nudez? É difícil dizer. Mas, seja como for, isso apresentava uma questão sobre a decência suficiente para que as mulheres, mais tarde, fossem introduzidas na água por diaconisas.

– Crês em Jesus Cristo, Filho de Deus, que nasceu pelo Espírito Santo da Virgem Maria, foi crucificado sob Pôncio Pilatos, morreu, ressuscitou no terceiro dia vivo entre os mortos, subiu aos céus e sentou-se à direita do Pai, que virá julgar os vivos e os mortos?
E depois que disser "Creio", ele será batizado pela segunda vez.
Novamente, aquele que o batiza dirá:
– Crês no Espírito Santo e na santa Igreja?
Quem é batizado dirá "Creio", e em seguida será batizado pela terceira vez.
Então, depois que tiver subido, ele será ungido pelo padre com um óleo de ação de graças com estas palavras: "Unjo-te com óleo em nome de Jesus Cristo!".
E assim cada um, depois de se enxugar, voltará a se vestir, e depois eles entrarão na igreja.[11]

O batismo compõe-se sucessivamente de uma renúncia solene a Satã e da profissão de fé. Para a renúncia, normalmente o catecúmeno está voltado para o ocidente, lugar das trevas, que se opõe ao oriente, lugar em que a luz se levanta. Para a profissão de fé, ao contrário, ele estará voltado para o oriente. Pois Cristo é a luz espiritual, "a visita do astro nascente, para iluminar os que vivem nas trevas e na sombra da morte", como diz o cântico de Zacarias (Lc 1,78-79). Essa renúncia não é vã formalidade, mas expressão da ruptura com o espírito do mundo pagão, com todas as suas festividades públicas e idolátricas e, também, com seus costumes. Veremos adiante os detalhes das profissões cujo exercício é julgado incompatível com o batismo. A renúncia é seguida por uma unção com o óleo do exorcismo ou dos catecúmenos. Essa unção ainda é prevista no ritual atual, um pouco antes, mas com frequência é substituída pelo gesto de imposição da mão. Ela já expressa uma ligação com Cristo.

---

11. HIPPOLYTE DE ROME, *Tradition apostolique* [Tradição apostólica], n. 21, SC 11 bis, 81-91. A liturgia não se detém nisso; continua com mais uma unção, mais solene e reservada ao bispo, a qual se tornará nossa confirmação. Ver o capítulo seguinte, páginas 112-113.

Assim, o batismo é precedido e seguido por uma dupla unção de óleo. É uma transposição espiritual da prática antiga dos banhos, cuja intenção era a de aplicar óleo para combater o frio. No entanto o simbolismo é muito grande, pois o termo "unção" remete ao próprio nome de Cristo: *Christos* é a tradução do hebraico *Messiah*, que significa "aquele que é *ungido* pelo Senhor". Decerto, Cristo jamais foi ungido com óleo, mas foi ungido com o Espírito Santo em seu batismo, com o simbolismo da pomba. A palavra "cristão" (*christianos*) é derivada de *Christos*. Tertuliano destaca a importância dessa aproximação: o cristão é aquele que participa da unção divina do próprio Cristo.

O batismo opera-se, então, por meio de uma tripla imersão[12], segundo a profissão de fé dos três artigos do Credo que se segue imediatamente. Observe-se que não se trata da fórmula moderna "Eu te batizo em nome do pai...". Hoje, essa fórmula se segue à profissão de fé e acompanha a aspersão de água. Naquela época, era a profissão de fé, por sua vez, acompanhada pela imersão, que constituía a fórmula do batismo. A profissão de fé é também a fórmula sacramental, e a simultaneidade entre a profissão e a imersão acentua o estreito vínculo entre fé e batismo.

O símbolo de fé é dialogado entre o padre e o batizado, e a cada resposta aquele que batiza empurra a cabeça do batizado, para mergulhá-la na piscina em que ele se mantém em pé. A celebração junta o ato de Deus que salva à resposta da fé pela qual o batizado se compromete. "Crês? – Creio", essa é a troca de palavras que faz do batismo uma aliança. Do mesmo modo, esse Símbolo é o mais antigo testemunho que temos do Símbolo dos apóstolos.

Essa descrição refere-se à própria celebração do batismo, mas a preparação para o batismo comporta um determinado número de ritos que se desenvolverão cada vez mais, particularmente durante a época da quaresma. Voltaremos a eles ao comentar a disciplina batismal.

---

12. A imersão, então, é bem comprovada. Mas o tamanho dos batistérios primitivos deixa aberta a possibilidade de um batismo por água simplesmente jorrada ou despejada.

2. A disciplina batismal

A situação mais comum nos primeiros tempos é, evidentemente, a do batismo dos adultos que foram atingidos pela pregação do Evangelho, converteram-se à fé e querem entrar na Igreja. Já foi descrita nos Atos dos Apóstolos depois da grande proclamação de Pedro no dia de Pentecostes. Mas, diferentemente dos Atos, em que o batismo se segue imediatamente à demanda dos novos conversos, doravante exige-se um prazo, ao mesmo tempo para que se comprove a seriedade da conversão e para que possa ser recebido um mínimo de ensinamentos. Esse prazo dá lugar a uma dupla prática institucional, a do catecumenato e a da catequese. Esses dois termos, que se tornaram clássicos a partir do ano 200, derivam do verbo grego *katēkhízein*, que significa "instruir oralmente". A catequese (*katékhēsis*) é a instrução oral, o catecúmeno (*katēkhoúmenos*) é o catequizado.

Já no final do século I, depois nos séculos II e III, verificamos que essa instituição vai se constituindo gradualmente. A obra já mencionada, *Didaquê*, nos dá as primeiras indicações sobre a catequese, ao mesmo tempo moral e doutrinal, e sobre a pedagogia da oração, que normalmente devem preceder o batismo. Esse intervalo também permite verificar se a conversão à fé se concretiza na mudança da conduta e dos costumes e na renúncia aos pecados do mundo.

> Vamos acompanhar aqui, também, os dados da *Tradição apostólica* de Hipólito, verdadeiro tesouro litúrgico e institucional. O catecumenato é praticado de forma comunitária. O catecúmeno deve ser apresentado por um padrinho ou uma madrinha, membros da comunidade cristã, que servem como responsáveis e apoiam a trajetória do postulante. Examina-se sua situação social (é escravo ou homem livre?), sua situação matrimonial (tem concubina?) e sua situação profissional, porque muitas profissões são proibidas ao cristão por razões de fé ou de costumes. A *Tradição apostólica* enumera, assim, as profissões às quais o catecúmeno deve renunciar, pois estas constituem um impedimento ao batismo. Ele não pode, evidentemente,

> ser dono de casa de prostituição, nem prostituto(a); não pode ser pintor nem escultor, profissões que vivem da fabricação de ídolos; não pode ser ator, pois as representações teatrais são vinculadas à expressão da religião pagã; também são recusados o gladiador, que participa dos jogos de circo, e o soldado, pois é proibido matar. O mesmo vale para o guarda de templo, o mago, o astrólogo, o adivinho, o charlatão e o fabricante de amuletos. Numa sociedade pagã, que não faz diferença entre vida religiosa e vida civil, muitas profissões, portanto, são excluídas. O futuro cristão que renuncia a elas vive uma ruptura radical com o mundo ambiente, o que não deixa de suscitar problemas. Desde seu início, a Igreja vive, por sua prática sacramental, uma relação com o mundo. Mas esse mundo é mutável, em razão da evolução das culturas e da história, e a Igreja deverá sempre levar isso em conta em sua maneira de administrar os sacramentos.

Nos séculos IV e V, o catecumenato, em seu desenvolvimento institucional, durava cerca de três anos, mas com flexibilidade, e tinha duas etapas: a primeira e mais longa tinha o objetivo de verificar a conversão dos costumes; a segunda, mais rápida e mais intensa, dirigia-se aos que eram escolhidos (*electi*) depois de um exame severo de sua conduta, e incluía a "instrução do Evangelho" – decerto sua proclamação pública no decorrer da liturgia da palavra, antes da celebração da eucaristia[13] – e a submissão a diversos exorcismos. Entende-se que, se um catecúmeno for preso e morto por sua fé, por ocasião de uma perseguição, ele terá "recebido o batismo em seu sangue".

Depois da virada constantiniana e do édito de Milão em 313, ou seja, depois da conversão do Império Romano ao cristianismo, este se torna religião de Estado. O resultado é uma entrada maciça de candidatos e a necessidade de uma instituição mais estruturada em razão do número, de que temos o testemunho nas *Catequeses* de Cirilo de

---

13. Falaremos adiante nesse sentido da "missa dos catecúmenos".

Jerusalém[14] e nos escritos de Agostinho. A Igreja vê-se diante de um dilema em que é difícil encontrar o equilíbrio: não recusar os conversos, mas também só admitir pessoas que passaram pelas provas. O catecumenato continua sendo o "vestíbulo do batismo". No entanto veem-se muitas pessoas que se limitam ao vestíbulo e não têm nenhuma pressa de assumir os compromissos batismais, pois temem o caráter irreiterável do sacramento. Entre os que conservam a preocupação de não perder o contato com o mundo do qual provêm, o fervor frequentemente é duvidoso. Ficam, então, na primeira etapa mais de três anos e mantêm o status de "simpatizantes".

Aqueles que, ao contrário, purificaram sua vida e são escolhidos para o batismo, "os que serão iluminados (*phôtizomenoi*)"[15] por ocasião da vigília pascal, podem ser admitidos na revelação dos mistérios da fé e entram num período de retiro e de penitência que dura por toda a quaresma. No decorrer de assembleias quase diárias, que tinham caráter litúrgico e davam ensejo a diversos exorcismos (*escrutínios*), recebiam instrução sistemática, ao mesmo tempo trinitária e cristológica, com base nas afirmações do Credo. O texto lhes era entregue (*tradição*) solenemente e eles eram convidados a aprendê-lo de cor – e de coração –, para recitá-lo oito dias mais tarde diante da comunidade (*rendição*). Agostinho reforça os catecúmenos que receiam ter uma falha de memória. Essa prática está ligada à convicção do segredo (*arcano*): o texto do Credo não deveria cair nas mãos dos pagãos. O cristão, portanto, deveria sabê-lo de cor. Em viagem, poderia servir de "senha" para se fazer reconhecer como cristão.

A terceira e última etapa seguia-se ao batismo e era objeto de novas catequeses dirigidas durante a semana de Páscoa aos neófitos, os que acabavam de ser iluminados (*neophôtismenoi*). Essa instrução referia-se aos três sacramentos recebidos durante a vigília pascal (batismo,

---

14. Cyrille de Jérusalem. *Catéchèses baptismales et mystagogiques,* trad. fr. J. Bouvet, Namur, 1962. [São Cirilo de Jerusalém. *Catequeses mistagógicas.* Tradução e notas de Frederico Vier, O.F.M. Petrópolis, Vozes, 2007. (N. da T.)]
15. Sobre a história da liturgia do batismo, ver Th. Maertens, *Histoire et pastorale du rituel du catéchuménat et du baptême* [História e pastoral do catecumenato e do batismo], Saint-André, 1962.

confirmação, eucaristia), e, por essa razão, era chamada de *mistagógica*, ou seja, que introduz à compreensão dos mistérios sacramentais. Este ponto é bastante surpreendente: sempre em virtude da disciplina do *arcano* ou do segredo, esses mistérios sacramentais não podem ser comunicados a não batizados, mesmo que sejam catecúmenos. Só depois de sua recepção, por ocasião da vigília pascal, o pregador volta à sucessão dos ritos cumpridos, de que os neófitos têm memória muito recente, para lhe dizer o seu sentido. A esse propósito, Cirilo de Jerusalém dá uma descrição exata e completa desses ritos[16]. A celebração do batismo sempre obedece ao esquema da *Tradição apostólica*, mas inclui também uma invocação ao Espírito sobre a água (*epiclese*) e, às vezes, sobre o próprio catecúmeno.

3. Como a Igreja passou a batizar as crianças[17]?

Tudo isso diz respeito ao procedimento global do batismo dos adultos, que aliás deve ser considerado o caso normal e normativo da celebração do batismo. E como era, na época antiga, o batismo das crianças? A questão merece uma análise específica, pois essa prática constitui uma grave exceção à regra que estabelece que todo sacramento seja recebido com fé livre e consciente. Por outro lado, até hoje ela coloca um problema pastoral ao qual deveremos voltar. Por enquanto, vejamos os dados da história.

A prática na Igreja antiga passou por diversas vicissitudes. Uma primeira questão, ainda hoje muito discutida, é saber se o batismo das crianças aparece no Novo Testamento. O exegeta protestante Joachim Jeremias[18] tem sobre o tema uma posição muito definida que, no entanto,

---

16. Cyrile de Jérusalém, *Catéchèses mystagogiques*, SC 126.
17. A questão do batismo das crianças será abordada duas vezes: a primeira, do ponto de vista histórico e descritivo, sobre as origens e motivações dessa prática; a segunda, em função da atualidade e das exigências da pastoral. Aqui tentarei fazer um julgamento prudencial das práticas possíveis.
18. Jeremias, Joachim. *Le baptême des enfants dans les quatres premiers siècles* [O batismo das crianças nos quatro primeiros séculos]. Le Puy-Lyon, Mappus,

não é universalmente aceita. É preciso, aliás, distinguir duas situações distintas: batismo de crianças por ocasião da conversão dos pais e batismo de crianças de um lar cristão.

1. Quanto ao primeiro caso, temos uma comprovação verossímil no Novo Testamento, a do "batismo das casas" (ou das "famílias"). Paulo diz que batizou a família de Estéfanas (1Cor 16,16); também Lídia foi batizada "com toda a família" (At 16,15); o carcereiro da prisão de Filipos em que Paulo estava detido converteu-se e "recebeu o batismo com todos os seus" (At 16,33). Nenhum membro da casa (pais, filhos, serviçais), ao que tudo indica, é excluído do batismo, que, ao que parece, envolve também os netos. O chefe de família toma uma decisão que compromete todos os seus, uma vez que a família é considerada uma personalidade corporativa. Trata-se aqui de uma representação antiga da liberdade inscrita na ideia de solidariedade. Do mesmo modo, Inácio de Antioquia diria no início do século II: "Saúdo-vos a todos por vosso nome e (a esposa) de Epístropo com toda a sua casa e a de seus filhos[19]." Pode-se, então, concluir por uma presunção em favor do batismo das crianças. Vai no mesmo sentido o paralelo entre a circuncisão dos filhos do sexo masculino judeus no Antigo Testamento no oitavo dia e o batismo dos cristãos. O batismo dos prosélitos pode esclarecer também o batismo dos cristãos. Por ocasião de sua passagem ao judaísmo, o prosélito é comparado a um recém-nascido, e, quando um pagão se convertia ao judaísmo, seus filhos, até mesmo os mais novos, eram "batizados".

2. Quanto às crianças que nascem num lar cristão, os testemunhos (1Cor 7,14) são mais duvidosos. O texto mais importante, e que certamente influenciou a tradição futura, é a atitude de Jesus para com as crianças. Quando crianças são levadas até ele, Lucas afirma que se trata de bebês (*brephê*): "Deixai vir a mim as crianças e não as impeçais" (Lc 18,16). A Igreja veria nisso um convite para apresentar as crianças a Jesus pelo batismo. O argumento teológico básico é o de que as

---

1967. [Ed. Original: *Die Kindertaufe in den ersten vierjahrhunderten*. Göttingen, Vandenhoeck & Ruprecht.]
19. IGNACE D'ANTIOCHE. *Lettre à Polycarpe* [Carta a Policarpo], VIII, 2, SC 10 *bis*, 181.

crianças, pessoas humanas em transformação, não são excluídas da salvação trazida pelo Cristo: "Pois a promessa foi feita para vós e vossos filhos" (At 2,39), isto é, a todas as vossas famílias e a vossas casas. Jeremias supõe que até o século IV a Igreja antiga batizava os filhos nascidos de pais cristãos nos primeiros dias após seu nascimento: veremos que os textos posteriores ao Novo Testamento também apontam nesse sentido. Não mencionam nenhuma hesitação a esse respeito. Mas o ponto de partida dessa prática continua sendo problemático. Os dados importantes levantados por Jeremias não têm a mesma força de persuasão para outros historiadores, que se mantêm interrogativos.

No início do século II, temos o depoimento comovente de Policarpo, que, por ocasião de seu martírio, recusa-se a trair Cristo dizendo: "Sirvo-o há oitenta e seis anos e ele não me fez mal; como posso blasfemar contra meu rei, aquele que me salvou?"[20]. A indicação corresponde praticamente à sua idade: portanto, foi batizado quando criança pequena. Justino também menciona "muitos homens e mulheres de sessenta ou setenta anos que ainda muito crianças tornaram-se discípulos de Cristo". Irineu proclama que Jesus veio salvar todos os homens, "bebês, crianças pequenas, crianças, jovens e pessoas idosas". No início do século III, a *Tradição apostólica* cita o batismo de crianças de forma muito clara: "Serão batizadas em primeiro lugar as crianças. Todas as que sabem falar falarão. Quanto às que não sabem, os pais ou alguém da família falarão por elas."[21].

Esse texto é importante porque será regulatório. Expressa uma referência normativa. Um pouco mais tarde, Orígenes faz menção ao "costume" da Igreja de administrar o batismo aos bebês. Até afirma que "a Igreja recebeu dos apóstolos a tradição de administrar o batismo até mesmo aos bem pequenos"[22]. Foi ele, e não Agostinho, o primeiro a colocar a questão: a Igreja sempre batiza "pela remissão dos pecados"; isso se compreende no caso dos adultos, mas de que pecado os recém-nascidos

---

20. ID., *Martyre de Polycarpe de Smirne* [Martírio de Policarpo de Esmirna], 9, 3, SC 10 *bis*, 256.
21. HIPPOLYTE. *Tradition apostolique* [Tradição apostólica], n. 21, SC 11 *bis*, 81.
22. ORIGÈNE. *Commentaire sur l'épître aux Romains* [Comentário sobre a Epístola aos romanos] 5, 9, *PG* 14, 1.047.

podem ser acusados? De nenhum. Daí ele conclui que o recém-nascido não é isento de toda "corrupção", que há nele algo que precisa de remissão: essa "mácula" é eliminada pelo mistério do batismo. Com o mesmo argumento, Agostinho, dois séculos depois, elaborou sua teologia do pecado original[23]. Se levarmos em conta inscrições funerárias de túmulos de crianças, teremos também um grande número de testemunhos que comprovam tanto no Oriente como no Ocidente a prática corrente do batismo das crianças nas famílias cristãs.

No entanto, a questão não deixa de apresentar problemas, uma vez que Tertuliano é o primeiro a criticar a prática com argumentos surpreendentemente modernos:

> É preferível adiar o batismo, sobretudo quando se trata de crianças pequenas. Será preciso, salvo em caso de necessidade absoluta, fazer os padrinhos correrem o risco de faltar às suas próprias promessas em caso de morte ou de serem enganados por uma natureza má que venha a se desenvolver? Certamente, o Senhor disse: "Deixar vir a mim as crianças". Sim, que elas venham, mas, quando forem maiores, que venham quando estiverem em idade de ser instruídas, quando tiverem aprendido a conhecer aquele a quem irão encontrar. Que se tornem cristãs quando forem capazes de conhecer Cristo. Por que essa idade inocente tem pressa de receber a remissão dos pecados? Age-se com muito mais circunspecção para com os assuntos do mundo! Àquele a quem não se confiam os bens terrestres serão confiados os dons divinos? Que as crianças sejam capazes pelo menos de pedir a salvação, para que se veja que esta só é dada a quem a pede[24].

Essa tomada de posição permanece solitária e parece não ter impressionado ao longo do século III. Cipriano era firme partidário do batismo das crianças, o mais cedo possível, até mesmo antes do oitavo dia. No entanto essas reflexões anunciam o que se pode chamar de crise do "pedobatismo" no século IV. Muitos catecúmenos adultos recuam, como vimos, diante do peso das obrigações batismais e do "de uma

---

23. Sobre a questão do pecado original, ver *Croire* [*Pensar e Viver a Fé*], 203-213.
24. TERTULIEN. *Traité du baptême* [Tratado sobre o batismo], 184, 3-6, SC 35, 92 e 93.

vez para sempre" do batismo. O próprio Constantino era um desses catecúmenos perpétuos, e só foi batizado no leito de morte. Essa atitude se propaga nas famílias cristãs que retardam o batismo dos filhos. Preferem dar-lhes tempo para que "passe a juventude". Agostinho até conta esta reflexão que ouviu: "Deixe-o fazer o que quer, ele ainda não é batizado". Os mais importantes padres da Igreja do século IV foram batizados tardiamente: Basílio de Cesareia, aos 27 anos; Gregório de Nazianzo, aos 20 anos, depois de ter visto a morte de perto durante uma tempestade no mar; Ambrósio de Milão, aos 30 anos, depois de eleito para o episcopado – podia-se, então, eleger um catecúmeno para esse ministério importante! João Crisóstomo, por volta dos 25 anos. Agostinho adoeceu quando era adolescente, e sua mãe, Mônica, inscreveu-o para ser batizado. Ocorreu, então, uma melhora, e ela adiou a celebração! Agostinho foi batizado aos 32 anos, depois de uma trajetória muito pessoal, ao mesmo tempo que seu filho, Adeodato, de 15 anos.

De fato, a crise do século IV engendrara uma volta à tradição do batismo das crianças. Esses homens que foram batizados tardiamente pregaram, talvez com mais força, o dever dos pais de batizar os filhos. No século V, Cirilo de Alexandria atesta o costume do batismo dos bebês. Essa crise provinha decerto de uma compreensão doutrinal errônea, ligada a uma disciplina demasiado severa do sacramento de reconciliação[25]. Mas para nós ela tem o interesse de mostrar que a pastoral do batismo é algo delicado. Muitos dos parâmetros devem ser respeitados, e as soluções fáceis são frequentes. A Igreja volta, então, à prática corrente do batismo das crianças de famílias cristãs até os dias de hoje.

IV. O BATISMO, SACRAMENTO DA ALIANÇA

Esse percurso pela história permite agora sintetizar a doutrina do batismo como o sacramento da aliança. O evento da morte e da

---

25. Ver páginas 209-213.

ressurreição de Cristo constitui a "nova aliança" realizada por parte de Deus em favor dos homens. Essa aliança tem valor universal, mas, para tornar-se efetiva, requer a aceitação e o comprometimento recíproco dos homens com respeito a Deus. O paradoxo da aliança é ser, a princípio, unilateral, uma vez que tudo vem de Deus, mas ela tem por objetivo tornar-se bilateral e permitir à liberdade do homem engajar-se. Esse caráter bilateral é ilustrado na liturgia pela recitação dialogada do símbolo de fé: "Crês no Pai, no Filho e no Espírito Santo e em tudo o que cumpriram por ti na história? – Creio". Esse vínculo do batismo com o evento da morte e da ressurreição de Jesus mostra que ele é, à sua maneira, um "memorial", ou seja, uma atualização desse mistério em favor de cada batizado. No batismo, Deus se dá e faz aliança conosco; Cristo nos faz entrar em seu próprio batismo, o de sua morte e de sua ressurreição. Pela graça da mediação de Jesus Cristo entramos na história trinitária da salvação, que se faz Igreja. Por isso o batismo é celebrado numa tríplice referência ao passado fundador do mistério pascal, ao presente do batizado e ao futuro dos últimos tempos, em que aquilo que se realiza na fé é manifestado na glória. Vejamos em que consiste o comprometimento dos dois parceiros. É claro, o que cabe ao Deus trinitário é infinitamente mais rico do que aquilo que é pedido ao fiel.

1. O Deus trinitário vem ao homem

De um lado, o Deus trinitário, Pai, Filho e Espírito, vem ao homem numa iniciativa gratuita, para dar-se a ele. A promessa torna-se dom: o sinal sacramental é a caução desse dom. A prioridade nesse sacramento pertence ao ato de Deus; o ato do fiel é apenas uma resposta. Esse Deus é o que interveio na história e enviou seu Filho Jesus Cristo, o Verbo encarnado[26]. O batismo é um ato de Cristo, sacramento de Deus, que age na potência de seu Espírito, segundo a palavra de

---

26. Cito aqui a definição do sacramento dada pelo Grupo de Dombes e aqui mencionada na página 34.

Agostinho: "Pedro batiza, Paulo batiza, Judas batiza, mas é sempre Cristo que batiza". Aquele que deu sua vida por nós vem nos dar a vida, a vida eterna segundo São João, uma vida já secretamente ressuscitada, segundo São Paulo.

A *graça* é ao mesmo tempo perdão dos pecados e renascimento para a vida divina, *redenção* e *divinização*. Para a Igreja antiga, o grande sacramento do perdão dos pecados não era o sacramento da penitência, mas o do batismo. É do batismo que a Igreja interpretou, primeiro, a palavra de Jesus: "Recebei o Espírito Santo. Aqueles a quem perdoardes os pecados serão perdoados; aqueles a quem retiverdes serão retidos" (Jo 20,22-23). O batismo é, portanto, o primeiro sacramento da reconciliação. A Igreja sempre batizou "pela remissão dos pecados", e vimos o problema colocado por essa expressão a respeito das crianças pequenas. Pois Deus não pode nos comunicar sua vida sem nos purificar de tudo o que lhe desagrada em nós, tudo o que constitui obstáculo à amizade e à comunhão de vida que ele quer instaurar conosco.

Mas o batismo também é, e inseparavelmente, o sacramento de nossa divinização, ou seja, de nosso nascimento para a vida de Deus. É o tema ilustrado na conversa de Jesus com Nicodemo. Um versículo do Prólogo do Evangelho de João também evoca nosso nascimento em Deus: "...o qual não foi gerado do sangue nem da vontade da carne, nem da vontade do homem, mas de Deus" (Jo 1,13). São Paulo, por sua vez, fala de nossa adoção filial:

> Todos os que são guiados pelo Espírito de Deus são filhos de Deus. Não recebestes o espírito de escravidão para recairdes no medo, mas recebestes o espírito de filhos que nos faz clamar: Abbá! Pai! E o próprio Espírito se une ao nosso espírito para atestar que somos filhos de Deus. Se somos filhos, somos também herdeiros; herdeiros de Deus e co-herdeiros de Cristo. Porque, se tomamos parte nos seus sofrimentos, também tomaremos parte na sua glória. (Rm 8,14-17)

De fato, tornamo-nos filhos do Pai e irmãos do Filho "primogênito entre os muitos irmãos" (Rm 8,29), configurados à imagem do Filho e templos do Espírito Santo. O batismo é também uma "iluminação", ou seja, uma revelação do conhecimento concreto de Deus, uma experiência viva e salvífica da reciprocidade entre viver e conhecer.

O batismo é ainda um selo (*sphragis*), ou seja, a marca de Deus, o selo de Cristo (Jo, 6,27) e do Espírito (2Cor 1,22; Ef 1,13; 4,30), impresso como uma renovação da imagem de Deus. Nesse sentido, é um alistamento a seu serviço. Esse selo é indelével, assim como o evento do sacramento é irreversível. Se o batizado se apresentar com más disposições, ele não receberá o dom de Deus, mas receberá o *caráter* batismal. Seu batismo não será frutífero, o batizado deverá mudar de disposição para receber o fruto do sacramento, mas este não será repetido. É o "de uma vez para sempre" do batismo que abre para a repetição incessante da eucaristia.

O batismo é celebrado na oração, ou seja, na invocação do espírito, ou *epiclese*. Ato do Pai e do Filho, o batismo é também ato do Espírito. A invocação do Espírito é indispensável, pois a Igreja não é Cristo, sobre o qual o Espírito repousava permanentemente. A Igreja deve, portanto, sempre pedir a interferência do Espírito para a realização de seus sacramentos. O sacramento é, de certo modo, uma "oração atendida", uma oração que com certeza será atendida, uma vez que obedece ao mandamento de Jesus. A epiclese se expressa sobretudo na bênção da água batismal, mas em certas liturgias orientais ela também se faz sobre o catecúmeno.

Enfim, o batismo é uma entrada do neófito na Igreja. Mais ainda, ele faz a Igreja nascer incessantemente ao fazer nascer nela cada cristão. O batismo incorpora cada um ao corpo de Cristo e o constrói com um mesmo movimento. Ele é, portanto, desde as origens, o ato de nascimento incessantemente atualizado do povo de Deus. A Igreja é a grande batizada, a Igreja que Cristo amou, entregando-se para ela, "...para santificá-la e purificá-la pela água do batismo e pela palavra, e fazer com que comparecesse diante de si resplandecente, sem ruga nem mancha, ou algo parecido, mas santa e imaculada" (Ef 5,26-27). Há aqui uma reciprocidade paradoxal: ora, no plano da visibilidade, é a Igreja que celebra o batismo e faz o batizado entrar em seu corpo. É a Igreja, povo parceiro da aliança, que fará do batizado um parceiro pessoal da própria aliança, por meio da ação de seu ministro, o bispo, o padre ou o diácono, e, em caso de necessidade urgente, qualquer pessoa que pretenda realizar o que a Igreja faz. Esse ministério da Igreja se exerce na obediência da fé à ordem de Jesus: "Batizai todas as nações...". Mas, segundo a essência das coisas, a própria Igreja é construída pelo dom de Deus a cada batizado. Engendrando os filhos de Deus ao longo da história, a própria Igreja é engendrada em sua qualidade de esposa e de Corpo de Cristo.

> Este é o sentido cristão da expressão já evocada: *"pelo fato de o sacramento ter sido realizado (ex opere operato)"*[27]. Não significa que o ato de Cristo seja substituído pelo ato do batizado e dispense esse último da fé e da caridade. Significa simplesmente que se trata do ato dele, que transcende absolutamente toda atividade humana e que se cumpre pelo simples fato de a Igreja ter realizado o sacramento na fé e segundo sua vontade.

2. A resposta e o engajamento do fiel

Por outro lado, o sujeito humano se apresenta ao batismo na fé. Ao compromisso de Deus e de Cristo, ao dom do Espírito, o batizado responde com o comprometimento de sua própria fé. Observamos aqui um paradoxo: por um lado, a fé é uma condição prévia para o recebimento do batismo e, por outro lado, é o batismo que dá a fé, como lembrava há pouco a primeira pergunta da liturgia: "O que pedes à Igreja de Deus? – A fé". O batismo é um sacramento da fé no sentido exato de que é o sacramento do dom da fé. Essa reciprocidade só poderá ser entendida se considerarmos o procedimento de preparação para o batismo e o recebimento deste como uma grande unidade, no decorrer da qual a graça do batismo se antecipa ao longo de todo o processo. "Batismo e fé são o exterior e o interior de uma mesma realidade"

---

27. Ver página 54.

(P. Henry). "Quem crer e for batizado será salvo" (Mc 16,16). Por isso, Santo Tomás de Aquino afirmava que, se a preparação para o batismo se fizer seriamente, o catecúmeno chegará já "justificado", já santificado, à sua celebração, mas sob condição de que sempre haja o desejo de recebê-lo. Em outras palavras, a graça de Deus inscreve-se na caminhada humana orientada para o recebimento do batismo. Portanto, não há por que opor a justificação pela fé e o recebimento do batismo, e menos ainda a doutrina protestante e a doutrina católica, como se a primeira fosse a da justificação e a segunda, a do batismo. O batismo não é de modo algum "obra" do batizado; é a celebração eclesial da justificação pela fé[28], como diz o texto de Basílio de Cesareia, citado no início deste capítulo.

Ao mesmo tempo que proclama sua fé, o batizado aceita que o gesto da Igreja pouse sobre ele. Ele recebe a marca de Cristo. "Creio", ou seja, acolho, consinto e, também, me comprometo. Esse "creio" não é simplesmente verbal. Ele é uma palavra "performativa"[29], ou seja, uma palavra que faz o que ela representa. Está selado num rito simbólico que exprime a entrada do batizado e sua participação aqui e agora no evento fundador de Jesus Cristo. Ao vir ao batismo, portanto, ele realiza um gesto, mas aceitando que o ministro da Igreja realize sobre ele o gesto de Cristo. Por isso ninguém pode dar o batismo a si mesmo; é preciso haver sempre a dualidade do ministro e do sujeito.

Essa fé, o batizado deverá confessá-la e dar testemunho dela publicamente, assim como o ato do batismo é assentado publicamente num registro[30] que poderá gerar um atestado para o recebimento de outros sacramentos (confirmação, ordenação, casamento). O batizado passa, então, a estar habilitado não apenas aos deveres, mas também aos direitos do cristão. É revestido pelo "sacerdócio régio", característica da "cidadania cristã". Diferentemente do sacerdócio ministerial,

---

28 Sobre a justificação, ver *Croire* [*Pensar e Viver a Fé*], p. 484.
29. Ver o que foi dito anteriormente, na página 56.
30. Algumas pessoas, batizadas na infância, atualmente pedem para ser eliminadas do registro dos batismos com a intenção de rejeitar todo pertencimento à Igreja. Isso é impossível. Mas pode-se acrescentar uma menção ao ato do batismo, dizendo que o interessado declarou não querer mais pertencer à Igreja Católica.

que é um ministério, o sacerdócio régio de todo batizado é um dom espiritual que o faz participar de tudo o que caracteriza o povo de Deus, "raça eleita, geração escolhida, um sacerdócio régio, uma gente santa, um povo conquistado, a fim de proclamar as grandezas daquele que das trevas vos chamou para a sua luz admirável" (1Pd 2,9). Os fiéis de Cristo são chamados, assim, a fazer sua parte na missão de santificar o mundo pela palavra e pela ação; participam em pleno direito do culto e dos sacramentos; também têm direito à palavra na Igreja.

3. O batismo é necessário à salvação?

O batismo é necessário à salvação? A Igreja sempre afirmou que ele era para todos os que encontraram o apelo evangélico à salvação e responderam pela fé. Essa necessidade impõe-se por si só, uma vez que esse sacramento é a porta de entrada da salvação. O evangelho de João, na conversa com Nicodemo, que já vimos[31], insiste na necessidade de renascer da água e do Espírito para entrar no reino de Deus (Jo 3, 5). Também, o final do evangelho de Marcos proclama: "Quem crer e for batizado será salvo" (Mc 16,16). No entanto, a tradição cristã sempre pensou que podia haver dois modos de batismo, o batismo de sangue, ou seja, o martírio, e o batismo de desejo. Dos mártires, Cipriano dizia: "Eles não são nem privados do sacramento do batismo, pelo fato de receberem o batismo muito glorioso e muito nobre do qual o Senhor dizia que havia um outro batismo a ser recebido[32]." Do mesmo modo, se o catecúmeno que se prepara para o batismo morrer antes de recebê-lo, já estará justificado pelo seu futuro batismo, pelo próprio fato de seu desejo.

Isso, evidentemente, coloca a questão da salvação dos que eram chamados "infiéis", ou seja, dos que nunca encontraram pessoalmente o apelo evangélico a crer. A fórmula "Fora da Igreja não há salvação",

---

31. Ver páginas 81-82.
32. CYPRIEN DE CARTHAGE. *Lettre* 73, 22; trad. fr. Bayard. Paris, Les Belles Lettres, 1925, 276.

que vem de Cipriano, ficou gravada em muitas memórias porque frequentemente era brandida de maneira exagerada, além de sua verdadeira intenção. Não é possível abordar esse problema em toda a sua amplitude[33]. A partir do século XVI, a reflexão católica admite que o desejo da fé e do batismo pode estar "implícito", ou seja, estar presente naquele que orienta sua vida em função de Deus e dos outros. Ele não é salvo por suas obras, mas pela graça dessa fé implícita que o vincula secretamente a Cristo e a sua Igreja. O Concílio Vaticano II expressou com muita clareza a convicção da Igreja com respeito à salvação dos que não lhe pertencem visivelmente. Decididamente, ninguém pode ser condenado em razão de circunstâncias exteriores, pois tudo depende de sua atitude, voluntária e pessoal.

> O problema das crianças mortas sem batismo pertencentes a famílias cristãs foi paradoxalmente o mais espinhoso da história. Pois os filhos de pais não cristãos podiam ser salvos conforme os princípios que diziam respeito aos não cristãos em geral. Os filhos de pais cristãos eram, ao contrário, vinculados à obrigação do batismo. Não se considerava, de fato, que pudessem expressar um desejo de ser batizados. O problema foi levantado por Santo Agostinho, que não hesitava em condenar ao inferno as crianças mortas sem batismo, mas com a mais suave das penas, pois não tinham cometido pecados pessoais. Na Idade Média, foram poupadas de todo sofrimento, mas foi dito que não podem "ver Deus". Houve uma orientação, então, para a conhecida doutrina dos *limbos*, lugar espiritual especial destinado às crianças mortas sem batismo, lugar intermediário em que essas crianças receberiam uma beatitude natural. Estariam numa espécie de pequeno paraíso, mas não poderiam ver Deus. Tal doutrina

---

33. Remeto aqui ao meu estudo aprofundado desse adágio, seguindo-o de século em século desde São Cipriano até nossos dias em meu livro *Hors de l'Église pas de salut. Histoire d'une formule et problémes d'interprétation* [Fora da Igreja não há salvação. História de uma fórmula e problemas de interpretação]. Paris, DDB, 2004.

esquece que o homem é fundamentalmente criado para ver Deus e que essa privação seria a pena mais grave possível.

O teólogo Caetano afirmara, contudo, já no século XVI, que a fé e o desejo dos pais eram suficientes para garantir a salvação sobrenatural da criança. Essa posição, de muito bom senso, deveria ter se imposto mais cedo, e de fato se impõe nos dias de hoje: a fé da Igreja expressa na fé e no desejo dos pais permite a salvação do filho. A doutrina dos limbos foi oficialmente abandonada. O recente *Catecismo da Igreja Católica* já não fala dessa doutrina. Uma tomada de posição muito recente da Comissão Teológica Internacional renunciou a ela. Quanto a essa questão, devemos voltar à vontade universal de salvação (1Tm 2,4), que é a de Deus, e à universalidade da Redenção. Nenhum homem pode ser definitivamente julgado pelo simples fato de sua solidariedade com o pecado da humanidade. Ele é definitivamente julgado em nome de sua solidariedade com Cristo.

V. A PASTORAL DO BATISMO E O BATISMO DAS CRIANÇAS HOJE

Hoje a pastoral do batismo se diversifica: o setor do batismo dos adultos retoma uma nova consistência nos países ocidentais, particularmente na França; a pastoral do batismo das crianças pequenas, sempre praticada, implica contradições e requer uma justificação mais rigorosa; desenvolve-se também a pastoral do batismo das crianças em idade escolar. Enfim, no atual estado da trajetória ecumênica, convém estabelecer o reconhecimento mútuo dos batismos entre igrejas cristãs ainda divididas.

1. A renovação do batismo dos adultos é um sinal do nosso tempo. Em muitas dioceses, o catecumenato dos adultos se organizou e propõe uma pedagogia da fé a homens e mulheres que encontraram Cristo no decorrer de sua existência. Muitas vezes, por ocasião da celebração da vigília pascal, uma comunidade paroquial acolhe o batismo de um ou vários catecúmenos. A progressão das etapas desse catecumenato adapta-se às condições atuais, mas inspirando-se em práticas antigas. Não é assunto simplesmente do padre, mas implica a ação concertada

de leigos que se engajam no acompanhamento da trajetória dos catecúmenos ao longo dos meses ou dos anos de preparação, conforme o caso. Vemos reviver assim uma nova figura do apadrinhamento. Em alguns lugares, essa trajetória pode ser compartilhada com os que chamamos reiniciantes, ou seja, pessoas batizadas, mas que ou não receberam nenhuma catequese ou abandonaram há muito tempo toda prática da fé. Essa renovação, que numericamente não compensa a redução drástica do batismo de crianças, é um sinal de nosso tempo, ligado a uma figura muito pessoal da fé.

2. Vimos a origem e a evolução da prática do batismo das crianças no decorrer da história. Mas, dado tudo o que normalmente a recepção de um sacramento da fé requer, e particularmente o do batismo, é preciso reconhecer que o batismo das crianças é um caso limite, qualitativamente excepcional, mesmo sendo muito frequente. Seria um grave erro construir uma teologia do batismo a partir dele. O caso normal é o do batismo de um adulto ou de uma criança já na idade da razão e capaz de ter uma fé pessoal. É a partir do que normalmente se exige de um adulto que devemos procurar as suplências que podem justificar o batismo das crianças pequenas.

Vamos retomar a perspectiva do batismo como sacramento da aliança. O batismo das crianças se justifica pelo lado da iniciativa divina, da prioridade do apelo e do dom de Deus com relação à resposta da fé. O anúncio do reino de Deus destina-se também às crianças[34]. A realidade transcendente desse dom de graça justifica que se administre o batismo a crianças.

Mas apenas sob determinadas condições, para que a resposta humana da fé venha sempre acolher o dom de Deus. É preciso que o compromisso dos pais ou dos responsáveis pela criança com a fé seja real e constitua uma séria esperança de que essa criança será educada na fé,

---

34. Convém examinar a razão pela qual as comunidades batistas recusam o batismo de crianças que ainda não estão em idade de confessar sua fé. Essas comunidades não consideram o batismo um dom de Deus. Apenas contemplam o aspecto do comprometimento da fé do batizado. Nessas condições, não tem sentido celebrar o batismo de uma criança ainda incapaz de se comprometer com a fé.

ou seja, com a proposta da fé. Pois ela evidentemente não será dispensada de viver uma conversão pessoal à fé, que se expressará com o tempo à medida que ela amadurecer e que adquirir mais liberdade. Deverá, então, receber a catequese. O que o adulto realiza e recebe antes do batismo a criança deve realizar depois do batismo e durante o catecismo, que é para ela um tempo catecumenal. É uma exigência pertinente ao próprio sacramento. Chegada a hora, esse percurso será pontuado pela celebração da renovação das promessas do batismo.

Concretamente, os ministros da Igreja veem-se frequentemente diante de uma difícil questão de consciência. A partir de que critério podem reconhecer na fé dos próximos da criança uma participação suficiente na fé da Igreja e esperar legitimamente que aquela criança seja educada na fé e enviada ao catecismo? Esse discernimento é temível, pois parece implicar um julgamento da fé dos pais. A Igreja é, assim, confrontada com um grave problema em sua prática batismal, ligada, aliás, à prática do casamento. Os dois excessos a serem evitados são claros: uma prática "multitudinista" laxista, que toma partido de que o batismo seja dado sem que as condições de fé sejam realmente preenchidas; ou uma prática "elitista", que coloca demasiadas condições, arriscando-se a ignorar a piedade popular e a fé que não consegue encontrar palavras para se expressar. Essa atitude corre o risco de apagar a mecha ainda fumegante e de consumar a ruptura com a Igreja[35]. É desejável que a decisão possa ser tomada depois de um diálogo sério com os pais, um diálogo que faça apelo aos direitos e aos deveres de sua própria consciência, ao mesmo tempo que lhes dê meios para formá-la. Solicitar o batismo de um filho equivale inevitavelmente a voltar a questionar sua própria fé.

> Nos últimos decênios, viu-se nascer uma contestação bastante intensa do "pedobatismo", em nome de um senso novo e moderno de liberdade. "Não se tem o direito de escolher em lugar da criança. Ela mesma escolherá quando tiver idade." Esse argumento, aparentemente

---

35. Concretamente, a prática da Igreja é muito indulgente, e o batismo só será recusado aos pais que, apesar de sua promessa, não encaminharam seus filhos mais velhos ao catecismo.

sedutor, não corresponde às condições concretas da educação de uma liberdade. Ora, em todos os domínios importantes da existência, os pais escolhem pelo filho o que julgam ser melhor, antes de entregá-lo à sua liberdade. Toda educação passa pelo momento em que são impostas à criança condutas que ela não deseja e cujo fundamento ainda não é capaz de julgar. Ninguém põe em dúvida a necessidade da educação para princípios morais. Para mandar uma criança para a escola, não se espera até que ela compreenda essa necessidade. O mesmo ocorre para tantas práticas artísticas e esportivas. No domínio religioso, a ignorância, ornada pelo termo "neutralidade", não é a melhor pedagogia para permitir que a criança se situe gradualmente diante do sentido de sua vida. Aliás, muitos contestadores do batismo das crianças admitem que convém, contudo, encaminhá-las para o catecismo. É legítimo que os pais que deram a vida também queiram transmitir o sentido que dão à vida. O recebimento do batismo não dispensará de modo nenhum o ato de liberdade que caberá na hora certa à criança, depois ao adolescente, depois ao jovem adulto. Ele a dispõe a levar a sério a escolha religiosa. A Igreja deve, contudo, estar atenta a essas novas demandas. Em vez de insistir com os pais na obrigação do batismo, ela deverá dialogar com eles para ajudá-los a exercer de fato a responsabilidade que lhes cabe na educação dos filhos para a fé.

3. A prática do batismo de crianças em idade escolar, a partir de então claramente inscrita no novo ritual do batismo, está em desenvolvimento. Ela suscita a difícil questão da idade favorável. A época do que, com frequência, se chama de "infância adulta", ou seja, entre oito e doze anos, representa um momento em que a criança já é capaz de comprometer sua fé com real responsabilidade, mesmo que não se trate, para ela, de uma liberdade adulta. Em contrapartida, a adolescência parece muito menos favorável, dadas as perturbações habituais dessa idade. Será preferível, então, esperar pelo menos os dezoito anos[36]. É claro que não existe uma regra, em geral, válida.

---

36. O problema torna-se, então, semelhante ao da idade da confirmação para os jovens já batizados.

> 4. E a questão do reconhecimento mútuo dos batismos entre Igrejas? Deve-se distinguir neste aspecto a situação entre as Igrejas do Ocidente e as relações entre as igrejas ortodoxas. Quanto à Igreja Católica, ela reconhece a validade de todo batismo celebrado com água e a invocação trinitária, estando assegurada a intenção fundamental de fazer, ao batizar, o que a Igreja faz desde sempre. Esse reconhecimento é mútuo entre ela e as grandes igrejas resultantes da Reforma, como as igrejas luteranas, reformadas e anglicanas. A questão deverá ser verificada com relação a denominações confessionais mais locais.
>
> No que diz respeito às igrejas ortodoxas, voltamos ao que foi dito no capítulo anterior sobre a contestação que elas levantam quanto à validade dos batismos no Ocidente e na Igreja Católica. Alguns católicos convertidos à ortodoxia foram rebatizados, por exemplo, no mar Egeu. Isso também ocorre nos casos de casamentos mistos no Egito. Mas o princípio já evocado da "economia" também pode levar à aceitação de um católico numa igreja ortodoxa sem que ele seja rebatizado.

Tudo no batismo evoca a vida à imagem da água, que é seu símbolo: quer se fale nele como renascimento ou como ressurreição, estamos diante de um sacramento que nos dá a mensagem da transcendência da vida humana. Esta não se resume na existência física, afetiva e intelectual. Ela se abre para a revelação da "vida eterna", ao mesmo tempo presente e futura, ou seja, para nossa entrada na própria vida do Deus uno em três pessoas: o Pai faz de nós seus filhos, o Filho faz de nós seus irmãos, e o Espírito faz em nós sua morada. Entramos na família eclesial como na "família divina". Essa é a beleza do batismo, cuja celebração é sempre fonte de alegria.

CAPÍTULO IV

A confirmação, dom do Espírito e consumação do batismo

O sacramento da confirmação é, por excelência, o sacramento do dom do Espírito. É a esse dom que remetem seus dois ritos principais, a imposição das mãos e a unção com óleo. Antes de entrar na particularidade desse sacramento, vamos partir do que exprimem os ritos que ele utiliza. Os sacramentos realizam o que eles significam visivelmente. São uma pedagogia que vai do visível ao invisível.

1. A simbologia dos ritos

A simbologia da imposição das mãos é a de uma invocação do alto, pelo movimento das mãos que se elevam para o céu e apresentam, em seguida, o destinatário dessa invocação, fazendo com que, em sua descida, as mãos repousem sobre o candidato ao sacramento. A imposição das mãos expressa fisicamente um contato espiritual. É particularmente adaptada para expressar uma investidura, como no caso de uma ordenação. Mas é, por si, polivalente. Cabe à palavra que a acompanha especificar sua intenção. É encontrada, portanto, em vários sacramentos, como por exemplo no da reconciliação.

O óleo consagrado para a unção do crisma sagrado na confirmação é um óleo perfumado que expressa, num registro completamente diferente, o dom do Espírito Santo. Na tradição da humanidade, o óleo é um *sinal de alegria e de honra,* um *remédio de cura* e um *rito de consagração* (P. Vallin)[1].

O óleo *perfumado* serve para a toalete de festa. Muitos de nossos perfumes têm ainda hoje um excipiente que é gorduroso. O óleo serve como adereço. Esse óleo é um "óleo de alegria". Jesus é, assim, objeto de uma unção de óleo perfumado nos pés, uma vez por parte da pecadora (Lc 7,38-46), ao passo que o fariseu Simão não lhe derramou óleo sobre a cabeça (Lc 7,46), outra vez, por parte de Maria de Betânia (Jo 12,3). A unção com óleo perfumado pertence igualmente à toalete fúnebre. O óleo também é um *remédio* comumente utilizado para cuidar de ferimentos. Voltaremos a mencionar esse uso a propósito da unção dos enfermos.

Era costume no Antigo Testamento ungir com óleo os reis e os padres, a fim de expressar que sua investidura não era simplesmente humana, mas constituía uma *consagração* vinda de Deus. Ora, o dom de Deus ao homem é por excelência o Espírito de Deus. Samuel unge Saul, depois Davi, como reis (1Sm 10,1 e 16,3), a fim de destacar sua eleição por Deus e sua consagração para a missão que lhes é confiada. Há uma afinidade entre o óleo que penetra discretamente no corpo por todos os poros da pele e o Espírito que investe invisivelmente a personalidade. Por metáfora, fala-se de unção até mesmo em relação aos profetas enviados por Deus, ao passo que estes nunca receberam unção de óleo.

Todos esses dados convergem para o próprio nome "Messias" (*Massiah*), termo hebreu que significa o *ungido* com Javé, que será traduzido para o grego por *Christos,* o que recebeu a unção. Jesus nunca foi ungido de óleo, mas recebeu a unção com o dom do Espírito que desceu sobre ele em seu batismo. "Ele foi ungido com o Espírito Santo e com o poder dos milagres", disse Pedro no discurso dos Atos dos Apóstolos (10,38). Jesus aplica a si mesmo a profecia de Isaías 61,1: "O Espírito do Senhor está sobre mim; porque ele me consagrou com o óleo" (Lc 4,18). Essa unção é metafórica. Tal como os profetas da Antiga Lei,

---

1. Ver P. VALLIN, "Le chrétien et l'huile sainte" ["O cristão e o óleo sagrado"], *Christus*, n. 42, 1964, 150-159.

Jesus não foi materialmente ungido com óleo. Por deslocamento semântico, a unção designa a recepção do Espírito. Quanto ao cristão, já vimos que é aquele que participa da unção de Cristo. São Paulo diz aos coríntios: "Foi Deus quem nos firmou no Cristo (o Ungido), a nós e a vós. Foi ele quem nos ungiu" (2Cor 1,21). Por isso vários sacramentos incluem o rito do óleo: nós o vimos para a administração do batismo, que já inclui uma unção que segue o rito da água; a confirmação é uma unção com o Espírito Santo; voltamos a encontrar o óleo para a unção dos enfermos[2] que configura o fiel doente como Cristo. O óleo também desempenha seu papel nas ordenações. A instituição sacramental inclui, portanto, alguns "sacramentos com óleo".

2. O fundamento da confirmação no Novo Testamento

Em parte alguma os evangelhos mencionam uma palavra ou um gesto de Jesus que institua formalmente a confirmação. Temos alguns textos dos Atos dos Apóstolos: em Samaria, Pedro e João impõem as mãos sobre samaritanos que só tinham recebido o batismo em nome do Senhor Jesus:

> Quando os apóstolos souberam em Jerusalém que a Samaria tinha recebido a palavra de Deus, enviaram Pedro e João para lá. Assim que chegaram, eles rezaram pelos samaritanos para que recebessem o Espírito Santo. De fato, o Espírito ainda não tinha descido sobre nenhum deles, porque eles estavam batizados só em nome do Senhor Jesus. Impuseram-lhes as mãos e eles receberam o Espírito Santo (At 8,14-17).

Esse texto institui uma distinção clara entre dois ritos: o batismo – certamente administrado pelo diácono Filipe – e a imposição das mãos, reservada aos apóstolos. Mas ele parece sugerir que o batismo não constituiria ainda um dom do Espírito Santo. Esse ponto é surpreendente, pois o dom do Espírito geralmente está ligado ao batismo no Novo

---

2. Ver página 232-233.

Testamento. Esse texto será invocado, em geral, a propósito da instituição da confirmação. Mas não nos faz remontar a um gesto apostólico cujo caráter institucional permaneça incerto. Santo Tomás já dizia: Cristo não instituiu esse sacramento conferindo-o, mas prometendo-o. Os reformadores do século XVI contestarão o valor sacramental da confirmação em razão da ausência de seu fundamento bíblico.

Do mesmo modo, um pouco mais tarde, em Éfeso, encontramos a comprovação da mesma distinção. Os que só haviam recebido o batismo de João "foram batizados no nome do Senhor Jesus. E quando Paulo lhes impôs as mãos, o Espírito Santo desceu sobre eles, e começaram a falar em diversas línguas e a profetizar" (At 19,5-6). A Carta aos Hebreus (6,2) também distingue a "instrução sobre os batismos, a imposição das mãos".

Para compreender a instituição da confirmação, não podemos limitar-nos aos gestos propriamente institucionais do Novo Testamento. Mais uma vez, devemos remontar de Jesus fundador a Jesus fundamento dos sacramentos. Pois a missão de Jesus realiza-se em vínculo profundo com o Espírito, que é inseparável dele. Por ocasião do batismo de Jesus, o Espírito desce até ele e a palavra do Pai autentica sua missão filial (Mc 1,10; Mt 3,16; Lc 3,10). Esse dom manifestado do Espírito a Jesus transforma justamente o batismo de água vindo de João em batismo no Espírito. Lucas esclarece ao mesmo tempo que o Espírito impele Jesus ao deserto (Lc 4,1-2) para lá viver a quarentena da tentação. De fato, Jesus cumprira toda a sua missão no poder do Espírito até o mistério pascal. Ele também é o que promete o envio do Espírito a seus discípulos. Temos sobre esse ponto o duplo testemunho de Lucas (Lc 24,49; At 1,8) e de João, quando o último discurso de Jesus aos seus promete-lhes o envio de um "outro Paráclito" (Jo 14,16; 16, 7.13-14). Enfim, o próprio Jesus envia o Espírito a seus discípulos para perdoar os pecados (Jo 20,22) na tarde de sua ressurreição, ou seja, depois de sua glorificação. Pois antes dessa João nos diz que "ainda não fora dado o Espírito, visto como Jesus ainda não tinha sido glorificado" (Jo 7,39).

O mistério pascal se consuma, enfim, pelo dom de Pentecostes, dom público e manifesto do Espírito sobre a comunidade reunida (At 2,1-4), dom explicado pelo discurso de Pedro, que recapitula o itinerário de Jesus, sua morte e sua ressurreição, e atribui a ele o evento que acaba de se produzir: "Agora que ele foi exaltado à direita de Deus e recebeu do Pai o que tinha prometido, a saber, o Espírito Santo, ele o derramou sobre nós como estais vendo e ouvindo" (At 2,33).

Tudo isso nos situa aquém de uma instituição sacramental precisa e ultrapassa o caso da confirmação. Devemos concluir daí pela solidariedade total de Cristo e do Espírito na realização de nossa salvação. Eles agem sempre juntos, e todos os sacramentos são fruto de sua atividade comum. Assim como o batismo de Jesus era um batismo no Espírito, também nós já recebemos o Espírito Santo em nosso batismo. A ressurreição de Jesus já inclui o dom do Espírito. Mas a sucessão dos acontecimentos permite-nos compreender melhor o que já implicava essa ressurreição, e que encontra sua plena manifestação no Pentecostes.

Há a mesma unidade e a mesma distinção entre o batismo e a confirmação, ambos esboçados e anunciados no batismo de Jesus, que entre o mistério pascal de morte e de ressurreição e o mistério do Pentecostes. Finalmente, há entre esses dois sacramentos a mesma unidade e a mesma distinção que entre Cristo e o Espírito: o batismo expressa mais nosso vínculo com Cristo, e a confirmação acentua nossa relação com o Espírito. O batismo nos conforma à morte e à ressurreição de Cristo; a confirmação nos dá a plenitude do Espírito Santo. Ela é por excelência o dom do Espírito que envia a Igreja em missão, como foi o caso dos apóstolos para o Pentecostes. O Espírito que é comum ao Pai e ao Filho torna-se seu dom comum. Tudo se realiza no mistério pascal, mas o dom do Espírito precisa ser significado de maneira distinta. No fundamento de nossa salvação, Cristo e o Espírito Santo estão igualmente presentes. Também o próprio Cristo "fundador" prometera aos apóstolos o dom plenário do Espírito Santo. Pode-se dizer, portanto, que a confirmação é instituída por Cristo no sentido de que, por seu mistério pascal, ele nos deu seu Espírito em plenitude. É essa distinção que os textos dos Atos dos Apóstolos atestam entre o batismo e a imposição das mãos. Essa afirmação vale para todos os sacramentos mais especialmente relacionados ao Espírito.

3. A confirmação é um sacramento distinto do batismo?

Quanto ao dom plenário no decorrer da iniciação cristã, as coisas, então, ficam claras. Mas volta a se colocar a questão sobre a distinção precisa entre batismo e confirmação: eles formam um só sacramento ou são dois? A Igreja ensina firmemente que a confirmação é um sacramento diferente do batismo. Mas do ponto de vista da história a coisa não é tão clara assim. Quando passamos dos testemunhos da Escritura aos das liturgias antigas, constatamos, em primeiro lugar, a ausência do termo confirmação, que só apareceu na Gália, portanto, no Ocidente, a partir do século V. Essas liturgias conjugam sempre o batismo e a *crisma* numa celebração única, ao fim da qual o neófito recebe a eucaristia. Vamos prosseguir a citação, interrompida no capítulo anterior[3], de nosso documento privilegiado, a *Tradição apostólica*. Depois da celebração do batismo, o texto continua assim:

> *O bispo, impondo-lhes a mão, dirá a invocação:* "Senhor Deus, que os tornaste dignos de obter a remissão dos pecados pelo banho da regeneração, torna-os dignos de ser preenchidos pelo Espírito Santo e envia sobre eles tua graça a fim de que te sirvam conforme tua vontade; pois tua é a glória, Pai e Filho com o Espírito Santo na santa Igreja, agora e pelos séculos dos séculos. Amém".
>
> *Em seguida, espalhando óleo de ação de graças com sua mão e pousando-a sobre a cabeça, ele dirá:* "Unjo-te com o óleo sagrado em Deus Pai onipotente e em Jesus Cristo e no Espírito Santo".
>
> *E depois de lhe fazer o sinal da cruz na testa, dar-lhe-á o beijo e dirá:* "O Senhor esteja contigo". *E o que recebeu o sinal da cruz:* "E com teu espírito". *O bispo fará assim para cada um*[4].

A celebração termina com três ritos, realizados não mais pelos padres, mas pelo bispo, que os reserva para si. Nessa primeira atestação

---

3. Ver páginas 83-84.
4. Hippolyte de Rome, *La tradition apostolique*, 89. [Hipólito de Roma, *A tradição apostólica*.]

litúrgica, os dois ritos da confirmação estão presentes: a imposição das mãos, de origem bíblica, e a unção com óleo perfumado, completada pelo rito do sinal da cruz em nome da Trindade. Mas tudo se inscreve na continuidade de uma única e mesma liturgia, com a diferença sensível de que esse rito é reservado ao bispo, como parece ter sido reservado aos apóstolos segundo os Atos. Mais tarde, Cirilo de Jerusalém verá na crisma "a imagem exata da crisma de Cristo" pelo dom do Espírito por ocasião de seu batismo. A celebração do batismo e da crisma é a demonstração do que ocorreu para a pessoa de Jesus quando ocorreu seu batismo.

Há também uma dificuldade quanto ao discernimento do rito principal da crisma-confirmação: é a imposição das mãos ou a unção? A imposição das mãos é bíblica; a unção se difundiu amplamente no Oriente, porque a unção com óleo, aqui do crisma sagrado, é o símbolo veemente da ação e do dom do Espírito. A liturgia ocidental pratica as duas. Mas por muito tempo considerou-se que a imposição das mãos constituía o rito fundamental. Em 1971, o papa Paulo VI declarou[5] que o rito determinante seria a partir de então "a unção com o crisma sagrado na testa feita com a imposição da mão, com estas palavras: 'Recebe a marca do Espírito Santo que te é dado.'" Essa decisão foi um gesto ecumênico em favor dos ortodoxos bizantinos.

Não se deve tentar especificar os dois sacramentos por efeitos diferentes. A ação de Deus é única, mas tem fases e faces distintas: uma face visível, crística, do âmbito da palavra e que interessa da mesma maneira o batismo e a confirmação; uma face interior, que é uma operação distinta do Espírito, iniciada no batismo e concluída na confirmação. Para resolver a questão da unidade e da distinção entre os dois sacramentos, só podemos voltar à unidade e à distinção do mistério pascal de Jesus e do dom do Espírito no Pentecostes.

---

5. Constituição apostólica *Divinae consortes naturae*, em *La Documentation catholique* [Documentação católica], n. 1.594, 1971, 852-855, que destaca a unidade dos três sacramentos da iniciação cristã – batismo, confirmação e eucaristia.

> Essa perspectiva permite sair da hesitação mencionada: o Espírito é ou não é dado já no batismo? Vamos evitar cair no dilema de certos teólogos anglicanos dizendo: ou o Espírito Santo é dado no batismo e a confirmação é apenas um rito acessório; ou a confirmação dá o Espírito Santo que não foi dado no batismo. Na verdade, de um sacramento ao outro há continuidade e desenvolvimento de um mesmo processo de santificação. O Espírito já dado no batismo – que se conclui com uma unção, espécie de pequena imitação da confirmação – é dado mais uma vez e com novos dons na confirmação.

A confirmação é, portanto, a conclusão do batismo: pertence à iniciação cristã e normalmente deve preceder a eucaristia. Por isso, a confirmação não se repete e confere um caráter. Tal como o batismo, é por excelência um *selo*.

4. De uma dificuldade pastoral a teologias diferentes

Por que, ainda hoje, o Oriente e o Ocidente têm uma prática tão diferente, ou seja, o Oriente continua a administrar a confirmação às crianças pequenas, em seguida ao batismo, e o Ocidente separa em vários anos a confirmação do batismo? O ponto de partida dessa diferença foi uma dificuldade pastoral que o Oriente e o Ocidente resolveram de maneiras diferentes.

Na Igreja antiga, a celebração completa do batismo dos adultos implicava a imersão na água realizada pelos padres e diáconos; depois, a crisma reservada ao bispo, tudo ocorrendo na mesma celebração. Em seguida, com o desenvolvimento das paróquias, o número excessivo de batizados já não permitia apresentar cada um ao único bispo para a crisma no decorrer da mesma cerimônia. Duas soluções se apresentavam.

O Oriente escolheu confiar aos padres a totalidade da iniciação cristã, inclusive a crisma. A liturgia do conjunto continuava sendo a mesma, mas era presidida por um padre. Este administrava a crisma com o óleo consagrado pelo bispo, a fim de manter o vínculo do sacramento com o bispo. Para o batismo das crianças, a prática continuava fundamentalmente a mesma: no decorrer da mesma cerimônia, a criança pequena era batizada, confirmada, e recebia a eucaristia.

O Ocidente sempre quis reservar a administração da crisma ao bispo, conforme atesta uma decisão do papa Inocêncio I, no século V. Ele separou, então, as duas liturgias, retardando a segunda – que recebe o nome de "confirmação" – para o momento em que o bispo fizer sua ronda pastoral. No caso do batismo das crianças, o intervalo entre os dois sacramentos prolongou-se cada vez mais. Já não era a disponibilidade do bispo que o decidia, mas também a idade das crianças. A confirmação era reservada às crianças capazes de uma fé pessoal ou aos adolescentes.

> No século XVI, o Concílio de Trento canonizara a prática do Ocidente afirmando que o ministro ordinário da confirmação era apenas o bispo. Essa disposição supõe exceções possíveis, em que o padre se torna o ministro "extraordinário" do sacramento. O Concílio Vaticano II foi mais prudente, dizendo que o bispo é o ministro "original". A importância dessa reserva ao bispo é a de acentuar que esse último é o ministro primeiro de todos os sacramentos cristãos e que a iniciação completa do neófito implica um vínculo com aquele que preside a unidade da Igreja local. Essa proximidade entre o fiel e seu bispo é um bem rico em sentido. No mais das vezes, ela é vivida. Mas, na situação francesa atual, a administração da confirmação por um padre delegado pelo bispo se faz mais frequente, particularmente nas dioceses de população numerosa. Também está previsto que, no caso do batismo dos adultos durante a vigília pascal, o padre deve dar imediatamente a confirmação aos que acabam de ser batizados.

Essas duas orientações diferentes têm consequências para a teologia da confirmação. O Oriente permanece na perspectiva da tradição antiga, sempre situando a crisma na esteira do batismo. O Ocidente, ao contrário, indaga-se cada vez mais sobre a especificidade desse sacramento e a idade melhor para recebê-lo. Santo Tomás fala do sacramento que representa a idade perfeita da vida espiritual, com frequência, entendida como a idade adulta. Ele dá a força do Espírito para a luta espiritual. Ele habilita ao anúncio da fé.

> Até o início do século XX, o sacramento de confirmação era sempre dado antes da primeira comunhão na eucaristia. O decreto de Pio X sobre a comunhão das crianças, na "idade da razão", aos 6-7 anos (1910), inverteu a ordem tradicional da iniciação cristã; a confirmação passou a ocorrer alguns anos depois da "primeira comunhão", ligada à renovação das promessas do batismo. Essa violação do desenvolvimento normal da iniciação cristã suscita um problema grave para nossos irmãos ortodoxos. Eles acham essa inversão contrária à prática da tradição. Estamos diante de um problema ecumênico que os católicos geralmente julgam não ter importância, mas que muitos ortodoxos não estão longe de considerar uma divergência incompatível com a unidade buscada. A esse respeito deve abrir-se um diálogo ecumênico.

5. A teologia e a pastoral da confirmação no Ocidente até o século XX

A confirmação é, então, a conclusão normal do batismo, é sua "perfeição". Ela traz o dom "plenário" do Espírito Santo. Isso vale para cada cristão assim como para toda a Igreja: se a Igreja é a grande batizada, é também a grande confirmada. A ligação desse sacramento com o Pentecostes, ou seja, com a efusão do Espírito sobre o povo de Deus e com a missão visível do Espírito naquele dia, significa o envio em missão da Igreja para o mundo. O dom do Espírito é um dom de força, que recapitula os sete dons bíblicos do Espírito Santo (Is 11,2). A confirmação confere também um caráter, por isso ela não se repete: esse caráter é também a conclusão do caráter batismal. O Concílio Vaticano II recapitula, assim, a graça da confirmação: "Pelo sacramento de confirmação, os fiéis são mais perfeitamente ligados à Igreja, são dotados de uma força especial do Espírito Santo, e são, assim, mais estritamente compelidos, como verdadeiras testemunhas de Cristo, a difundir e defender a fé pela palavra e pela ação[6]."

Esses são os dados básicos sobre esse sacramento, aliás, comuns, quanto ao essencial, ao Oriente e ao Ocidente. Mas o Ocidente, que há muito tempo pratica a celebração separada da confirmação, buscou definir a especificidade da graça que ela confere. Essa busca é, ao mesmo tempo, teológica e pastoral, pois as orientações quanto ao conteúdo são solidárias das opções sobre a melhor idade para receber o sacramento e sobre as condições necessárias para recebê-lo.

Uma ideia desenvolvida já no século V no Ocidente, a partir de Fausto de Riez, é a de que a confirmação constitui uma armadura para o combate da salvação. Essa expressão militar é herança da descrição paulina do crente comparado a um hoplita, perfeitamente "equipado" para o combate da fé (Ef 6,10-17). Santo Tomás, que vê no batismo uma regeneração, considera a confirmação o sacramento da idade adulta na fé, o que não significa que seja preciso esperar a idade em que se está fisicamente adulto para recebê-lo. Ele insiste no dom da força necessária ao combate espiritual e ao testemunho a ser dado no mundo.

Na França, no século XX, as pesquisas sobre a confirmação multiplicaram-se antes e depois do concílio, no contexto da diminuição da fé entre numerosos "maus crentes", que, no entanto, exigem catecismo para os filhos, e do abandono frequente de toda prática religiosa entre numerosos catequisados que se julgam "desobrigados", uma vez que respeitaram as exigências do catecismo e realizaram a "comunhão solene". Como sair dessa "armadilha" e empenhar-se numa perseverança séria dos jovens?

As reflexões sobre o sentido da confirmação estão evidentemente ligadas a uma opção quanto ao melhor momento para conferi-la. Duas opções principais se destacam, com nuances diversas: uma que visa a retardar a idade da confirmação e outra que, ao contrário, pretende torná-la mais precoce. A primeira opção insiste na especificidade desse sacramento do cristão "adulto" e responsável; a outra mantém a confirmação na esteira do batismo.

---

6. Vaticano II, *Lumen gentium,* n. 11.

Primeira opção – Já antes do Vaticano II, desenvolvia-se a ideia da confirmação como "sacramento da ação católica". Essa perspectiva partia de uma ideia certa para chegar a uma conclusão falsa. É verdade que o engajamento na ação católica é um exercício da graça da confirmação que leva a dar testemunho de sua fé diante do mundo. Mas disso não se pode concluir que seja preciso reservar a confirmação aos cristãos formalmente "engajados", menos ainda com essa forma específica de engajamento. Não convém "sacralizar" de maneira sacramental um engajamento ao qual todo cristão está normalmente habilitado e que pode tomar formas extremamente variadas. Também convém evitar a separação dos cristãos em duas categorias: todos os batizados e os supercristãos confirmados.

> Desde o concílio, foram feitas diversas afirmações: por exemplo, *a confirmação é o sacramento da comunhão eclesial* (J.-P. Bouhot), pelo fato de ser normalmente conferida pelo bispo. Essa tese é correta na medida em que valoriza a dimensão eminentemente eclesial do sacramento. Mas ela absolutiza a situação ocidental e esquece a prática completamente diferente do Oriente. Enfim, não se pode esquecer que o sacramento da comunhão eclesial é a eucaristia.
>
> *A confirmação é o sacramento da oração da Igreja* (L. Ligier). O dossiê litúrgico mostra que a confirmação é o sacramento do Espírito Santo. Ora, o Espírito é aquele cuja vinda é invocada pela Igreja. É objeto primordial da oração da Igreja: "Vem, Espírito Santo!". Essa oração torna-se sacramental na confirmação. Todo sacramento é oração, e oração atendida, e todo sacramento inclui a invocação do Espírito (*epiclese*) que já observamos na liturgia do batismo e que voltaremos a encontrar na eucaristia. A confirmação é essencialmente o sacramento da epiclese. O fruto dessa invocação faz os batizados terem acesso à missão da Igreja e "confirma" a Igreja como povo sacerdotal. Numa perspectiva um pouco diferente, afirmou-se a confirmação como *o sacramento do crescimento eclesial* (H. Bourgeois) ou *o sacramento do testemunho* (F. Montfort); ou ainda a confirmação é uma celebração da Igreja que renasce a cada dia do Espírito para ser enviada em missão. (Mons. Coffy)

> Joseph Moingt[7], por sua vez, opta deliberadamente pelo *sacramento da idade adulta*. A finalidade da confirmação é apresentar a Deus e à Igreja cristãos de caráter provado e "confirmado", firmes em seu apego a Cristo, plenamente reconhecidos pela comunidade e que têm a capacidade de exercer responsabilidades e encargos. Ela é o sacramento da maturidade cristã que corresponde antropologicamente ao limiar da idade adulta, quando o jovem toma nas mãos a condução de sua vida e assume suas responsabilidades para com a sociedade. Supõe que o batizado já tenha sido unido à eucaristia.

Sua opção, que não deixa de se apoiar na história, mantém, contudo, o delicado atropelo à ordem institucional da iniciação cristã. Acaso não atribui à confirmação um peso exagerado e não corre o risco de contribuir também para um certo elitismo de um sacramento que distingue o cristão confirmado do "simples" batizado? Acaso não pressupõe que já esteja adquirido justamente o que ela deve dar? Se ela deve aperfeiçoar o cristão, não pode exigir um cristão já aperfeiçoado. Todas essas reflexões se traduzem por uma opção em favor de uma idade relativamente tardia da confirmação, praticamente no fim da adolescência.

Segunda opção – De um ponto de vista completamente diferente, o teólogo Hans Küng, com o tom decisivo que ele aprecia, vê na confirmação, em primeiro lugar e antes de tudo, "o aperfeiçoamento do batismo". Apoiando-se na escritura e na história, ele vê esse sacramento como essencialmente relacionado ao batismo. Acha completamente normal, por conseguinte, que a confirmação seja dada no momento em que a criança recebe a comunhão, se possível no decorrer de uma mesma celebração. Essa opinião equivale à posição oriental e tradicional, embora seja sustentada, no autor, por uma subestimação do próprio caráter da confirmação.

Todos os que atentam para a história e a tradição litúrgica voltam a valorizar, hoje, o vínculo fundamental da confirmação com o batismo

---

7. J. MOINGT, *Le devenir chrétien. Initiation chrétienne des jeunes* [*O devir cristão. Iniciação cristã dos jovens*]. Paris, DDB, 1973.

assim como sua relação com a eucaristia, termo da iniciação cristã (P. De Clerck). Esse último aspecto, sem dúvida, foi um pouco esquecido. A confirmação é um sacramento destinado a todos os cristãos, e não apenas a alguns.

Não é de surpreender que haja posições sensivelmente diferentes sobre um sacramento antigo como a Igreja. Ora, esta tem por missão aprofundar, a cada época, o sentido dos sacramentos que ela dá e adaptar sua administração a novas situações históricas e culturais, para que deem mais frutos. Identificam-se os elementos de verdade presentes em cada uma das duas opções: responsabilidade no seio da missão eclesial, testemunho engajado e combate espiritual na primeira, conclusão necessária do batismo na segunda. A prática pastoral francesa estaria mais próxima da primeira, propondo o sacramento no início da adolescência (treze ou catorze anos).

Aqui é possível e até desejável um pluralismo que leve em conta a situação concreta da criança e de sua família. O problema é solidário com o da pastoral do batismo. Embora não seja formalmente a "renovação das promessas do batismo", a confirmação tem um vínculo natural com ela. É o momento em que a criança, já consciente de si mesma, responde pessoalmente na fé à aliança que lhe foi oferecida quando era recém-nascida. Se é bem envolvida pela família, não há razão para que não possa receber a confirmação no momento de sua primeira comunhão. Essa prática não deveria ser excluída *a priori*. Mesmo que se torne um caso minoritário, teria a dupla vantagem de respeitar a ordem original da iniciação cristã e de mostrar a nossos irmãos ortodoxos que a Igreja Católica é sensível ao que lhes é tão caro.

Nos outros casos, o adiamento da confirmação para uma idade difícil de definir exatamente, mas que corresponde à perseverança na fé, representa uma solução perfeitamente legítima, complementar da anterior. No entanto, sob a dupla condição de que isso não se faça em detrimento do acolhimento da eucaristia e de que não se separe a Igreja em cristãos de duas categorias. Só uma real flexibilidade, inimiga de qualquer *slogan* ideológico, pode manter o vínculo entre os dois aspectos da confirmação: conclusão do batismo e dom ao qual responde um engajamento na missão.

CAPÍTULO V

A eucaristia, apogeu dos sacramentos:
1. Instituição e história

A eucaristia constitui o apogeu da instituição cristã dos sacramentos. Essa celebração, de fato, torna presente, por meio da operação de símbolos particularmente fortes, o ato salvador de Cristo, ou seja, o evento de sua morte e de sua ressurreição, uma vez que esse evento é *para nós* e constitui o dom definitivo e irrevogável que Cristo faz de si mesmo em favor da "multidão" dos homens. Ireneu dizia que Cristo recapitulava em sua pessoa toda a história da salvação; poderíamos dizer que a eucaristia é uma recapitulação dessa recapitulação, uma recapitulação em segundo grau, pois toda a fé cristã encontra-se nela[1]. Este tema é imenso, portanto, vou dividi-lo em dois capítulos.

Abordaremos gradualmente seus aspectos essenciais, começando por uma reflexão sobre o símbolo humano da refeição (1). Veremos em seguida o lugar das refeições na vida de Jesus e a escalada dessas refeições para a celebração da ceia da quinta-feira santa, celebração que tem o valor de instituição: "Fazei isto em minha memória" (2). Faremos, então, algumas incursões nos grandes textos da tradição (3) e na história da liturgia da eucaristia, que ocupou lugar tão importante na vida da Igreja ao longo das épocas (4). Essa celebração é, com efeito, o momento em que a Igreja toma corpo e recebe incessantemente o dom de Deus. Este primeiro capítulo nos fará visitar a tradição do primeiro milênio.

---

1. Como pequeno resumo sobre a eucaristia, ver M. BROUARD (org.), *Eucharistia. Encyclopédie de l'eucharistie* [Enciclopédia da eucaristia]. Paris, Éd. du Cerf, 2002.

No segundo capítulo, abordaremos o significado pregnante do termo "memorial", que nos permite unificar, na eucaristia, o sacrifício[2] e o sacramento, depois, a relação entre a eucaristia e a cruz, a compreensão da presença real de Cristo na eucaristia e, finalmente, o vínculo da eucaristia com a Igreja. Esse segundo capítulo abordará as grandes questões suscitadas pela eucaristia ao longo do segundo milênio até os dias atuais. Alguns temas já evocados deverão, então, ser retomados sob nova luz.

I. A REFEIÇÃO E SUA SIMBOLOGIA NA CONDIÇÃO HUMANA

Como todo ser vivo, o homem tem necessidade de comer para viver. No reino animal, essa função é regulada pelo instinto e geralmente permanece individual, mesmo que a fêmea num primeiro momento cuide da alimentação de seus filhotes. A alimentação é, antes, um lugar de conflitos, e cada um tenta garantir a própria sobrevivência. O fato de comer não provoca nenhuma vida social.

1. A refeição e o homem

No caso do homem, é completamente diferente. Submetido à mesma necessidade, ele a gerencia de maneira social, no âmbito da família ou do grupo, seja tribal ou social. *O homem inventou a refeição*, ou seja, um momento de *convivialidade* – termo que nossa cultura atualmente está redescobrindo – por ocasião da ingestão de alimento que é objeto de partilha. Os membros da família agrupados em torno da mesma *mesa* partilham os alimentos tirados do mesmo prato, que na maioria das vezes foi preparado pela mãe mas cujo custo foi garantido pelo trabalho do pai e da mãe. Na refeição, há partilha e comunhão do mesmo alimento, por sua vez, expressão da comunhão de vida e do dom que os pais fazem aos filhos. Tudo acontece num nível muito profundo e, com frequência, até permanece na ordem do

---

2. Sobre a difícil questão do sacrifício, remeto a tudo o que já foi dito no volume *Croire*, p. 289-301. Mas necessariamente voltarei a ela neste segundo capítulo, já que a Eucaristia é um sacrifício como memorial do único sacrifício de Cristo.

não dito. Essa solidariedade vital elementar é óbvia, é normal. Quase sempre só aparece quando é contraditada ou violentada: cada um comer por si e recusar-se a alimentar os filhos são atitudes extremas, para com as quais o julgamento comum é severo.

No entanto, a refeição não é apenas essa partilha fundamental do alimento. Ela reúne e abre para a convivialidade humana e cultural. Comer junto é *conversar*. Durante a refeição, cada um é obrigado a renunciar a suas ocupações pessoais ("Venha para a mesa!") e traz seus sentimentos do momento, alegres ou tristes. Durante a refeição, fala-se dos assuntos de cada um, eventualmente dos projetos comuns, fica-se sabendo do seu trabalho, das suas preocupações e de suas alegrias. Uns ajudam os outros a suportá-los. Pode-se também levar a conversa para problemas mais gerais, em que uns e outros estão envolvidos: problemas da vizinhança, da sociedade, problemas políticos ou religiosos. A refeição também é ocasião de descontração e riso. É um momento agradável, em que nos restauramos em todos os sentidos da palavra. A refeição mantém afeição entre os membros da família: é um lugar e um tempo de *comunhão*.

Momento essencial da convivialidade, a refeição já tem por si só um lado festivo. Normalmente, está aberta à *festa*; e, quando há festa, esta é celebrada incrementando a refeição. Não é preciso muita coisa especial para que se aproveite para abrir uma boa garrafa de vinho. No domingo, compra-se um bolo, porque é domingo. Num aniversário, também se colocam velas no bolo. Convida-se para uma refeição, seja quando se faz "uma comilança" entre amigos, seja quando se prepara com distinção uma mesa para um jantar mais seleto. Também, a pessoa só vai sozinha ao restaurante por necessidade. Uma refeição num restaurante se faz com companhia e permite "marcar uma data" entre esposos ou entre amigos. A refeição é um momento de felicidade. Oferecemos uma refeição, e esse dom, chegado o dia, leva a uma retribuição: hoje sou eu que convido e pago. Igualmente, num piquenique entre amigos, cada um leva um prato e divide-se tudo o que foi levado. A refeição é o momento privilegiado para oferecer um presente. Para uma reconciliação depois de uma briga, a pessoa oferece uma refeição a quem foi seu adversário.

Há também as verdadeiras refeições de festa, como as de casamento ou de outros momentos particularmente importantes da vida. Toda a simbologia da refeição ocorre, então, num grau mais elevado: convite para muitas pessoas, escolha de um lugar adequado e decorado, cardápio longamente estudado com muita antecedência, seleção dos vinhos. Pode haver discursos ou entretenimento. Pode haver um "protocolo". Uma refeição como essa torna-se, então, uma liturgia, na qual nada deve dar errado ou estragar a alegria. Um padre-operário, garçom de um restaurante, dizia-me certa vez como ele era sensível ao respeito pela liturgia de uma grande refeição. Aquele dia, tudo deve ser perfeito. Pois é um dia memorável, do qual deveremos poder guardar uma lembrança perfeita por toda a vida.

2. Das refeições religiosas à celebração da Páscoa judaica

Contudo, o homem também é um ser *religioso*, ou seja, um homem que faz a si mesmo todas as perguntas sobre o sentido de sua existência e, finalmente, a pergunta da pergunta: por que, afinal, estou aqui me fazendo todas essas perguntas? As grandes refeições, celebradas em circunstâncias excepcionais, levam esse tipo de pergunta ao limiar da consciência. Uma mãe de família não pode casar a filha sem pensar no tempo que está passando, na separação dela, que, até então, estava sempre a seu lado, em seu futuro e na aposentadoria que talvez esteja se anunciando. Quem acaba de se aposentar fica feliz por ser festejado, mas não consegue esquecer que sua vida está ficando para trás.

A tradição da humanidade também conhece as refeições fúnebres, cujos significados religiosos podem ser bem diferentes de acordo com as culturas. Mas essas refeições pretendem expressar não só a solidariedade entre todos os membros da família como também a solidariedade para com o morto. (Que chegaria até a ponto de colocar alimento em seu túmulo.) Ainda hoje, depois de um enterro doloroso, os membros da família sentem necessidade de se descontrair e se reúnem para uma refeição mais particularmente calorosa, que faz ressurgir o sorriso nos rostos agora mais tranquilos.

Não é de surpreender, portanto, que a refeição tenha entrado formalmente na tradição religiosa da humanidade. Ela é um lugar privilegiado de expressão do sagrado, como vimos, porque o alimento diz respeito à vida, e a vida é sagrada. É preciso verter sangue de um animal vivo para comer carne, e isso também diz respeito ao registro do sagrado. O alimento é um dom de Deus ou dos deuses, e o homem, por sua vez, oferece alimento aos deuses: flor de farinha, primícias dos frutos da terra, animais degolados. O sacrifício ritual, atestado em toda a história das religiões, é constituído, assim, por uma troca simbólica: o que o homem oferece é o dom em retribuição ao que ele reconhece ter recebido de Deus ou dos deuses. Assim, assume o valor de uma refeição com os deuses. Tem por objetivo, de um modo ou de outro, a reconciliação e a comunhão com eles. Não deixa de ser significativo também o fato de que as representações do além sejam frequentemente as da refeição de núpcias, de uma refeição eterna, expressão de uma comunhão bem-aventurada.

Essa dimensão religiosa encontra-se muito depurada na tradição judaica da época de Jesus. Toda refeição de uma família judaica tem dimensão religiosa e dá ensejo à liturgia das bênçaos, ou seja, a orações e salmos que abençoam Deus e lhe expressam uma ação de graças pelo dom do alimento. A mesma tradição judaica celebra piedosamente a cada ano, pela refeição pascal, a memória da saída do Egito, evento fundador do povo de Israel. Deveremos voltar às correspondências entre a refeição da primeira Páscoa e a refeição eucarística.

Se é esse o lugar da refeição na experiência humana, com a rica multiplicidade de símbolos aos quais sua celebração pode dar ensejo, não é de surpreender que o rito principal da fé cristã seja uma refeição que empresta toda a simbologia das refeições humanas; uma refeição religiosa em que a comunhão fraterna se une à comunhão com Deus; uma refeição ao mesmo tempo presidida por Cristo, que nos convida, e em que ele mesmo se dá simbolicamente a nós como alimento para expressar o dom de si mesmo; uma "refeição sacrificial", em que se vive uma troca amorosa e gratuita entre ele e nós, pois é a refeição em que ele nos dá sua vida para nos dar a vida e à qual devemos chegar com alegria no desejo de nos dar a Cristo e aos outros.

II. Das refeições com Jesus à instituição da eucaristia

1. A importância das refeições nos evangelhos

"Entre nós é como entre os apóstolos, estamos sempre à mesa", dizia uma mãe de família, quando recebeu a visita de seu pároco e estavam todos da casa tomando a refeição. Reflexão muito justa, se pensarmos no lugar enorme que ocupam as refeições nas narrativas evangélicas. Jesus *é convidado* à mesa dos outros: nas bodas de Caná (Jo 2, 1-11), na família de Marta e de Maria (Lc 10, 38-42), à casa do fariseu Simão (Lc 7,36-50). Compartilha a mesa dos publicanos, particularmente de Levi, a quem torna seu discípulo (Lc 5,29). O texto que introduz as parábolas da misericórdia (Lc 15,1-2) também menciona a censura feita a Jesus por comer com publicanos e pecadores e acolhê-los. Sua resposta se expressa com a parábola do filho pródigo, que termina com uma refeição de festa. A refeição é lugar de reconciliação. O que Jesus fez é o que o Pai faz para os pecadores: vem sentar-se à sua mesa, faz-se o comensal dos pecadores.

Jesus também come com seus discípulos (Jo 4,31) e *convida-se* para a mesa dos outros, como para a casa de Zaqueu (Lc 19, 2-10). Enfim, ele *convida os outros* para sua própria mesa: são as multiplicações dos pães. Ele é, então, o dono da casa, o que profere a bênção e distribui o pão, como um pai de família para seus filhos. Sem dúvida, a redação desses relatos é influenciada pelas narrações da instituição da eucaristia (ver Mt 14, 19-21; Lc 9, 15-17). Em todas essas refeições acontece algo decisivo: uma conversão, um milagre, um ensinamento. São refeições que têm um valor messiânico: são vividas na alegria, anunciam a salvação. Jesus, que assumiu a condição humana na verdade, pretende reunir-se aos homens, seus irmãos, por meio de suas refeições, compartilhando-as com eles. Sabe o que há no homem e na profundidade "antropológica" da partilha do alimento e da conversação.

Todas essas refeições já dão uma indicação sobre a que será a mais solene e a mais decisiva delas, a Última Ceia, de Jesus com seus discípulos. O lugar da refeição não cessa depois da ressurreição: Jesus partilha a refeição dos discípulos que tinham perdido a esperança em

Emaús (Lc 24,30) e com os Onze em Jerusalém (Lc 24, 41-43); ele prepara, enfim, a refeição de peixes à margem do lago (Jo 21,9).

2. A última refeição: a instituição da eucaristia

A instituição da eucaristia não ocorre, então, como uma surpresa: foi preparada por essas numerosas refeições que Jesus fez em comum com seus irmãos, os homens. Era normal que a última refeição de Jesus com seus discípulos, num momento em que seus adversários tomavam a decisão de levá-lo à morte, adquirisse um significado grave e forte de uma despedida. Essa refeição nada tem de um fato episódico; torna-se um evento por si mesma. Por isso o evangelho de João, que não a relata em detalhes, apresenta-a como a maior solenidade e, em seguida, inscreve nesse último encontro seu "discurso após a ceia", espécie de testamento espiritual de Jesus: "Antes da festa da Páscoa, sabendo Jesus que tinha chegado a hora de passar deste mundo para o Pai, tendo amado os seus que estavam no mundo, amou-os até a consumação" (Jo 13,1)[3].

Essa refeição foi celebrada no próprio momento da Páscoa judaica, dia solene em que todo o povo de Israel revive a saída do Egito e come o cordeiro pascal imitando a prática de seus ancestrais. O termo "Páscoa" é repetido a propósito da preparação da refeição, e Lucas põe na boca de Jesus, no início do seu relato da instituição, estas palavras emocionantes: "Desejei ardentemente comer esta Páscoa convosco antes de sofrer" (Lc 22,15). No entanto a continuação da refeição não menciona mais nenhum dos ritos da Páscoa judaica, tanto que se discute se Jesus efetivamente comeu a Páscoa judaica. Por outro lado, o evangelho de João situa o encontro de Jesus com seus discípulos em um dia antes da

---

3. João introduz, assim, o gesto do lava-pés, que é um paralelo da eucaristia segundo outro registro simbólico. Jesus realiza a mesma coisa dando-se sob a forma de pão e de vinho e dando-se no gesto do escravo que lava os pés de seus senhores. A Igreja não fez desse gesto um sacramento, embora ele contenha, como a eucaristia, uma ordem de reiteração, decerto porque no lava-pés o símbolo coincide com a coisa simbolizada. É apenas um exemplo, entre outros, da caridade fraternal.

Páscoa. Seja como for, os relatos evangélicos testemunham uma continuidade e uma ruptura. Por um lado, Jesus preside a essa refeição imediatamente antes (ou no momento) de seu povo celebrar a Páscoa e dá, assim, à sua morte próxima o significado de ser ele o novo cordeiro pascal, o que vem tirar os pecados do mundo. Por outro lado, ele substitui a celebração antiga pela instituição de uma celebração nova, como memorial de sua morte e de sua ressurreição.

Para o conjunto dos sacramentos, como já vimos, dispomos de poucos gestos propriamente institucionais. O mesmo não ocorre em relação à eucaristia, para a qual temos quatro textos distintos: Mateus, Marcos, Lucas e Paulo. É sinal da importância excepcional atribuída pelas tradições evangélicas a essa refeição, que não foi apenas uma refeição de despedida, mas também e sobretudo uma criação completamente nova. É um forte indício de que as comunidades primitivas não inventaram o significado dessa refeição, que elas celebravam em fidelidade à ordem de Jesus[4]. Nesses quatro relatos, dos quais é apaixonante comparar os detalhes, distinguem-se duas famílias bastante diferentes, que contêm variantes sensíveis.

3. Mateus e Marcos: a última refeição do Senhor

SINOPSE DOS RELATOS DE INSTITUIÇÃO

Mt 26,26-29	Mc 14,22-25
[26] Ora, durante a ceia, Jesus tomou o pão e, tendo dito a fórmula da bênção, partiu-o e o distribuiu aos seus discípulos, dizendo: "Tomai, comei. Isto é o meu corpo".	[22] Quando ainda comiam, Jesus pegou o pão, disse a fórmula da bênção, e o partiu e deu-lhes dizendo: "Tomai. Isto é o meu corpo".

---

4. Essa leitura dos textos inspira-se nos trabalhos do padre Jacques Guillet. Ver *Entre Jésus et l'Église*. Paris, Éd. Du Seuil, 1984. Para facilitar sua compreensão, empresto dele a disposição sinóptica dos quatro textos, que convém ter diante dos olhos.

²⁷ Em seguida, tomando o cálice, deu graças e o entregou, dizendo: "Bebei todos dele,
²⁸ porque este é o meu sangue, o sangue da aliança, que vai ser derramado por muitos para a remissão dos pecados.
²⁹ Entretanto, vos declaro: não beberei mais deste fruto da videira, até o dia em que eu beber o vinho novo convosco no reino do meu Pai".

²³ Em seguida, tomando o cálice, deu graças e lhes entregou. E todos beberam dele.
²⁴ E lhes disse: "Este é o meu sangue, o sangue da aliança, que vai ser derramado por muitos.
²⁵ Eu vos declaro esta verdade: não beberei mais deste fruto da videira até o dia em que eu beber o vinho novo no Reino de Deus".

Lc 22,14-20
¹⁴ Chegando a hora, Jesus pôs-se à mesa com os apóstolos
¹⁵ e lhes disse: "Desejei ardentemente comer esta Páscoa convosco antes de sofrer;
¹⁶ porque eu não vou mais comer dela, até que se realize plenamente no Reino de Deus".
¹⁷ Tomou então um cálice, deu graças e disse: "Tomai-o e passai entre vós.
¹⁸ Porque eu vos digo: de agora em diante não beberei mais do fruto da vinha até que chegue o Reino de Deus".
¹⁹ Depois, tomou o pão e deu graças. Então o partiu e deu-lhes, dizendo: "Isto é o meu corpo, que é dado por vós. Fazei isto em minha memória".
²⁰ No fim da ceia, fez o mesmo com o cálice dizendo: "Este cálice é a nova Aliança do meu sangue, que é derramado por vós".

1Cor 11,23b-26
²³ᵇ o Senhor Jesus, na noite em que era traído, tomou o pão ²⁴ e, tendo dado graças, partiu-o e disse: "Isto é o meu corpo, que é dado por vós; fazei isto em minha memória".
²⁵ Do mesmo modo, após a ceia, tomou o cálice e disse: "Este cálice é a nova Aliança no meu sangue; toda vez que o beberdes, fazei-o em minha memória".

²⁶ Toda vez que comeis este pão e bebeis este cálice, anunciais a morte do Senhor, até que ele venha.

Mateus (26,26-29) e Marcos (14,22-25) formam uma primeira família. Chama-se essa tradição de "palestina", porque é mais semítica. Sua intenção predominante é a de fazer um relato da última refeição que os discípulos fizeram com Jesus. Essas duas passagens nos remetem à história da última vigília de Jesus, lida à luz de sua morte e de sua ressurreição, mas não a uma refeição institucional. Pois elas não contêm a *fórmula de reiteração*. Contam o que Jesus fez antes de sua morte e o sentido que lhe deu, não o que entregou a seus discípulos.

Mateus corresponde a Marcos, com algumas correções e acréscimos. Por exemplo, Marcos diz "E todos beberam dele", sem indicar uma palavra de Jesus, ao passo que em Mateus Jesus diz "Bebei todos dele". O texto de Marcos é o fragmento de uma história já iniciada, a da Paixão. É "uma refeição dentro da refeição" (X. Léon-Dufour): "Quando ainda comiam...". Essa tradição se interessa mais pela existência de Jesus em suas últimas horas do que pelo que se tornará o culto cristão. O texto termina com o versículo escatológico do fruto da vinha que Jesus não mais beberá antes do reino de Deus, o que parece não dar lugar ao tempo da Igreja.

No entanto as fórmulas essenciais da tradição cultual estão integradas nessa narrativa: Jesus "disse a fórmula da *bênção*" ao pegar o pão; "deu *graças* (*eucharistesas*, eucaristia)" tomando o cálice. São fórmulas já cultuais, conforme mostra seu paralelismo: "Isto é meu corpo", "Este é meu sangue". São também intensamente semíticas.

Tomai, comei. Isto é o meu corpo. Jesus faz o gesto do dom de si mesmo. O gesto, aqui, tem a mesma força da palavra. Embora haja variantes nas palavras, como veremos, os gestos de Jesus são sempre os mesmos. Mas só adquirem sentido em sua ligação com as palavras. Jesus dá e os discípulos recebem e tomam. Esse dom ativo deve ser relacionado com o fato passivo de ser entregue. É decisivo na existência de Jesus o momento em que ele transforma o fato de ser entregue por Judas às mãos dos homens pecadores numa decisão pessoal: "Tomai meu corpo". O "cálice que vou beber" (Mc 10,38) torna-se "Tomai este cálice". Jesus transforma a fatalidade em liberdade (ver Jo 10,38). "Isto é meu corpo" está inscrito no movimento do *"Tomai! Isto* [ou seja, o pão da distribuição] *é meu corpo". Meu corpo* é uma maneira de dizer *eu mesmo.* O termo "corpo" não é exclusivo nem do coração, nem da alma, nem do espírito, mas significa a pessoa sob o aspecto visível do corpo, a pessoa como elemento do mundo físico, como "corpo falante", núcleo vulnerável da comunicação, submetido ao sofrimento e à morte. É a pessoa concreta e frágil de Jesus que vai morrer. Sua vida é dada até a morte no dom definitivo de sua existência. É isso que Jesus dá e que se pode tomar, pois pode-se pegar um corpo. No entanto, agindo sobre o corpo, age-se também sobre o espírito.

É: qual a natureza da identificação estabelecida por Jesus entre *Isto* e *meu corpo*? Embora o aramaico não conheça a cópula *é*, o grego julgou necessário colocá-la. Esse *é* tem um sentido estrito, realista, e não simplesmente alegórico. Há coincidência entre o gesto pelo qual Jesus dá o pão partido e o vertido no cálice e a ação que o leva à morte em que seu corpo será dilacerado e seu sangue derramado. Essa coincidência é intencional e simbólica no sentido estrito do termo. Ela não poderia existir se Jesus não estivesse presente e empenhado integralmente e irrevogavelmente no gesto de dar o pão e o vinho e no ato de dar sua vida em cumprimento da missão recebida. Ele não teria o direito de dizer essas palavras se ao mesmo tempo não desse sua vida para nos transmiti-la. Num mesmo movimento, Jesus diz o sentido de sua morte, amar os seus até o fim, e identifica o gesto da distribuição com o ato do dom de sua vida. O mestre da refeição leva à perfeição a simbologia da refeição, fazendo-se alimento vivo e vital dos seus.

O *cálice*, no sentido metafórico, é o destino ou a sorte reservada a alguém. *Este é o meu sangue, o sangue da aliança, que vai ser derramado por muitos*: o sangue é a alma da vida, portanto, a própria vida.

A referência cultual é o sangue dos animais espalhado por ocasião dos sacrifícios, como fazia Moisés por ocasião da instituição da primeira aliança. Mas tudo muda com a referência existencial: já não se trata de um sangue animal derramado ritualmente, mas do sangue de Jesus, metáfora que exprime o livre dom de sua vida. Embora a linguagem seja retomada dos ritos antigos, trata-se de algo radicalmente novo. Jesus transforma o que é uma execução capital em oferenda total de si mesmo. A bênção do vinho remete ao dom de Deus, e o dom de Deus torna-se "meu sangue".

Por muitos: os muitos são, antes de tudo, a totalidade pecadora de Israel. O termo lembra os cantos do Servo em Isaías (52-53). *Muitos* equivale a *todos* (ver em Rm 5,15,18,29). O sangue derramado é o da aliança (Ex 24,8), que no Êxodo precede uma refeição (Ex 24,10-11: "E a seguir comeram e beberam"). Na tradição judaica da época, o sangue da aliança tem valor *expiatório*. Jesus teria compreendido sua morte como uma morte expiatória? A fórmula sobre o cálice aponta nesse sentido. Mas é preciso saber interpretá-la. *Expiação*, em nosso vocabulário, na maioria das vezes, quer dizer *castigo*. Não é o sentido bíblico, em que expiação é, antes de tudo, uma *purificação*, uma *propiciação* e, enfim, uma *intercessão*. A morte de Jesus é sua última oração em ato para pedir a plena reconciliação entre pecadores. É essa a aliança contraída na morte do Senhor. Já não se trata de uma aspersão pelo sangue de animais, mas de beber o cálice com seu sentido simbólico, que é o de apropriar-se da vida e do destino de Jesus. Estamos no ponto de passagem do sacrifício ritual ao sacrifício existencial. *Para a remissão dos pecados,* acrescenta Mateus, explicitando, assim, a ideia de reconciliação. Em Jeremias, a nova aliança anunciada trará o perdão dos pecados.

Eu vos declaro esta verdade: não beberei mais...: é uma afirmação profética, típica de Jesus. Expressa a certeza de que é ao mesmo tempo a da morte próxima (não comer mais) e a da ressurreição num mundo novo, o Reino. Do começo ao fim do evangelho de Marcos, Jesus é o anunciador do reino. Jesus dá à sua morte o sentido de toda a sua vida. Para realizar o que não pôde obter por sua missão é

> necessária sua morte. A refeição com os pecadores (Mc 2,15-16) realiza o perdão dos pecados, tornando-se uma refeição de casamento (2,19). Por que a transformação solene do pão e do vinho? Porque é a última refeição, e Jesus está dando sua vida. Agindo assim, ele faz chegar o reino de Deus.

4. Lucas e Paulo: a refeição institucional

Lucas (22,14-20) e Paulo (1Cor 11,23-26) formam um segundo grupo em que a dominante é institucional e litúrgica. Isso significa que esses dois textos já trazem a marca dos usos litúrgicos das primeiras comunidades. Lucas é o mais completo e o que mais faz intervir Jesus e sua intenção. Seu texto mais longo não é um simples acréscimo ao texto de Marcos, pois contém muitos dados originais: é um modelo próprio, uma tradição diferente, de tonalidade mais grega do que judaica. Na parte comum da instituição, ele se aproxima muito de Paulo. Por sua vez, Paulo já fala da "refeição do Senhor", cuja tradição ele recebeu, o que já é uma "denominação de origem" da prática da eucaristia nas comunidades do Novo Testamento.

Fazei isto em minha memória. É a grande novidade. Lucas e Paulo têm em comum a ordem de reiteração, e Paulo a repete duas vezes. O "isto" visa exatamente aos gestos e às palavras sobre o pão e o cálice. O termo "memória" ou "memorial" (*anamnèsis*) evoca uma ação que faz lembrar: esse termo remete ao memorial pascal da libertação do Egito (Ex 12,14)[5]. A ordem de Jesus inscreve-se no contexto da celebração pascal.

O ponto de partida é o mesmo em Lucas e Paulo, cuja tradição remonta a antes do ano 40. Para eles, a eucaristia é um gesto da Igreja vindo de Jesus, não apenas para fazer como ele (como dizer o *Pai-Nosso* ou viver o lava-pés), mas um gesto afirmado pela Igreja em nome de Jesus. É um gesto da Igreja que é de fato "a ação de Jesus". Essa junção

---

5. Encontra-se no capítulo seguinte, páginas 166-171, uma análise precisa do memorial.

essencial é particularmente nítida em 1Cor 11,23, que descreve um gesto realizado na Igreja por Jesus: *"Na noite em que era traído..."*. A instituição da eucaristia é um exemplo para todas as instituições. Cada vez que a Igreja celebra ou faz a eucaristia, refaz o próprio gesto do Senhor na Ceia. A instituição é o primeiro momento de uma repetição.

A ordem de repetição não é simplesmente "Refazei esse gesto" ou "Isto é o que farás" (Ex 29,35). Esse gesto de abençoar o pão e o vinho, que era um gesto comum e banal, torna-se o memorial de Jesus e constrói a partir de então a nova comunidade dos discípulos. Entre a Ceia e a volta de Cristo, a eucaristia representa uma realidade consistente no *tempo da Igreja,* que é também o tempo do Espírito. É o corpo dado a todos os que celebram a refeição bem além do círculo primitivo dos discípulos. Lucas insiste na realidade presente do dom recebido, que se pode justamente receber de novo, cada vez que se refaz o gesto, enquanto o Senhor não vier. Há uma comunidade que vive incessantemente dessa refeição.

É possível, portanto, ver no sacramento celebrado pela Igreja a ação não apenas *instituinte* (eu quis), mas fundadora de Cristo (dou meu corpo, meu Espírito, meu perdão). *Na eucaristia, o Cristo fundador e o Cristo fundamento coincidem*. O que Cristo fez o Cristo ressuscitado refaz de um modo sacramental.

> Segundo padre Guillet, com a tradição de dominante litúrgica, estamos diante da *passagem de Jesus à Igreja*. Os outros sacramentos não têm esse mesmo conteúdo, essa mesma realidade. No entanto, é importante não os separar da eucaristia e ver neles *a passagem da ação de Cristo aos gestos da Igreja*. A ação de Cristo ressuscitado continua sendo a do Cristo terrestre, mas, enquanto esta é direta, visível, imediata, recebida pelos discípulos, a do Cristo ressuscitado é invisível e supõe ministérios agindo em seu nome.
>
> Lucas e Paulo têm em comum traços característicos nas fórmulas de instituição. Eles acrescentam: *Isto é o meu corpo, (que é dado)* por vós. O pano de fundo subjacente continua sendo o das representações sacrificiais do Antigo Testamento. Mas trata-se agora do dom

por Jesus de sua pessoa no amor que vai até o fim. Lucas e Paulo também têm em comum uma fórmula diferente a propósito do cálice: *Este cálice é a nova Aliança no meu sangue*. Continuam expressando, como Marcos e Mateus, o vínculo entre aliança e sangue. Porém a menção a uma nova aliança remete à profecia de Jeremias sobre a nova aliança: "Eis que dias virão — oráculo de Javé — quando concluirei com a Casa de Israel e de Judá uma nova aliança: não à guisa da aliança que concluí com os seus pais [...]. Eu imprimirei minha Lei dentro deles, e no seu coração a escreverei; então, eu serei seu Deus e eles serão meu povo" (Jr 31,31-33).

As fórmulas de Lucas e de Paulo insistem na passagem radical do antigo para o novo. Consideram Jesus a nova aliança personificada. A nova aliança se realiza pelo evento de sua morte na cruz. Dizer *Este é o meu sangue, o sangue da aliança*, como fazia Mateus e Marcos, era uma referência direta à morte de Jesus. Mas anunciar a *nova aliança* destaca o resultado dessa morte. A nova aliança é de fato o corpo do Senhor ressuscitado. Esse corpo entregue até o sangue é o ponto de partida de um novo mundo e do Reino de Deus. A nova aliança está agora presente no cálice. Já não é o próprio evento de Jesus, coincidindo com sua morte, que está em primeiro plano, mas a recepção pela comunidade da realidade *nova*. Os discípulos puderam constatar que a morte de Jesus provocou sua ressurreição, o dom do Espírito, o perdão.

5. As particularidades da instituição em Lucas

O texto de Lucas combina a narrativa evangélica de Marcos com a celebração litúrgica evocada por Paulo. Constatamos, a princípio, uma *grande inversão*: o que encerra a narrativa de Marcos está colocado antes da instituição em Lucas. Em Marcos, o anúncio *Não beberei mais...* quer dizer: além, é minha morte e o reino escatológico. Não há nada mais a dizer, e parte-se para o Getsêmani. O tempo entre a Ceia e o Reino é a Paixão. Em Lucas, ao contrário, o mesmo anúncio precede a eucaristia. É que a eucaristia se torna uma realidade por si mesma: não uma refeição messiânica, mas a refeição sinal. É o tempo da Igreja, é o tempo do sacramento.

Desejei ardentemente comer esta Páscoa convosco antes de sofrer (Lc 22,15), anuncia uma refeição de despedida antes de uma experiência dolorosa. A pessoa de Jesus é mostrada, reforçada pelo discurso depois da Ceia (Lc 22,24-38), com insistência na separação e na obra a ser prosseguida. Em Lucas, Jesus faz circular sucessivamente dois cálices. O primeiro não é a eucaristia; é o cálice da refeição pascal tradicional, a da Antiga Aliança. É por ocasião desse cálice que Jesus pronuncia o versículo sobre o fim dos tempos: "Não beberei mais do fruto da vinha até que chegue o Reino de Deus". É ainda a refeição da despedida. Como em toda a tradição evangélica, Jesus é quem preside essa refeição solene.

Lucas sublinha a semelhança e a diferença entre esse primeiro cálice e o da eucaristia: é a passagem do antigo para o novo. É o mesmo gesto de bênção ou de eucaristia, mas há algo de radicalmente novo: em primeiro lugar, a palavra sobre o pão; em seguida, a identificação de Jesus com a nova aliança realizada por seu sangue. Também, com o "vós", os discípulos tornam-se a comunidade de todas as comunidades.

6. Comparação final entre os dois extremos: Marcos e Paulo

Marcos desenvolve o relato, Paulo, a explicação. Em Marcos são descritos os gestos dos discípulos e de Jesus: eles comem, bebem, recebem as palavras do mestre. Em Paulo já não há discípulos. Os destinatários são *vós*, os mesmos que eu 11,26 (a comunidade de Corinto), como se Jesus estivesse no meio da comunidade cristã. Em Marcos, o momento é datado, a noite de Páscoa. Em Paulo, *a noite em que era traído* pode ser uma noite qualquer. O condensado *do mesmo modo* em Paulo, antes da eucaristia sobre o cálice, supõe que ele já não se sinta obrigado a contar, ao passo que Marcos repete os gestos sem hesitar: *e lhes entregou*. Também, Paulo emprega o título solene *o Senhor Jesus...*, diferentemente do simples *Jesus* de Marcos.

Todas essas características fazem com que o texto de Marcos apareça como uma passagem em um relato mais amplo, a da Paixão anunciada, decidida, iminente. É uma relação histórica. Paulo oferece uma peça litúrgica independente, uma liturgia cristã que celebra a morte do Senhor, mas que remonta a uma tradição antiga. Essa liturgia é feita para ser repetida não pelas primeiras testemunhas, mas pelos atores da liturgia. É o relato de fundação da assembleia cristã. Ela vem repetir o gesto inicial. Em Paulo, este corpo é dado *por vós* e é lógico que seja tomado por vós. Isso anuncia: "[Ele] morreu pelos nossos pecados" (1Cor 15,3).

A comparação entre Marcos e Paulo permite fazer um julgamento do evento. Trata-se do mesmo evento, mas *contado*, de um lado, e *celebrado*, de outro. A versão *relato* é incontestavelmente mais antiga do que a versão *liturgia*. Isso leva a uma conclusão fundamental: *a versão litúrgica não deu origem ao relato*. O relato é independente da celebração, não é feito para explicar a celebração. Este, ao contrário, é o caso do relato da refeição do cordeiro pascal (Ex 12,1-14), em que não podemos encontrar a história além da liturgia. Aqui há um e outro: podemos esperar partir do gesto de Jesus. *O sacramento, gesto litúrgico, não é inicial*. Supõe uma história e um acontecimento.

7. A eucaristia amplamente presente em todo o Novo Testamento

O dossiê completo da eucaristia no Novo Testamento exigiria o estudo de muitos outros textos sobre os quais só posso dizer algumas palavras. A cena de Emaús (Lc 24, 13-35) nos diz que Jesus "tomou o pão e, recitando a fórmula da bênção, o partiu e distribuiu entre eles" (24,30), fórmulas surpreendentemente próximas dos relatos institucionais. Jesus teria celebrado a eucaristia em Emaús? Não parece. Pois, assim como ele só podia morrer uma vez, também não podia repetir a refeição única da Ceia, ligada ao momento de sua morte. No entanto, há de fato uma continuidade entre as multiplicações dos pães, a ceia e a refeição de Emaús, que incluem sempre os mesmos gestos. É notável que Jesus tenha escolhido o fracionamento e a distribuição do pão como sinal de reconhecimento. Jesus é, por excelência, aquele que distribui o pão num gesto que faz parte de sua pessoa. Como se diz do gesto familiar de uma criança "é bem ela", pode-se dizer que distribuir o pão "é bem Jesus". Emaús é, em certa medida, uma conclusão da instituição da eucaristia pelo lugar ocupado pela ressurreição: o gesto da ceia tornou-se o gesto do Ressuscitado. Enfim, a construção de toda a cena faz intervir uma longa liturgia da palavra, quando Jesus explica as Escrituras aos dois discípulos, antes de convidá-los à mesa em que ele distribui o pão.

A menção a *partir o pão* é frequente nos Atos dos Apóstolos para designar a eucaristia: os discípulos eram assíduos à partilha do pão (At 2,42.46). A recorrência dessa menção (21,7-11; 27,34-36) mostra quanto a eucaristia se tornara a celebração característica dos cristãos. O texto de Paulo sobre a instituição da eucaristia, que já estudamos, é extraído de um capítulo inteiro (1Cor 11, 1-34) em que o apóstolo repreende veementemente os coríntios porque seu comportamento por ocasião de suas reuniões para a eucaristia a contradiz categoricamente. O ágape que a precede dá ensejo a divisões e desigualdades inadmissíveis. Não se pode comer aquele pão e beber daquele cálice sem antes examinar a si mesmo (11,28). João, que não narra a instituição da eucaristia em seu evangelho, oferece um grande discurso de Jesus dedicado ao pão da vida (Jo 6). "Eu sou o pão vivo descido do céu. Quem comer deste pão viverá eternamente! O pão que vou dar é a minha carne, que eu ofereço pela vida do mundo" (v. 51). Estas palavras, num primeiro momento, escandalizam seus ouvintes.

III. A vida eucarística da Igreja no primeiro milênio

Esses textos da instituição da eucaristia bem merecem uma análise acurada. Um microscópio descobriria neles muitas outras riquezas ainda. Eles nos oferecem a experiência concreta que foi a de Jesus, primeiro – com o sentido que ele deu à sua morte –, e em seguida, de seus discípulos. Dão-nos a doutrina básica do cristianismo sobre a eucaristia, cuja prática se instaura espontaneamente na Igreja primitiva. Toda a reflexão posterior virá da interpretação dessas passagens.

Vamos agora percorrer alguns testemunhos da Igreja antiga que manifestam, de século em século, o lugar central da celebração da eucaristia na vida dos cristãos. Eu gostaria, por intermédio deles, de transmitir mais do que uma doutrina e compartilhar a emoção e a alegria proporcionadas pela leitura desses documentos de nossos padres na fé, em razão de sua beleza. Estamos muito distantes deles no âmbito da cultura; sua linguagem nos desconcerta e parece a anos-luz de nossas formas de pensar, no entanto, nós, cristãos de hoje, nos sentimos surpreendentemente próximos deles na mesma fé e no mesmo amor pelo mistério de Cristo. Os que não têm fé também não podem deixar de se impressionar, pois recebem esse testemunho de uma fé bem jovem, cheia de frescor e entusiasmo. Lembro-me da reflexão de Albert Camus transmitida outrora a estudantes da Cidade Universitária de Paris: "Os apóstolos eram apenas doze e conquistaram o mundo". É esse testemunho contagioso que difundiu a fé por toda a Bacia Mediterrânea e que hoje tentamos recuperar. Será simplesmente um pequeno florilégio entre muitos textos possíveis, por meio do qual tentarei, com alguns comentários, ir ao encontro da sensibilidade desses cristãos da Igreja bem jovem.

Todos esses testemunhos compartilham determinadas preocupações comuns às quais convém estarmos atentos a fim de compreendermos melhor os debates do segundo milênio aos quais deveremos voltar. A eucaristia já é para os cristãos da Igreja antiga a confissão de fé por excelência (H. Legrand). A dinâmica do mistério eucarístico vai da celebração do corpo e do sangue de Cristo sob sua forma sacramental à construção da Igreja, corpo de Cristo. A eucaristia é o sacramento da unidade da Igreja. Santo Agostinho exclamará "Ó sinal de unidade! Ó vínculo de caridade!". Comungar em, com e numa Igreja é ser seu membro: comunhão eucarística e comunhão eclesial são intimamente solidárias. A comunhão eucarística, a comunhão nas coisas santas (*sancta*), faz a comunhão entre as igrejas e entre os que são chamados a se tornar santos (*sancti*).

Deve-se também colher seu testemunho espontâneo sobre as grandes questões que o segundo milênio se colocará com maior acuidade: como os padres entendiam a presença real de Cristo na eucaristia? Que papel atribuíam ao Espírito Santo na realização do sacramento? O que queriam dizer quando, a seu propósito, falavam de "sacrifício"? Mas não sejamos anacrônicos e admitamos que seu testemunho não tem o rigor da teologia dos tempos modernos.

1. No final do século I: a "Doutrina dos apóstolos, Didaquê"

Já falamos várias vezes do pequeno manual catequético, litúrgico e canônico que vem da Síria e data do final do século I. Ele nos dá o testemunho mais antigo sobre a maneira pela qual os cristãos celebravam a eucaristia no século que ainda é o de Jesus, e como tal é particularmente emocionante, embora nos cause estranhamento. Informa-nos que os cristãos se reúnem no domingo para partir o pão e render graças (14,1). Para que seu sacrifício, isto é, sua oferenda de si mesmos a Deus, seja puro é preciso que tenham confessado previamente seus pecados e tenham se reconciliado entre irmãos (14,1-2). Reúnem-se para participar de um sacrifício "puro", o que foi predito pelo profeta Malaquias, cuja especificidade é poder ser oferecido em qualquer tempo e em qualquer lugar, diferentemente dos sacrifícios da tradição judaica, que só podiam ser oferecidos no Templo de Jerusalém. Seguem-se as indicações dadas para a celebração da própria eucaristia:

> *Cap. 9.1. Para a eucaristia, rendei graças desta maneira:*
> *2. Primeiro para o cálice:*
> *Nós te rendemos graças, nosso Pai,*
> *Pela santa vinha de Davi, teu servo,*
> *Que nos revelaste por Jesus, teu servo.*
> *   Glória a ti em todos os séculos!*
> *2. Depois para o pão partido:*
> *Nós te rendemos graças, nosso Pai,*

Pela vida e pelo conhecimento
Que nos revelaste por Jesus, teu servo.
    Glória a ti em todos os séculos!
4. Tal como o pão partido, que havia sido semeado pelas montanhas, foi coletado e trazido para se tornar um, que tua Igreja seja reunida da mesma maneira desde os confins da terra em teu Reino.

Pois a ti pertencem a glória e o poder de Jesus Cristo em todos os séculos!
5. Que ninguém coma nem beba de vossa eucaristia a não ser aqueles que são batizados em nome do Senhor; pois o Senhor também disse a esse respeito: "Não deis o que é santo aos cães."

Capítulo 10.1. Depois de saciados, rendei graças desta maneira:
2. Nós te rendemos graças, Pai santo,
Por teu santo nome que fizeste habitar em nossos corações,
E pela consciência, pela fé e pela imortalidade que nos revelaste por meio de Jesus, teu servo.
    Glória a ti em todos os séculos!
3. Foste tu, mestre onipotente, que criaste o universo por causa de teu nome
E que deste aos homens o alimento e a bebida para usufruírem a fim de que te rendam graças.
Mas a nós deste a graça de um alimento e de uma bebida espirituais e da vida eterna por meio de Jesus, teu servo.
4. Por tudo, nós te rendemos graças porque és poderoso,
Glória a ti em todos os séculos!
5. Lembra-te, Senhor, da tua Igreja, para livrá-la de todo mal e aperfeiçoá-la em teu amor.
E reúne-a dos quatro ventos, essa Igreja santificada, em teu Reino que preparaste para ela.
Pois a ti pertencem o poder e a glória em todos os séculos!
6. Que venha a graça e que este mundo passe!
Hosana ao Deus de Davi!
Quem é santo, que venha!
Quem não o é, converta-se!

Maranatha. [= Vem, Nosso Senhor!]
Amém.
7. Deixai os profetas renderem graças quanto queiram[6].

Seria preciso citar um pouco mais extensamente o texto de oração do qual algumas formulações passaram para nossos cânticos e que bem expressa o clima espiritual, entusiasta e de júbilo dessa celebração. É o da ação de graças a Deus (*eucharistia*) pelo dom que ele fez de Jesus à sua Igreja. Apresenta-se como uma oração eucarística, que é, de certo modo, repetida duas vezes. Os historiadores também discutem sua interpretação. É introduzida deste modo: "Para a Eucaristia, rendei graças desta maneira" – mas ela não inclui nenhuma menção à instituição ou à ceia, nem ao corpo e ao sangue de Jesus. Trata-se de uma refeição comunitária e espiritual, chamada "ágape", do termo grego *agapè,* que significa "amor" ou "caridade", ou de um ágape seguido por uma eucaristia? De uma eucaristia liturgicamente lacunar? Muitas teses foram propostas, das quais adoto aqui a tendência predominante[7].

A primeira liturgia (capítulo 9) não constitui, sem dúvida, uma eucaristia, mais um *ágape* fraternal, introduzido por uma breve bênção do vinho e do pão. Trata-se de orações pronunciadas à mesa e que precedem a própria eucaristia. A bênção do cálice precede a do pão. Algumas expressões parecem extraídas da liturgia eucarística, como as do "pão dividido" (9,4). Ao ágape, "divisão do pão comum", segue-se a "eucaristia principal". Pois, terminada a refeição, "Depois de saciados...", passa-se à eucaristia. O versículo 9,5 marca a transição para essa eucaristia: só os batizados podem ter acesso a ela. A segunda liturgia (capítulo 10,2-6) representa uma forma de prefácio à eucaristia propriamente dita: primeiro, uma ação de graças pelo alimento geral e, em seguida, pelo alimento espiritual. O versículo 6 fala de um convite à comunhão eucarística. As orações que supostamente precedem devem constituir a oração eucarística central (chamada "anáfora"): são,

---

6   *La Didachè*, 9-10 ; SC 248, p. 175-183.
7. Refiro-me a quatro autores: J.-P. Audet, W. Rordorf, J. Talley, K. Niederwimmer.

decerto, as orações de ação de graças dos profetas mencionados no final, orações eucarísticas improvisadas.

Por que se constata a ausência das palavras institucionais? A resposta não é clara. É possível que estejamos diante de uma liturgia incompleta. Mas também conhecemos outra oração eucarística muito antiga, chamada de *Addai e Mari*, que não contém o trecho institucional e que ainda hoje é utilizada numa igreja oriental.

Essa oração, com todas as questões que suscita, tem imenso interesse de nossa parte: ela faz a ponte entre as orações judaicas e a gênese da oração eucarística cristã. Sabemos que o próprio Jesus celebrou a Ceia retomando as orações da liturgia judaica da refeição e de uma refeição particularmente solene. As primeiras orações eucarísticas cristãs retomaram essas orações antigas, acrescentando-lhes a menção a Jesus como motivo principal da ação de graças.

A oração da *Didaquê* tem vínculo de parentesco direto e consciente com a tradição judaica das bênçãos pronunciadas à mesa. Deve-se comparar seu capítulo 10 com a *Birkat ha-Mazon* (bênção judaica pronunciada após a refeição).

I. Bendito sejas, Senhor nosso Deus, rei do Universo, tu que alimentas o mundo inteiro com bondade e misericórdia.
Bendito sejas, Senhor, tu que dás o alimento a todos.

II. Nós te rendemos graças, Senhor nosso Deus, pois nos deste como herança uma terra boa e agradável, a aliança, a Lei, a vida e o alimento.
Por todas essas coisas, nós te rendemos graças e louvamos teu nome para sempre.
Bendito sejas, Senhor, pela terra e pelo alimento.

III. Tem piedade, Senhor nosso Deus, de Israel teu povo, de Jerusalém tua cidade, de teu Templo e do lugar que habitas, de Sião lugar de teu repouso, do santuário grande e sagrado no qual teu nome é invocado, e

> *concede em nosso tempo restituir a seu lugar o reino da dinastia de Davi e logo reconstruir Jerusalém.*
> *Bendito sejas, Senhor, que constróis Jerusalém[8].*
>
> A *Birkat ha-Mazon* inclui, então, três invocações: I. Um louvor com memorial da criação e uma bênção breve. Esse louvor encontra-se também no segundo lugar na *Didaquê,* mas é cristianizado e torna-se "um alimento e uma bebida espirituais, por meio de Jesus, teu servo". II. Uma ação de graças pelas maravilhas de Deus realizadas na redenção de seu povo: a Terra Prometida, a Aliança, a Lei (sequência suscetível de desenvolvimentos), mais uma bênção breve que aparece em primeira posição na *Didaquê*. III. Uma súplica por Jerusalém, que na *Didaquê* torna-se uma oração pela Igreja.
>
> Mas a *Didaquê* passou deliberadamente do vocabulário da bênção para o da ação de graças: "Nós te rendemos graças" não significa *abençoar*. A transposição cristã é lúcida. O termo que designa a celebração cristã será *eucaristia*, e não a *eulogia* (que corresponderia à *bênção*). Trata-se de uma passagem para o vocabulário sacrificial, exatamente no sentido do sacrifício de louvor, de ação de graças e de comunhão.

2. Em meados do século II: Justino descreve a celebração eucarística

Eis como o cristão Justino, originário de Flávia Neápolis (Naplusa), na Palestina, e que viera abrir uma escola de catecismo em Roma em meados do século II, apresenta a eucaristia dos cristãos em uma *Apologia* do cristianismo que ele não teme dirigir ao imperador Antonino Pio, a seus filhos, ao Senado e a todo o povo romano:

> *65.3. [...] Leva-se, àquele que presidiu a assembleia dos irmãos, pão e uma taça de água e de vinho batizado: ele pega, dirige louvor e glória ao Pai do*

---
8. Texto fr. Em J. Talley, *La Maison-Dieu*, n. 125, 1976, 18.

universo em nome do Filho e do Espírito Santo, pronuncia longa ação de graças (eucaristia) pelos bens que ele se dignou a nos conceder; concluídas as orações e a ação de graças, todo o povo presente expressa seu acordo respondendo: Amém. 4. "Amém" é uma palavra hebraica que significa "assim seja". Depois que o presidente da assembleia conclui a oração de ação de graças (eucaristia) e que todo o povo dá sua resposta, os que chamamos de diáconos permitem a cada um dos presentes compartilhar o pão e o vinho misturado com água sobre os quais foi dita a oração de ação de graças (eucaristia) e os levam aos ausentes.

66.1. Chamamos esse alimento de eucaristia, e dele não tem direito de participar quem não crê na verdade de nossa doutrina, quem não recebeu o banho para a remissão dos pecados e com vistas à regeneração e quem não vive de acordo com o ensinamento de Cristo. 2. Pois não tomamos esse alimento como pão comum ou bebida comum, mas, tal como, pelo Verbo de Deus, Jesus Cristo nosso Salvador se encarnou e teve carne e sangue por nossa salvação, também aprendemos por assimilação que o alimento que se tornou eucaristia pela oração extraída das próprias palavras de Cristo e da qual nossa carne e nosso sangue se alimentam é a carne e o sangue de Jesus que se encarnou. 3. Os apóstolos, de fato, nas Memórias *que nos vêm deles e que chamamos de Evangelhos, contam que lhes foi ordenado agir assim: depois de pegar o pão e render graças, Jesus disse "Fazei isto em minha memória. Isto é meu corpo"; também, depois de pegar o cálice e render graças, ele disse: "Este é meu sangue"; e só o transmitiu a eles*[9].

Esta passagem sobre a eucaristia vem ao final de uma descrição da iniciação cristã, que começa pela narração do batismo. O cálice é de "vinho molhado": era um costume mediterrâneo antigo diluir com um pouco de água um vinho com alto teor de álcool. Em Cipriano, esse costume assumiu um sentido místico, que voltamos a encontrar hoje no gesto de despejar um pouco de água no vinho do cálice. Depois, aquele que preside dá início a uma longa oração de ação de graças ou eucaristia, que ele faz elevar-se ao Pai por intermédio do Filho

---

9. JUSTINO, 1ère *Apologie,* 65-66; trad. fr. A Wartelle. Paris, Études augustiniennes, 1987, 189-191. Ver também *Apologie pour les chrétiens,* SC 507, 303-307.

e do Espírito, portanto, de acordo com um movimento trinitário ascendente. Essa oração era improvisada conforme as disposições daquele que presidia. Paralelamente, Justino diz "tanto quanto possa", observação que o grande liturgista do século XX, Louis Bouyer, comentava com humor: "Naquele tempo, havia quem podia muito!". O *Amém* de aclamação do povo ocorre, tal como hoje, no final da oração eucarística. Depois, a comunhão é distribuída pelos diáconos que já estão em atividade, e deve-se notar que eles levam a eucaristia aos ausentes, ou seja, aos doentes.

"Chamamos esse alimento de *eucaristia*." O termo "eulogia", por vezes, ainda utilizado, abandona definitivamente o lugar de "eucaristia". Também são lembradas as condições para poder participar da eucaristia: ser batizado e levar uma vida correta. Justino insiste no fato de que não se trata de pão comum nem de bebida comum. Refere-se à presença de Cristo na eucaristia na Encarnação, da qual é o prolongamento sacramental. Suas expressões são espontaneamente realistas: a comunhão eucarística tem o objetivo de nos associar à pessoa de Cristo, o que parece evocar a promessa da ressurreição da carne. O que transforma esse pão em eucaristia é a oração que vem das próprias palavras de Cristo por ocasião da instituição e da ordem dada por ele de reiterar seu gesto.

Encontramos o mesmo fervor nesta descrição, também feita por Justino, da celebração dominical:

67.3. No dia chamado de dia do sol, todos, tanto os que moram na cidade como os que moram no campo, reúnem-se num mesmo lugar, e são lidas as Memórias *dos apóstolos ou as obras dos profetas, durante o tempo disponível. 4. Depois que o leitor termina, o que preside toma a palavra para nos dirigir advertências e nos exortar a imitar aqueles belos ensinamentos. 5. Em seguida, nos levantamos todos juntos e oramos em voz alta e, como dissemos, depois que a oração termina, leva-se pão com vinho e água; o que preside pronuncia em voz alta as orações e as ações de graças, com todo o fervor de que é capaz, e o povo responde proclamando o* Amém*; depois, fazem-se a todos a distribuição e a partilha do alimento eucarístico, e a parte dos ausentes lhes é enviada pelo ministério dos diáconos. 6. Os que* *têm meios e que desejam fazê-lo distribuem livremente seus bens, cada um como bem entende, e o que é recolhido é depositado junto daquele que preside a assembleia, 7. que garante, assim, ajuda aos órfãos e às viúvas, aos que são reduzidos à indigência pela doença ou por qualquer outra causa, aos presos, aos hóspedes estrangeiros; em suma, ele cuida de todos aqueles que têm necessidade*[10].

Esse texto descreve a sucessão dos principais elementos da liturgia da missa dominical: a liturgia da palavra começa tudo com duas leituras, uma do Novo Testamento e outra do Antigo. Essas leituras são seguidas pela homilia pronunciada pelo que preside. Vêm, então, a oração universal, a apresentação dos dons, a oração eucarística e a distribuição da comunhão. Há grande insistência na partilha dos bens, que constitui uma espécie de "seguridade social" interna da comunidade. Encontramos aqui tudo o que constitui nossas missas de hoje, inclusive a coleta. Essa é a verdadeira tradição da eucaristia.

3. No final do século II, o testemunho de fé de Ireneu de Lyon

Com Ireneu, originário de Esmirna, na Ásia Menor, e que se tornou bispo de Lyon, na Gália, chegamos ao final do século II. Ireneu não nos oferece a descrição da celebração eucarística, mas lembra seus elementos essenciais diante dos adversários (gnósticos) que consideram que a criação e a carne frágil da condição humana são más:

IV.17. 5. Também a seus discípulos [nosso Senhor] aconselhava oferecer a Deus as premissas de suas próprias criaturas não porque este tivesse necessidade, mas para que eles próprios não fossem estéreis nem ingratos. O pão que provém da criação, ele o tomou e rendeu graças, dizendo: "Isto é meu corpo". E o cálice igualmente, que provém da criação da qual fazemos parte, ele o declarou seu sangue e ensinou que era a nova oblação da nova aliança. Foi essa mesmo oblação que a Igreja recebeu dos apóstolos e que, no mundo todo, ela oferece a Deus,

---

10. *Ibid.*, 67; 191-193; SC 507, 309-313.

que nos dá alimento, como primícias dos próprios dons de Deus sob a nova aliança [...].

18.1. Assim, então, a oblação da Igreja, que o Senhor ensinou a oferecer no mundo todo, é reputada como o sacrifício puro a Deus e lhe é agradável. Não é que ele precise do nosso sacrifício, mas quem o oferece é glorificado pelo fato de oferecer, quando seu presente é aceito [...].

18.5. Nosso modo de pensar está de acordo com a eucaristia, e a eucaristia por sua vez confirma nosso modo de pensar. Pois lhe oferecemos o que é dela, proclamando de maneira harmoniosa a comunhão e a união da carne e do Espírito: pois, tal como, depois de receber a invocação de Deus, já não é pão comum mas eucaristia constituída por duas coisas, uma terrestre e outra celeste, também nossos corpos que participam da eucaristia já não são corruptíveis, pois têm a esperança da ressurreição[11].

Diante desses adversários, Irineu sublinha que a eucaristia foi instituída por Jesus com o pão e o vinho que vêm de sua própria criação, assim como ele se incorporou nessa criação, o que lhe permite dizer "Isto é meu corpo". Só podia fazê-lo porque era o Filho do Criador, e por sua vez também Criador, vindo a seu seio, como diz o prólogo do evangelho de João. Esse tema, retomado hoje em nossas orações de ofertório, destaca o vínculo entre criação do mundo e salvação em Jesus Cristo.

Ireneu expressa em seguida um verdadeiro paradoxo. Depois de retomar a diatribe dos profetas do Antigo Testamento contra os sacrifícios cultuais que com frequência apenas só encobria a indiferença do coração, ele nos diz que a instituição da eucaristia não é feita primordialmente para Deus, que não tem necessidade nenhuma de que lhe sejam oferecidos sacrifícios; é feita pelo bem, pela honra e pela felicidade do homem, a fim de que este não se torne "nem estéril nem ingrato", mas possa oferecer ao Pai o dom de seu

---

11. IRENEÉ DE LYON, *Contre les hérésies*, IV, 17,5 e 18,45; Trad. fr. A. Rousseau, Éd. du Cerf, Paris, 1984, 459-464. [IRINEU DE LIÃO, *Contra as heresias*, in: Coleção Patrística, vol. 4, São Paulo, Paulus, ²2014. (N. da T.)]

próprio Filho e em seguida oferecer-se ele mesmo. O paradoxo está na importância de que a eucaristia seja, primeiro, o dom de si mesmo que Deus faz ao homem para, em seguida, tornar-se o dom de si que o homem faz a Deus. O "sacrifício", uma vez que a oferenda da Igreja é assim chamada, diz Ireneu, é, antes, descendente para voltar como sacrifício ascendente. A eucaristia realiza-se num clima de amor absolutamente gratuito de ambas as partes. O Senhor nos concede oferecer-lhe o que ele nos deu, o que é dele. A Igreja oferece esse sacrifício porque ela o recebeu, sua prática eucarística está plenamente de acordo com sua fé eucarística.

A eucaristia, que utiliza a carne de Jesus, é ordenada à ressurreição de nossa carne. Ireneu compara com ousadia a transferência das oblatas ao corpo e ao sangue de Jesus com a mudança que se produz nos que tomam parte na celebração e que, por esse fato, participam da própria incorruptibilidade de Deus e são destinados à esperança da ressurreição. A finalidade última da eucaristia é fazer da Igreja o próprio corpo de Cristo. Ireneu atribui a mudança ocorrida nas oblatas à palavra de Deus. O pão eucaristiado é, a partir de então, constituído de duas coisas: o elemento terrestre, que é o pão e o vinho, e o elemento celeste, ou seja, divino, que é a palavra ou a invocação de Deus. É a palavra de Deus que é capaz de operar uma tal mudança.

4. No século IV: Cirilo de Jerusalém diz o sentido da eucaristia

As *Catequeses mistagógicas* de Cirilo de Jerusalém, bispo dessa cidade em meados do século IV, são chamadas assim porque explicam e comentam os ritos do batismo, da confirmação e da eucaristia. São a continuação de suas *Catequeses batismais* que comentavam o Credo. São dadas, como vimos, durante a semana de Páscoa, depois de os catecúmenos receberem a iniciação cristã. Vejamos o que diz respeito à eucaristia:

IV.1. Essa instrução do bem-aventurado Paulo também é suficiente para vos dar plena certeza sobre os mistérios divinos, de que fostes julgados dignos, tornados assim um só corpo e um só sangue com Jesus Cristo. Paulo, de fato, acaba de proclamar que "Na noite em que era traído... [1Cor 11,23-25]". Se portanto ele mesmo declarou e disse do pão "Isto é o meu corpo", quem ousará hesitar, então? E se ele mesmo afirma categoricamente e diz "Este é meu sangue", quem jamais duvidará e dirá que não é seu sangue? [...].

3. É, portanto, com uma segurança absoluta que participamos de certa maneira do corpo e do sangue de Cristo. Pois sob a figura do pão te é dado o corpo e sob a figura do vinho te é dado o sangue, a fim de que te tornes, tendo participado do corpo e do sangue de Cristo, um só corpo e um só sangue com Cristo. Assim nos tornamos "portadores de Cristo", seu corpo e seu sangue espalhando-se por nossos membros. Dessa maneira, segundo o bem-aventurado Pedro, entramos "em comunhão com a natureza divina" (2Pd 1,4) [...].

6. Não te apegues, portanto, como a elementos naturais ao pão e ao vinho, pois eles são, segundo declaração do Mestre, corpo e sangue. Na verdade, é o que te sugerem os sentidos; mas que tua fé te assegure. Não julgues nesse domínio de acordo com o gosto, mas, conforme a fé, tem plena segurança, tu que foste julgado digno do corpo e do sangue de Cristo [...][12].

Como seus predecessores, Cirilo de Jerusalém remete a eucaristia às palavras da instituição, mas ele o faz referindo-se à versão de Paulo. Insiste intensamente na realidade da presença do corpo e do sangue de Cristo nas oblatas e convida os neófitos a não se aterem aos elementos naturais, mas a adotarem a seu respeito um julgamento de fé. O pão e o vinho são apenas "figuras", isto é, em linguagem moderna, os sinais sacramentais necessários a uma celebração que respeite a condição humana. Pois esse pão é um pão espiritual.

No entanto, Cirilo não se limita a essa afirmação da presença de Cristo nas oblatas. Vai infinitamente mais longe, pois diz aos neófitos que eles se tornaram "um só corpo e um só sangue com Jesus Cristo". Tornaram-se "portadores de Cristo". A finalidade última da eucaristia não se detém na presença de Cristo no pão e no vinho, mas chega à constituição da Igreja como seu próprio corpo. Esse ensinamento

---

12. CYRILLE DE JÉRUSALEM, *IVE Cathéchèse mystagogique*, SC 126, 135-139.

é retomado de São Paulo: "porque somos membros do seu próprio Corpo" (Ef 5,30).

> *V.7. Depois, uma vez santificados por esses hinos espirituais, suplicamos ao Deus filantropo que envie o Espírito Santo sobre os dons aqui depostos, para fazer do pão corpo de Cristo e do vinho sangue de Cristo; pois tudo o que o Espírito Santo toca é santificado e transformado [...]*
> *21. Quando então te aproximas, não avança as palmas das mãos estendidas nem os dedos separados; mas faze com tua mão esquerda um trono para tua mão direita, pois esta deve receber o rei, e, na concavidade de tua mão, recebe o corpo de Cristo, dizendo "Amém!". Com cuidado, então, santifica teus olhos pelo contato com o corpo santo, depois, pega-o e cuida para nada perder*[13].

Nessa segunda passagem, Cirilo testemunha a tradição oriental que atribui a mudança das oblatas à invocação do Espírito Santo (*epiclese*). Já encontramos nos textos mais antigos o tema da palavra ou da invocação de Deus. Esse papel da invocação do Espírito durante muito tempo foi posto de lado no Ocidente, embora essa prece sempre figurasse no cânone romano. Um dos benefícios do Vaticano II foi ter voltado a privilegiar a epiclese nas orações eucarísticas.

O último conselho é emocionante: indica aos fiéis como convém receber a eucaristia em suas mãos com o maior respeito. Portanto, coube a um costume muito venerável a decisão de comungar na mão e não na boca.

5. No século V, Agostinho e a Igreja corpo de Cristo

Transpomos mais um século para encontrar Santo Agostinho, bispo de Hipona (hoje, Bone, ou Annaba, na Argélia). Ele está na mesma situação que Cirilo de Jerusalém com os neófitos. Durante a

---

13. Ibid., *Ve Catéchèse mystagogique*, 155, 171.

semana de Páscoa, explica-lhes o sentido dos sacramentos que receberam. Eis como lhes apresenta a eucaristia:

Não esqueci a promessa que vos fiz. Eu prometera, a vós que sois batizados, um discurso sobre o sacramento da mesa do Senhor, que tendes sob os olhos, e do qual participastes na noite passada. É vosso dever conhecerdes o que recebestes, o que ainda recebereis, o que deveríeis receber todos os dias. Esse pão que vedes sobre o altar, uma vez que santificado pela palavra de Deus (verbum Dei), *é o corpo de Cristo. Esse cálice, ou melhor, o que esse cálice contém, uma vez que a palavra de Deus o santificou, é o sangue de Cristo. O Senhor Cristo quis sob esses [símbolos] confiar-nos seu corpo e seu sangue, que ele derramou pela remissão de nossos pecados. Ora, se os recebestes pelo bem, sois o que recebestes. O Apóstolo diz, de fato: "Porque há um único pão, nós todos formamos um só corpo, pois todos participamos deste único pão" (1Cor 10,17). É assim que ele explica o sacramento da mesa do Senhor [...]. Esse pão vos recomenda quanto deveis amar a unidade*[14].

Porque ele sofreu por nós, confiou-nos nesse sacramento seu corpo e seu sangue [...]. Tornamo-nos seu corpo e, por sua misericórdia, o que recebemos é o que somos. [...] Assim também, portanto, como vedes a unidade no que se fez por vós, conservai essa unidade, amando-vos, permanecendo apegados à mesma fé, à mesma esperança, à indivisível caridade. [...] Estais aqui sobre a mesa, estais aqui no cálice; estais conosco, pois comemos juntos este pão, bebemos juntos este vinho, porque vivemos uma vida comum[15].

Agostinho chama a eucaristia de "o sacramento da mesa do Senhor". Ensina aos cristãos bem novos duas coisas que coloca em continuidade imediata. Em primeiro lugar, o pão e o vinho tornaram-se o corpo e o sangue de Cristo, uma vez que receberam a "palavra de Deus", sob os símbolos sacramentais. Agostinho inscreve-se no pensamento de seus predecessores. Em seguida, com um grande realismo, ele afirma e repete com alegria que toda a comunidade é feita do corpo e do sangue

---

14. Augustin, *Sermon 227* [Sermão 227]; *PL* 38, col. 1.099-1.101, trad. fr. Vivès revista.
15. Id, *Sermon 229*; *PL* 38, col. 1.103, trad. fr. Vivès revista.

de Cristo: "Sois o que recebestes; estais aqui sobre a mesa, estais aqui no cálice." Imediatamente ele extrai a consequência disso: se é assim, deveis permanecer na comunhão e na unidade que é o dom de Deus. O fim próprio da eucaristia, já o vimos, mas, sobre esse ponto, Agostinho é mais claro ainda do que Cirilo, não se detém no pão e no vinho santificados, ela faz da Igreja o corpo de Cristo.

Na linha de Agostinho, a teologia ocidental discernirá, assim, três *níveis* da celebração eucarística: o nível da visibilidade sacramental, aquele em que se vê o pão e o vinho; o nível intermediário, ao mesmo tempo visível e invisível, no qual se confessa que esse pão e esse vinho tonaram-se o corpo e o sangue de Cristo e no qual o sacramento é sinal visível de uma realidade invisível; finalmente, o terceiro e último nível, o da realidade puramente invisível: essa comunidade que participa da eucaristia tornou-se o corpo de Cristo[16]. O primeiro nível pode ser visto por todos por meio dos sentidos; o segundo e o terceiro níveis requerem o engajamento diante de Deus pela fé, pela esperança e pela caridade. Há o que é visto (*videtur*) e o que é compreendido (*intelligitur*): "Essas realidades, meus irmãos, são ditas sacramentos, pois nelas outra coisa é vista, outra coisa é compreendida. O que é visto tem aspecto corporal, o que é compreendido tem fruto espiritual"[17]. Essa interpretação é diretamente baseada em São Paulo (1Cor 10,17), de quem Agostinho é excelente comentador.

6. Agostinho e a eucaristia como sacrifício

Agostinho é também o grande teólogo do sacrifício em seu sentido cristão[18]. Eis um grande texto de *Cidade de Deus*, em que ele estabelece o vínculo entre o sacrifício da cruz e o da eucaristia:

---

16. Os termos técnicos falam a esse respeito de *sacramentum tantum* (o sacramento só) – a visibilidade dos sinais sacramentais; *res et sacramentum* (a realidade no sacramento) – a presença de Cristo invisível, mas manifestada pelos sinais visíveis; a *res tantum* (a realidade só), ou seja, a Igreja corpo de Cristo.
17. AUGUSTIN, *Sermon* 272; *PL* 38, col. 124.
18. Ver *Croire* [*Pensar e Viver a Fé*], 293.

Essa Cidade resgatada inteira, isto é, a assembleia da sociedade dos santos, é oferecida a Deus como um sacrifício único pelo Grande Padre, que, sob a forma de servo, chegou a se oferecer por nós em sua paixão (Fl 2,7), para fazer de nós corpo de tão grande Cabeça (ver Cl 2,19). É de fato essa forma [de servo, ou seja, sua humanidade] que ele ofereceu, é nela que ele se ofereceu, porque é graças a ela que ele é mediador, é nela que é padre, nela ele é sacrifício. Eis por que, depois de nos ter "exortado a oferecer nossos corpos como hóstia viva, santa, agradável a Deus, como nossa homenagem racional" (Rm 12,1), a não nos moldar de acordo com este século mas a nos remodelar na novidade de nosso espírito, para sentir qual é a vontade de Deus, o que é bom, o que lhe é agradável, o que é perfeito, porque o sacrifício em sua totalidade somos nós mesmos, o Apóstolo prossegue: "[...] como em um só corpo temos muitos membros e todos não exercem a mesma função, assim também, apesar de muitos, somos um só corpo em Cristo e somos membros uns dos outros. Temos dons diferentes, de acordo com a graça que nos foi dada" (Rm 12,4-6). Este é o sacrifício dos cristãos: *vários serem um só corpo em Cristo. E esse sacrifício a Igreja não cessa de reproduzir no sacramento do altar bem conhecido pelos fiéis, onde lhe é mostrado que, naquilo que ela oferece, ela mesma é oferecida*[19].

O sacramento do altar é o sacrifício da Igreja (ou seja, a oferenda de si mesma): a Igreja é oferecida a Deus por Cristo, Grande Padre. Este pode oferecê-la ao Pai, porque ele mesmo ofereceu-se até a morte. No final, o texto volta à reciprocidade da oferenda: "No que ela oferece, ela [a Igreja] mesma é oferecida". Cristo é em sua pessoa o *mediador* entre Deus e os homens: é ao mesmo tempo o padre e o sacrifício, pois é ao mesmo tempo o que oferece e o que é oferecido, pois toda a sua vida é dom de si mesmo ao Pai e a seus irmãos. Essa visão insere-se na do corpo de Cristo: trata-se de fazer de nós o "corpo de tão grande cabeça" e de realizar entre nós um só corpo em Cristo.

---

19. Augustin, *La Cité de Dieu*, X, 6; *NBA* 3, 559-560.

> Agostinho retoma, então, a definição do sacrifício que ele estima: "O sacrifício em sua totalidade somos nós mesmos". Mas também "este é o sacrifício dos cristãos: vários serem um só corpo em Cristo". Recebemos a capacidade de nos oferecer em homenagem racional a Deus. O sacrifício torna-se, aqui, um sinônimo prático da eucaristia: levar uma vida sacrificial, ou seja, levar uma vida de dom de nós mesmos e de amor por Deus e pelos outros é levar uma vida eucarística.

IV. A TRADIÇÃO LITÚRGICA[20]

Passemos de um florilégio a outro, daquele dos testemunhos da fé eucarística ao das liturgias propriamente ditas, das quais já evocamos a origem com a oração eucarística da *Didaquê*. Veremos que elas expressam a unidade da fé numa grande diversidade de ritos, sobretudo no Oriente, mas também no Ocidente, pois cada povo fazia questão de ter uma liturgia em sua língua.

1. Breve perfil da história das liturgias eucarísticas

Todo o mundo converge em reconhecer a origem da oração eucarística nas preces de bênçãos judaicas (*Berakoth*), nas liturgias da sinagoga e da mesa. Nós o vimos a propósito da *Didaquê*. Na origem das orações propriamente eucarísticas, geralmente se reconhecem quatro famílias principais, com muitas interferências entre elas:

---

20. Sigo aqui a síntese proposta por Louis BOUYER em *Eucharisthie. Théologie et spiritualité de la prière eucharistique* [Eucaristia. Teologia e espiritualidade da oração eucarística], Paris, Desclée, ²1990. O dossiê foi retomado, a partir de então, particularmente por Enrico MAZZA, *L'Action eucharistique. Origine, développement, interprétation* [A ação eucarística. Origem, desenvolvimento, interpretação], Paris, Éd. du Cerf, 1999.

(1) O tipo sírio oriental, atestado na anáfora dita dos apóstolos *Addai e Mari*: "Tudo leva a crer que essa oração é a mais antiga composição eucarística cristã que temos atualmente à mão. Ela representa um modelo totalmente diferente das orações da época patrística" (L. Bouyer). É moldada pelo padrão das preces judaicas para o último cálice da refeição. Sua estrutura leva a pensar na *Birkat ha-Mazon* e no último capítulo da *Didaquê*[21]. Essa oração inclui um *memento* de intercessão, uma *anamnese* (memorial do mistério pascal) e uma *epiclese*:

Faze boa e favorável memória de todos os padres piedosos e justos que foram agradáveis a teus olhos, na comemoração do corpo e do sangue de teu Cristo, que te oferecemos em teu altar puro e santo, tal como nos ensinaste.

Glorificando, exaltando, comemorando e celebrando esse mistério, grande, temível, santo vivificante e divino da paixão, da morte, da sepultura e da ressurreição de nosso Senhor e Salvador Jesus Cristo.

Venha, Senhor, teu Espírito Santo, e que ele repouse sobre esta oblação de teus servidores; que ele a bendiga e a santifique...

O modelo da eucaristia cristã compreende, portanto, louvor, ação de graças e súplica.

(2) O tipo sírio ocidental, cujo melhor testemunho é a anáfora *Tradição apostólica* de Hipólito de Roma (início do século III), que inspirou a redação da segunda oração eucarística sob Paulo VI. Em razão de sua importância na tradição, vamos citá-la na íntegra:

– *O Senhor esteja convosco!*
– *E com vosso espírito.*
– *Elevai vossos corações.*
– *Nós os temos voltados para o Senhor.*

---

21. Ver páginas 143-144.

– Isso é digno e justo.

Nós te rendemos graças, ó Deus, por teu filho bem-amado Jesus Cristo, que nos enviaste nestes últimos tempos como salvador, redentor e mensageiro de teu desígnio, ele que é teu verbo inseparável por quem tudo criaste e que, por tua vontade, enviaste do céu no seio de uma virgem e que, tendo sido concebido, encarnou-se e manifestou-se como teu filho, nascido do Espírito Santo e da Virgem.

Foi ele que, cumprindo tua vontade e adquirindo para ti um povo santo, estendeu as mãos enquanto sofria para libertar do sofrimento os que confiam em ti.

Enquanto se entregava ao sofrimento voluntário, para destruir a morte e romper as correntes do diabo, espezinhar o inferno, conduzir os justos à luz, estabelecer a regra (de fé) e manifestar a ressurreição, tomando o pão, ele te rendeu graças e disse: Tomai, comei, isto é meu corpo que se rompeu por vós.

Igualmente o cálice, dizendo: Este é meu sangue que se derramou por vós. Ao fazerdes isso, fazei-o em minha memória.

Lembrando-nos então de sua morte e de sua ressurreição, nós te oferecemos este pão e este cálice, rendendo-te graças por nos julgares dignos de nos apresentarmos diante de ti e de te servir como padres.

E nós vos pedimos que envieis o Vosso Espírito Santo sobre a oblação da santa Igreja. Ao reuni-la, fazei que todos os que participam nos vossos santos mistérios sejam, por meio deles, cheios do Espírito Santo para fortalecer a sua fé na verdade, a fim de que possamos louvar-vos e glorificar-vos pelo vosso Filho Jesus Cristo, na santa Igreja, agora e para sempre. Amém[22].

Essa oração já contém o diálogo que introduz o Prefácio, mas ainda não tem *Sanctus*. Rende graças até o texto da instituição. Depois, recorda o mistério pascal. Também assume um caráter narrativo. Termina por uma invocação do Espírito (*epiclese*) muito semelhante à de *Addai e Mari*. Sua expressão é global: "a oblação da Santa Igreja" visa, ao mesmo tempo, aos elementos e ao povo reunido.

---

22. Hippolyte de Rome, *La Tradition apostolique*, n° 4, 49-53.

(3) O tipo alexandrino: é a anáfora de São Marcos em grego e a de São Cirilo de Alexandria em copta. Conta com duas epicleses: uma, sobre as oblatas antes da consagração, outra, sobre uma assembleia depois do memorial, ou da anamnese.

(4) O tipo romano, que está na origem do *cânone romano*. Essa anáfora é aparentada com o tipo alexandrino, quanto à estrutura e aos temas. Compreende duas epicleses, ou invocações do Espírito. Já se encontram alguns elementos seus em Santo Ambrósio.

No século IV, assiste-se ao desenvolvimento de grandes orações eucarísticas, contemporâneas da elaboração do dogma trinitário. A partir do tipo sírio ocidental, estas chegam às fórmulas das *Constituições apostólicas,* à eucaristia de São Tiago (Jerusalém) e às duas grandes fórmulas de São Basílio (utilizada hoje no Egito) e de São João Crisóstomo, amplamente utilizada no Oriente. São preces muito carregadas e muito densas no plano doutrinal, "teológicas", assim como o Símbolo de Niceia-Constantinopla é mais carregado do que o Símbolo dos apóstolos. Assiste-se também ao surgimento do tipo galicano e moçárabe, que mantêm um certo parentesco com o tipo sírio ocidental e influenciara o tipo romano. No Ocidente, é o cânone romano que se generaliza.

Esse rápido sobrevoo permite constatar a diversidade das orações eucarísticas na origem da Igreja, diversidade que se deve à diversidade das línguas. A cidade de Roma, por muito tempo, celebrou em grego, antes de se deixar levar, para escândalo de alguns, pela miserável língua vernácula que era o latim. A liturgia nos primeiros séculos da Igreja era viva e criativa.

Com o passar do tempo, constata-se uma perda de criatividade no Oriente e uma fixação cada vez maior do Ocidente. Depois de certa decadência no final da Idade Média, que levara a alguns desenvolvimentos artificiais, o papa Pio V executou uma reforma litúrgica necessária e decidida pelo Concílio de Trento. A liturgia tridentina variou muito pouco até 1962, momento em que o Concílio Vaticano II tomou a mesma decisão que o de Trento, estabelecendo uma reforma litúrgica que é essencialmente uma volta à tradição do primeiro milênio e que compreende mais flexibilidade em razão da diversidade cultural. Foi essa reforma que o papa Paulo VI executou.

2. A estrutura da oração eucarística

Essa estrutura é trinitária; segue normalmente o movimento que vai do Pai, por intermédio do Filho, até o Espírito Santo. A eucaristia é inteiramente orientada para o Pai, conforme destaca o texto do Prefácio, pois o próprio Jesus a celebrou rendendo graças ao Pai e o abençoando. Temos outro testemunho de sua ação de graças no hino de júbilo: "Eu te bendigo, Pai, Senhor do céu e da terra, por teres ocultado estas coisas aos sábios e entendidos e as teres revelado aos pequeninos" (Mt 11,25; Lc 10,21). Essa referência é primordial e dá nome ao sacramento. O termo cristão enriqueceu-se com todo o valor da bênção judaica: adoração, admiração, maravilhamento, nota de júbilo, reciprocidade da bênção: o crente abençoa Deus, que o abençoou primeiro, escolhendo-o como beneficiário de sua salvação (ver Ef 1). Na ideia de render graças, há mais do que o simples fato de "agradecer". Render graças é render graça por graça. É um movimento de retorno total. Quando a graça é o dom que Deus faz de si mesmo, a ação de graças, por sua vez, faz-se dom, oferenda de si e, portanto, sacrifício, sacrifício de louvor e de comunhão. É a própria Páscoa de Jesus, sua passagem ao Pai. "Por intermédio dele, oferecemos continuamente a Deus um sacrifício de louvor, a saber, o fruto dos lábios que glorificam o seu nome" (Hb 13,15). No mundo helenístico, *eucharistein* também tinha o sentido de sacrificar. A eucaristia é a ação de graças de Cristo ao Pai, cujo objeto encontrava seu coroamento diante do mistério de sua morte e de sua ressurreição. Jesus exprimia, então, o que estava vivendo: sua passagem ao Pai. É essa ação de graças que se faz sacramentalmente presente. Torna-se, portanto, também o sacrifício de louvor e de ação de graças da Igreja que é trazida por Cristo. "*Fazei isto em minha memória*" quer dizer também "*Eucaristiai em minha memória*". Participem de minha própria eucaristia. "Que o motivo decisivo de vosso louvor seja o mistério pascal, e não mais o *Êxodo*."

A oração eucarística detém-se, então, longamente no Filho que ela *rememora*. Lembra o evento de Jesus como o apogeu das dádivas da história da salvação, o que traz o relato da instituição da refeição eucarística à qual a celebração apenas obedece na fé. Rememora as etapas do mistério pascal, *"lembrando-nos teu Filho, sua paixão que nos salva, sua gloriosa ressurreição e sua ascensão ao céu"*, até a volta esperada de Cristo. Pois o paradoxo dessa rememoração dos eventos afirma que o último, a volta de Cristo em glória, ainda não ocorreu e deve ser evocado na esperança de seu futuro[23].

Enfim, a oração torna-se a *epiclese* e, sempre se dirigindo ao Pai, pede-lhe que envie o Espírito Santo sobre a oferenda da Santa Igreja. A epiclese está presente já nos primeiros textos eucarísticos, embora nem todos façam referência explícita ao Espírito. Pois é o poder da Palavra ou do Espírito que efetua a transformação das oblatas. As palavras do padre não podem ter o mesmo poder e a mesma eficácia que a do Cristo sobre o qual repousava o Espírito Santo e que prometia enviá-lo como seu próprio bem. O padre as pronuncia em nome de Cristo e "na pessoa da Igreja". Ele e a Igreja só podem pronunciá-las numa invocação do Espírito Santo. Pois só há acesso ao Filho pelo Espírito. A partir de Pentecostes, o Filho é o que envia seu Espírito sobre a Igreja e pede a seu Pai que o envie: é a intercessão celeste de Cristo da qual fala a Carta aos Hebreus: "...sempre vivo para interceder por eles" (Hb 7,25). Para a Igreja, a epiclese é um ato de desapossamento, um sinal de não-poder. Ela mostra que a consagração não é um ato mágico, mas um dom gratuito de Deus.

Deve-se distinguir a epiclese sobre as oblatas da epiclese sobre a assembleia: é o Espírito que torna Cristo realmente presente; é também o Espírito que faz da assembleia o corpo de Cristo, herdeiro das promessas escatológicas. A epiclese faz da eucaristia, orientada para o futuro do fim dos tempos, um antegosto do Reino, ela é uma "parusia sacramental" (F. X. Durrwell).

---

23. Voltaremos, no próximo capítulo, à importância desse memorial do Filho.

> É neste ponto que se deve notar uma ligeira diferença entre o Oriente e o Ocidente. No Oriente, a oração eucarística é uma longa ascensão para a epiclese, situada após a consagração e considerada como o momento da consagração das oblatas. Esta é comparada, nas liturgias antigas, à encarnação do Verbo, realizada por ação do Espírito Santo. A epiclese sobre os dons tem o objetivo de conduzir as pessoas que comungarão a esses dons. Mas o dom do Espírito às pessoas está sempre ligado à sua descida prévia sobre os dons eucarísticos. Seguem as intercessões pela Igreja. No Ocidente, a oração é fundamentalmente a mesma e igualmente trinitária, mas inclui a particularidade de mencionar a invocação do Espírito duas vezes, antes da consagração, sobre o pão e o vinho e, depois desta, sobre a assembleia. O Ocidente sempre considerou que o momento da transformação das oblatas no corpo e no sangue de Cristo era aquele em que o padre repete as palavras da instituição, consideradas palavras de consagração. A epiclese sobre os dons é a preliminar imediata ao texto da instituição. Temos, portanto, a sequência: prefácio dirigido ao Pai; invocação, sempre dirigida ao Pai, do Espírito sobre o pão e o vinho; texto da instituição e memória das etapas do mistério pascal; depois, invocação do Espírito sobre a assembleia e, finalmente, orações pela Igreja, pelos vivos e pelos mortos. A *doxologia* final é sempre trinitária, mas aqui é ascendente e eleva-se ao Pai. Atingido esse apogeu, os dons eucaristiados são distribuídos à assembleia.

É notável o paralelismo dessa oração com a fórmula do símbolo de fé que celebra a tripla iniciativa, do Pai que enviou seu Filho e deu seu Espírito à Igreja, mas a formalidade não é aqui o engajamento na aliança: *"Eu creio em..."*, mas o memorial da aliança, celebrado pela comunidade no louvor, com a reciprocidade do *"Lembrando-nos... lembra-te..."*.

Coletamos neste capítulo o triplo testemunho da origem, da gênese e do desenvolvimento do sacramento da eucaristia na Igreja desde o início do primeiro milênio e em seu decurso. Esses testemunhos são os do evento, da experiência e da vida litúrgica. Eles confessam sua fé, afirmam sua convicção, mas não tentam justificar as coisas nem as interpretar. Será completamente diferente no segundo milênio, ao longo do qual a reflexão doutrinal da Igreja vai se voltar com precisão cada vez maior para os diferentes aspectos da eucaristia e as dificuldades que constituem para a razão tanto a afirmação de que a missa é um sacrifício como a da presença real de Cristo nesse sacramento. Dentro de uma fidelidade fundamental, esse novo percurso conhecerá algumas vicissitudes, e, às vezes, o progresso neste ou naquele aspecto custará uma perda da dinâmica global do mistério eucarístico. Deveremos abordá-lo agora, pois ele condiciona nossa compreensão atual da eucaristia.

CAPÍTULO VI

A eucaristia, apogeu dos sacramentos: 2. Memorial, sacrifício e sacramento

Nosso primeiro capítulo tratando da eucaristia foi, sobretudo, histórico. De fato, a eucaristia foi, antes de tudo, um evento, o da última refeição do senhor. Esse evento, detentor de instituição, foi recebido e vivido na Igreja através dos séculos com o respeito devido a um testamento. Por isso eu quis respaldar a reflexão mais técnica que se seguirá em todo o peso da vida, toda a convicção de fé e nas ressonâncias espirituais e afetivas que habitavam nossos Padres. Desde a origem da Igreja, os cristãos obedecem de forma ao mesmo tempo idêntica e variada à ordem do Senhor. Embora uma consideração mais atenta e rigorosa seja necessária para nos introduzirmos na compreensão desse mistério complexo, nada pode substituir a simples acolhida desse dom, que é a herança central que Jesus nos deixou dele mesmo.

Neste segundo capítulo, abordamos pontos importantes e que naturalmente apresentam dificuldade: o significado exato do termo "memorial" – termo inserido na boca de jesus no centro da ordem de reiteração – que nos permite unir na eucaristia *sacrifício* e *sacramento* (1), a relação entre a celebração da eucaristia e a cruz (2), a correta compreensão da "presença real" de Cristo nesse sacramento (3) e, finalmente, o vínculo da eucaristia com a Igreja, uma vez que "a eucaristia faz a Igreja" (4). Todas essas questões foram incansavelmente analisadas no decorrer do segundo milênio, por isso nossas referências históricas dirão respeito à Idade Média e aos tempos modernos.

Essa referência ao tempo que nos separa da instituição da eucaristia por Jesus convida-nos também a uma compreensão dinâmica de um sacramento que constrói a Igreja através dos séculos e entende conduzi-la ao encontro definitivo com Deus. Na vida bem-aventurada, a própria eucaristia desaparecerá para dar lugar à realidade pura e simples que ela representa: a comunhão plena, visível e sensível da humanidade, tornada em sua totalidade o corpo de Cristo, com Deus. Por isso, emprega-se ainda a seu respeito a imagem do eterno banquete. O que parece à primeira vista repetição de uma celebração que permanece fundamentalmente a mesma, dia após dia e ano após ano com algumas variantes, é de fato o grande movimento de construção da Igreja e, através dela, de nosso mundo ao longo do tempo. Ela é ao mesmo tempo mistério de fé e mistério de salvação. Nela se realiza incessantemente a aliança e, portanto, a relação entre Deus e a humanidade. A eucaristia é a atualidade cotidiana do mistério da Encarnação, ou seja, da presença de Deus na humanidade; é a constante mediação salvífica realizada por Cristo com o poder de seu Espírito que se exerce entre Deus todo outro, cuja transcendência é absoluta e a trajetória dolorosa de nossa humanidade em sua fragilidade, seus erros e suas misérias. Não era isso que evocava Teilhard de Chardin em "La messe sur le monde" ["A missa sobre o mundo"]?

> Pois, mais uma vez, Senhor, não mais nas florestas de Aisne, mas nas estepes da Ásia, não tenho pão nem vinho nem altar, elevar-me-ei acima dos símbolos até a pura majestade do Real e vos oferecerei, eu vosso padre, sobre o altar da terra inteira, o trabalho e a pena do Mundo[1].

---

1. TEILHARD DE CHARDIN, PIERRE, "La messe sur le monde", in *Hymne de l'univers,* Paris, Éd. du Seuil 1961, 17. ["A missa sobre o mundo", in *Hino do Universo,* São Paulo, Paulus, 1994. (N. da T.)]

I. A EUCARISTIA MEMORIAL, SACRAMENTAL E SACRIFICIAL

1. O que é um memorial?

Esse termo, sem dúvida, evoca em nosso espírito, antes de tudo, um monumento comemorativo erigido para perpetuar a lembrança de um grande homem ou de um acontecimento particularmente importante. Todas as comunas francesas têm, assim, um "monumento aos mortos", memorial da Primeira Guerra Mundial. Um memorial é também um escrito que registra coisas cuja lembrança queremos guardar. Fala-se, então, do *Memorial de Pascal* ou do *Memorial de Santa Helena*. Um escritor pode, enfim, escrever suas *Memórias*. Nessas diversas acepções, o ponto comum é conservar a memória, ou seja, vencer o tempo tornando o passado presente de um modo ou de outro. Nossa memória pertence à nossa identidade; de certa maneira, somos nossa memória. Se um ente querido envelhece e perde a memória, dizemos: ele já não é ele! Nosso grande desafio é permanecermos sempre presentes para nós mesmos através do tempo, é manter nossa identidade. É também fazer nossos vínculos mais fortes, os do amor e da amizade, permanecerem vivos: "lembre-se", dizem os esposos um ao outro. O mesmo ocorre quanto à vida de uma nação ou de um povo: este só é verdadeiramente ele mesmo quando se lembra de sua história e dos acontecimentos fundadores que a constituíram. Voltamos ao tema dos aniversários, de que já tratamos[2]. A memória nos permite manter presente o que é passado.

O que vale para cada um de nós, o que vale para nossa história pessoal e coletiva, vale também para o acontecimento central de nossa salvação, que coincide com o nascimento, a vida, a morte e a ressurreição de Cristo. A partir do momento em que o Filho de Deus se encarna, ele entra no tempo, nasce, vive e morre. Mesmo sua ressurreição inscreve-se no tempo dos apóstolos que o testemunharam. Ora, o que se inscreve no tempo passa com o tempo. O problema para Jesus era inscrever na universalidade de todos os tempos o que acontecera de uma

---
2. Ver páginas 17-19.

vez para sempre num tempo e num lugar: o próprio Deus viera até nós para comunicar sua vida fazendo-se homem e passando por nossos caminhos humanos. Como poderia fazer-se presente aos seus sempre e em todo lugar, respeitando sua maneira humana de fazer, como poderia perpetuar o dom de si mesmo a seu Pai e a seus irmãos através dos séculos e no vasto mundo? Não nos surpreende que a celebração que Jesus instituiu para responder a essa pergunta receba o nome de *memorial* em razão do próprio termo que ele empregou: "Fazei isto em minha memória" ("*anamnesis*", de que resultou o termo *anamnese*[3]). Mas esse termo, aqui, vale por tudo o que é. Pois não significa simplesmente a memória subjetiva que um povo conserva de um elemento fundador; significa o ato pelo qual aquele que é rememorado torna-se presente para os que celebram essa memória.

2. O memorial da primeira Páscoa

A Igreja, então, adotou o termo "memorial", já muito presente na Bíblia e assumido por Jesus. Pois a palavra deve ser entendida aqui por seu sentido bíblico. A noção de memorial, por sua vez, tornou-se tradicional; foi redescoberta no século XX, e é o eixo da interpretação doutrinal da eucaristia.

O memorial remonta à celebração da Páscoa antiga, tal como atestada no Êxodo. Eis o versículo que vem no final do conjunto das prescrições da celebração da Páscoa judaica, que "comemora" o dia da saída do Egito: "Deste dia fareis um memorial (*le-zikkaron*) e o celebrareis como festa em honra de Javé. De geração em geração, haveis de festejá-lo, por um estatuto perene" (Ex 12,14).

O tema bíblico da memória e da lembrança baseia-se na reciprocidade da lembrança. Deus lembra-se do homem, e o crente deve lembrar-se de Deus. É um antropomorfismo falar da memória de Deus, mas é pleno de sentido. Deus é aquele que lembra sempre e nunca esquece. Sua memória é perpétua presença. Quando o homem em sua

---

3. Em francês, *anamnèse*. (N. da T.)

oração diz "Lembra-te!", é ele, o homem, que se lembra. Sob esse vocabulário temporal da memória, o homem apoia-se na presença contínua de Deus, em sua fidelidade. Pois a memória de Deus é a expressão de sua fidelidade na aliança: Deus se lembra de Abraão (Gn 19,29), da aliança (Ex 2,24), assim como de nossas orações (Tb 12,12). Da parte do homem, o exercício da lembrança é ocasião de uma comunicação renovada e de um diálogo interpessoal mantido sobre o fundamento da aliança. O fiel deve lembrar-se continuamente dos elevados feitos de Deus na história. Sua oração cotidiana o faz dizer: *Recordar-te-ás; Guarda-te de esquecer; Escuta, Israel* (Dt 8,2.18; Dt 9,1).

A festa da Páscoa constitui o memorial revivido todos os anos da libertação do país do Egito (Ex 12,14). Esse exercício de memória cria um vínculo entre ontem e hoje, numa representação simbólica do evento salvador. O povo é convidado a imitar a refeição do cordeiro comido apressadamente, com o lombo cingido e a lanterna acesa, justo antes da passagem do Mar Vermelho. Ele deve viver, em seu presente, o evento de outros tempos, porque seu valor de salvação continua atual. Por ocasião da festa de Páscoa, devemos agir "como se tivéssemos saído do Egito". A celebração festiva torna-se, então, o lugar eminente da memória e do encontro de duas memórias, a de Deus tão presente hoje como ontem e que, nesse sentido, "lembra", como a do povo de Israel que lembra os gestos salvadores de Deus por meio da releitura de seu relato e da celebração dos ritos que realiza dentro da fé.

O texto das prescrições pascais do Êxodo é posto na boca do próprio Deus. É ele que ordena que a saída do Egito seja festejada a cada ano. Essa ordem é um encontro marcado com o povo. Quando o povo realiza as cerimônias prescritas em torno do cordeiro pascal, ele encontra Deus, que se comprometeu a estar presente. Na atualidade desse encontro, conjugam-se as duas memórias: o povo faz "como se" o evento estivesse presente; Deus também faz "como se" a libertação do Egito fosse hoje, pois os gestos realizados representam, ou seja, tornam presente o evento salvador em seu valor profundo. O "como se" só se refere aos condicionamentos concretos do passado que não podem ser repetidos. O "como se" torna-se um "aqui e agora" do evento de salvação. Por meio da celebração que ordenou, Deus se compromete a tornar atual a eficácia do acontecimento.

É isso que Max Thurian havia analisado num livro muito inovador na época:

> "Bendito sejas tu, Senhor, nosso Deus, rei da terra que deste a teu povo de Israel esses tempos de festa para a alegria e para o memorial (*le-zikkaron*)." Sabe-se que cada alimento da refeição tinha um significado. Ao comê-los, os judeus podiam reviver misticamente, *sacramentalmente*, os acontecimentos da libertação, da saída do Egito. Tornavam-se contemporâneos de seus pais, eram salvos com eles. Havia como que um amálgama de dois tempos da história, o presente e a saída do Egito, no mistério da refeição pascal. O evento tornava-se presente ou todos se tornavam contemporâneos do evento. A unidade do ato redentor do Senhor era afirmada por essa celebração[4].

O evento torna-se *sacramentalmente* presente com sua eficácia por meio do simbolismo de uma refeição particularmente solene. Os judeus de todas as gerações tornavam-se contemporâneos de seus pais e eram salvos com eles. Pois é próprio do sacramento poder transcender o tempo. Ele estabelece uma contemporaneidade espiritual por intermédio da distância histórica. M. Thurian diz ainda:

> A Páscoa judaica faz reviver liturgicamente a libertação da escravidão egípcia, sinal da libertação escatológica no dia em que virá o Messias. Assim, na refeição pascal, encontramos [...] o tríplice memorial de uma libertação passada típica, de uma libertação atual pelo ato sacramental da refeição pascal e de uma salvação futura no dia do Messias. E, se rendemos graças pelo passado tornado atual pelo "sacramento", suplicamos que Deus realize sua salvação enviando o Messias. A libertação do passado torna-se um penhor da que virá, perfeita e definitiva[5].

---

4. THURIAN, M. *L'Eucharistie, mémorial du Seigneur, sacrifice d'action de grâces et d'intercession* [A Eucaristia, memorial do Senhor, sacrifício de ação de graças e de intercessão], Neuchâtel-Paris, Delachaux et Niestlé, 1959, 24 e 25.
5. Ibid., 36 e 37.

O memorial bíblico contém uma tríplice referência às três instâncias do tempo, *passado, presente* e *futuro*. O passado é o do evento fundador, a saída do Egito; o presente é o da celebração repetida todos os anos, que atualiza a presença "sacramental" dessa libertação para a comunidade que está celebrando; o futuro é o da libertação definitiva prometida ao final dos tempos. Pois "a oração da refeição pascal suplicava a Deus que 'se lembrasse do messias'". A graça presente orienta para a esperança da volta do Messias.

3. A refeição do Senhor, memorial de sua morte e de sua ressurreição

Tudo o que acaba de ser dito confere o clima religioso e cultural à instituição da eucaristia por Jesus. É nesse contexto da Páscoa judaica que Jesus celebrou a Ceia. Ele determina a seus discípulos que *façam isso*, ou seja, que celebrem essa refeição em sua memória. Essa refeição será, então, o memorial de sua morte e de sua ressurreição. O evento único e irrepetível, assim, se tornará presente no tempo e no espaço em forma de celebração de natureza sacramental. O evento central de nossa salvação, assim, mantém-se presente na história até a volta de Cristo. Como o mistério de morte e de ressurreição constitui o sacrifício de Cristo, ou seja, o dom dele mesmo "até o fim" a seu Pai e a seus irmãos, a eucaristia é o "sacramento do sacrifício" (M. Thurian), o *memorial* do único sacrifício de Cristo em forma sacramental. A eucaristia é sacrifício no conteúdo; é sacramento na forma. A eucaristia, portanto, é sacrifício, uma vez que é *o memorial sacramental do sacrifício único da cruz*.

> O conceito de *memorial* é o único capaz de unir o sacrifício e o sacramento no mistério eucarístico. A tradição cristã nunca esqueceu o memorial como expressão do mistério eucarístico. Isso é atestado em vários textos dos Padres da Igreja e dos autores do início da Idade Média. Mas a grande escolástica do século XIII, que continua

conhecendo o memorial, já não o empregou como o termo-chave que permite unir o sacrifício e o sacramento. Ela adotou o costume de separar a consideração da missa como sacrifício e da eucaristia como sacramento. O Concílio de Trento é típico dessa separação. Ele tem três etapas diferentes sobre a eucaristia: uma sobre o sacramento, outra sobre o sacrifício e uma terceira sobre a comunhão das duas espécies. Consequentemente, procurou-se compreender a missa como sacrifício, esquecendo que este estava presente na forma sacramental, e dar conta da presença real, esquecendo que essa presença era dependente da própria presença do sacrifício de Cristo. Foi o P. Yves de Montcheuil que se bateu com mais força no século XX para acabar com essa cisão. A afirmação de que a missa era sacrifício parecia dizer que ela vinha se acrescentar ao sacrifício único da cruz. Ora, a tradição protestante reprovava a compreensão católica de considerar a missa dessa maneira, ao passo que o sacrifício único da cruz, feito por Jesus no calvário, não pode comportar nem repetição, nem renovação, nem complemento. Também a noção de memorial é hoje um fator decisivo de reconciliação doutrinal no plano ecumênico[6].

A transposição do memorial da antiga para a nova aliança toma um sentido infinitamente mais forte para o *"fazei isso em minha memória"*. Há um mais radical da eucaristia com relação à antiga Páscoa, em virtude da Encarnação e do dom existencial de Jesus até a morte. Para nós, não se trata de nos colocar dentro da consciência deste, mas de compreender o alcance das palavras que os evangelistas e Paulo colocam em sua boca: "Fazei isso em minha memória", por ocasião da refeição cristã que reúne a comunidade, com a bênção do pão que inicia a nova refeição e a do vinho que a encerra. Essa refeição sacramental a reúne em torno do Ressuscitado presente, que preside a ela

---

6. Ver GROUPE DES DOMBES, "Vers une même foi eucharistique?" [Na direção de uma mesma fé eucarística?], in *Pour la communion des Églises. L'apport du groupe de Dombes, 1937-1987*, Paris, Éd. du Centurion, 1988, 38 e 39.

sempre dando a si mesmo como alimento e bebida. O *memorial* diz ao mesmo tempo a presença do ressuscitado vivo em sua vitória sobre a morte, o que demanda a explicação paulina do gesto eucarístico: "... anunciais a morte do Senhor até que ele venha" (1Cor 11,26). Esse gesto é a proclamação atual de uma salvação inteiramente dada no Senhor presente, sob condição de lembrar incansavelmente sua morte e de invocar sua próxima vinda *Marana tha*: Senhor, vem. Encontramos aqui, mais uma vez, as três instâncias do tempo: a refeição eucarística rememora o passado do Crucificado-Ressuscitado; ela é o dom dele atualizado em nosso hoje; é, enfim, a profecia do futuro e a preparação constante da segunda vinda de Cristo na parusia. Paradoxalmente, a eucaristia rememora um evento que continua sendo, em parte, um futuro.

Celebrar o memorial de Cristo e proclamar sua morte são duas expressões que se explicam uma pela outra: "Vocês realizam uma proclamação solene pela palavra e pelo sacramento" da morte redentora de Cristo e de seu sacrifício na cruz (Thurian). A proclamação litúrgica é uma atualização da salvação. A morte do Senhor e também sua ressurreição e sua volta no final dos tempos são proclamadas presentes, aqui e agora, graças à forma sacramental. Trata-se de uma representação cultual objetiva no decorrer da qual dizemos mais uma vez a Deus: lembra-te, *memento*. A memória da morte do senhor é também a recordação de toda a sua vida. Jesus deu uma ordem: ora, Deus dá o que ele ordena (Agostinho), assim como ele se dá no próprio momento em que ordena.

II. O VÍNCULO ENTRE A EUCARISTIA E A CRUZ

Este ponto é delicado. Pois, por um lado, há apenas um sacrifício, o que é oferecido na cruz "de uma vez para sempre", e, por outro lado, a Igreja ensina que a missa é um verdadeiro sacrifício. Foi um ponto grave de controvérsia entre protestantes e católicos desde a Reforma. Lutero dizia que a eucaristia era um "testamento" de Jesus, e não um sacrifício.

1. Duas palavras a serem proscritas para expressar este vínculo: "repetição" e "renovação"

A missa é a *repetição da Ceia,* segundo ordem de Jesus. De modo nenhum ela pode ser uma repetição da cruz, que não tolera nenhuma repetição possível. Cristo só morreu uma vez. Ora, "durante muito tempo, seguindo o catecismo dito do Concílio de Trento, o ensinamento católico comum falou de 'reiteração' ou de 'repetição' do sacrifício da cruz" (E. Lanne)[7].

Falou-se também de "renovação" do sacrifício da cruz. O Missal romano de 1969 diz ainda "renovação sacramental". Ora, se consultarmos o dicionário *Petit Robert* para saber o sentido de *"renouveler"* [renovar], encontraremos: "Substituir por uma coisa semelhante o que está gasto; tornar novo transformando; fazer renascer, dar novo vigor; dar nova validade; repetir, refazer, reiterar." Nenhum desses sentidos pode ser legítimo, pois o sacrifício da cruz não "envelheceu", não está "gasto", não tem de ser rejuvenescido. Não é o sacrifício que é renovado, mas são os fiéis que se renovam constantemente em sua participação no mistério da Cruz.

2. Duas palavras a serem preservadas: "representar" e "atualizar"

Os termos adequados a ser empregados para expressar o vínculo da missa com a cruz são "representar"[8], no sentido de "tornar presente", ou "atualizar", uma vez que na missa o único sacrifício de Cristo chega a nós em nossa atualidade. Deve ficar claro que essa representação ou atualização é de forma sacramental, ou seja, ela se faz por meio de um conjunto de sinais. A própria separação das oblatas – pão partido de um lado e vinho vertido de outro – representa o corpo entregue e o

---

7. De fato, o texto latino do *Catecismo* de Trento diz *"instauratur"*, o que pode ter dois sentidos: oferecer um sacrifício ou renovar. O primeiro sentido é correto, mas o segundo é errôneo.
8. Para acentuar o sentido estrito no qual é tomado o termo, às vezes, será grafado "re-presentar".

sangue derramado. São símbolos verdadeiros; não se deve tentar ver neles uma nova imolação. A *representação* é o termo empregado pelo Concílio de Trento:

> Ele, nosso Deus e Senhor, ia oferecer-se de uma só vez a Deus o Pai no altar da cruz por sua morte, a fim de realizar para eles uma redenção eterna. Entretanto, [...] por ocasião da Última Ceia, na noite em que foi entregue, quis deixar à Igreja, sua esposa bem-amada, um sacrifício que fosse visível [...]. Assim seria *representado* o sacrifício atroz que deveria ser realizado de uma vez para sempre na cruz. [...] Ofereceu a Deus Pai seu corpo e seu sangue sob as espécies do pão e do vinho; sob o símbolo (*symbolis*) destas, deu-os aos apóstolos [...] para que os tomassem; e a eles assim como a seus sucessores no sacerdócio ordenou que lhes oferecessem pronunciando estas palavras: "Fazei isto em minha memória" (Lc 22,19; 1Cor 11,24)[9].

O documento conciliar faz uma leitura cultual da paixão de Jesus falando do "altar" da cruz. Depois, situa o sacrifício da missa com relação ao único sacrifício da cruz. Mas ele não define o sacrifício. Sublinha a identidade do padre e da vítima, visto que Cristo oferece a si mesmo, que é a característica do sacrifício cristão, que deve ser vivido numa existência de amor. O sacrifício torna-se presente porque a identidade mística entre o dom de si mesmo recebido por Jesus na cruz e o dom de seu corpo e de seu sangue feito a seus discípulos é representado sob as espécies, ou "símbolos", do pão e do vinho.

O termo-chave que serve para expressar a relação do sacrifício da missa com o da cruz é, portanto, "representação" de um pelo outro. A palavra deve ser tomada em sentido estrito: o que foi realizado de uma vez para sempre é *tornado presente*. A missa, assim, não pode se agregar à cruz, ela "não afeta" nem a cruz nem a ressurreição de Jesus e não constitui nenhum "apequenamento" da oferenda que Jesus fez de si mesmo, pois não lhe acrescenta nada. Ela não é sua repetição:

---

9. Concile de Trente, 22e session, chap. Ier; *DzH* 1740. [Concílio de Trento, sessão XXII, cap. 1.]

repete a Ceia, o que é completamente diferente. Também não é sua renovação, pois não se renova o que envelheceu e caducou. O Concílio de Trento é, nesse aspecto, muito mais rigoroso em sua linguagem do que serão, infelizmente, muitos textos teológicos e até mesmo pastorais dos tempos modernos. O termo "representação" remete ao conceito bíblico de *memorial* conotado por várias expressões desse parágrafo. O sacrifício, portanto, é único, mas não sua representação sacramental, a missa destinada a torná-lo presente no tempo e no espaço. Ela é o sacramento do sacrifício.

> Contudo o concílio emprega de forma insistente o mesmo termo, "imolar", para a cruz e para a missa. Volta a ele da maneira mais explícita no Capítulo II: "Porque, nesse divino sacrifício que se realiza na missa, esse mesmo Cristo é contido e imolado de maneira não atroz, ele que se ofereceu de uma vez para sempre de maneira atroz no altar da Cruz, o santo concílio ensina que esse sacrifício é verdadeiramente propiciatório [...]"[10].
>
> Esse vocabulário é delicado. É inegável que ele deu pretexto, a seguir, a uma "deriva sacrificial" de mau gosto. Tanto é certa a preocupação de não pôr no mesmo plano o sacrifício único de Cristo na cruz e o sacrifício da missa quanto é problemático o emprego reiterado do verbo "imolar" a propósito da missa. Não se deveria, antes, dizer da imolação o que o concílio disse do próprio sacrifício, que ela é representada? Por "imolação não atroz" não se deve entender uma nova imolação, mas a presença sacramental do sacrifício da cruz. Segundo a convicção do concílio, há identidade concreta entre esse sacrifício e o da missa, porque o segundo é relativo ao primeiro. Nem a Igreja nem o padre "imolam" Cristo: eles apresentam a Deus, a cada celebração, o dom realizado por ele na cruz. Essa ambiguidade do texto conciliar, aliás, encontra-se suprimida nos atos do concílio que dizem que a missa é "a representação comemorativa da imolação passada".

---

10. Ibid., chap. II; *DzH* 1743.

> Infelizmente a ideia de imolação levará, nos tempos modernos, à ideia difusa de que há na missa uma nova imolação real de Cristo. A piedade popular será marcada por esse *imolacionismo*. O padre Marie-Dominique Chenu, dominicano, reconhecia ter sido educado dentro de "teorias sanguinárias".

Numa perspectiva completamente diferente, a bela teologia do padre Yves de Montcheuil mostrava que o sacrifício de Cristo é o sacramento do sacrifício de toda a humanidade, chamada a tornar-se a Igreja. O termo "sacrifício" deve ser entendido como o grande movimento que faz a humanidade a Deus como seu único e definitivo bem. Vamos retomar este texto já citado:

> Uma vez que a humanidade predestinada é o corpo de Cristo, diremos que o sacrifício histórico cumprido definitivamente, num momento do tempo e num lugar determinado, é o sacramento do sacrifício cumprido pelo Cristo total. Reencontramos aqui a ideia [...] de que Cristo é o primeiro sacramento, o grande sacramento. O sacrifício cumprido por Cristo na cruz é o símbolo, o sinal, mas o sinal eficaz do sacrifício que todos os homens devem cumprir. [...] portanto o sacrifício de Cristo já é um sacramento. Só é compreendido como sacramento, símbolo eficaz de algo que não é ele[11].

O sacrifício de Cristo é, pois, o *sacramento,* sendo o termo empregado em sentido analógico – uma vez que a cruz nada tem de rito – do sacrifício de toda a humanidade, ou seja, da passagem para Deus da humanidade no decorrer da história, e que pode ser legitimamente chamado de seu lento mas único sacrifício. Esse sacrifício se expressará no dom de si cotidiano de cada cristão. Desse sacrifício uno e múltiplo, o sacrifício de Cristo, que compreende não apenas a cruz como também a Ressurreição e a Ascensão, é o sacramento, ou seja, o sinal eficaz, o símbolo que o expressa e o realiza já na pessoa de Cristo

---

11. Y. DE MONTCHEUIL *Mélanges théologiques*, Paris, Aubier, 1946, 53.

e o torna possível a todos os homens. O sacrifício do Cristo histórico é o mesmo sacramento do Cristo total.

Mas o mistério pascal da Cruz e da Ressurreição aconteceu uma só vez e num só lugar; o sacrifício da humanidade deve se realizar através de todos os tempos e em todos os lugares. É aqui que entra o memorial da celebração eucarística que serve de mediação entre o *de uma vez para sempre* e o *sempre e em todo lugar*. Entre a cruz e o sacrifício de toda a humanidade há a missa que se repete. Seu papel é o de tornar presente para nós o mistério pascal e de nos tornar presentes nele: "Qual é o efeito da missa e, por conseguinte, sua razão de ser? É produzir o sacrifício espiritual da humanidade presente. Ela não só o possibilita como o efetua, faz com que os homens de hoje o façam, embora os leve a fazer livremente"[12].

A missa não acrescenta nada à cruz. Mas "é por ela que a cruz chega a nós". A cruz "produz de uma só vez todo o efeito que as missas atualizam". "O efeito da missa é precisamente, por assim dizer, o de que o que já se fez se faça." O grande movimento histórico pelo qual a humanidade passa para Deus realiza-se graças à celebração repetida da eucaristia, cujo objetivo é construir a humanidade como o corpo eclesial de Cristo, até o encontro definitivo com ele. É o que o padre Teilhard de Chardin chamava de "o ponto Ômega", ecoando a palavra de Apocalipse de São João: "Eu sou o Alfa e o Ômega, o Primeiro e o Último, o Começo e o Fim" (Ap 22,13).

III. Compreender a presença real de Cristo na eucaristia

Os Padres da Igreja testemunham, como vimos, com fé espontânea na presença de Cristo no pão e no vinho eucarísticos. As fórmulas são ingenuamente realistas e não questionam a forma. Mas nunca são "coisistas" nem "fisicistas". Alguns autores são mais sensíveis ao fato de essa presença fazer-se sob o véu de um signo (Orígenes, Agostinho).

---

12. Ibid.

Falavam, portanto, de um alimento espiritual. Tinham plena consciência, embora não empreguem o termo, de que essa presença existe de modo sacramental. Não esquecem as acusações de antropofagia vindas dos pagãos a propósito da eucaristia nos primeiros tempos da Igreja. Pode-se dizer que por intermédio deles a Igreja antiga toma literalmente as palavras de Jesus na Ceia; se ele disse "isto é meu corpo", é porque o pão da partilha é mesmo seu corpo. Por outro lado, sendo assim, admite-se ao mesmo tempo que se produziu uma certa "mudança" entre o pão comum e o pão eucarístico. É o "mistério" da fé. Para os Padres da Igreja a presença de Cristo concerne à sua pessoa concreta expressa simbolicamente por meio do par de seu corpo e de seu sangue, ou seja, do elemento sólido e do elemento líquido que constituem nosso ser físico. Salvo exceção, nunca se trata de *substância*. No entanto a Idade Média e os tempos modernos não deixaram de especular sobre a forma dessa presença. Um breve percurso pelas perguntas e respostas dadas ao longo das eras nos ajudará a *compreender* melhor o que a fé nos solicita a *crer*. Agostinho já dizia: "Compreende a fim de crer; crê para melhor compreender".

1. A Idade Média e as três formas do corpo único de Cristo

A Idade Média, de fato, entende tratar a questão com nova acuidade. Os primeiros séculos medievais colocaram a questão das três formas do corpo único de Cristo: seu corpo histórico, seu corpo eucarístico e seu corpo eclesial. A ideia diretriz era sempre comentar a fórmula paulina: "Não é comunhão com o corpo de Cristo o pão que partimos? Porque há um único pão, nós todos formamos um só corpo, pois todos participamos deste único pão" (1Cor 10,16-17).

Nesse texto, a comunhão com o corpo total de Cristo é uma mediação para a construção do corpo total de Cristo, a Igreja. A doutrina de Agostinho era habitada, como vimos, por esse mesmo movimento de pensamento. As reflexões dos primeiros autores da Idade Média procuram organizar essas afirmações, pois eles constatam que há, de fato, três modalidades diferentes de expressão e de realidade do corpo de

Cristo, ou três formas do corpo de Cristo: o *corpo histórico* de Jesus, ou seja, o corpo físico do Jesus de antes da Páscoa, corpo nascido da Virgem Maria e que ressuscitou de maneira irrepresentável; o *corpo eucarístico* de Cristo, corpo sacramental cujo modo de ser é original com relação ao corpo histórico e que, portanto, não se identifica imediatamente com ele – fala-se, então, a seu respeito, de corpo *místico*, ou seja, corpo presente como mistério, o que hoje chamamos de *corpo sacramental*; enfim, o *corpo eclesial* de Cristo, o do Cristo total, que é feito de todos os que partilham o mesmo pão. Esse corpo é chamado de *corpo verdadeiro*. Pois a construção desse corpo eclesial é o fim e o termo de toda a história da salvação: é por ele que Cristo assumiu um corpo físico na Encarnação, é em vista dele que ele deu seu corpo de uma forma sacramental.

Mas essas distinções legítimas e necessárias suscitam uma dificuldade. Acaso Paulo não fala sempre de um só corpo de Cristo? O sentido dessa trilogia é sublinhar a organicidade do mistério que vai da Encarnação à salvação de toda a Igreja (e nela, da humanidade) por meio da celebração eucarística. Ainda não se fala de presença "real".

2. A crise teológica sobre a presença real: Berengário

Vamos nos deter por um instante numa crise muito antiga na Igreja do Ocidente, não pelo gosto por arqueologia, mas em razão de suas consequências para a compreensão da presença real, que duraram quase até nossos dias. Berengário, arquidiácono de Tours, morto em 1088, aluno da escola de Chartres, é acusado de fazer desaparecer a presença de Cristo na eucaristia. É difícil dizer hoje qual era exatamente seu pensamento. Seja como for, provocou escândalo. Berengário precisou assinar em Roma, em 1059, uma profissão de fé formulada pelo cardeal Humberto cujo texto é muito inquietante, mas expressa uma mentalidade que perdurará por muito tempo:

Eu, Berengário [...], anatematizo toda heresia, em particular aquela da qual fui acusado até agora: ela ousa afirmar que o pão e o vinho colocados no altar após a consagração são apenas um sacramento, e não o verdadeiro corpo e o verdadeiro sangue do Senhor Jesus Cristo, e que só podem ser segurados ou quebrados pelas mãos dos padres ou triturados pelos dentes dos fiéis de modo sensível no sacramento[13].

Esse texto opõe o *sacramento* à *realidade*. Berengário é acusado de considerar o pão e o vinho como sinais exteriores ao corpo e ao sangue de Cristo. Mas, para afirmar a presença de Cristo, o texto emprega expressões propriamente fisicistas que, por sua vez, fazem desaparecer a mediação sacramental: o próprio corpo de Cristo é fisicamente tocado e quebrado pelo padre; é mastigado pelos dentes dos fiéis. Os Padres da Igreja nunca caíram em tais excessos. Berengário precisou assinar uma segunda profissão de fé, de melhor feitura, embora ainda oponha sacramento à verdade[14].

Por outro lado, o padre Lubac[15] constatou que a Idade Média foi teatro de um fogo cruzado entre duas séries de expressões, também importantes para a evolução da compreensão do mistério eucarístico. No início da Idade Média, era comum, como vimos, chamar a eucaristia de "corpo místico" de Cristo. A expressão quer dizer "corpo no mistério" ou "*corpo sacramental*". Fala-se até de "*sangue místico*". De início, o termo "comunhão" não designava apenas a recepção do corpo eucarístico de Cristo, mas a comunhão na Igreja com o corpo único de Cristo. Também é esse o sentido da "*comunhão dos santos*". Em outras palavras, o centro de gravidade da eucaristia situava-se no plano do corpo eclesial da Igreja.

Ora, no decorrer da Idade Média a eucaristia é chamada cada vez mais de "*corpo verdadeiro de Cristo*". A linha divisória deve ser situada no escândalo causado por Berengário de Tours. Os debates levaram a uma preocupação dominante com a presença dita *real*, em detrimento do aspecto eclesial. Estima-se que o termo "místico" tem um significado demasiado fluido, demasiado moral; insiste-se, portanto, no *corpo verdadeiro* de Cristo, presente na eucaristia.

---

13. Profissão de fé de Berengário de Tours em 1059, *DzH* 690.
14. Profissão de fé de 1079, *DzH* 700.
15. H. DE LUBAC, *Corpus mysticum. L'eucharistie et l'Église au Moyen Âge*, Paris, Aubier, ²1949.

Correlativamente, de início, era comum chamar a Igreja de "*corpo verdadeiro de Cristo*". A intenção da expressão era mostrar a unidade do mistério eucarístico que culmina na construção do corpo eclesial de Cristo. Era a tomada a sério das expressões paulinas. Gradualmente, dir-se-á que a Igreja é o *corpo místico* de Cristo. "Místico" e "verdadeiro", que em outros tempos eram sinônimos para a eucaristia, são agora opostos e divididos, o primeiro para a Igreja e o segundo para a eucaristia. A expressão "Igreja corpo místico de Cristo" se tornaria corrente em Santo Tomás.

Qual é o sentido dessa inversão? Ela denota um deslocamento do centro de gravidade na consideração da eucaristia. Insistia-se na unidade do corpo eucarístico e do corpo eclesial; agora, passa-se a insistir em sua distinção, como se o corpo eclesial fosse menos verdadeiro que o corpo eucarístico. Afirma-se cada vez mais, portanto, a distância entre *corpo sacramental* e *corpo eclesial*. O termo "místico", a propósito da Igreja, serve, então, para expressar uma analogia mais ou menos longínqua: "corpo místico" que dizer, moralmente, corpo de Cristo. A Igreja é de fato, em certo sentido, o corpo de Cristo, mas ela não é o próprio corpo que se entregou para nós. Depois disso, a reflexão sobre a eucaristia seria cada vez mais amputada de seu terceiro e último nível: a construção da Igreja corpo de Cristo.

3. A entrada em cena da transubstanciação

Constata-se também, nessa época, uma passagem cultural muito importante: até então as considerações sempre se referiam ao corpo e ao sangue de Cristo; doravante, o problema será colocado em termos de *substância* (G. Martelet). Na sequência, o famoso termo "transubstanciação" aparece por volta de 1140, na lavra do futuro papa Alexandre III. De início, esse neologismo não é acolhido com muito entusiasmo, mas ele entra no vocabulário conciliar e dogmático no concílio de Latrão IV, em 1215, sob a forma do verbo "transubstanciar".

Nesse clima, cabe a Santo Tomás, que foi um dos primeiros a desenvolver uma teoria da *transformação substancial* das oblatas no corpo e no sangue de Cristo, ou da *transubstanciação*, o grande mérito de ter tratado o termo num nível propriamente *metafísico*, e não *físico*.

Essas palavras requerem algumas explicações, tanto mais que a noção de substância é completamente diferente na mentalidade corrente atual e segundo o sentido filosófico do termo. No primeiro caso, a substância é a realidade empírica considerada o material ou o substrato de todas as coisas. Por exemplo, se diz em linguagem corrente: meu casaco é de lã; a substância de meu casco é lã. No segundo caso (sentido filosófico), a substância é *a razão de ser de uma coisa,* ou seu sentido, é *a unidade de uma coisa considerada no plano em que a inteligência a capta e afirma sua realidade.* Vamos retomar o mesmo exemplo: meu casaco é uma roupa destinada a me proteger do frio e a me vestir no sentido em que roupa é vestimenta. Se reformo meu casaco usado para fazer dele uma simples jaqueta, essa continua sendo de lã, mas sua substância muda, porque jaqueta não é casaco.

A transubstanciação opunha-se, para santo Tomás, à *transmutação* dos metais entre os alquimistas de seu tempo: chumbo transformando-se em ouro. Não se deve, portanto, buscar a transubstanciação num nível químico-físico. Seja qual for a análise científica que se possa fazer do pão e do vinho consagrados, encontraremos sempre pão e vinho. Nesse nível, só abordamos as "espécies" eucarísticas.

Santo Tomás tem absoluta convicção de que a substância é percebida pela inteligência, e não pelos sentidos: "Nenhum olho corporal pode ver Cristo, tal como ele está neste sacramento"[16]. Ele escapa, assim, ao fisicismo: "O corpo de Cristo não está nesse sacramento como num lugar, mas em modo de substância"[17]. Somente as espécies pão e vinho estão num lugar. Por outro lado, Tomás afirma que o modo de ser de Cristo nesse sacramento é totalmente sobrenatural. O intelecto do homem, portanto, só pode discerni-lo pela fé.

---

16. SAINT THOMAS D'AQUIN, *Somme théologique* [*Suma teológica*], III^a, Q. 76, a. 7.
17. Ibid., III^a, Q. 76, a. 5.

4. O Concílio de Trento

O conflito sobre a presença real de Cristo na eucaristia será retomado no momento da Reforma. Lutero, de fato, contesta a teoria da transubstanciação em favor de outra teoria (que, aliás, não é melhor!). Deve-se também destacar uma diferença entre Lutero e Calvino a esse respeito. Lutero está muito mais próximo da concepção católica da presença real do que o reformador francês. Mas, de acordo com uma correta expressão de E. Schillebeeckx, o termo "transubstanciação" tornou-se, na época do Concílio de Trento, um "estandarte da ortodoxia", um sinal de adesão dentro de cada campo: os católicos o aprovam; os protestantes o negam. Não é hora, portanto, de meias palavras.

O Concílio de Trento afirma com absoluta firmeza a presença real de Cristo na eucaristia e confirma a legitimidade do emprego do termo "transubstanciação":

> Depois da consagração do pão e do vinho, Nosso Senhor Jesus Cristo, verdadeiro Deus e verdadeiro homem, está realmente e substancialmente contido sob a aparência dessas realidades sensíveis. Não há, de fato, nenhuma contradição em relação à hipótese de que nosso Salvador se sente sempre à direita do Pai nos céus, de acordo com um modo de existência que lhe é natural, e no fato de que, no entanto, ele esteja para nós, em outros lugares, sacramentalmente presente em sua substância, num modo de existência [...] que devemos crer firmemente como coisa possível para Deus[18].

Lutero tinha dificuldade em conciliar a presença de Cristo na eucaristia com sua presença gloriosa à direita de seu Pai. Não via como era possível essa espécie de "bilocação", pois tinha uma ideia demasiadamente física da noção de lugar. A presença eucarística não é idêntica à do Salvador à direita do Pai, mas sacramental, "de acordo com um modo de existência" que só se pode reconhecer na fé. O concílio também recusa uma compreensão da presença eucarística que seja espacialmente prisioneira de sinais sensíveis.

---

18. Concile de Trente, Session XIII, chap 1er, *DzH* 1636.

A afirmação da transubstanciação só é introduzida em Trento no final do caminho. Pois a presença real de Cristo na eucaristia é proposta pelo concílio em três fases que convém distinguir (E. Schillebeeckx)[19]. As duas primeiras fases recapitulam o ensinamento dos Padres da Igreja e a expressão tradicional da fé. A primeira relaciona a presença real de Cristo na eucaristia à instituição da Ceia e ao gesto do dom que o Senhor fez então do pão e do vinho, denominando-os seu corpo e seu sangue: "Porque Cristo nosso Redentor disse que o que ele oferecia sob a espécie do pão era verdadeiramente seu corpo [...]"[20]. Essas palavras devem ser levadas a sério, tal como toda a tradição cristã o fez, e não podem ser reduzidas "a figuras de estilo sem consistência e imaginárias". Essa primeira fase da afirmação é expressamente bíblica. A presença é relacionada ao *dom* feito por Jesus; é no movimento desse dom ordenado à comunhão que se inscreve a presença.

A segunda fase de afirmação é a consequência imediata da primeira: se o que era pão e vinho tornou-se corpo e sangue de Cristo é porque houve uma transformação (ou uma *conversão*) das oblatas do primeiro estado no segundo. Portanto é afirmada a objetividade da transformação que se realiza nas espécies eucarísticas: "[...] Sempre houve a convicção na Igreja de Deus [...] de que pela consagração do pão e do vinho se faz uma transformação de toda a substância do pão na substância do corpo de Cristo nosso Senhor e de toda a substância do vinho na substância de seu sangue". O concílio, por sua conta, retoma aqui a velha argumentação que, a partir das palavras da instituição, concluiu que o pão e o vinho eram objeto de uma misteriosa transformação que afetava os elementos em si mesmos. Mas ele a desenvolve no vocabulário medieval da substância.

A terceira fase da afirmação diz respeito à introdução do conceito de *transubstanciação*. "Essa transformação foi justamente e propriamente chamada, pela santa Igreja Católica, de transubstanciação"; ou "transformação que a Igreja Católica chama de maneira muito apropriada de

---

19. Esses três tempos da afirmação visam a algo bem diferente dos três *níveis* da celebração eucarística lembrados no capítulo anterior, na página 153.
20. Ibid., chap. IV; *DzH* 1642.

transubstanciação". Essa terceira fase é bem distinta das duas primeiras, pois visa formalmente a uma linguagem, e não mais à realidade do mistério. O concílio diz seu apego a esse termo elaborado através da Idade Média e que se tornou privilegiado há muitos séculos. Mas ele se abstém de restringir o emprego dessa palavra sobre a afirmação da presença real, como se uma fosse inseparável da outra.

Os atos de Trento são muito claros no que se refere ao tema: as duas primeiras fases não deram lugar a nenhuma discussão, tal era a consciência que os Padres tinham de estar voltando a expressar a fé tradicional da Igreja. A "canonização" do termo técnico "transubstanciação", ao contrário, foi objeto de discussões constantes, quase até o último dia, pois alguns Padres salientaram que o termo, relativamente recente, não era unanimemente aceito pelas escolas escolásticas. Finalmente, ele foi adotado como o que melhor resumia, no contexto cultural e de controvérsias da época, a doutrina da presença real, e que podia servir como "guardião da fé" em tempos particularmente conturbados. Foi daí que ele passou através dos séculos até os catecismos para crianças, o que é de lamentar. Entre os ortodoxos, o termo é controverso. Muito atacado por alguns teólogos, é utilizado (sob a forma grega "metusiosis") por outros. A mentalidade protestante continua reticente em relação a um termo que durante muito tempo lhe pareceu veicular uma concepção mágica ou demasiado materialista da transformação.

5. Compreender hoje a presença real

Vamos retomar os termos-chave que já encontramos numa interpretação acessível a nossa cultura:

1. *A presença*. Presença só se diz com respeito às pessoas. Uma mesa não está presente: simplesmente está ali. A presença supõe um sujeito pessoal entrando em *relação* com outros sujeitos. Toda presença é relacional. A "presença real" de Cristo na eucaristia expressa a presença pessoal de Cristo em sua Igreja e em cada membro de sua

Igreja. Além disso, conforme destacou o papa Paulo VI, há outras formas de presença de Cristo na Igreja[21]. Essa presença de sua pessoa é consequência da presença de seu mistério pascal. É uma presença-dom, ordenada à comunhão espiritual.

Entretanto, estou sempre presente para os outros pela mediação de meu corpo. Temos necessidade de *estar aqui* com nossos corpos para estar presentes uns para os outros e para comunicar por meio da linguagem. Se entro em coma, continuo aqui mas já não estou presente. Se não puder tornar-me presente numa festa de família, enviarei uma mensagem, um presente, ou flores, a fim de que se tornem sinais de minha presença ausente. Sem dúvida, isso é apenas uma analogia.

Cristo torna-se verdadeiramente presente para nós através do "estar aqui" das espécies eucarísticas, para que nos tornemos presentes para ele na comunhão. A Ascensão foi o mistério de sua partida, depois da qual ele se tornou visivelmente ausente e nos enviou o Espírito. A eucaristia é a expressão de uma nova forma de sua presença na ausência. A fé nos convida a reconhecer essa presença através do "estar aqui" sensível do pão e do vinho, que nunca devemos separar de seu simbolismo. É no quadro de uma relação mútua de amor que se deve compreender a presença de Cristo na eucaristia. Sem dúvida, nos indagamos demais sobre o modo de presença de Cristo e não suficientemente sobre a qualidade da resposta de nossa presença à de Cristo.

2. *A substância.* Já vimos o contrassenso espontâneo que se mantém em torno dessa palavra. Já dei o exemplo do casaco. Aqui estão

---

21. O papa Paulo VI enumera as seguintes formas da presença de Cristo em sua Igreja: ele está presente na oração dos que se reúnem em seu nome de acordo com sua promessa (Mt 18,20); está presente nos destinatários de toda obra de caridade ("A mim o fizestes" [Mt 25,40]); está presente na Igreja que anuncia o Evangelho e dirige o povo cristão; está presente nos sacramentos que são seus próprios atos; enfim, está presente "de maneira mais sublime ainda" na celebração eucarística encíclica *Mysterium Fidei, La Documentation catholique,* n. 1.456, 1965, 1.642.

mais dois. O trigo pode ser comido se colhermos as espigas. Mas o trigo como tal não é o alimento do homem: para que o seja é preciso que ele se torne pão, ou seja, que ele mude de substância. O pão já não é trigo. De certo modo, ele foi destruído como trigo pelos processos que o moeram para o transformar em farinha; depois, o molharam e misturaram para se tornar massa e, finalmente, o assaram no forno. Essas ações não têm retorno possível. O pão é "fruto da terra e do trabalho do homem".

Este outro exemplo é fácil de compreender em nossas sociedades modernas. Quando vou votar no dia de uma eleição, encontro sobre a mesa, na entrada da sala de votação, toda uma série de cédulas com o nome de cada candidato. Quando me retiro e vou até a cabine, escolho uma cédula para pôr no envelope e coloco o voto na urna para expressar minha escolha. O papel que deposito é idêntico a todos os outros que ficaram na mesa da entrada. Sua aparência não mudou em nada. No entanto, ele mudou de substância: tornou-se um voto, um sufrágio que expressa uma opinião que vai ser contabilizada com as outras para definir o resultado da eleição. A diferença entre as cédulas depositadas na urna e as que ficaram na mesa é tão grande que na hora da apuração essas últimas serão levadas para longe, para que não possa haver mistura entre as primeiras e as outras. Umas são apenas papéis com um nome escrito; as outras são votos autênticos. O resultado da votação é uma realidade original que terá consequências para o futuro da comuna ou do país.

No caso da eucaristia, a mudança de substância ocorre num outro nível e envolve o domínio de Cristo ressuscitado sobre os elementos do nosso mundo. A substância das oblatas já não é ser simplesmente o alimento e a bebida naturais do homem. Sua substância é feita do fato de que esses elementos se transformaram para Cristo, que se investiu neles e para nós. As oblatas são em si mesmas o que são doravante aos olhos de Deus, aos olhos de Cristo e para nós na fé. Entraram em um novo sistema de relações que se chama história da salvação e que faz doravante sua unidade e constitui seu ser, pois ele as afeta intrinsecamente, e não exteriormente. "As coisas são pura e simplesmente o que são para Cristo." Aqui, mais uma vez, sem dúvida, nos interrogamos demais sobre a natureza da conversão do pão e do vinho no corpo e no sangue de Cristo, e não o suficiente sobre a conversão de nosso coração a Cristo.

3. *Presença do corpo entregue e ressuscitado do Senhor*. Para compreender o mistério, é preciso relacionar a presença de Cristo na eucaristia à sua origem sacrificial (sendo sempre o sacrifício, dom de si, de Cristo a seu Pai e seus irmãos), constituída pelo mistério pascal, e ao "trabalho" que ele realizou em si mesmo para nós. Jesus, perfeitamente presente em seu corpo no ato de dar a vida pelos seus a fim de entrar em comunhão com eles, se tornou por sua intenção de salvação também perfeitamente presente no pão e no vinho da Ceia, em nome do desejo intenso de comer com eles a Páscoa que ele fazia nova, a nova aliança em seu sangue. Isso supõe uma identidade básica entre o evento vivido de sua morte e o evento celebrado da Ceia, instituída para ser seu memorial. Essa identidade é *simbolizada* na correspondência entre o corpo destroçado na cruz, o corpo entregue e a vida dada e o pão partido, dado e partilhado; na correspondência entre o sangue derramado na cruz e o vinho vertido no cálice. Corpo e sangue representam a pessoa total e concreta de Cristo dado em sacrifício; pão e vinho representam o alimento elementar e a bebida festiva dos homens. Instituindo a eucaristia, Jesus, no momento em que dá sua vida "inteiramente", faz sua presença em seu corpo já entregue e em seu sangue logo vertido passar a uma presença simbolizada no pão partido e no vinho vertido, a fim de expressar inteiramente sua comunhão com sua Igreja, dando sua vida para nos dar a vida, querendo viver nela para que ela viva nele.

Mas isso não pode ser separado da conclusão última desse dom de Cristo na Ressurreição, conclusão que já muda tudo, antes de mudar tudo definitivamente no fim dos tempos, e o próprio cosmo. Essa conclusão muda a maneira do estar aqui do Ressuscitado, seu modo de estar presente para os seus. Já o vemos em suas aparições de Ressuscitado; também o vemos no modo eucarístico de sua presença, significada e realizada por aquele que faz seu o universo inteiro das coisas e dos homens e o que já é para ele seu próprio corpo místico.

IV. A EUCARISTIA FAZ A IGREJA

Tudo o que acaba de ser dito confirma o estreito vínculo entre a eucaristia e a Igreja. Essa perspectiva foi por demais esquecida nos tempos modernos, e vimos por quê. Devemos voltar às afirmações surpreendentes de Santo Agostinho: "Vós vos tornais esse pão que é o corpo de Cristo"[22]. O termo "comunhão" é empregado igualmente para a comunhão eucarística e para a comunhão eclesial. Comungar numa eucaristia é comungar numa igreja. A frase do padre de Lubac é bem conhecida: "A Igreja faz a eucaristia e a eucaristia faz a Igreja". Essa fórmula vale, como vimos, para todos os sacramentos, dos quais cada um faz a Igreja à sua maneira, o batismo em primeiro lugar. Mas a afirmação vale eminentemente para a eucaristia. O tema foi amplamente retomado por João Paulo II em sua encíclica sobre a eucaristia, de 2003[23].

A trilogia do passado, do presente e do futuro, já evocada, é uma trilogia eclesial. Ela remonta a São Paulo: "Toda vez que comeis este pão e bebeis este cálice *(presente)*, anunciais a morte do Senhor *(passado)*, até que ele venha *(futuro)*" (1Cor 11,26). Voltamos a encontrá-la na antífona de santo Tomás: "Ó banquete sagrado no qual Cristo é consumido; nele rememoramos a sua paixão; a alma é cheia de graça; o penhor da glória futura nos é dado". Ela expressa a dimensão horizontal e histórica da Igreja em sua peregrinação terrestre rumo ao fim dos tempos. É a dinâmica eucarística da história da salvação. *O passado* é o memorial do evento fundador, comum à Igreja e à eucaristia. *O presente* é a presença sacramental do Senhor e o dom de sua pessoa para a construção da Igreja. A eucaristia faz a Igreja corpo de Cristo e envia a Igreja em missão. No *futuro*, a eucaristia anuncia o banquete do Reino.

No presente, a eucaristia envia a Igreja em missão pelo mundo e pelo tempo. Ela é a celebração da missão universal que vem de Cristo.

---

22. Ver página 152-153.
23. JEAN-PAUL II, encyclique *Ecclesia de eucharistia*, 17 de abril de 2003; *La Documentation catholique,* n. 2.290, 2003, 368-390.

A missão, portanto, não é uma simples consequência da eucaristia. É ao mesmo tempo seu dom e sua tarefa; a tarefa dos cristãos é manifestar sua fecundidade no mundo. O sacrifício deles nada mais é do que sua vida cotidiana, que se torna uma vida eucarística. Se a eucaristia é a celebração da existência cristã, o dom feito à Igreja deve manifestar-se na existência desta, assim como na existência de cada comungante. O dom de unidade deve expressar-se pela preocupação com a comunhão fraterna entre cristãos, mas também com a reconciliação e a derrubada de todas as paredes que separam os homens (ver Ef 2,14). A eucaristia compromete com a partilha fraternal. Encontramos esse aspecto arraigado na Igreja antiga. Hoje, isso deve se traduzir em termos de solidariedade: "A celebração da eucaristia, divisão de um pão necessário à vida, incita a não consentir na condição de homens privados de pão, de justiça e de paz"[24].

A eucaristia, enfim, nos envia para o futuro. Ela é o memorial de um evento que ainda não se concluiu. Já celebra nossa comunhão com o Cristo que está por vir. Convida-nos a trabalhar na construção do mundo e na sua passagem para Deus. A humanidade chamada a se tornar Igreja faz toda a criação voltar para Deus: esse é o objetivo da eucaristia evocado pela bela meditação de Teilhard de Chardin citada no início deste capítulo:

> Recebei, Senhor, esta Hóstia total que a Criação, movida por vossa atração, vos apresenta no novo amanhecer. Este pão, nosso esforço, é por si mesmo, eu o sei, apenas uma desagregação imensa. Este vinho, nossa dor, também é, ai!, apenas uma bebida dissolvente. Mas, no fundo desta massa informe, pusestes – tenho certeza, pois o sinto – um irresistível e santificador desejo que nos faz bradar, desde o ímpio até o fiel: "Senhor, fazei-nos um!"[25].

---

24. Groupe des Dombes, "Vers une même foi eucharistique?", ibid., n. 27.
25. Teilhard de Chardin, Pierre, "La messe sur le monde" [A missa sobre o mundo], 19.

> N. B. Não será inútil lembrar, registrava o papa Paulo VI, que a finalidade primordial da conservação das espécies santas na igreja após a missa é a administração do viático; as finalidades secundárias são a distribuição da comunhão fora da missa e a adoração de Nosso Senhor Jesus Cristo presente de forma velada sob as espécies. Pois a conservação das espécies santas para os doentes [...] trouxe o costume louvável de adorar o pão do céu conservado nas igrejas[26].
>
> As igrejas ortodoxas em seu conjunto não praticam a adoração eucarística, salvo na Sexta-Feira Santa, na procissão das oblatas pré-santificadas, ou seja, consagradas na quinta-feira santa. Mas elas têm uma reserva eucarística destinada à comunhão para os doentes. É preciso, pois, distinguir o dado doutrinal da permanência da presença e a devoção católica de adoração do santo sacramento, assim como a prática da reserva eucarística.

---

26. CONGRÉGATION DES RITES, instruction *Eucharisticum mysterium*, n. 49; *La Documentation catholique*, n. 1.496, 1967, 1.091-1.123. Textos retomados do pontificado de Pio XII.

CAPÍTULO VII

Conversão, perdão e reconciliação

Na lista clássica dos sete sacramentos, a *penitência* vem em quarto lugar, depois dos sacramentos da iniciação. Estes introduzem o fiel à vida plenamente cristã, da qual a eucaristia é o alimento constante. No entanto essa vida cristã, inevitavelmente, conhece vicissitudes. O batismo não nos curou da desordem de nosso desejo. Podemos recair no pecado. O que fazer, então, já que o batismo não pode ser reiterado? O sacramento de penitência ou de reconciliação responde a essa questão vital.

Por que esses dois nomes? Por que o papa Paulo VI pediu que se chamasse doravante o sacramento de penitência de "sacramento de reconciliação"? O termo "penitência", que sem dúvida evoca ainda, para alguns de nós, lembranças de infância em que fomos "postos em penitência", é uma das traduções de um termo evangélico que significa *conversão* (*metanoia*), ou seja, uma mudança de vida séria e abertura da pessoa para a mensagem do Evangelho. A conversão espiritual é, em primeiro lugar, o ato interior de uma mudança de opções, valores e práticas que governam uma vida. Mas o homem é alma e corpo, é ao mesmo tempo a fulgurância do instante presente em que tudo se altera e a duração que não tem pressa. A decisão interior deve tomar corpo na vida corrente através de uma mudança de vida. Não basta que eu tome a decisão de parar de fumar; é preciso que essa decisão se invista em meu corpo, gradualmente libertado de sua dependência, e em me livrar da tentação de fumar. Sabe-se também o tempo que leva uma *reconversão* profissional: formação e aprendizagens novas, investimentos em maior ou menor prazo.

Nesse sacramento, o termo "penitência" passou a expressar – talvez excessivamente – a ascese exterior, consequência normal da decisão de conversão que é o ponto de partida de qualquer trajetória. Por isso é importante voltar à experiência de conversão. Na relação com Deus, a conversão é prescrita ao perdão. Fala-se também nesse sentido do sacramento do perdão.

Conversão e perdão são os dois termos necessários para que haja reconciliação. Em nossa experiência humana, pensamos naturalmente em dois amigos, dois vizinhos, dois parentes ou dois cônjuges que estão brigados. Cada um, portanto, tem de fazer sua parte, ao mesmo tempo para perdoar e para ser perdoado. Na Igreja, o sacramento de reconciliação é uma verdadeira condução que deve levar à reconciliação concreta entre o cristão que se tornou pecador e Deus que o salva em Jesus Cristo, pelo ministério da Igreja.

De início, tudo nesse sacramento é difícil, a começar por sua origem e sua história: a Igreja hesitou antes de encontrar as palavras de Jesus que o fundamentavam, e sua evolução sofreu tamanhas mudanças que alguns teólogos tiveram dificuldade para seguir sua identidade através dos séculos. A Igreja parece nunca conseguir sair satisfatoriamente da contradição entre a severidade necessária para com o pecado e a misericórdia para com o pecador. Mas, à reflexão, ele é exemplar pela maneira como essa própria Igreja soube adaptar-se à evolução das culturas e das civilizações.

Pois, com esse sacramento, a Igreja vai ao encontro da sociedade global no âmbito da ética em geral, seja esta social, pessoal ou até mesmo íntima. Ela é confrontada com a evolução dos costumes de século em século, evolução da qual por sua vez ela participa e que exige ajustes constantes. A Igreja coloca diante do mundo a questão da falta e do pecado, portanto, da culpa. O sacramento da reconciliação é conflituoso, porque por meio dele a Igreja está em conflito com o pecado do mundo. Ora, as formas que o pecado assume no curso da história e na diversidade das culturas são inúmeras. Não é de surpreender que a Igreja, estando nesse âmbito em constante contato com o mundo, tenha precisado fazer evoluir radicalmente as condições da recepção desse sacramento.

Deus sabe que uma das grandes queixas manifestadas com relação à Igreja é a de ter alimentado e desenvolvido nos cristãos um sentimento mórbido de culpa. Há algum tempo ouviam-se os lamentos de André Gide: "Mandamentos de Deus, causastes dor à minha alma"; o tema foi retomado por Jean-Paul Sartre e muitos outros, mais recentemente. A Igreja também ganhou a reputação de ingerência indiscreta nas consciências, até mesmo de ação política por meios indiretos (os confessores dos reis!).

Já evocamos a desafeição geral pelos sacramentos. Talvez seja no caso do sacramento de penitência que ela mais se manifesta. A prática da confissão é contestada até nos meios católicos. É verdade que o procedimento da confissão sempre é difícil, mas ele parece provocar tal aversão que hoje esse sacramento está amplamente abandonado.

Por um certo paradoxo, essa deserção se faz no próprio momento em que se multiplicam as diversas formas de socorro psicológico e de acompanhamento, aos quais recorrem tantos contemporâneos nossos condenados a uma solidão que os impede de serem ouvidos de verdade. Já não se querem culpados (conhecemos o lema "Responsável, mas não culpado!"), no entanto, julgam-se incessantemente as instituições. É como se todos fossem inocentes, mas as estruturas da sociedade fossem misteriosamente perversas. Na realidade, uma sociedade não se livra facilmente da culpa: uma culpa mal administrada é frequentemente causa de conflitos psicológicos.

A psicanálise interveio, muitas vezes, pelo melhor, mas, às vezes, também para o pior. Ela mostrou a complexidade dos dados afetivos em questão na maneira pela qual cada um assume suas responsabilidades. No entanto, por vezes, ela se bateu por liberações que não o são. Penso no desenho de Sempé que mostra um psicanalista e um padre conversando, um diante do seu consultório e o outro diante de sua igreja. Um homenzinho surge no outro extremo da rua e o psicanalista diz ao padre "Se ele pecou, é com você; se não conseguiu, é comigo". Piada significativa: os indicadores do pecado, sem dúvida, não foram suficientemente verificados; mas não servimos a alguém se não o ajudamos a discernir o ponto real em que se situam sua liberdade e sua responsabilidade.

Nestes últimos anos, assistimos ao surgimento da moda – muito discutida – do arrependimento. É claro que o arrependimento anunciado em praça pública e na mídia é uma operação que pode tornar-se ambígua. O verdadeiro arrependimento é discreto e, no mais das vezes, secreto. No entanto, não deixa de ter importância o fato de que certas instâncias oficiais sejam capazes de reconhecer seus erros e até suas culpas. Quanto a mim, acho bom que a Igreja reconheça claramente suas culpas históricas; ela está sendo, então, plenamente fiel ao Evangelho que anuncia. Mas é importante encontrar o tom correto e não tentar tirar sutil proveito disso.

Tudo o que acaba de ser dito mostra que a conduta de arrependimento, de reparação e de reconciliação interessa a todo homem como homem, seja ele religioso ou não. Ela pertence a todas as religiões. Estamos aqui diante de uma realidade antropológica fundamental. Nós a encontramos no Antigo Testamento. O Concílio de Trento acaso não diz que a conduta de arrependimento é absolutamente necessária em todo homem, seja qual for sua situação religiosa? É a conduta da qual Cristo fez um sacramento empenhando nele sua iniciativa de perdão. Caso original entre os sacramentos – que a penitência compartilha aliás com o casamento –, a penitência não é administrada com ajuda de um objeto simbólico particular (pão e vinho, óleo etc.); ela tem como conteúdo uma conduta humana que é alçada num âmbito sacramental. Por isso estou convencido de que esse sacramento é um bem para os cristãos e de que o problema da Igreja é torná-lo novamente desejável.

Fiel ao método desta obra, que procura mostrar o enraizamento de cada sacramento em nossa experiência, eu proporia uma pequena análise da conduta humana de reconciliação, com base em cujo modelo se estrutura a reconciliação do homem com Deus na Igreja (1). Em seguida, voltaremos a sua instituição (2) e a sua história movimentada: como no caso da eucaristia, a história é aqui mestra do aprendizado (3). Enfim, tentaremos extrair algumas conclusões sobre o presente e o futuro desse sacramento (4).

I. Do processo humano de reconciliação no sacramento

Se o arrependimento pretende chegar plenamente à reconciliação, ele empenha necessariamente a atitude de dois parceiros: o *ofensor* e o *ofendido*. Cada um é convidado a uma conduta pessoal, sem dúvida, diferenciada, mas que deve levar à reconciliação. Vou estudar, portanto, os dois lados do processo de reconciliação, considerando por questão de método que as culpas não são compartilhadas – embora esse seja geralmente o caso em nossos conflitos humanos! –, mas que há um culpado e um inocente. O exemplo por excelência do processo de reconciliação nos é dado no Evangelho por meio da parábola dos dois filhos, ou do filho pródigo (Lc 15,11-32). É significativo que Jesus tenha escolhido um caso de reconciliação familiar para dar sua lição sobre perdão.

1. A conduta humana do arrependimento

A conduta do arrependimento constitui um verdadeiro "trabalho", comparado a um trabalho de parto. Ela requer tempo para se realizar e compreende três atos humanos fundamentais: a *inversão*, a *confissão pela palavra*, a *mudança concreta da conduta*. A clareza da análise exige descrevê-la a partir dos erros mais graves que evidentemente nem todo mundo cometeu. Mas ela vale também, com as adaptações necessárias, para o peso cotidiano de nossas vidas: erros nos quais nem mesmo pensamos, de egoísmo ou egocentrismo, de orgulho ou de vontade de poder, de indiferença ou desprezo pelos outros, com mais frequência de omissões, e que um dia se fazem lembrar brutalmente à nossa consciência. Pois, em todos esses casos, há uma forma não de ruptura, mas de recusa a se relacionar e de isolamento, que nos pede que reatemos com os outros. O ofendido não será, então, uma pessoa particular, mas o meio em que vivemos: sabemos o papel que ele pode desempenhar para nos tirar de certos impasses.

— *A inversão*. Pensemos no filho pródigo que volta a si mesmo, no marido infiel que de repente se dá conta do sofrimento que impõe à sua mulher, até então satisfeito consigo mesmo e que de repente percebe o egoísmo incomensurável que o habita, ou que toma consciência das injustiças que cometeu em sua vida profissional.

Talvez seja o choque de um acontecimento brutal, um encontro que me revelou novos horizontes, uma interpretação ou uma repreensão de que fui objeto por parte de outra pessoa, que eu não merecia e de que me sinto incapaz para com meus semelhantes. Ou pode ser uma reflexão pessoal sobre a maneira pela qual levo minha existência: eis que uma luz dolorosa se projeta nas raias da minha alma, uma luz que me dilacera e inicia em mim um trabalho de inversão.

Enfim, alguma coisa acaba de se *romper* em mim; já não ouso me olhar no espelho. Estou cindido, quebrado, como corretamente evoca o termo "contrição", que quer dizer "trituração". Pode haver um lampejo de arrependimento, assim como há um lampejo de amor. Mas essa cristalização súbita é, na verdade, resultado de um trabalho subterrâneo crescente, e seu amadurecimento ainda exigirá tempo. O homem é temporal; o mal o afeta com o tempo e o arrependimento é uma conduta que requer tempo. Em mim e no meu passado, reconheço a existência de um mal, feito ao mesmo tempo aos outros e a mim mesmo, que rompeu uma comunicação e fez de mim um apartado.

De início, há, portanto, um alerta na minha consciência: este ainda é ambíguo. Posso recalcá-lo ou me deixar esmagar, cair no complexo de culpa ou em escrúpulo. Mas esse alerta é próprio de uma consciência normal. Achamos inumano que o culpado por um crime não sinta em si mesmo nenhum arrependimento pelo que cometeu e permaneça indiferente à sua vítima. Segundo o dito, o leão mata e dorme; o homem que mata perde o sono. Entretanto esse alerta afetivo, por mais necessário que seja, pode estar sujeito a graves desvios, não apenas por deficiência mas também por excesso. A gravidade de uma falta não se julga forçosamente pela medida do choque emocional que ela produz em mim.

Agora é preciso que minha liberdade tome posição com respeito a esse alerta. Ele deve ser assumido por minha razão e por minha liberdade e me abrir para o senso da *culpa*. Reconheço minha *culpa* quando assumo, no nível da minha responsabilidade, o ato cometido, os males causados aos outros a quem "faltei" ou a mim mesmo, e quando assumo todas as consequências. Observemos que aqui não nos situamos no plano propriamente religioso. Todo homem, para ser digno desse nome, deve comportar-se na sociedade de maneira que reconheça seus erros. A culpa é o senso da minha culpa com relação a mim mesmo, aos outros e à sociedade.

Um trabalho começa em mim quando recruto minha *memória*, meu *intelecto* e minha *vontade*. Exponho sucessivamente esses aspectos, mas concretamente tudo se sobrepõe.

Minha *memória*: devo escrutar meu passado, fazer o esforço de retomar consciência de certos comportamentos relegados ao esquecimento ou de determinados atos que escondo, mas que me corroem de modo subterrâneo. Devo considerar as esferas de minha existência que são afetadas: vida pessoal, conjugal, profissional, associativa, relacional, meus comprometimentos etc. Pode-se falar aqui de um "dever de memória", orientado para minha cura. Devo chegar a uma cicatriz saudável, pois, no plano antropológico, há duas formas de esquecimento: o mau esquecimento, que tenta enterrar e ocultar meus erros, mesmo que supurem dentro de mim, e o bom esquecimento, que tenta deixar de lembrar os danos que me foram feitos.

A partir desse exercício da memória, ocorre o da *inteligência*: devo discernir todo esse conjunto. Pesar minha própria responsabilidade, "assumi-la". Reconhecer que o que fiz me pertence: por muitas fibras de meu ser, continuo amarrado ao que fiz e, por isso, tenho vergonha. De um modo trabalhoso, me dessolidarizo, embora me reconhecendo como autor.

Enfim, a *vontade*: é o ato da *confissão* interior, que é ao mesmo tempo uma *renegação*. Confesso, fui eu mesmo, e renego, reconheço que foi um mal cometido por mim e condeno a mim mesmo. Esse movimento de confissão e renegação me faz ao mesmo tempo assumir minha responsabilidade e me libertar do veneno próprio de uma culpa não assumida. Solidarizo-me com o mal que fiz para me dessolidarizar dele. Carrego-o para me descarregar dele. Coloco-o à distância, não quero mais me identificar com o ato ou a conduta que foi minha. Para sair de minha contradição íntima e restaurar na minha consciência uma nova unidade, é preciso que meu coração se quebre. Dialeticamente, é no próprio momento em que digo "é minha culpa" ou "sou pecador" que deixo de sê-lo.

Essa inversão interior já traz em si uma abertura para o outro, um apelo ao reencontro da comunhão, um desejo de reconciliação que se apoia na primeira reconciliação já realizada em mim mesmo. Pois, se continuo preso à minha contradição, entro no círculo infernal e sem fim do remorso, do escrúpulo ou do complexo de culpa. Esse é o evento oculto na minha consciência sendo trabalhado, o ponto de partida interior, em mim, de toda a conduta de reconciliação: fora isso, nada jamais se fará. Se é verdade que não posso refazer meu passado de outra forma, mantenho, no entanto, um poder sobre ele, pelo julgamento a que o submeto dando-lhe um sentido novo. Um homem deve sempre poder "tratar" do seu passado, nem que apenas para manter a coerência e a unidade de sua personalidade.

— A *confissão*. O homem é corpo, e é um corpo que fala: ele é linguagem. O arrependimento deve expressar-se corporalmente no exterior, de um lado, pela palavra de confissão, por outro lado, pela mudança de conduta. As duas coisas ocorrem juntas, mas sou obrigado a tratá-las sucessivamente. Vamos começar pela confissão.

A palavra de confissão revela diante do outro, ou dos outros, a dilaceração interior. É uma invocação ao perdão. Todo o meu arrependimento me impele a reatar uma relação, mas não posso absolver-me sozinho nem me reconciliar sozinho. Aceito já não ser meu último juiz. Peço ser aceito pelo outro. Uma palavra exterior vem atestar a renegação que faço de meu passado e a importância de minha nova conduta. Confessando, condeno-me pelo que fiz a fim de dar aos outros o espaço necessário para que me perdoem. A linguagem é por excelência o lugar da reconciliação. É o filho que diz ao pai, o pai ao filho, o marido à mulher ou a mulher ao marido: "Eu me comportei mal com você", "fiz o que é mau a seus olhos".

Uma atualidade não muito distante nos dá um exemplo exato com a confissão do ciclista Richard Virenque, que reconheceu

> diante do tribunal o que até então sempre havia negado: "Sim, eu me dopei!". Ele se colocara numa situação de contradição interior e de culpa sem saída que já não era suportável. O processo interior decerto ainda estava imaturo, mas a dilaceração interior estava presente. A confissão interior lhe permitiu a confissão exterior, auxiliada pela inteligência do juiz, que lhe evitou o vexame. O ciclista falou depois de uma verdadeira libertação interior. Reconciliou-se consigo mesmo: reconheceu o que tinha feito e se reprovou. A confissão tem um incontestável valor de libertação psicológica. Diz-se que coisa confessada é meio perdoada. Longe de massacrá-lo, o público reagiu de forma simpática e respeitosa.

Em todo relato há uma parte de confissão: quando sinto necessidade de contar sobre mim, sinto também a necessidade de me fazer perdoar pelo que julgo ser uma mácula em minha vida. Sinto necessidade da benevolência de alguém que seja equivalente a um perdão. A palavra de confissão é o inverso da palavra de acusação, que joga toda a responsabilidade sobre o outro. Se os erros são partilhados, de nada serve relembrar os seus para o outro, mesmo que sejam reais. Por contágio inevitável, ele fará o mesmo, e o diálogo se enredará numa discussão estéril.

— *A mudança de conduta.* O arrependimento deve também tomar corpo, uma vez que o homem é corpo e nossa existência corporal e social está na origem da história humana. O arrependimento deve tomar corpo numa nova conduta. Tomar corpo é passar do interior para o exterior, da alma para o corpo, do invisível para o visível. Meus atos me transformam. Meu corpo é ao mesmo tempo gesto e palavra. Meu arrependimento se exteriorizará, portanto, numa nova conduta com relação aos outros. Minha vida muda de estilo e os outros o veem. É a conversão de meu comportamento, de minhas atitudes, de meus julgamentos, de minhas práticas injustas. É a preocupação em reparar, sempre que possível, o malfeito aos outros. É um combate travado contra as marcas objetivas que a culpa deixou em mim, na forma de hábitos e de atitudes que permanecem. Na linguagem irrecusável dos fatos, meu arrependimento passa pela prova de sua autenticidade; caso contrário, não será crível. Mas nunca esqueçamos que reparar não é compensar. Querer compensar é ao mesmo tempo impossível e ilusório.

2. A conduta humana do perdão

Vejamos agora o lado do ofendido. Mais uma vez, considero por abstração metodológica que o ofendido não é nem um pouco culpado. O procedimento que se impõe ao ofendido compreende, por sua vez, três atos humanos: a *oferta do perdão,* a *verificação* da autenticidade do processo de arrependimento, o *dom do perdão*. Quanto a esses três pontos, estamos todos em questão, mesmo que não tenhamos perdão formal a dirigir a uma pessoa específica.

— *A oferta do perdão.* Ninguém deve se desinteressar de seu ofensor. Somos todos afetados pelo mal que nos fazem ou que se faz em nossa sociedade. Na verdade, o ofendido, por sua vez, vê-se confrontado exatamente com uma conversão e com um arrependimento. Ou ele será contagiado pelo mal e pagará o mal com o mal, explorando sua vantagem para esmagar o outro, ou se encerrará em seu rancor para recusar-se a reatar com ele; mas, então, ele se torna também culpado. A recusa do perdão é um ato grave, um ato de vingança e ódio. É um mal que vem responder a outro mal, de acordo com a lei de um encadeamento fatal. Essa recusa se mostra como direito à justiça: olho por olho, dente por dente. Muitas vezes, vemos na televisão vítimas interrogadas que declaram sua recusa definitiva a perdoar, que expressam uma violência verbal ou ameaçam se vingar. Sempre que isso acontece, sinto comoção e tristeza. Não julgo essas pessoas, tento compreender o que se passa dentro delas. Estão vivendo um grande sofrimento. Mantenho a esperança de que não seja sua última palavra. Também para elas a conversão ao perdão requer tempo.

Ou o ofendido sentirá em si mesmo o contágio do arrependimento e fará um esforço – vencerá o sofrimento, o amor-próprio ferido, a reputação atingida, o ressentimento, a agressividade natural que sente nascer em si com relação a seu ofensor. Como destaca corretamente Vladimir Jankélévitch[1], o perdão custa mais do que o dom. Por causa do próprio obstáculo que tem de transpor, ele compreende uma vantagem no amor.

Deve-se chegar até a ponto de dizer – embora à primeira vista pareça paradoxal e, sem dúvida, difícil de aceitar – que *cabe ao ofendido dar o primeiro passo*, para permitir o processo de confissão por parte de seu ofensor. Ninguém virá pedir perdão se não tiver a certeza de que seu procedimento será acolhido favoravelmente, de que é sempre esperado e desejado e de que o perdão lhe é oferecido constantemente. Por exemplo, nunca o filho pródigo teria se levantado do país da fome se não tivesse a certeza interior de que seu pai já estaria no caminho para esperá-lo. A razão dessa prioridade na responsabilidade é muito simples: a liberdade do ofendido não é onerada pelo peso da culpa, e o caminho do amor está mais imediatamente aberto para ele: é normal, portanto, que a ele caiba o encargo da iniciativa, mesmo que isso contrarie nossa visão por demais humana e, em certos casos, nos pareça impossível.

> Tomemos um exemplo particularmente emocionante que há alguns anos foi objeto de um programa de televisão: Maïti Girtanner[2], uma jovem resistente sob a ocupação alemã durante a última guerra mundial, fazia fugitivos passarem da zona de ocupação à zona livre. Durante vários anos ela enganou a Gestapo, para a qual executava concertos. Desmascarada, foi presa e entregue a um jovem médico nazista que fez com ela experiências médicas que lhe danificaram funções nervosas vitais, fazendo-a sofrer pelo resto de sua vida. Maïti voltou à liberdade, mas em que estado?! Não poderia se casar. Era uma grande pianista: precisaria abandonar a música e sobreviver em

---

1. VLADIMIR JANKÉLÉVITCH é autor do belo livro *Le pardon*, Paris, Aubier, 1967.
2. GIRTANNER, MAÏTI. *Résistance et pardon*, texto integral do filme de M. Farin, *Vie chrétienne*, Supplément 442, 1998.

> meio a sofrimentos cotidianos. Sua vida foi estragada. Ela confia: "Tudo partiu de um desejo, o de poder perdoar. Mas eu não sabia se conseguiria. Como não conseguia, pedia a Deus que o fizesse em meu lugar. Esse era meu desejo, e orei por meu torturador durante quarenta anos. [...] Logo, tive um desejo descontrolado, verdadeiramente irrefreável, de poder perdoar aquele homem"[3].
>
> Quando era sua prisioneira, ela já havia travado um diálogo com ele, portanto, quando chegou a hora, ele se lembrou de que aquela jovem, que encorajava seus companheiros de aflição, era capaz de lhe perdoar.

— *A verificação do arrependimento*. O oferecimento do perdão não se reduz a isso, implica uma exigência, não rancorosa (vingativa), mas pedagógica (medicinal). Trata-se de verificar a autenticidade do arrependimento e dos processos que ele implica. "Caso contrário", diz Jankélévitch com razão, "a problemática do perdão torna-se uma simples farsa"[4]. Cada parceiro deve fazer o que lhe cabe. A graça do perdão se junta à graça do arrependimento, mas não a substitui.

O perdão também não dispensa a eventual submissão ao dever de justiça. São duas coisas diferentes. Uma vez que estão ligadas, a aceitação de se entregar à justiça é sinal de verdadeiro arrependimento. Mas é possível também indagar: "A justiça é possível sem a misericórdia e o perdão?" (J. Sommet).

— *O dom do perdão*. Essa expressão é um pleonasmo: o perdão é em si mesmo um dom, e mesmo o extremo do dom: "O próprio Aristóteles conheceu o dom", diz ainda Jankélévitch, "mas só a Bíblia conheceu verdadeiramente o perdão"[5]. O perdão é um ato gratuito; é um excesso no dom, excesso injustificável por pura razão.

---

3. Ibid. 20 e 32.
4. JANKÉLÉVITCH, V. *Le Pardon*, 204.
5. Ibid., 176

O perdão não se confunde com suas contrafações; o desgaste do tempo que tudo apaga, a desculpa da inteligência que vê na culpa um erro ou a simples liquidação da anistia. A anistia é a gestão política do mal menor de uma situação malsã; é uma decisão de esquecimento muito ambígua para a sociedade.

O verdadeiro perdão, escreve também Jankélévitch, é um *evento* datado que advém em determinado momento da evolução histórica; o verdadeiro perdão, à margem de qualquer legalidade, é uma doação gratuita do ofendido ao ofensor; o verdadeiro perdão é uma relação pessoal com alguém. [...] O remorso é um solilóquio, mas o perdão é um diálogo, uma relação entre dois parceiros, em que um espera alguma coisa do outro[6].

O perdão faz renascer.

É o perdão que ressuscita os mortos; o morto, em outras palavras, o faltoso, volta a seu nada e à sua ínfima profundeza: "Este meu filho estava morto e voltou à vida; estava perdido e se reencontrou" [...]. O perdão anuncia um renascimento, ou melhor, um novo nascimento[7].

Além disso, o perdão transforma o pecador.

O filho aventureiro que volta ao lar, absolvido, agraciado, arrependido, nunca mais será o que era antes de ir embora; o circuito das aventuras agora se fechou, mas um elemento diferencial invisível e uma riqueza inalienável distinguem para sempre o filho pródigo do filho caseiro: esse não sei que diferencial é o excedente gratuito que chamávamos de uma palavra extraída do Evangelho, o *perisson* [o excesso][8].

O encontro do ofensor e do ofendido, a troca de palavras da reconciliação, o diálogo da confissão e do perdão constituem uma espécie

---

6. Ibid., 12 e 159.
7. Ibid., p. 193.
8. Ibid., 194.

de apogeu, diz também Jankélévitch, sobre o qual é impossível discorrer, assim como as palavras se estrangulam na garganta dos dois parceiros que caem nos braços um do outro. A conversão do arrependimento e a conversão do perdão aproximam-se num movimento de contágio mútuo, essa dupla vitória do amor sobre o amor-próprio, da comunhão sobre o egoísmo, é um momento de graça, um instante criador de uma novidade insuspeita, uma hora de renascimento, o advento de uma verdade em que, depostas todas as máscaras, a experiência de Deus jorra aos olhos de quem presta atenção. Por isso, quase naturalmente, a reconciliação torna-se festa.

> Assim se explica a exaltação cuja causa é o perdão. O fato de o pai do filho pródigo acolher o arrependido em sua casa é justo e compreensível. Mas beijá-lo, cobri-lo com sua mais bela roupa, matar o novilho de engorda e dar um banquete em homenagem do arrependido, isso é a inexplicável, a inigualável, a misteriosa festa do perdão[9].

E aqui está o epílogo da história de Maïti Girtanner: quarenta anos depois dos acontecimentos, ela recebe uma carta de seu carrasco, Léo, que então é pai de família e exerce a medicina na Alemanha. Ele está com um câncer; sabe-se condenado. Não quer morrer sem a rever e lhe pedir perdão. A mulher, idosa, aceita, ouve-o e, depois de uma conversa dolorosa, encontram-se nos braços um do outro. "Na hora de partir, ele estava em pé à cabeceira de minha cama; um gesto incontrolável ergueu-me de meus travesseiros, o que me provocou muita dor, e beijei-o para depô-lo no coração de Deus. Então, baixinho, ele me disse 'Perdão!'. Ele viera buscar o beijo de paz. A partir daquele momento, eu soube que havia perdoado."[10].

Ela perdoou e permitiu uma espécie de renascimento ou de ressurreição daquele homem que, ao voltar, confessou à família tudo o que fez durante a guerra e distribuiu seus bens para reparar ao

---

9. Ibid., 201.
10. GIRTANNER, MAÏTI. *Résistance et pardon*, 21.

> máximo as torturas que perpetrou. A esposa de Léo poderia, então, dizer à Maïti em que disposições ele morreu[11].

É claro que a reconciliação nem sempre atinge esses cumes, mas ela também cabe nas brigas, nas alterações de humor e nas incompreensões do cotidiano. Saber dizer a palavra de confissão ou do perdão por uma coisa pequena é um ato de amor que permite que uma relação se reate em vez de se degradar discretamente em ressentimentos acumulados.

3. Da conduta de reconciliação ao sacramento de Cristo

Até aqui nós nos mantivemos intencionalmente no âmbito da culpa contra os outros e contra nós mesmos. Com a ideia bíblica de *pecado*, um novo elemento entra em jogo: é a tomada de consciência de que, por minha culpa, ofendi mais do que eu mesmo e mais do que os outros. Ofendi a Deus, uma vez que atingi esse lado absoluto de minha existência ou que reconheço Deus como parceiro absoluto de minha fé. É o "Foi contra ti somente que eu pequei (*Tibi soli peccavi*)", colocado pelo Salmo 50 na boca de Davi, quando este reconhece que, tomando a mulher de Urias e fazendo em seguida este último morrer em combate a fim de dissimular seu ato, não só cometeu adultério e crime como também fez "o que era mau" ante os olhos de Javé. Ofendeu em si mesmo o homem imagem de Deus: portanto, ofendeu Deus. Como em cada um de nós o humano e a vocação divina não são justapostos, tudo o que foi descrito já envolve nossa relação com Deus. Mais do que em qualquer outra relação humana, Deus, que é o amor, está presente no beijo de paz da reconciliação; e toda reconciliação

---

11. Pode-se facilmente transpor essa análise do duplo processo de reconciliação para o plano comunitário e coletivo. Se há um pecado social, há também, então, uma responsabilidade social e um dever de conversão com relação a esse pecado. Portanto, pode e deve haver um arrependimento social. Vimos diversos exemplos disso depois da Segunda Guerra Mundial.

fraternal autêntica pressagia a reconciliação com Deus. Por isso, se porventura houver, então, alguma testemunha, ela apenas poderá calar-se e adorar. Talvez tenhamos de descobrir que esse sacramento não é, acima de tudo, uma questão de rito, mas que ele envolve, para não se tornar uma "farsa", como dizia Jankélévitch, um empenho sério no domínio da reconciliação fraternal.

Entretanto, com o esboço da conduta da reconciliação, acaso não é a descrição dos diferentes atos do sacramento de penitência que acaba de ser exposta? Esse sacramento condiz intimamente com nossa condição humana. Passa pela relação e pela dupla conduta entre o pecador convertido e o ministro da Igreja. O que é solicitado ao penitente? Que se converta de seu pecado, é a *contrição*; que tenha coragem de confessá-lo, é a *confissão*; que o repare uma vez que está nele, é a *satisfação*[12].

O que faz a Igreja, por sua vez? Oferece constantemente o perdão, por meio de sua palavra e seus sacramentos. A Igreja ora pelos pecadores. Verifica a sinceridade da conversão. Conclui dando a *absolvição* ou a *reconciliação*. Em termos evangélicos, aos quais voltaremos, a Igreja, primeiro, "liga" para depois poder "desligar".

A revelação bíblica também está aí para confirmar o dado, para nós talvez o mais escandaloso do processo do perdão, pois expressa os próprios costumes de Deus na questão: ele dá sempre o primeiro passo. Tanto no Antigo como no Novo Testamento, é Deus que procura o pecador Adão já na Gênese, que se volta incessantemente para seu povo infiel em ruptura da aliança e que se recobra do ardor de sua cólera. É Deus que, em Jesus Cristo, vem realizar a reconciliação com o homem por meio de seu mistério de morte e de ressureição e afirmar constantemente o oferecimento de perdão na Igreja. O sacramento de reconciliação baseia-se, a princípio, na iniciativa de perdão manifestada e realizada por Cristo.

---

12. Nunca nos esqueçamos de que esse termo não significa a compensação exata do mal cometido, mas o desejo de "fazer o bastante (*satis-facere*)" para reparar.

> Um velho, encontrado na prisão de Fresnes, acreditava que não pudesse ser perdoado por Deus – "porque havia feito coisas demais", dizia-me. Um dia, ficou sabendo que a religiosa da enfermaria que cuidava dele era voluntária havia quinze anos para tratar dos detentos. À luz dessa devoção, ele descobriu que o perdão era possível para ele e, assim, pediu o batismo.

O plano do processo de reconciliação com seus dois lados, contudo, permaneceu abstrato na medida em que as variáveis culturais da história não foram levadas em conta. Não se viu a penitência e a reconciliação – o mesmo ocorre com relação ao luto – da mesma forma na Bíblia, na Antiguidade cristã, na Idade Média e nos tempos modernos. Os costumes mudaram: a natureza dos pecados submetidos ao sacramento evolui e a parte atribuída à interioridade e ao processo exterior muda constantemente. Em linhas gerais, a conversão interior gradualmente supera os atos públicos. São essas variáveis da história que explicam o fato de esse sacramento ter passado por grandes mudanças de cenário através dos séculos, sendo tarefa da Igreja, nunca concluída, buscar a melhor adequação entre a sensibilidade espiritual dos fiéis e as exigências fundamentais do sacramento.

II. A INSTITUIÇÃO DO SACRAMENTO DE RECONCILIAÇÃO

Jesus "instituiu" o sacramento de penitência e de reconciliação? Em nenhum lugar Jesus institui claramente o sacramento tal como o vivemos hoje. Mas uma característica de Jesus, fundamento dos sacramentos, nos evangelhos, é a de ser aquele que perdoa os pecados. Duas vezes ele diz solenemente "Os teus pecados estão perdoados", sob pena de escandalizar as testemunhas, pois só Deus pode perdoar os pecados. Trata-se do paralítico de Cafarnaum (Mt 9,2; Lc 5,20) e da pecadora na casa do fariseu Simão (Lc 7,47). Na parábola do filho pródigo, parábola de reconciliação por excelência, Jesus se justifica por comer na casa dos publicanos e dos pecadores (Lc 15,2), mostrando que o que ele está fazendo é o pai da parábola (ou seja, Deus) que está fazendo. Quanto à mulher adúltera, Jesus, depois de pedir que aquele que estiver sem pecado atire a primeira pedra, também não a condena (Jo 8,7-11). Estamos aqui no cerne do Evangelho; se Jesus perdoa os pecados, parece normal que ele dê a seus discípulos e à sua Igreja o poder de perdoá-los também.

Sobre esse ponto, temos dois grandes textos de referência: "Eu te darei as chaves do Reino dos céus. Tudo o que ligares na Terra será ligado nos Céus; e tudo o que desligares na Terra será desligado nos Céus" (Mt 16, 19, palavras ditas uma vez a Pedro e uma vez aos discípulos reunidos Mt 18,18); e "Recebei o Espírito Santo. Aqueles a quem perdoardes os pecados serão perdoados; aqueles a quem retiverdes serão retidos" (Jo 20,23). Os dois textos têm o mesmo alcance. As duas possibilidades, *ligar-desligar*, ou *perdoar-reter*, não são deixadas à livre escolha ou ao arbítrio do ministro da Igreja. O texto de Mateus se expressa numa linguagem da tradição judaica; o de João, na da tradição cristã. Eles fazem referência ao procedimento da Sinagoga judaica no caso de uma falta grave de um membro da comunidade – era expulso num primeiro momento, colocado em penitência para poder ser reintegrado; em outras palavras, *ligava-se* o pecado impondo a seu autor um tempo penitencial, para em seguida poder *desligar* o pecador.

Essas palavras, de fato, conferem aos apóstolos uma autoridade global e geral para perdoar os pecados e fundamentam o sacramento na pessoa de Jesus. Esse dado é essencial. Mas elas não anunciam em absoluto o aspecto que assumirá a disciplina cristã da penitência. Remetem-nos mais ao Cristo *fundamento* do sacramento, em seu mistério pascal e portador do perdão universal, do que ao Cristo propriamente *fundador*. Estamos, portanto, diante de uma instituição muito global: a Igreja recebeu de Cristo um poder ilimitado de perdoar os pecados, quer sejam cometidos antes ou depois do batismo. No entanto, se o batismo implica um rito determinado, não há nenhum rito indicado para a reconciliação. Se nos precipitarmos para procurar a comprovação de ritos precisos, deveremos esperar uma grande decepção.

Enfim, constatamos que nos primeiros tempos da Igreja esses dois textos são de início invocados para justificar o sacramento do batismo, o sacramento do perdão dos pecados por excelência. Só a partir do século III, e gradualmente, foram invocados para justificar a reconciliação dos cristãos que pecaram depois do batismo (Tertuliano). Pois, com o decorrer do tempo, a Igreja passa pela dolorosa experiência de seus membros, que deveriam dar o exemplo da santidade em meio a um mundo pecador, também viverem uma luta contra o pecado a qual passa por muitas vicissitudes. A perseguição acarreta a apostasia de alguns. Outros voltam tranquilamente aos hábitos da vida pagã. Os costumes são rudes: o crime e o adultério afetam as comunidades cristãs. A Igreja, portanto, deveria estabelecer gradualmente uma instituição penitencial. Essa evoluiu consideravelmente ao longo da história, ao mesmo tempo na organização da disciplina nessa questão e na elaboração da teologia desse sacramento.

III. Uma história movimentada e a capacidade de adaptação da Igreja

O sacramento da penitência sofreu mudanças tão consideráveis ao longo da história da Igreja que, por vezes, julgou-se difícil reconhecer nas diferentes formas assumidas a identidade de um mesmo sacramento remontando aos apóstolos e a Cristo. Por isso nosso fio condutor deve continuar sendo o esquema do processo de reconciliação, tal como foi descrito. Reproduzo essa história impressionante e ao mesmo tempo cheia de ensinamentos de acordo com quatro grandes etapas.

Primeira etapa: antes da institucionalização (século II)

A Igreja primitiva, dado o fervor das primeiras comunidades, viu-se desorientada diante dos primeiros casos de recaída. A Carta aos Hebreus manifesta uma posição particularmente rigorosa:

Na verdade, os que uma vez foram iluminados provaram o dom celeste, tiveram parte no Espírito Santo, conheceram por experiência a bela palavra de Deus e os poderes do mundo vindouro. Mas, se depois caíram, é impossível renová-los uma segunda vez, porque estão crucificando de novo o Filho de Deus e expondo-o publicamente às zombarias (Hb 6,4-6).

Tem-se a impressão de uma severidade absoluta: a recaída grave é sem esperança. Por isso os batizados são convidados a mudar o estilo de vida e a levar no seio da comunidade uma vida particularmente austera de luta contra o pecado e, portanto, de penitência, que é um exercício contínuo da vida batismal. O pecado consiste em voltar ao mundo, a sua idolatria e a seus costumes. Mas há pecados e pecados: os pecados devidos à fraqueza humana e os que contradizem a vocação cristã. Para os primeiros, vimos que a *Didaquê*, a *Doutrina do Senhor transmitida pelos doze apóstolos*, sempre ela, diz que no início da celebração eucarística havia um momento de confissão mútua dos pecados cometidos contra a caridade fraternal. Quando se trata de faltas graves, vê-se intervir uma reconciliação com o bispo. Mas é uma exceção muito rara. Em suma, naqueles primeiros tempos, não há instituição penitencial, mas os bispos administram as situações dos pecadores caso a caso.

O problema torna-se mais grave no decorrer do século II. Um texto intitulado *O Pastor*, escrito por um cristão chamado Hermas, faz uma descrição pouco lisonjeira da comunidade romana. Inúmeros cristãos encontram-se distribuídos pelo caminho que afasta da comunidade da Igreja e leva ao retorno à vida pagã mundana. Além dos apóstatas e dos hereges formais, há toda a gama daqueles cuja fé é hipócrita, dos hesitantes de coração falso, dos "não praticantes" que já não frequentam a comunidade e preferem voltar aos assuntos do mundo.

O que fazer, uma vez que não podem mais ser batizados? Hermas responde: já não há *remissão* imediata como no batismo; mas há a possibilidade de uma penitência que contém a promessa de uma remissão. Isso seria possível apenas uma vez. Hermas coloca seu princípio, mas não se encontra nele instituição penitencial propriamente dita. A situação pode ser resumida assim: de um lado, "bons cristãos" que vivem em luta constante contra o pecado e praticam a confissão mútua por ocasião da celebração dominical: é a única forma de "confissão" (pública!) praticada então; de outro lado, cristãos que abandonaram mais ou menos a Igreja e a fé e que podem ser admitidos a uma penitência julgada excepcional e única. Na época, a Igreja vivia na expectativa da proximidade do fim dos tempos. Ainda não era hora de criar instituições penitenciais.

> Para nós, não se trata de voltar às práticas antigas, mas de guardar o que elas possam nos ensinar, para melhor compreendermos a importância do sacramento. Observemos, a princípio, que, para justificar este último, a Igreja não se apoia nos textos escriturais evocados acima. Vamos observar em seguida o vínculo entre batismo e penitência: esta será chamada com frequência de "segundo batismo". A conduta penitencial corresponde, enfim, a duas situações fundamentalmente diferentes. De um lado, há o que chamaríamos hoje de pecados veniais: uma vida de acordo com o batismo requer que sejam combatidos de maneira constante; de outro, certos pecados tomam o significado grave de abandono da Igreja e de volta ao mundo. Para estes, considera-se um procedimento excepcional. Assim como o batismo nunca se repete, essa possibilidade de penitência também será única. Enfim, a conduta penitencial diz respeito à vida de toda a Igreja, tem uma forte conotação comunitária.

Segunda etapa: a instituição da penitência pública e única (séculos III-IV)

No século III, a Igreja é levada a criar uma instituição capaz de gerir os cristãos que caíram em faltas graves. Tal institucionalização se faz por iniciativa dos bispos e será gradual. Essa disciplina, extremamente rigorosa, inscreve-se perfeitamente no esquema da reconciliação descrito acima e aciona intensamente os aspectos exteriores da penitência.

— *Entrada em penitência*. De início, o cristão que leva uma vida em contradição flagrante com os costumes ou a doutrina do Evangelho é objeto de uma reprimenda, até mesmo de uma denúncia. Se ele não acatar, será banido da comunidade. Se acatar, entrará na ordem dos penitentes no decorrer de uma celebração litúrgica solene presidida pelo bispo. Ele recebe o hábito de penitente e é expulso da Igreja. Sua culpa é declarada publicamente (mas já é pública). Seu pecado, portanto, é "ligado". O cumprimento de sua penitência se fará sob condução dos padres.

Os pecados submetidos a essa penitência rigorosa não são os pecados "cotidianos" de fraqueza, que chamamos de pecados veniais, nem em princípio os pecados secretos. São pecados muito graves, que causam transtornos à comunidade e mancham sua imagem aos olhos dos pagãos. Também têm valor blasfematório aos olhos da santidade de Deus. Há três registros: *apostasia, crime* e *adultério*. Sob o termo "apostasia" devem-se classificar todos os pecados que giram em torno do culto de ídolos, da participação em festividades pagãs, da blasfêmia; crime refere-se à violência em geral, à revolta ou a um roubo notório; adultério abrange também fornicação, incesto etc.

2. *Cumprimento da penitência*. Consiste em jejuns e mortificações e implica a participação em liturgias penitenciais. A penitência pode durar vários anos. A comunidade ora pelos penitentes, que são submetidos a uma conduta que lembra o catecumenato. Por isso é chamada "penitência segunda". A convicção da Igreja é a seguinte: à medida que o penitente cumpre a penitência que lhe foi dada, seu pecado é perdoado por Deus. O penitente deve dar testemunho de sua conversão interior por meio do testemunho de uma satisfação exterior. Isso só pode ser feito por um *trabalho* que se cumpre no *tempo*. A Igreja, por sua vez, conduz essa penitência e lhe dá eficácia "sacramental": primeiro, "liga" o penitente; em seguida, ora por ele e com ele; finalmente, ela o "desliga". Por isso o penitente é reintegrado gradualmente à liturgia, primeiro, no fundo da Igreja, depois, assistindo a partes cada vez mais importantes da celebração.

3. *A reconciliação*. Chega, então, o dia da reconciliação, que inclui uma nova confissão ao bispo; primeiro, pública, depois, discreta e,

finalmente, secreta. O bispo impõe as mãos sobre o penitente e lhe devolve o acesso à eucaristia. No século IV assiste-se ao surgimento das tabelas correspondentes aos principais pecados (Basílio de Cesareia). No contexto dessa penitência pública, assiste-se também ao desenvolvimento da confissão secreta para o padre, que exerce um papel de "médico". Essa confissão abre para um acompanhamento espiritual pessoal. Mas na época a confissão secreta compreendendo a absolvição não existe. A reconciliação é reservada ao bispo.

Essa disciplina traduz uma imensa severidade para com o pecador. É marcada pelo duplo princípio da *publicidade* e da *unicidade*. Uma única penitência é possível, tal como há um único batismo. Tertuliano dirá: uma só vez, pois já é uma vez a mais. No início, determinados pecados já eram considerados *irremissíveis*, no sentido de que o penitente era condenado a uma penitência perpétua. Isso não queria dizer que a Igreja achasse que não podia perdoá-los, mas que achava que não deveria fazê-lo, para o bem da comunidade. Esse julgamento, além disso, podia evoluir. Por exemplo, os que fizeram sacrifícios aos ídolos ao longo de uma perseguição a Cartago em 250 foram primitivamente submetidos à penitência perpétua. Mas, diante da ameaça de uma segunda perseguição, Cipriano reconciliou-os, dizendo "Eles não serão capazes de resistir a essa nova provação se não receberem a força da eucaristia". O concílio de Niceia (em 325) prescrevera que os penitentes fossem sempre reconciliados no leito de morte.

Esse caso lembra intensamente as práticas do Antigo Testamento e do judaísmo contemporâneo. Tertuliano e Orígenes referem-se, então, aos textos da Escritura para fundamentar o perdão dos pecados na Igreja. O mais notável é a relação com o tempo: a conduta penitencial se cumpre *duradouramente*, porque o pecado que ela precisa destruir também foi uma conduta duradoura. Talvez seja um aspecto que hoje se tenha perdido de vista. Enfim, a penitência é vivida no âmago da Igreja: toda a comunidade se envolve pela oração e sabe-se afetivamente solidária com seus membros submetidos à penitência. Vê-se também emergir um desejo maior de confidencialidade, quando não de segredo. No decorrer dos séculos, a indulgência pelos pecadores terá primazia cada vez maior sobre a severidade com o pecado.

Terceira etapa: a passagem à penitência privada e reiterada (séculos VI-X)

A partir do século VI, esse sistema penitencial cai numa série de contradições que levarão gradualmente a seu desaparecimento. Os fiéis o abandonam porque o acham rigoroso demais. Reclamam a discrição e o segredo em vez de uma publicidade julgada odiosa e insuportável. Mas ao mesmo tempo protestam contra o fato de a penitência ser única; solicitam que possa ser reiterada. Por seu lado, os bispos encontram-se num impasse pastoral; devem lembrar a obrigação da penitência, mas hesitam em dá-la a pessoas jovens demais, "antes que a juventude passe". Depois, alguns concedem uma segunda penitência. O resultado mais comum é a possibilidade de boa parte da comunidade cristã viver num "vazio sacramental"; a penitência torna-se o sacramento dos moribundos.

Tudo isso é resultado de uma evolução da sociedade e de um senso mais aguçado de um pecado que requer reconciliação, embora não seja um pecado público. A solução vem da penitência monástica numa época em que a estrutura episcopal está em declínio e em que os monges se engajam cada vez mais na pastoral. Aliás, certos mosteiros, com abades que, às vezes, são bispos, gerem a pastoral de verdadeiras dioceses. O grande exemplo é de São Columbano e dos monges celtas, que vieram da Irlanda e se disseminaram pelo continente. Esses monges têm a prática da culpa, por um lado, mas também da confissão e da abertura espiritual. Nos mosteiros, confessavam-se os pecados para um pai espiritual que não era necessariamente um padre. Essa confissão era ao mesmo tempo secreta e reiterável; os monges a propõem aos fiéis.

> Com ela, eles trazem também uma nova lista de pecados, a dos sete pecados capitais: soberba, avareza, inveja, intemperança (ou gula), luxúria, ira e preguiça. Observemos duas coisas: primeiro, "capital" não quer dizer "particularmente grave", mas significa "título de capítulo" na lista de pecados. Há sete "capítulos" em que se distribui toda a gama dos pecados. Essa lista servia

> para o exame de consciência dos monges. Em seguida, já não se trata apenas de pecados exteriores, mas também de pecados de pensamentos, como a soberba e a inveja, e certos pecados se distribuem entre o interior ou o exterior. Essa lista comprova um aprimoramento da consciência.

A mudança de disciplina levara três séculos e se fez em duas etapas. Num primeiro momento, os monges confessam sem dar absolvição. Alguns, aliás, não são padres. Servindo-se de manuais penitenciais que dão as tabelas dos principais pecados, indicam uma penitência que seria sempre cumprida ao longo do tempo, mas poderia se fazer secretamente. Ao final do cumprimento dessa penitência, o penitente poderia voltar à comunhão, pois a liturgia da reconciliação continuaria reservada ao bispo para a conclusão da penitência pública.

> Diante do sucesso da penitência privada, os bispos se irritam. Tentam restabelecer, na época carolíngia, a penitência pública, mas ao mesmo tempo homologam o nascimento da penitência privada colocando o princípio "Para pecado público, penitência pública; para pecado secreto, penitência secreta". A penitência secreta acaba por obter ganho de causa, pois a evolução da sociedade faz com que o pecado também se torne cada vez mais secreto.

Numa segunda etapa (a partir de 950), aparece a menção a uma liturgia de reconciliação ou de absolvição dada imediatamente após a confissão. O padre passa a confessar como hoje. A seguir, isso traz muitas consequências. De início, os monges exercem a liturgia da entrada em penitência; no fim, exercem a da conclusão da penitência e da reconciliação final. *O duradouro dá lugar ao imediato.* Sem dúvida, uma penitência sempre é dada, mas torna-se cada vez mais leve. A dimensão da duração na penitência se apaga.

A mudança penitencial na Idade Média é um acontecimento decisivo não apenas na história do sacramento como também na evolução cultural do Ocidente. Uma nova configuração da consciência está em vias de substituir a antiga. A mudança do rol dos pecados é sinal manifesto disso. Sem dúvida, a iniciativa veio do encontro entre a demanda dos fiéis e a proposição dos monges missionários. Os bispos seguiram o movimento, num primeiro momento, reticentes. Entretanto, a Igreja reconheceu como disciplina legítima do perdão dos pecados um novo sistema que tornava o sacramento atraente e desejável. Ao mesmo tempo, os aspectos interiores do sacramento e o segredo prevaleceram na prática. A repetição da confissão instaura uma nova forma de duração na luta contra o pecado. Na mesma dinâmica, a prática do sacramento se estendera cada vez mais para o domínio dos "pecados cotidianos" ou veniais.

Quarta etapa: a evolução da prática da penitência privada a partir do século XII

Santo Tomás faz a teologia da nova disciplina em uma síntese muito equilibrada. Ele não esqueceu os ensinamentos da Igreja antiga segundo os quais o perdão da Igreja não pode suprir o processo de conversão pessoal; a Igreja só pode reconciliar alguém cuja penitência esteja madura. Mas, se for o caso, se o pecador tiver voltado a uma atitude de caridade perfeita para com Deus, ele também já terá entrado na graça de Deus. De que serve, então, a absolvição sacramental? Vale aqui o mesmo que para o batismo: a justificação do catecúmeno pode antecipar a celebração do sacramento, mas ela não pode acontecer sem o voto desse último. O pecador penitente e contrito também não pode ser justificado sem o voto de se confessar para um padre, assim que possível. O processo do arrependimento realiza-se já sob o efeito da graça do sacramento, assim que o desejo de se confessar amadurece. O fato de se submeter a esse processo rigoroso é sinal de conversão sincera. Conversão interior e encontro sacramental constituem uma unidade. Todos os atos do penitente – contrição, confissão e satisfação – são objeto da graça da absolvição eclesial dada pelo padre. Era dentro desse espírito que a Idade

Média entendia a confissão a um leigo, como Santo Inácio no cerco de Pamplona; quem não tem padre à disposição coloca todos os atos do sacramento de que é capaz e mostra por uma confissão penosa que tem o desejo do sacramento.

> Infelizmente no século XIV a teologia do franciscano Duns Scot rompe essa bela unidade. Duns Scot afirmava que há dois caminhos de penitência, um difícil e custoso, que passa pela conversão e pelo amor perfeito; outro, fácil, que passa pelo sacramento sob condição de que não lhe oponhamos obstáculo. Essa condição é importante: não posso receber o perdão se pretendo continuar no meu pecado. Esse caminho também é o mais seguro; por isso a Igreja o recomenda e até induz a ele uma vez por ano. Mas na prática essa disjunção é muito ambígua.
>
> O Concílio de Trento retoma, quanto ao essencial, a doutrina de Santo Tomás, porém mostra uma evolução radical na prática. Para ele, o normal e normativo já não é, como em Santo Tomás, o caso em que o penitente já chega justificado ao sacramento; esse caso só ocorre de tempos em tempos, portanto, raramente. O caso mais comum é o do penitente que chega com uma contrição muito insuficiente, mais motivada pelo medo ainda egoísta das penas devidas ao pecado do que pelo amor a Deus. Essa forma de contrição é chamada de *atrição*. É no âmbito da confissão que essa atrição se transforma em contrição. Como entendê-lo? Há uma boa maneira: no âmbito da confissão sacramental, minha conversão vai amadurecer e tornar-se uma verdadeira contrição. Há também uma forma ruim, mínima: diremos que *atrição* mais *confissão* é igual a *contrição*, sem que se alterem as disposições do penitente. Isso pode levar à degradação do sacramento e à "graça barata".
>
> Assim se explicam os grandes debates entre os *contricionistas* e os *atricionistas* nos séculos XVII e XVIII, e somos levados às *Provinciais* de Pascal e a sua polêmica contra os jesuítas. É ainda o mesmo debate entre *rigorismo* e *indulgência*. Os jansenistas eram pelo rigor, e os jesuítas, pela indulgência. No plano doutrinal, os contricionistas

tinham uma teologia melhor, mas, no plano pastoral, os atricionistas é que tinham razão. Os contricionistas eram muito exigentes em matéria de conversão e recusavam a absolvição aos "habitudinários", ou seja, os que tinham adquirido o hábito de cometer um pecado a ponto de não conseguirem renunciar a ele. Os atricionistas julgavam que a luta contra o pecado era auxiliada pela confissão reiterada dos mesmos pecados. Santo Afonso de Ligório, o grande moralista do século XVIII, passou do campo dos rigoristas ao dos indulgentes sob a pressão da prática do confessionário. Observemos também nesses debates o perigo de um excesso psicológico enredando esses sentimentos de contrição, por oposição a uma atitude de caridade espiritual que acaba sempre escapando a nossas consciências. A indulgência pastoral dará ênfase, então, ao ato da confissão regularmente reiterada como sinal de uma vida cristã fervorosa e de luta contra o pecado.

A partir do século XIX, vivemos sob a égide da confissão frequente à qual a Igreja apela, até mesmo para os pecados veniais. Podemos distinguir aqui a confissão de reabilitação e a confissão de devoção, que têm significados muito diferentes. Mas a prática do sacramento conheceu uma certa esclerose resultante de sua própria repetição e facilidade: uma confissão muitas vezes superficial e repetitiva, com base numa lista de pecados formal e legalista, uma exortação polivalente do padre, uma absolvição imediata, uma penitência irrisória. O sacramento, então, cai na insignificância, ao passo que muitos penitentes precisariam viver um autêntico processo de reconciliação. O papel do sacramento parece completamente distante do que normalmente deveria significar. Já não tem nada a ver com as necessárias reconciliações familiares, conjugais e profissionais. Não basta invocar, a esse respeito, a perda do senso do pecado em nossos dias. A Igreja não acompanhou as evoluções da consciência contemporânea e de seus requisitos. Algumas instruções chegaram a ser interpretadas como ingerência indevida do padre na intimidade das consciências. Enfim, não podemos nos esquecer de inevitáveis inépcias.

IV. Conclusões prospectivas

A reconciliação não é nem uma questão secundária nem um acessório da vida cristã. Da parte do homem, ela é objeto de um devir constante, incessantemente reconsiderada, tanto é verdade que uma vida de comunhão no amor não é algo óbvio. Da parte de Cristo, é um nome da própria salvação. O mistério de sua morte e de sua ressurreição só tem um objetivo: fazer as pazes entre Deus e os homens. Como Filho de Deus, ele realiza em nosso favor toda a iniciativa do ofendido que não se limita a dar o primeiro passo ao encontro de seu ofensor, mas dá todos os passos necessários para chegar até ele. Até faz mais, uma vez que realiza, como primeiro da cordata, todos os passos necessários ao retorno do homem para Deus; não é que ele nos dispense de fazê-lo, mas nos dá a possibilidade de nos "convertermos" com toda a liberdade para reencontrarmos a amizade divina.

O sacramento de reconciliação é uma das formas da presença dessa salvação colocada à disposição dos fiéis na Igreja. Vimos que, apesar de muitas mudanças de cenário na disciplina penitencial ao longo das épocas, trata-se sempre da mesma oferta e do mesmo dom. Mas, assim como os séculos passados souberam adaptar incessantemente as configurações do sacramento para responder à demanda dos fiéis, também a Igreja de hoje deve tornar esse sacramento novamente *atraente* e *desejável*. Vimos a grande liberdade que lhe permite renovar a configuração do sacramento e, se necessário, possibilitar-lhe diversas formas que sejam complementares.

Na verdade, as coisas foram seriamente encaminhadas na dinâmica do Concílio Vaticano II, embora se deva reconhecer que o desinteresse por esse sacramento não tenha sido sustado de fato. Dois aspectos foram revalorizados: a dimensão comunitária e a dimensão pessoal do sacramento. Nos dois casos, o processo penitencial reencontra seu enraizamento antropológico e o vínculo entre a reconciliação com Deus e a reconciliação fraternal.

As celebrações comunitárias do sacramento de reconciliação são excelentes para aprofundar o senso de pecado e tomar consciência de sua dimensão fraternal e social. Um exame de consciência feito à luz de um texto do Evangelho é frequentemente preferível ao exame que se faz por meio de uma lista de pecados. Essas celebrações são o eco das celebrações da Igreja antiga, orando pelo perdão dos pecados de toda a comunidade no momento em que ela apresentava seus penitentes à misericórdia de Deus. O que fora perdido na passagem para a disciplina secreta é reencontrado no pleno respeito à consciência de cada um. A configuração do sacramento sai de um individualismo exagerado e reencontra sua dimensão eclesial. Essas celebrações lhe associam a dimensão pessoal dando a possibilidade da confissão e da absolvição individuais: é a segunda forma do sacramento segundo o ritual de Paulo VI (1973). O limite dessas celebrações vem do fato de que o tempo consagrado à confissão e à monição é reduzido ao mínimo. O ideal seria poder viver esse sacramento em duas etapas, por exemplo, no decorrer da quaresma: uma primeira vez de forma comunitária numa celebração que abre o processo de reconciliação; uma segunda vez no diálogo secreto com o padre.

A liturgia pessoal desse sacramento foi revitalizada, por iniciativa de Paulo VI, dando em especial a possibilidade de fazê-lo partir de uma página da Escritura. A reconciliação de um único penitente é a primeira forma e sempre a mais comum desse sacramento. A passagem bastante generalizada do pavoroso confessionário ao pequeno escritório em que confessor e penitente (este escolhendo entre se sentar ou se ajoelhar) podem criar uma relação pessoal num diálogo autêntico constitui uma excelente reformulação[13]. Esse contexto possibilita que o penitente apresente verdadeiramente o que pesa em sua vida e que o padre faça uma exortação espiritual adequada e criativa. O diálogo do sacramento, que muitas vezes se reduzia à menção formal de uma lista de pecados e a uma rápida absolvição, retoma sua

---

13. Algumas pessoas continuam preferindo o confessionário, que lhes parece preservar mais o anonimato. Dizem que em tempos recentes certos penitentes escolhiam determinado padre porque ele era cego! É claro que essas exigências devem ser respeitadas. Mas não podem ser consideradas em si mesmas como um bem. Tenho experiência de certos confessionários em que eu não conseguia distinguir nem a idade nem o sexo do ou da penitente. Nessas condições, não é possível ter um diálogo digno desse nome.

total consistência. Temos um sacramento cujo desenrolar essencial passa por um diálogo que nada tem de pré-escrito. A possibilidade para cada fiel de ser ouvido de verdade em pleno respeito à sua consciência e de ser ajudado naquilo que é necessário é um bem para a Igreja. Pertence a seu patrimônio. Desenvolveu-se, aliás, sob a forma de muitos "acompanhamentos" não sacramentais, que ajudam uma consciência a encontrar sua liberdade diante de Deus e a empenhar sua vida. Em nossa sociedade de solidão, não deve ser negligenciado em proveito de outros ministérios.

Um diálogo como esse também exige muito do padre, que deve ter qualidades teológicas e espirituais à altura e ter recebido a formação necessária. É evidente que o futuro da renovação do sacramento de penitência dependerá muito dos padres, da qualidade de sua aceitação, de sua competência respeitosa e de seu senso espiritual. São oferecidos em algumas peregrinações (Lourdes, la Salette etc.) e em asilos de algumas grandes cidades, com horários indicados com antecedência, onde padres dispõem de tempo e podem verdadeiramente ouvir os penitentes. Devemos nos afastar o mais possível do sacramento "em série" ou da agitação das festas de vigília e reencontrar o momento de graça e disponibilidade em que nada é mais importante do que o encontro.

Eis o texto da nova fórmula de absolvição:

Deus, Pai cheio de ternura, reconciliou o mundo com ele pela morte e pela ressurreição de seu Filho
e enviou o Espírito Santo
Para a remissão dos pecados,
Que ele vos conceda pelo ministério da Igreja o perdão e a paz.
E eu, em nome do Pai e do Filho e do Espírito Santo,
Perdoo todos os vossos pecados.

Apêndice: dois casos particulares, consecutivos à penúria de padres.

— O ritual da penitência de Paulo VI prevê uma terceira forma do sacramento que, em caso de necessidade, dará uma absolvição *coletiva*. A necessidade vem da presença de grande número de fiéis que, por ocasião de uma grande festa ou num lugar de peregrinação, não podem ser ouvidos em confissão individualmente. Roma julgou em seguida que os padres se autorizavam com demasiada facilidade a essa possibilidade. Por ocasião do sínodo dos bispos sobre a penitência em 1983, as condições tornaram-se mais severas, e só os bispos podem julgar se as condições são efetivamente preenchidas. De todo modo, um penitente que se sentisse culpado de um pecado verdadeiramente grave deveria confessá-lo assim que possível.

— Outro caso apresenta-se hoje nas clínicas e nos hospitais. Nesses locais, os padres são cada vez mais raros, e os leigos participam amplamente da atividade dos capelães. Visitam os doentes, conversam com eles, dão-lhes comunhão. Assim, cria-se uma relação que, às vezes, resulta em verdadeiras confissões. Mas o leigo, evidentemente, não dá absolvição. Como interpretar essa situação do ponto de vista do sacramento? Na maioria dos casos, chamar um padre é impossível. Pode-se falar aqui de uma celebração enferma, ou seja, uma celebração incompleta do sacramento que nos remete às confissões a leigos durante a Idade Média e à confissão aos monges que ainda não davam absolvição. O penitente cumpriu os processos que lhe cabiam, particularmente a contrição e a confissão. Não é culpa sua se a Igreja não pode lhe oferecer a absolvição de um padre. Mas ela lhe envia um ministro leigo em quem confia e que coloca na situação de receber esse tipo de confissões. Essas pessoas podem viver a graça da reconciliação por meio dessa confissão, e o leigo pode lhes dizer isso. Pode-se também dar a comunhão a pessoas que se confessaram dessa forma.

CAPÍTULO VIII

A unção dos enfermos, ternura de Deus para com a humanidade sofredora

A unção dos enfermos é um pouco o parente pobre dos sacramentos. Fala-se pouco nele, sem dúvida, porque nos remete a uma situação difícil na qual não gostamos de nos deter. A Igreja não o impõe como um sacramento necessário à salvação. Com frequência, é deixado de lado, e poderíamos concluir que está prestes a se extinguir. Ora, caso único entre todos os sacramentos, a demanda supera a oferta: nos hospitais, muitos pacientes gostariam de recebê-lo, mas não podem, por causa da ausência de padres.

Esse sacramento responde e corresponde a um aspecto essencial da condição humana: a situação de doença e a ameaça de morte. Nenhum de nós pode escapar disso. Seria surpreendente que a Boa-Nova que se chama Evangelho nos oferecesse mais do que apenas palavras a respeito dessa situação. Ela coloca à nossa disposição um sacramento misteriosamente prescrito à cura. Esse termo deve ser bem entendido, pois trata-se da cura definitiva da totalidade de nosso ser considerado em sua dupla condição de corpo e espírito, ou seja, da nossa salvação. A unção dos enfermos é um sacramento do Espírito Santo cuja ação é simbolizada por uma unção medicinal com óleo.

Muitas questões se colocam a seu respeito. Ela nos remete, em primeiro lugar, à condição que submete o homem à doença e à morte (1). Pode-se dizer que seja instituída por Cristo (2)? Ele conheceu diversas formas ao longo da história (3). Enfim, qual é seu sentido e como vivê-lo (4)?

I. A CONDIÇÃO HUMANA DA DOENÇA E DA MORTE

O ser humano é naturalmente sujeito à doença. Como todos os seres vivos, ele deve morrer, mas é o único de todos esses seres que o sabe. Essa dupla condição da doença e da morte marca toda a sua vida. A preocupação inquieta com sua saúde o assedia continuamente e o faz gastar cada vez mais dinheiro. Quanto à morte, embora tente hoje tirá-la o mais possível do pensamento, volta sempre a ela. Sem dúvida, nem toda doença leva à morte, mas toda doença um pouco séria conota o risco de morte. A súbita fragilização de nosso estado físico e a alteração de nossas condições de vida provocam em nós uma incerteza quanto ao futuro em que a ideia de morte está presente como algo não dito. Algumas reflexões sobre a evolução da percepção da doença e da morte em nossas sociedades não são inúteis para situar de fato a importância desse sacramento. Embora as variáveis sejam impressionantes, algumas constantes persistem.

1. A doença na sociedade tradicional

Se considerarmos o mundo ocidental antes do avanço da medicina científica, veremos que a doença só dava ensejo a uma definição completamente subjetiva. Só a partir do mal-estar, da perda de forças ou da dor sentida pela pessoa podia-se falar em doença. Os diferentes sintomas permitiam uma classificação muito aproximada das diversas afecções. A impossibilidade de uma pesquisa séria impedia que se concebesse a ideia de uma doença latente ou que pudesse implicar períodos de latência. A doença só é reconhecida como tal quando se impõe a partir de seus sintomas. Seu desaparecimento, portanto, é interpretado como cura. Não se tem ideia de que seja possível tratar-se de uma remissão ou de uma trégua. A tuberculose, por exemplo, é interpretada como uma série de incidentes descontínuos que podem terminar com uma "tísica galopante". A gravidade da doença é, então, avaliada conforme o estado em que deixa o doente e a forma como este reage à provação, eminentemente misteriosa, cujo resultado não pode ser previsto e ao longo da qual ele corre o risco de "ver a morte de perto". Foi preciso esperar o final do século XVII para que "a medicina deixe o palavreado para enraizar-se na anatomia patológica" (H. Péquignot)[1].

> Quase até o final do século XIX, a situação social da doença era marcada pelo fato de os doentes serem jovens, porque a esperança comum de vida era breve (cerca de vinte e cinco anos). A mortalidade infantil era importante, periodicamente, a fome, a desnutrição, as doenças contagiosas provocavam devastações. A doença era geralmente aguda e breve: as pessoas morriam em alguns dias ou em algumas semanas, ou então se curavam também rapidamente. Por isso, o doente raramente era hospitalizado, e também porque faltavam tratamentos especializados. O doente, portanto, era tratado em casa, em seu meio familiar e social. Ainda não havia "mundo dos doentes".

Numa sociedade tradicional, busca-se mais o *sentido* de uma doença do que sua causa, e geralmente esses dois planos são confundidos. Não se faz uma diferença clara entre o domínio médico propriamente dito, que envolve a anatomia e a fisiologia, e a responsabilidade global pelo doente ou a possibilidade da ação de forças sobrenaturais. Também não se distingue doença natural de possessão demoníaca, como se observa claramente nos evangelhos.

2. A questão do sentido da vida

A resposta dada à questão do sentido da doença no mais das vezes não era boa, porque era demasiado imediata. No entanto a preocupação conferida ao sentido que podem ter a doença e, mais ainda, a

---

1. Inspiro-me aqui num artigo sugestivo de H. PÉQUIGNOT, "Les malades d'hier et d'aujourd'hui", *Lumière et vie,* n. 86, 1968, 3-24.

morte é tipicamente humana, e veremos que ela ressurge hoje num contexto completamente diferente. As interpretações religiosas traduzem a mesma busca. Mesmo quando equivocadas, expressam a preocupação congenitamente humana de discernir o sentido de toda a experiência vivida. Pois a doença é uma experiência de todos os homens e questiona a totalidade de uma existência e de um destino. *Seu sentido está por ser encontrado; em certa medida, está por fazer e será em grande parte o que lhe será dado por nossa liberdade. Remete-nos de fato, mais ou menos, ao sentido de nossa vida.* Nosso mundo moderno só resulta aparentemente dessa preocupação: é sempre confrontado com a questão do sentido.

Essas frases podem parecer provocadoras e requerem alguma explicação. Invocar o termo "liberdade" no contexto da doença e, mais ainda, da chegada da morte, situações em que as deficiências da vida física e da vida mental limitam seu exercício por todo lado, é decerto surpreendente. Não estaremos diante de uma situação antinômica de toda liberdade? O sofrimento moral e físico impõe-se e não dá espaço para nenhuma escolha. Caso se apresente o momento da morte próxima, ele contradiz absolutamente nosso desejo fundamental de viver a qualquer custo. Exceto para os suicidas, ele está em absoluta oposição à liberdade.

A liberdade aqui evocada não é, evidentemente, o simples livre-arbítrio que o doente só pode exercer para as coisas muito pequenas, sendo que o essencial de seu caso é assumido pela família e pelos médicos. Trata-se da orientação fundamental do âmago da pessoa, da sua disposição profunda, da sua relação com a totalidade de sua vida, com os outros e com os valores de que ela quis dar testemunho. Esse polo mais profundo de nossa personalidade está no limite de nosso consciente e nosso inconsciente, mas também vive em sua transcendência enquanto subsiste a atividade cerebral, e alguns testemunhos mostram que ele ainda está presente quando o doente já não se comunica por nenhum sinal exterior. Tem-se razão, hoje, em ajudar esse polo propriamente espiritual a subsistir pelo maior tempo possível, particularmente por meio de cuidados paliativos. É nesse nível que se situa a capacidade derradeira que permanece para todos de "viver sua morte", ou seja, de situar-se com relação à sua vida. Por mais paradoxal que possa parecer a afirmação, o fim de nossa vida é o momento em que somos solicitados a reuni-la num feixe e lhe dar um sentido. Para além de qualquer introspecção psicológica, esse é o derradeiro ato de nossa liberdade.

3. A doença na sociedade científica e médica moderna

É difícil datar exatamente a passagem da situação dita tradicional para a nova situação criada pelos progressos da medicina. Há sempre um atraso na difusão por todos os níveis da população das possibilidades oferecidas pelas descobertas científicas e, mais ainda, em sua repercussão nas mentalidades. A virada realizou-se gradualmente em nossas sociedades ocidentais no início do século XX, mas um salto considerável foi dado a partir de 1940, tanto pela descoberta de novas terapias (sulfamidas, antibióticos) e pelo desenvolvimento de possibilidades cirúrgicas quanto pela difusão generalizada dos cuidados em hospitais e clínicas cada vez mais numerosos, mais importantes e mais especializados. A tomada de consciência de uma situação absolutamente nova do doente na sociedade é, portanto, muito recente. A criação em 1945 da seguridade social é um significativo corolário desse fato.

Os sucessos espetaculares da medicina têm, de fato, um resultado muito preciso sobre a configuração da doença. Os doentes são, hoje, em sua grande maioria, pessoas idosas e no, mais das vezes, afetadas por uma doença crônica ou de evolução lenta. A medicina, na verdade, mantém o doente, ao qual ela não pode devolver uma saúde completa. Ela fornece, por assim dizer, sua própria clientela e multiplica o número de doentes na sociedade. O paradoxo é apenas aparente – quanto mais progridem as técnicas médicas, mais há doentes. A medicina estabiliza certas afecções ou insuficiências em sujeitos que já não são doentes no sentido tradicional da palavra, no sentido de que sua vida não corre perigo imediato, mas eles permanecem mais ou menos deficientes, submetidos a controles constantes, sendo que alguns se mantêm afastados da vida dita "normal". Enfim, a medicina rastreia doentes que se ignoram como tais e, assim, introduz no universo da doença indivíduos até então considerados em boa saúde. Assiste-se, hoje, ao surgimento da medicina "preventiva", capaz de avaliar os riscos ligados a cada pessoa, tendo em vista preveni-los. Enfim, a medicina prolonga consideravelmente a vida; antigamente, os indivíduos de setenta a noventa anos eram velhinhos. Hoje, muitos deles ainda são autônomos, ativos e empreendedores. Os centenários são cada vez mais frequentes. De certo modo, cria-se uma sociedade de pessoas de idade muito avançada.

> Esse estado de coisas é prenhe de consequências econômicas, sociais e culturais. O orçamento de uma nação destinado à saúde cresce de maneira exponencial; na França, esse crescimento já ultrapassa o do orçamento nacional. O problema do financiamento de encargos sociais volta a se colocar quase todos os anos, sem que se encontre solução duradoura. No plano social, a doença gerou "um mundo dos doentes", que vive duradouramente segregado nos grandes hospitais, os quais constituem cidades autônomas dentro da cidade, com suas leis e seus costumes, cada vez mais ignorado pelo mundo dos saudáveis. A doença torna-se para o próprio doente um estado prolongado, às vezes, definitivo. Chega-se, assim, a falar de um "estado de vida" de doente, embora a expressão seja um tanto ultrajante. No entanto a doença também ocupa um espaço cada vez maior nas preocupações correntes, faz-se presente com mais insistência na consciência do indivíduo saudável.

A estabilização ou o controle parcial da doença contribuem para desconectar, pelo menos em parte, a relação entre doença e morte. Estar doente já não significa correr um risco ameaçador de morrer. Mas isso não quer dizer que a situação de doença tenha deixado de ser vivida com angústia. Observa-se um deslocamento ou uma atualização da angústia da morte para a angústia da doença (J.-P. Valabréga). Do mesmo modo, o temor religioso do purgatório deslocou-se para o temor do período final da existência, o período em que nossa pessoa corre o perigo de ser atingida pela dependência e pela diminuição humilhante de suas faculdades (D. Hervieu-Léger). "A saúde ocupa rigorosamente o exato lugar que antes era ocupado pela salvação, e a confiança médica preenche em grande parte o vazio deixado pelo desinteresse pelas grandes religiões instituídas nas quais já não acreditamos[2]." A tradição antiga integrava a ideia de saúde à de salvação, como se vê nos evangelhos. Por uma espécie de inversão, a ideia de salvação reduz-se hoje à de saúde.

4. O remédio e a cura: médicos e medicinas

Diante da doença, a reação imediata é buscar a cura; é a vocação dos médicos e o papel dos tratamentos cada vez mais eficazes e mais sofisticados. A considerável evolução da técnica repercute inevitavelmente na relação do doente com o médico. Entre pessoas razoáveis, o diálogo alimentado por conselhos estimulantes e concluído por uma receita sem surpresas sempre existe, mas só é suficiente em casos benignos. Quando as coisas se tornam graves, o médico geral – em cujo diagnóstico, muitas vezes, se baseia o futuro do doente – encaminha o paciente para o especialista, até mesmo imediatamente para o hospital, hoje chamado, de preferência, "centro hospitalar". Então, o paciente vive uma submissão absoluta, inquietante e em grande medida anônima a uma série interminável de exames, cuja razão de ser e cujos resultados lhe escapam, na maioria das vezes. Outros saberão mais do que ele sobre seu próprio caso e ele nunca terá certeza de que estão lhe dizendo (toda) a verdade. Em seguida, começa a fase dos tratamentos mais ou menos pesados. Privado, pela hospitalização, de sua liberdade habitual, alienado tanto no plano financeiro como no plano técnico, o doente já não se sente tratado como homem responsável que pode tomar decisões. As decisões são tomadas, com frequência,

---

2. LAPLANTINE, FRANÇOIS. *De l'anthropologie médicale à la théologie de la guérison*, Paris, Payot, 1986, 375.

no decorrer de diálogos furtivos entre o médico e a família. O paciente sempre corre o risco de se tornar um terceiro em seu próprio caso. Por um período mais ou menos longo, às vezes, definitivamente, é arrancado de sua rede de relações humanas, da família e do trabalho.

> Esses tratamentos, frutos de um progresso constante e prodigioso, consideram o corpo humano cada vez mais como um objeto científico ao qual se aplicam modelos teóricos muito elaborados que estudam as causas da doença (modelos etiológicos) e as causas da cura (modelos terapêuticos). Conforme se considere que a doença tem uma causa interna ou é provocada por um agente exterior, a terapia exercida pode ser diferente. O importante livro de François Laplantine analisou esses diferentes modelos.

No entanto, fatos são fatos, e a pesquisa médica chega hoje a um paradoxo: os progressos da medicina devem-se incontestavelmente à separação rigorosa entre medicina científica e concepção religiosa. A interferência ou a mistura dos dois pontos de vista foi, durante muito tempo, a causa de uma estagnação da observação médica. O progresso provém da firme ruptura do vínculo tradicional entre a doença, o mal e o sagrado. Contudo, as pesquisas mais recentes mostram que as coisas já não são tão simples. Tanto a medicina propriamente dita como a "psicologia profunda" trazem à luz as interações do psíquico com o físico e o papel obscuro e oculto da atitude profunda de liberdade na forma como cada um assume e vive sua doença. A cada indivíduo doente corresponde um comportamento diferente. A reconsideração experimental da unidade psicossomática do ser humano encara por um novo ângulo a questão do sentido da doença, uma vez que, em certa medida, a doença é um comportamento do homem. Não é uma coisa pura, é uma ocorrência da qual ele participa não só porque pode ser consequência de seu comportamento anterior (pensemos no câncer do fumante), porém, mais ainda, porque diante dela o indivíduo sempre toma uma determinada posição: se recusa a enfrentar as coisas, sente revolta ou guarda ressentimento (por que eu?), ou tem uma aceitação tranquila e corajosa, enfrenta uma luta fundamental para se curar, ou tem uma atitude de derrota antecipada etc. Houve um médico alemão que não hesitava em dizer que "a doença tem um sentido; ela nos formula uma exigência, exerce uma função na vida humana, é um fato humano no pleno sentido do termo" (A. Jores).

> Daí essa tensão nova entre duas atitudes aparentemente contraditórias. Por um lado, a organização atual da sociedade diante do problema da saúde, espelho da mentalidade reinante, ainda tende em grande medida a deixar de lado toda questão desse tipo. A doença é um mal objetivo, que, como tal, não tem sentido existencial. Por outro lado, o doente continua sendo um ser humano único – sabe que só tem uma vida para viver e não lhe basta conhecer as causas técnicas de sua doença; ele sempre se pergunta por suas "razões últimas". Não se interessa apenas pelo *como* de sua doença, mas sobretudo pelo seu *porquê*. Essa demanda, tão velha quanto a humanidade, volta à tona hoje para além da multiplicidade infinita das necessidades terapêuticas e da eclosão das técnicas que as assumiam. O homem doente precisa poder integrar sua doença no universo de sentido constituído por suas relações familiares e sociais e suas convicções religiosas. Nesse plano, a separação demasiado simples entre corpo e alma já não funciona. A abstração técnica decepciona, e a sequência de separações torna-se insuportável.
>
> Isso explica a manutenção e, às vezes, o retorno a práticas de "medicina popular", como a que é descrita por François Laplantine a propósito da peregrinação das pessoas do Mont Pilat para o lugar de culto de Saint-Sabin:
>
> "Quanto à medicina científica, ela se constitui como ciência objetiva, como vimos, por libertação e autonomização do biomédico, por emancipação cada vez mais com relação ao social, e particularmente pelo aspecto do social que é o religioso. Do ponto de vista da religião pós-conciliar e da medicina contemporânea, reunindo Saint-Sabin o curador e Saint-Sabin o protetor num mesmo fervor, a memória das pessoas de Pilat mistura o que deve ser separado. No entanto,

desse modo, a primeira mantém uma dupla ilusão: a ilusão da extraterritorialidade do próprio discurso religioso, a ilusão de que seja possível anunciar a salvação sem incluir a saúde. Quanto à segunda, se ela progride (o que é inegável) por uma despersonalização dos agentes patogênicos mágico-religiosos (divindades, gênios, feiticeiros), é à custa de uma descontextualização cultural da doença e de uma ocultação do vínculo do doente com a sociedade[3]."

Em outras palavras, essa medicina popular lembra à medicina científica que a relação com o social, decerto, seria necessário dizer com o *humano*, é uma dimensão constitutiva da doença. Ora, a integração religiosa está ligada à integração com o humano, do qual ela é a forma de expressão totalizante. O texto de Laplantine vai ao encontro de uma afirmação profundamente cristã quando lembra o vínculo entre *salvação* e *saúde*. Compreende-se, portanto – sem por isso justificá-lo – o sucesso de determinadas medicinas populares que tentam fornecer uma "resposta integral" para insatisfações que não são apenas somáticas, mas também psicológicas, sociais e, enfim, espirituais. Aliás, não há razão para considerar conflitantes essas práticas diferentes, sob a condição, no entanto, de não negligenciar a medicina científica em favor de remédios primitivos, o que seria um retorno à mistura em detrimento da complementaridade. Todavia, tudo indica que, ao lado do campo da medicina científica, um espaço, ao mesmo tempo velho e novo, continua à parte para uma ação situada em outro plano, que já não concerne ao caso médico em questão, mas ao tratamento do homem enquanto homem. Trata-se de uma terapia que emprega remédios, mas esses remédios originais intervêm no contexto de uma simbologia que visa à saúde total, ou seja, também à salvação de todos os homens.

É nesse âmbito que se deve compreender a unção dos enfermos oferecida pela Igreja. Essa unção com óleo denomina-se, também,

---

3. LAPLANTINE, FRANÇOIS. *De l'anthropologie médicale à la théologie de la guérison*, 359.

remédio. Esse remédio não entra em competição com a farmacopeia moderna, mas adota simbolicamente – no sentido próprio do termo "símbolo"[4] – o vocabulário do remédio. Já encontramos diversos simbolismos do uso de óleos na história da humanidade. O óleo era – e continua sendo, aliás, em certos casos, como o óleo de cânfora, no tratamento de queimaduras, ou o óleo de fígado de bacalhau – um *remédio* comumente utilizado para curar ferimentos. O bom samaritano cuida com vinho e óleo do ferido deixado semimorto no caminho de Jericó (Lc, 10,34). Quanto ao vinho, é o álcool que limpa e desinfeta; quanto ao óleo, é um corpo gorduroso que suaviza a dor e ajuda a cicatrização. Por ritualização simbólica, o uso "farmacêutico" do óleo se torna a unção propriamente dita. Essa unção é atestada na Bíblia para a purificação do leproso curado (Lv 14,10-32). No entanto não se espera desse remédio um efeito fisiológico preciso. Ele oferece uma terapia a todos os homens, visa a sua cura definitiva, ou seja, sua salvação.

5. A morte invertida: da sociedade tradicional à sociedade moderna

Passemos à morte, que, apesar dos progressos atuais, é sempre conotada em cada doença um pouco séria. Observando a realidade, mais uma vez constatamos uma mudança de atitude considerável. Philippe Ariès, bom conhecedor da história dos costumes, expressou bem o que se passou nesse âmbito da "morte invertida"[5]. O homem da sociedade tradicional, de fato, sabia que ia morrer; era uma coisa normal. Ou ele mesmo percebia seu estado, ou seu entorno, sua família ou seu médico julgavam que era seu dever avisá-lo. Foi só a partir do final do século XVIII e do século XIX que esse anúncio se tornou mais difícil. A morte raramente era repentina, e a morte repentina era temida como uma desgraça muito particular. Por um lado, corria o risco de surpreender o homem em pecado e, por outro lado, o moribundo

---

4. Ver páginas 30-34.
5. ARIÈS, PH. "La morte inversée. Le changement des attitudes devant la mort dans les sociétés occidentales", in: *La Maison-Dieu*, n. 101, 1970, 57-89.

era de certo modo "privado de sua morte", coisa que se tentava evitar a todo custo. A expressão corrente era "Fulano, sentindo a proximidade da morte, pôs seus negócios em ordem". Era claro que todo homem deveria viver sua morte. Na França, a morte acontecia de maneira muito solene e diante do grande público dos pais, filhos, amigos, vizinhos, confrades. De certo modo, o moribundo presidia à sua própria morte. Despedia-se de todos os seus, amigos, empregados também, pronunciava palavras que valiam como testamento e ditava suas últimas vontades. Depois, falava com o padre, a fim de colocar tudo em ordem diante de Deus. A cerimônia ritual da morte era ajustada a toda a simbolização de que a morte era objeto na linguagem dos vivos e nas representações da cultura.

Constatamos hoje que toda essa ética da morte desapareceu quase completamente, e isso no intervalo de algumas gerações. A norma moderna opõe-se quase ponto por ponto à norma tradicional. A princípio, um doente que o médico julga perdido ou em grave perigo não deve ter consciência de seu estado. Tudo é feito para esconder dele que seu fim está próximo. Esse é o dever que a família se impõe e em cujo cumprimento ela investe toda a sua dedicação.

> Dois exemplos literários da segunda metade do século XX ilustram isso perfeitamente. Anne Philippe[6] reproduz num livro a última doença do ator Gérard Philippe num longo canto de amor, que se aproxima por sua grandeza de alguns matizes da tragédia grega. Simone de Beauvoir[7] descreve os últimos momentos de sua mãe. Tanto num caso como no outro, tudo foi feito, em nome do amor e do afeto, para que o ente querido ignorasse tudo sobre sua situação. As duas obras expressam, aliás, um ateísmo convicto. A morte é percebida como o mal absoluto, o absurdo irrecuperável, o fracasso definitivo. É a falência da vida, e não desemboca em nada. Falar nela já

---

6. PHILLIPE, ANNE. *Le temps d'un soupir,* Paris, Julliard, 1963.
7. BEAUVOIR, Simone de. *Une mort très douce,* Paris, Gallimard, 1964. [Trad. bras. *Uma morte muito suave*, Rio de Janeiro, Nova Fronteira, ²1984. (N. da T.)]

> é expor-se a seu malefício. É preciso, então, colocá-la entre parênteses, viver como se ela não existisse e, sobretudo, excomungá-la da linguagem. Quando não há nenhuma esperança, o silêncio embalando uma ilusão sobre o futuro próximo parece a solução mais razoável. Quantas vezes não ouvimos dizer, como se fosse um pequeno consolo, "ele não se viu partir". "O 'não se sentir morrer' substituiu, em nossa linguagem comum, o 'sentindo a proximidade da morte' do século XVII" (Ph. Ariès).

Essa regra do silêncio foi, e em parte continua sendo, aos olhos da maioria dos médicos franceses, uma regra moral, diferentemente, aliás, de seus colegas anglo-saxões. Um colóquio de médicos reunidos em tempos mais recentes em torno do filósofo V. Jankélévitch[8], sobre o problema da mentira em medicina, toma posição nítida em seu favor, em nome de princípios morais dos quais, à primeira vista, nenhum parece negligenciável, especialmente em razão da convicção de que o face a face com a morte é tão traumatizante para o homem moderno que nunca se podem prever suas consequências. O anúncio de um câncer, particularmente, já provocou suicídios. É a caridade entendida corretamente que exige que se minta para o doente. Julga-se que a preocupação em "viver a própria morte" não corresponde a um valor moral autêntico. Portanto, tudo é organizado para que o paciente seja privado de sua morte. A morte concreta, a que concerne a alguém em particular, é banida da linguagem. O mesmo tabu do silêncio recai sobre os nomes das doenças que são sinônimos de veredicto de morte. O ideal é que o moribundo esteja ausente de sua própria morte.

A lei do silêncio sobre a morte é tal que vale também para o doente. Se este adivinhou seu estado – o que é muito mais frequente do que se acredita –, ele deve, por sua vez, evitar falar de sua morte e fingir que não sabe. Age assim para não abalar o mundo dos que se ocupam dele, pois evocar a perspectiva de morte é criar uma situação

---

8. *Le Mensonge en médecine,* 10º colóquio de "Médecins de France", in: *Médecine de France,* n. 177, 1966, 3-16.

perturbadora. "A morte de antigamente era uma tragédia – frequentemente cômica – em que se interpretava aquele que vai morrer. A morte de hoje é uma comédia – frequentemente dramática – em que se interpreta aquele que não sabe que vai morrer" (Ph. Ariès). Nesse contexto, o capelão do hospital, chamado à cabeceira de um moribundo, assume a figura daquele que pactua com a morte. O simples fato de vir é interpretado como a mensagem fatal. Pode ser aquele que prega a demissão e atenta contra o resto de vontade de viver do doente, última alavanca na qual a medicina pode se apoiar para se exercer.

Sem dúvida, nestes últimos anos, as coisas têm evoluído mais favoravelmente. Emerge uma posição mais matizada: ainda que o médico não deva lançar toda a verdade, ele pode responder "com a verdade" às perguntas do doente, mantendo-se dentro dos limites estabelecidos pelas indagações, que expressam o grau de receptividade da pessoa. Aliás, isso se deve aos próprios progressos recentes da medicina. O nome das doenças graves, como o câncer, perdeu seu caráter de sentença de morte. Sabe-se hoje que é possível curar-se de um câncer, e a palavra já não é tabu. O surgimento de cuidados paliativos e de instituições que lhes são reservadas marca uma profunda mudança no acompanhamento do doente, que, então, escapa a todo protocolo de cura. Esse conceito é muito novo, pois considera que, quando os cuidados propriamente terapêuticos se tornam impossíveis, são acionados outros tipos de cuidados ligados à existência do doente, evitando o mais possível seu sofrimento, ajudando-o a se manter o maior tempo possível consciente de sua personalidade, facilitando o conforto familiar e abrindo-se para o acompanhamento espiritual. Assim, ajuda-se um número maior de doentes a viver mais serenamente a espera da morte. Esse é um progresso considerável.

A Igreja também oferece a unção dos enfermos nessa situação, dirigindo-se concretamente à pessoa cujo corpo está definitivamente doente e a considerando em sua situação de crise existencial. Busca ajudá-la no último ato de liberdade que vai concluir sua vida. No entanto, não se deve confundir o risco da morte com o artigo da morte. É infinitamente desejável que a preparação para o sacramento e sua celebração possam ocorrer enquanto o doente ainda está de posse de si mesmo, de sua própria vida.

Enfim, o sentido que os ritos realizados com o doente e o moribundo tentam expressar poderia resumir-se nestas palavras drásticas: "A morte é a vida; o sentido da morte e o sentido da vida são solidários, ou melhor, são um só. Se minha morte não tem sentido nenhum é porque minha vida, afinal, também não teve". Em outros termos, a morte pertence à vida, é um elemento de seu ciclo universal. A morte abre para a vida e para uma transformação da vida. A vida não tem na morte seu ponto final. O sentido da morte pertence, portanto, ao sentido da vida. A morte é um revelador indispensável do sentido da vida. A medicina científica precisa combater sua própria tentação a considerar a morte "menos como um limite necessário à vida do que como um limite provisório da medicina" (F. Laplantine). Essa concepção é desumanizante. Pois a perspectiva de um prolongamento indefinido da vida "mascararia a questão do fim" (M. Fédou). Nossa vida só pode ser humana na aceitação da necessidade de seu fim[9].

6. A simbolização ritual da morte

A Igreja oferece a unção dos enfermos antes da morte, mas também intervém depois por intermédio dos ritos do funeral. Ainda que esses ritos não sejam sacramentos, pois apenas um ser humano vivo pode receber um sacramento, não é inútil dizer algumas palavras nesse contexto. O homem, como vimos, sente a necessidade de representar simbolicamente sua existência por meio de palavras e ritos nos quais comunga a comunidade em que ele vive. Esses gestos, eminentemente sociais e no mais das vezes religiosos, têm valor em si mesmos, pois humanizam a situação vivida. Acompanham os acontecimentos marcantes da existência em que tudo o que diz respeito à vida ocupa o lugar maior: seu início, com os ritos de

---

9. É possível imaginar um mundo em que ninguém morresse ou que as gerações simplesmente se somassem umas às outras?

nascimento e de iniciação da criança na sociedade; sua transmissão, com a celebração do casamento; seu fim, com todos os ritos da doença e da aproximação da morte e, finalmente, as celebrações do luto e do funeral. A "repetição simbólica" parte do desejo de regularizar uma situação percebida como angustiante. A morte dos outros é um momento em que o homem sente a necessidade de humanizar a experiência que ele vive e de situá-la com respeito à totalidade de seu destino. Respeitar o sentido que um próximo deu à sua morte é também expressar o sentido que nós mesmos damos à vida e à morte. Se há uma situação em que a linguagem "rasa" deve ser superada pela linguagem dos símbolos é esta.

A antropologia mais clássica chama a atenção desde sempre para a significação do sepultamento. Um arqueólogo, como vimos, tem realmente certeza de estar lidando com restos humanos quando se vê diante de uma sepultura intencional. O animal não enterra seus mortos; o homem é o único "animal" que o faz. Ele expressa, assim, com o morto, uma relação de transcendência que vai além do âmbito da vida biológica. Expressa também um voto de sobrevivência e uma esperança de reencontrar o morto num outro lugar sobre o qual nada sabe. O sepultamento normalmente ocorre ao final de ritos fúnebres e dos ritos de luto, que variam muito de acordo com as culturas, mas que são sentidos como indispensáveis para se despedir dele "humanamente". A celebração do adeus ao morto se exterioriza assim e permite o "trabalho de luto", que opera uma espécie de catarse, ou de libertação, depois do abalo afetivo criado na família dos próximos.

A simbolização do luto tem o valor dos sentimentos e também da fé que a anima. Como toda a realidade profundamente humana, ela tem necessidade de ser convertida tanto para evitar a submersão em exageros mórbidos como para que haja uma abertura para uma percepção correta da dignidade de toda pessoa e de seu destino. Os ritos cristãos da morte, também muito variados de acordo com o tempo e o espaço, têm o objetivo de ajudar nesse trabalho necessário, permitindo que os próximos, na oração, confiem o morto à ternura de Deus na esperança da ressurreição.

As mudanças na atitude moderna e contemporânea com relação à morte repercutem sobre os ritos de luto e de sepultamento. Constatamos na nossa sociedade, também neste aspecto, uma certa recusa em simbolizar a morte. Os países anglo-saxões expressam há algumas décadas uma recusa ao luto. Assiste-se, nos Estados Unidos, a uma multiplicação da prática de casas de velório em que se apresenta o morto no cenário da vida (sala florida, música suave), sentado numa poltrona com uma postura de pessoa viva, com roupas de passeio. Uma injeção nas artérias eliminou toda a sua aparência cadavérica. Quase tornou-se novamente um ser vivo e, com sua atitude familiar, participa do coquetel que parentes e amigos tomam em sua homenagem. A atitude do jacente é proscrita, demasiado simbólica da morte. Se no passado o sentimento da morte pode ter sido exagerado e mórbido, a recusa de simbolizar a morte o é igualmente. Aliás, gera angústia difusa, ligada à recusa global das vicissitudes que necessariamente afetam a condição humana.

A França muito rapidamente seguiu a Inglaterra na generalização da cremação. Esta não questiona a fé: a cremação de um corpo não contradiz a esperança da ressurreição, uma vez que não são átomos nem células biológicas que "ressuscitam", mas é o "corpo falante", ou seja, o corpo como "lugar" de vida pessoal, de comunicação com os outros e de empenho de liberdade. É nossa "condição humana" que é chamada a uma vida para nós irrepresentável. É possível, contudo, indagarmo-nos sobre a significação cultural da cremação. Sem dúvida, essa é motivada por razões de economia, tanto com os funerais quanto com os túmulos nos cemitérios. Mas o que significa no plano simbólico o fato de "suprimir" tão rapidamente e de forma violenta o ser desaparecido para reduzi-lo a algumas cinzas, que alguns até pedem que sejam espalhadas na natureza? O morto é fisicamente enviado para o nada, como se seu destino pessoal fosse julgado de volta ao nada. Embora esse procedimento deva ser respeitado, ele precisa encontrar sua própria ritualidade e sua humanização. Ele não pode evitar à família e aos próximos o trabalho de luto. Ainda que o homem deixe de ser o ser vivo que enterra seus mortos, ele deve a si mesmo continuar sendo o que se despede deles com respeito.

II. A INSTITUIÇÃO DO SACRAMENTO

Para esse sacramento da unção dos enfermos, mais uma vez, não encontramos ato institucional que remonte a Jesus. O próprio Concílio de Trento, que tem tanta preocupação em fundamentar em Cristo todos os sacramentos, reconhece que ele foi apenas *insinuado* por Cristo quando enviou em missão os Doze, que "expulsavam muitos demônios, ungiam com óleo numerosos doentes e os curavam" (Mc 6,13). Em seguida, foi promulgado pelo apóstolo Tiago (Tg 5,14-16), nos diz o mesmo concílio, texto no qual a Igreja reconheceu, no início do século V, o fundamento bíblico da unção dos enfermos. Contrariando os Reformadores do século XVI, o concílio afirma que os apóstolos não inventaram esse sacramento; apenas obedeceram a ordem de Jesus.

Mas devemos avançar mais, sempre em busca de Cristo, *fundamento* dos sacramentos mais do que seu *fundador*. Vemos, então, Jesus curando os numerosos doentes que encontra em seu caminho, Jesus assumindo o título de *médico* e, finalmente, o mistério da salvação da humanidade apresentado como uma *cura*, com base no jogo de palavras implícito no termo "salvar"[10].

1. A atenção de Jesus aos homens enfermos: o anúncio da salvação

Jesus curou muitos enfermos; essa atividade ocupa lugar considerável em seu ministério público. Ela traduz, por parte dele, uma compaixão pelos sofrimentos do corpo, cuja realidade o comove (Mt 20,34). Mais do que isso, trata-se para ele de um gesto de salvação. Os evangelistas não procuram distinguir com precisão a cura da expulsão dos demônios. As duas coisas estão par a par, pois expressam o poder de Cristo em sua luta contra a origem do mal. A doença, na verdade, não é um mal puramente físico, ela afeta todo homem como sinal e consequência do pecado. Diante dela, Jesus sente compaixão: "Ele

---

10. Em francês, *sauver*, que significa "salvar" e, como verbo pronominal, também "escapar", "fugir". (N. da T.)

expulsou os espíritos [...] e curou todos os que estavam passando mal" (Mt 8,16). As duas coisas estão par a par. As curas operadas por Jesus também representam a chegada do Reino e requerem como única condição a fé (Mt 9,28; Mc 9,23). É claro que Jesus não suprime a doença por todo lugar em que passa; a humanidade estará sempre sujeita à doença e à morte. Entretanto, essas curas são sinais de que a força divina que deve vencê-las já está operando. Essas curas, bastante reais, anunciam coisa bem diferente delas mesmas. Mostram que a salvação consiste na cura definitiva de todo o nosso ser. Anunciam nossa ressurreição. Têm valor simbólico, e, nessa medida, os gestos de cura de Jesus são um prelúdio aos sacramentos cristãos.

Quando envia os Doze em missão pela primeira vez, Jesus lhes diz: "Pregai, pelo caminho: 'O reino dos céus está perto'. Curai os doentes, ressuscitai os mortos, purificai os leprosos, expulsai os demônios" (Mt 10,7-8). Assim, os Doze "expulsavam muitos demônios, *ungiam com óleo numerosos doentes e os curavam*" (Mc 6,13).

Esses sinais messiânicos de salvação têm uma pesada contrapartida que consiste na paixão de Cristo. É a propósito das curas operadas por Jesus que Mateus cita o versículo do Servo sofredor de Isaías: "Ele suportava nossas doenças e carregava nossas dores" (Is 53,4; Mt 8,17). Ao curar, Jesus manifesta que tomou para si todo o mal, inseparavelmente físico e espiritual, da humanidade, e que está pronto para sofrê-lo em sua carne e em seu espírito até a morte. As curas, portanto, têm uma realidade imediata, mas são também anúncio da cura definitiva, portanto, da ressurreição última da morte e anúncio messiânico da salvação. Mais uma vez, encontramos Cristo como fundamento dos sacramentos por seu mistério pascal.

Aos que o censuram por comer com os publicanos e pecadores, ele responde: "Não são as pessoas de saúde que precisam de médico, mas os doentes. [...] Não vim chamar os justos, mas os pecadores" (Mt 9,12) Essa afirmação é comum aos três sinópticos (Mc 2,27; Lc 5,32). Na sinagoga de Nazaré, diante da incredulidade das pessoas, ele diz: "Sem dúvida, me citareis o provérbio 'Médico, cura-te a ti mesmo!'" (Lc 4,23). As obras de salvação que realizaste em outro lugar, faze-as então em tua pátria.

2. O texto de referência: a Carta de São Tiago, 5,14-16

Foi com base no Evangelho que a Igreja primitiva institucionalizou a prática de uma oração e de uma unção dos enfermos na comunidade. A carta de Tiago é um documento "judaico-cristão", ou seja, escrito por um cristão de origem judaica e destinado a outros cristãos de mesma origem. Talvez o rito da unção tenha constituído para essas comunidades judaico-cristãs um par para o batismo (P. Vallin). Essa passagem situa-se no desenvolvimento final da carta, que compreende uma série de recomendações dominadas pela preocupação com o fim dos tempos: o Juiz está às portas.

> Há entre vós algum enfermo? Que mande chamar os presbíteros da Igreja, e estes orem sobre ele, ungindo-o com óleo em nome do Senhor. E a oração da fé salvará o enfermo e o Senhor o reerguerá. E, se tiver cometido pecados, ser-lhe-á concedido o perdão. Confessai-vos, pois, mutuamente os vossos pecados e orai uns pelos outros, para alcançardes a saúde (Tg 5,14-16).

Há entre vós algum enfermo? Que mande chamar os presbíteros da Igreja. Trata-se pois de uma doença suficiente para que o paciente não possa se deslocar, porque está sem forças e acamado. Esse estado justifica o deslocamento coletivo dos presbíteros e uma liturgia doméstica bastante solene. O termo "enfermo" ou "doente", literalmente "sem forças", é a primeira palavra-chave do nosso texto. É empregado no Novo Testamento para pessoas acamadas que são transportadas em maca para junto de Jesus. Em sete ocorrências desse termo (de 35) diz-se expressamente que essa enfermidade "leva à morte" (Lc 7,2; Jn 11,2; At 9,37 etc.). É uma enfermidade que afeta toda pessoa humana em sua relação com a vida.

O enfermo. É a segunda palavra-chave que permite definir a situação do sujeito: é alguém da comunidade que está com dor, cansado e sofrendo. "Ter sofrido" pode querer dizer "estar morto". Significa também cansaço da alma, que pode esgotar a paciência necessária na provação. Esse termo tem uma ressonância mais moral do que o anterior. Lembra que o homem inteiro passa pela provação. Os padres não vêm substituir o médico do corpo, mas desempenhar seu papel próprio de chefes de uma comunidade de salvação.

Que mande chamar os presbíteros da Igreja. Trata-se de um conselho, e não de uma ordem. Os *presbíteros* não são necessariamente os mais velhos, mas os responsáveis ou os representantes da comunidade, seus ministros. As comunidades judaicas conhecem uma função análoga. Por intermédio deles, é a Igreja que se desloca oficialmente para junto do doente.

E estes orem sobre ele, provavelmente num gesto de imposição das mãos, de braço estendido. O doente está supostamente deitado.

Ungindo-o com óleo. É o termo empregado em Mc 6,13 ("[...] ungiam com óleo numerosos doentes e os curavam") para as unções feitas pelos doze apóstolos nos doentes.

Em nome do Senhor. O doente é ungido com óleo tal como foi batizado, em nome de Jesus. Essa expressão estabelece uma correspondência entre os dois gestos que extraem sua eficácia salutar da invocação do nome do Senhor.

E a oração da fé salvará o enfermo e o Senhor o reerguerá. A oração da fé é a da Igreja, oração oficial da comunidade presente na pessoa de seus presbíteros. Essa oração terá dois efeitos correspondentes aos dois qualificativos que expressam a situação do enfermo, "sem força" e "sofrendo". São as duas outras palavras-chave do texto: "salvar" e "reerguer". Interpreto seu sentido tendo em conta essa situação existencial do doente.

Salvar (que ocorre cinco vezes na carta) deve-se tomar do ponto de vista da história da salvação e do fim dos tempos. Por exemplo, aquele que reconduz um pecador "salvará sua alma da morte" (5,20). Remete-nos ao sentido da palavra nos evangelhos, em que implica sempre a salvação global da pessoa doente, ainda que a cura esteja em primeiro plano.

O Senhor o reerguerá, ou seja, reerguer é fazer levantar, fazer se recuperar alguém que está deitado, acordar alguém que está dormindo. Essa palavra é encontrada a propósito de muitos milagres de cura; Jesus faz levantar-se a sogra de Simão (Mc 1,31). É empregada também para a ressurreição dos mortos e para a ressurreição de Cristo. É porque devia "erguer-se" vivo da morte que Cristo pôde "reerguer" os doentes e os mortos, em sinal do grande "reerguimento" escatológico que será ao mesmo tempo a cura e a ressurreição de todo o homem. A significação desse termo, portanto, permanece aberta; pode dar ensejo a uma melhora física temporal, no mais das vezes uma melhora que permite ao doente assumir sua situação de forma tranquila. Se não o faz, prepara o doente para a ressurreição final[11].

Se tiver cometido pecados, ser-lhe-á concedido o perdão. Esse versículo sublinha a importância salutar da unção. A cura se tornará, assim, remissão dos pecados. O termo empregado acentua o aspecto propriamente penitencial da unção.

Confessai-vos, pois, mutuamente os vossos pecados e orai uns pelos outros, para alcançardes a saúde. A confissão mútua em sinal de reconciliação traz em si um fruto de cura, termo a ser entendido em toda a sua riqueza ambivalente. Essa frase nos remete à prática antiga da confissão fraterna e mútua. Ainda hoje, a situação de proximidade da morte pode permitir momentos de reconciliação familiar muito importantes para todos.

III. As diversas configurações do sacramento através da história

No Oriente, esse sacramento foi chamado de *"óleo"* ou *"óleo santo"*, ou *"mistério das lâmpadas"* (pois o óleo é colocado na lâmpada), ou *"óleo da oração"*. No Ocidente, foi dito *"óleo santo"*, *"óleo da crisma"*, *"unção santa"* e *"unção dos enfermos"*, termo abandonado na Idade Média que voltou com força no Concílio Vaticano II. A época medieval empregou também o termo "sacramento dos que

---

11. No entanto o Concílio de Trento no Ocidente, em seguida à Vulgata Latina, leu, em vez de *allevabit* (reerguerá), um *alleviabit,* que quer dizer simplesmente "aliviará".

partem", ou seja, extrema-unção, unção do fim da vida, derradeira unção sacramental.

O rito da unção dos enfermos foi vivido através dos tempos de formas extremamente variadas: celebrado em casa ou na Igreja, por padres ou pelos próprios leigos, com óleo abençoado pelo bispo e confiado a eles. O destinatário sempre foi o enfermo, mas esse termo foi entendido num sentido bastante amplo com o passar dos séculos: doente leve, enfermo permanente, doente grave, moribundo. Quanto a seus efeitos, insistiu-se quer no efeito físico, a cura, quer nos efeitos espirituais, o dom da força do Espírito e a conclusão da penitência. Colocou-se finalmente a questão de definir se o sacramento se situava na bênção do óleo ou na própria liturgia da unção. Todas essas variações nos lembram as da história do sacramento da penitência.

A visita e a assistência espiritual aos doentes são, há muito tempo, objeto de um ministério especial na Igreja. Fazem parte da responsabilidade pastoral dos ministros. São atestadas na *Epístola* de Policarpo; depois, na *Tradição apostólica* de Hipólito. Igualmente, as unções com óleo são frequentes e podem corresponder a diversas situações. Também temos fórmulas litúrgicas da bênção do óleo pelo bispo. Vejamos esta fórmula do século IV, do Egito, que indica os efeitos esperados:

> Nós te suplicamos que envie do alto dos céus a virtude curativa de teu Filho único sobre este óleo [...], a fim de que ela afaste toda doença e toda enfermidade [...], de que ela conceda aos doentes boa graça e remissão dos pecados, de que seja para eles um remédio de vida e de salvação, traga-lhes saúde e integridade da alma, do corpo e do espírito, e vigor perfeito [...], a fim de que seja glorificado o nome de Jesus Cristo que foi crucificado e ressuscitou por nós, que carregou nossas doenças e nossas fraquezas e que virá julgar os vivos e os mortos[12].

Essa fórmula, pelo equilíbrio que insere na preocupação com o corpo e no anúncio da salvação, sem dúvida, é a mais bela que

---

12. *Eucológio* de Serapião de Thmuis.

preservamos: visa à integridade do corpo, da alma e do espírito, que tem origem no mistério pascal de Cristo. Leva a pensar que o sacramento reside antes de tudo na bênção do óleo pelo bispo. Depois disso, o óleo era confiado aos fiéis, que podiam ungir a si mesmos com ele, segundo suas necessidades. Mas não temos nenhum ritual antigo da administração da unção.

Nesses usos ainda não vemos referência ao texto de Tiago. A primeira intervenção de um papa nesse sacramento data de 416. Ela é importante porque passa a ser uma referência canônica. Inocêncio I responde ao bispo Decentius de Gubbio, que lhe faz perguntas sobre a unção dos enfermos. Primeiro, ele cita o texto de Tiago e diz que a unção se destina aos fiéis doentes, que podem ser ungidos com o óleo santo, "confeccionado", isto é, consagrado, pelo bispo. Todos os cristãos têm a faculdade de usá-lo para fazer a unção quando a doença os pressiona. Inocêncio especifica que o bispo também pode dar a unção, ao passo que o texto de Tiago só menciona os "presbíteros". Sem dúvida, é o eco de uma controvérsia, na época, entre bispos e padres! O uso do óleo pelos fiéis parece óbvio. Inocêncio não assume o tom de concessão ou tolerância; esse uso parece não concorrer com a visita pastoral dos padres ou do bipo ao enfermo. Perguntou-se se a unção realizada pelos fiéis tinha o mesmo valor que a dada pelos padres. É uma questão anacrônica. Na época, o importante era que o óleo fosse consagrado pelo bispo.

No entanto Inocêncio acrescenta um ponto que teria consequências importantes: "Não se pode derramar o óleo sobre os penitentes, pois a unção pertence *ao gênero sacramento*. De fato, àqueles a quem são recusados os outros sacramentos, como pensar que seja possível lhes conceder uma coisa desse gênero?". A expressão "gênero sacramento" é interessante, ainda que não se deva dar-lhe o sentido atual do termo "sacramento". Expressa a consciência da existência de um grupo de gestos eclesiais que têm em comum o fato de virem de Cristo. Ela designa imediatamente o óleo. Isso nos remete à disciplina pública do sacramento de penitência. Quem é excluído durante sua penitência da eucaristia não pode receber a unção. Todos os penitentes, na época da disciplina pública, tinham de ser reconciliados com a eucaristia no leito de morte, mesmo que não tivessem concluído sua penitência. Só se podia lhes dar a unção depois dessa reconciliação. Foi assim que no Ocidente a unção dos enfermos tornou-se a unção do leito de morte, a extrema-unção.

Um século depois, Cesário de Arles convida seus diocesanos a pedir a unção em vez de se voltar para práticas mágicas. Beda, o Venerável (672-735), será ainda testemunha de unções feitas por fiéis. Contudo, a partir da reforma carolíngia, o centro de interesse do sacramento se desloca da bênção do óleo para a administração da unção. O conjunto dos dois constitui o sacramento, mas o rito de unção adquire mais importância. De forma correlativa, o uso do óleo passa a ser retirado dos fiéis e o rito de unção é reservado aos padres. Valoriza-se mais o conforto espiritual e o efeito purificador da unção com relação aos pecados do doente. O efeito corporal é considerado aleatório. A unção torna-se a unção do *artigo da morte*. Os teólogos, com base nessa prática, passam a desenvolver uma doutrina da unção como preparação para a glória.

> O Oriente não conheceu a mesma evolução. Nessas regiões da Igreja, a unção nunca assumiu o aspecto específico da preparação para a morte. A liturgia ocorre de preferência na Igreja; se não é possível, os padres vão à casa do enfermo. Entretanto, em geral, evita-se esperar a hora extrema. O óleo é abençoado no lugar por um colégio de padres, ao passo que no Ocidente a cerimônia é reservada ao bispo, que realiza a celebração na quinta-feira santa, durante a missa crismal.

O Concílio de Trento inscrevera a "extrema-unção" em seu estudo do septenário sacramental. Ele visa a justificar o sacramento aos olhos dos reformadores. Sabe-se que Lutero havia qualificado a carta de Tiago como "carta de palha". Com prudência, o concílio afirma que a prática da Igreja não está em contradição com o pensamento de Tiago, cujo texto lhe serve como referência e que ele interpreta oficialmente como a "promulgação" desse sacramento. Os presbíteros designam os ministros do sacramento, que são os bispos e os padres. O efeito do sacramento, segundo ele, é conferir a graça do Espírito Santo, perdoar os pecados e as sequelas dos pecados, aliviar e fortalecer os doentes. O sacramento não pode ser dado a alguém que não esteja em situação de amizade com Deus (estado de graça), e deve, portanto, seguir-se à reconciliação. Porém o concílio recusa reservar a unção aos moribundos; deve ser dada aos enfermos e, é claro, aos que estão chegando ao fim da vida. Portanto, sobre esse tema, ele toma certa distância com relação à teologia escolástica.

O Concílio Vaticano II restabeleceu o nome "unção dos enfermos" e, sem tomar posição doutrinal em seu decreto sobre liturgia, entende o perigo de morte de maneira muito ampla. Não é o artigo da morte; está presente quando o enfermo começa a entrar em perigo.

> A extrema-unção, chamada também e melhor de "unção dos enfermos", não é apenas o sacramento dos que se encontram em situação extrema. Também o momento oportuno para o receber certamente já chegou quando o fiel começa a estar em perigo de morte em consequência de enfraquecimento físico ou de velhice[13].

IV. O sentido do sacramento

No final desta reflexão, várias perguntas se colocam: qual é o sentido e o efeito de graça da unção dos enfermos? Como viver "da melhor maneira possível" esse sacramento que nos remete inevitavelmente a nosso destino?

1. Um sacramento fundado com vista à humanidade e ao Evangelho

Um sacramento que se apresenta explicitamente como remédio e que anuncia como possíveis determinados efeitos físicos pode parecer um resquício de magia, até de feitiçaria, que sempre impregnaria a sacramentalidade católica. Como tal, ele pode provocar uma repulsa

---

13. VATICANO II, constituição *Sacrosanctum concilium*, n. 73.

espiritual. Tudo o que analisamos sobre a doença e a morte do ponto de vista simplesmente antropológico deixa perfeitamente aberto o campo para um acompanhamento e para cuidados que concernem ao doente enquanto ser humano que está enfrentando uma situação difícil de sua vida. Não se trata em absoluto de questionar a medicina científica em benefício de medicações esotéricas nem de substituir a farmacopeia moderna por práticas pretensamente religiosas. Não há aqui conflito nem competição, simplesmente porque esses "cuidados" são complementares e não estão situados no mesmo plano. Nesse sentido, se determinados movimentos carismáticos aconselharam doentes, em razão de uma imposição de mãos, a renunciar à medicação que lhes fora prescrita, contradisseram totalmente a tradição cristã.

Do mesmo modo, todos os testemunhos evangélicos e tradicionais nos mostram que a unção dos enfermos é uma nova forma de ingresso no mistério de Cristo, uma forma adaptada à situação existencial da pessoa. O mistério de morte e de ressurreição concerne a todo ser humano, na condição concreta que o faz ao mesmo tempo e indissociavelmente alma e corpo. O "remédio", portanto, não é mais do que a pessoa de Cristo médico que se dá ao enfermo.

2. Um sacramento para os enfermos e os ameaçados pela morte

É muito lamentável que na mentalidade contemporânea a unção não esteja suficientemente desconectada do pensamento de morte imediata ou pelo menos muito próxima. Muitos doentes acham que "ainda não estão nesse ponto" e que, se consentissem no sacramento, seria um ato de reconhecimento de que "está tudo acabado". Ora, assim, eles se privam de uma graça que pode ajudá-los em sua luta pela vida. "Não se olham de frente nem o sol nem a morte", escrevia Pascal. Precisamos da convicção de que nos é dado um prazo e de que esse prazo compreende uma esperança de vida, para podermos nos voltar de forma frutífera para o que concerne ao nosso destino. O doente é um "convidado à atenção", dizia Claudel. O homem em boa saúde vive naturalmente na "diversão". A doença o faz lembrar-se de si mesmo. É quando as coisas não tomaram um caminho irreversível que a situação de doença pode ser levada em consideração de forma frutífera.

Dito isso, que é essencial, deve-se, contudo, reconhecer que o grande debate da segunda metade do século XX, opondo o sacramento dos enfermos ao sacramento dos moribundos, em parte, não tem fundamento. Era útil no plano pastoral, para que a unção pudesse intervir muito mais precocemente na evolução da doença. Decerto, são duas situações diferentes da pessoa. Mas vimos que, queira-se ou não, e ainda em nossa situação contemporânea, a doença grave é sempre acompanhada por uma incerteza que conota o risco de morte. Esse dado de fato é incontornável, e querer evitá-lo é uma maneira de consentir a recusa de todo pensamento da morte que afeta nosso mundo cultural.

A doença é um mal do homem todo, corpo e espírito; o remédio da unção dirige-se a essa totalidade humana a fim de lhe trazer a salvação, uma salvação de graça que se manifesta ou pelo sinal ainda provisório da cura ou pela salvação na glória de Deus e na entrada no universo da ressurreição.

3. Os modos de receber a unção

A administração do sacramento em domicílio é sempre possível. Mas, decerto sem razão, é julgada traumatizante e, por isso, é exageradamente adiada, ao passo que seria preferível antecipá-la. Hoje, muitas paróquias oferecem uma celebração comunitária da unção às pessoas idosas, assim como às pessoas fragilizadas por uma doença duradoura. Essa forma vai ao encontro da celebração de oração evocada na carta de Tiago. Pode-se objetar que esses doentes não apresentam as condições previstas pelo apóstolo, uma vez que podem se deslocar. Na realidade, elas podem apenas "ser deslocadas". Hoje, é possível levar doentes até Lourdes com os acompanhamentos necessários. Um deslocamento até a igreja geralmente é possível. O caráter comunitário da celebração torna-a muito menos traumatizante. É bem desejável que essa prática se generalize.

A administração da unção encontra uma nova dificuldade nos hospitais. A capelania dos hospitais é cada vez mais confiada a leigos enviados em missão. Ora, a disciplina atual da Igreja proíbe que os leigos deem a unção aos enfermos que a solicitam. Os diáconos, que podem batizar, também não podem dar a unção. A razão invocada é a de que a unção concerne ao perdão plenário dos pecados, e este pertence ao ministério presbiteral.

No plano da prática, essas disposições, evidentemente, devem ser respeitadas[14]. A Igreja tem responsabilidade sobre a concessão de sacramentos. Entretanto, em nome da história e da teologia, seria de pensar em outras decisões pastorais.

A princípio, a Igreja pode fazer o que sempre fez de modo incontestável. Vimos que o papa Inocêncio I, no século V, evocava unções dadas por leigos como normais. A teoria era de que o sacramento fora confeccionado pelo bispo e que os leigos apenas o aplicavam. Se é possível uma comparação, um leigo pode levar a comunhão a um doente, com uma hóstia que foi consagrada no decurso de uma celebração eucarística. Estaríamos tratando de um caso análogo: o vínculo do sacramento com o ministério da Igreja não seria rompido de modo nenhum.

Em seguida, o argumento que se apoia no perdão dos pecados envolvido nesse sacramento é contestado pelo fato de o diácono batizar, de um leigo ou uma leiga poder batizar em caso de necessidade. Ora, o batismo é por excelência o primeiro sacramento do perdão dos pecados. Por outro lado, leigos permitem que enfermos hospitalizados vivam o sacramento de reconciliação, ainda que o façam no contexto de uma celebração incompleta[15].

Muitos doentes hospitalizados solicitam o sacramento, e não há ninguém que o dê. Alguns argumentos também mencionam o fato de que esse sacramento não é "obrigatório" e que pode ser "suprido"

---

14. Uma nota da Congregação Para a Doutrina da Fé (na *Documentation catholique,* n. 2.347, 2005, 1.103) afirma até que a doutrina que reserva aos bispos e aos padres a administração do sacramento dos enfermos deve ser mantida "de forma definitiva".
15. Ver página 222.

pelas atitudes interiores de conversão e oração. Os que o invocam caem numa teologia muito frágil que contradiz toda a dinâmica sacramental da Igreja, tal como é apresentada desde o início destas páginas. Durante toda a sua história, a Igreja preferiu celebrações, mesmo que incompletas, ao vazio sacramental. Somos corpos e temos necessidade de que os gestos de salvação que vêm de Cristo nos cheguem também por meio de nosso corpo.

4. Recapitulação

Vamos extrair destes dados vindos da Escritura, da tradição eclesial e dos concílios o centro de gravidade do sacramento que confere um espaço importante à oração:

— *O sinal sacramental da unção é o de um remédio*. Os sacramentos exercem sua causalidade a partir de seu sinal, e devemos sempre prestar atenção em sua simbologia. Um remédio é, por definição, destinado à cura: de que doença se trata e qual é a cura prevista? Esse remédio não pretende agir da maneira natural e física, como se agisse no mesmo plano que a farmacopeia moderna. Trata-se de um dom médico de Cristo que faz o doente participar de seu mistério pascal, a fim de levá-lo a encontrar sua salvação.

— *O destinatário da unção é a pessoa enferma*. Essa expressão deve ser tomada em toda a sua profundidade existencial, pois a doença grave afeta todo o homem. Pensamos nas pessoas cujos entes próximos dizem algo como "Desta vez, ele está gravemente doente!". Está, de fato, na totalidade de seu ser: "Na doença há uma presença do corpo diferente de sua presença normal e que afeta a totalidade do homem" (R. Didier). O doente sofre em seu ser moral e espiritual. É afetado em toda a sua pessoa e experimenta uma fragilidade radical. Toda a sua existência lhe aparece sob novo prisma. Seu futuro está em jogo. Ele saiu da situação normal em que a vida corre de modo natural, com seu cortejo de projetos e desejos. A vida deixa de correr exatamente de forma natural. É uma situação de crise em que sua pessoa livre é submetida a um questionamento radical no exato momento em que mais lhe faltam forças para enfrentar seu destino.

O fiel, o cristão, não escapa a essa prova que faz parte da condição humana. Sua fé passa por um crivo, e ele pode sucumbir à tentação. Pode revoltar-se contra esse aniquilamento de si mesmo e perguntar-se por que Deus está ausente. Precisa de força para lutar contra essa tentação, ao passo que sua liberdade profunda, aquela em que se empenha a orientação definitiva de seu ser, está ameaçada de astenia espiritual.

— *O remédio da cura cristã.* A esse cristão doente, Cristo, que vive em sua Igreja, oferece um remédio para a cura. Como nos dias de sua vida na Terra, ele age como médico. Dá a esse remédio a configuração dos gestos que fazia debruçando-se sobre os doentes (imposição das mãos) ou que fazia seus discípulos fazerem (imposição e unção), gestos de cura pelos quais ele anunciava a chegada do Reino e a libertação de todo mal, ou seja, a salvação. A essa pessoa enferma Cristo oferece o dom de uma unção medicinal que equivale a uma consagração e a uma apropriação do mistério de Cristo pelo fiel.

Essa cura pode assumir vários aspectos; pode traduzir-se por uma volta à saúde, vivida na fé de toda a pessoa como um dom, ainda que a cura seja resultado de uma terapêutica adequada e eficaz. O corpo curado será sinal de uma saúde nova; não é uma simples volta ao *statu quo ante*, pois uma experiência indelével acaba de ser vivida em Cristo. O enfermo curado tem acesso a uma força na fé e a uma compreensão diferente de sua existência à luz de sua nova entrada no mistério de Cristo. Ele entende o sentido profético da expressão que seus próximos empregam profusamente: "É uma verdadeira ressurreição". Percebe sua cura como um sinal "messiânico".

Ou, então, o sacramento se configura como o apelo à cura última da ressurreição. Assim como Jesus não curou todos os doentes em sua época, a unção não tem por objetivo poupar o cristão da experiência da morte. Seu papel será ajudá-lo a transformar essa experiência e a retirar o veneno das duas fatalidades que são a doença e a morte. O enfermo poderá receber a força de morrer com Cristo e em Cristo, com a esperança de ressuscitar com ele. Nesse caso, a unção entra na nova iniciação do cristão na glória do encontro com Deus. A trilogia do batismo, da confirmação e da eucaristia torna-se a da reconciliação, do novo batismo, da unção, da nova confirmação e da eucaristia, viático da vida eterna.

Nos dois casos, a graça do Espírito Santo, que conclui no enfermo a graça da penitência, libertando-o das sequelas do pecado, se manifesta, em geral, pelo conforto e pelo dom de uma força espiritual, que se traduzem no plano psicológico e moral, que tranquilizam a angústia e dão serenidade.

O cristão, como vimos a propósito do batismo e da confirmação, é aquele que participa da unção de Cristo. São Paulo diz aos coríntios: "Foi Deus quem nos firmou no Cristo, a nós e a vós. Foi ele quem nos ungiu" (2Cor 1,21-22). Por isso a administração do batismo inclui uma unção batismal; a confirmação é uma unção do Espírito Santo; a unção dos enfermos representa o fiel sofredor à imagem de Cristo, ungido pelo Pai pelo dom do Espírito, e o assinala para a cura e a salvação com todo o seu ser.

CAPÍTULO IX

O sacramento da ordem e os ministérios na Igreja

O sacramento da Ordem, hoje, mais frequentemente designado pelo nome de "ministérios na Igreja", foi objeto de uma reflexão intensa no Concílio Vaticano II, que revalorizou o colégio episcopal e restabeleceu o diaconato permanente. O concílio também consagrou um documento à "Ordem dos padres", falou muito das responsabilidades dos leigos, até empregando a seu respeito o termo "ministério". Devemos, portanto, distinguir na Igreja o exercício do *ministério ordenado* (episcopado, presbiterato, diaconato) e o ministério que podemos chamar de *batismal*, porque fundado nos sacramentos da iniciação cristã. Seria um erro pensar que o único ministério que existe é o ministério ordenado.

Esse mesmo trabalho prosseguiu após o Concílio Vaticano II por muitas razões. Por um lado, voltou-se a examinar o testemunho do Novo Testamento, pois a grande trilogia do ministério ordenado – bispo, padre, diácono – não existe nele como tal. Como fazer o vínculo entre esse testemunho e a hierarquia ministerial atualmente em vigor nas igrejas católica, ortodoxa e mesmo anglicana, mas da qual as outras igrejas resultantes da Reforma realmente se distanciaram? É mais um fruto da dificuldade de explicar a fundação dos sacramentos por Jesus.

Por outro lado, no diálogo ecumênico, a questão dos ministérios continua sendo atualmente um entrave doutrinal importante para a aproximação entre as confissões cristãs: como chegar algum dia à "reconciliação" dos ministérios? Essa questão deu ensejo a um diálogo intenso nas últimas décadas concretizado em vários documentos importantes e que marcou avanços substanciais, sem, no entanto, chegar ao termo desejado.

O Concílio Vaticano II restabeleceu um diaconato permanente acessível aos homens casados. Desde o concílio, essa decisão entrou gradualmente em prática em muitos países e modificou o cenário pastoral. No entanto a redução rápida do número de padres nos países ocidentais também levou à instauração gradual da nova configuração de um ministério confiado a leigos providos de uma "carta de missão" e implicando uma responsabilidade propriamente pastoral, ainda que não seja completa e se exerça na dependência dos padres. Como entender essa nova "maneira de ser da Igreja" à luz de sua estrutura tradicional? Como situar esses novos ministérios com relação ao diaconato permanente? A tudo isso acrescentam-se os debates das últimas décadas em torno do celibato sacerdotal. Estamos, então, diante de um programa bastante carregado.

O ministério e, sobretudo, o ministério ordenado suscitam o problema delicado do exercício da autoridade na Igreja e das relações entre os membros batizados da Igreja e seus responsáveis. A autoridade concretiza-se também numa rede institucional cujo condicionamento é sociológico e veicula muitos fatores não doutrinais e mutáveis através da história. É esse ponto que devemos estudar prioritariamente, pois ele condiciona o conjunto da perspectiva (1). Em seguida, devemos fazer uma releitura dos testemunhos do Novo Testamento referentes aos ministérios, a fim de verificar melhor como esses últimos se fundamentam no mistério de Cristo (2). Faremos depois uma série de sondagens da história e da tradição, para melhor captar as evoluções que mudaram inevitavelmente o aspecto cultural dos ministérios (3). Trataremos, então, da especificidade ministerial do diaconato permanente e do papel dos ministérios dos leigos em sua diversidade (4). Por fim, abordaremos a discutida questão do celibato dos padres (5).

I. Da autoridade na sociedade à autoridade na Igreja

1. Hierarquia, autoridade e poder

A Igreja Católica surge no mundo como uma sociedade fortemente hierarquizada. Seu organograma é bem conhecido: no cume, o papa, depois, os bispos, os padres, os diáconos e outros ministros. O termo "hierarquia", que significa "comando sagrado", foi inventado em outros tempos para evocar a subordinação dos diferentes coros de anjos; ele desceu do céu para a terra para exprimir os diversos graus de autoridade na Igreja; hoje, transpôs em muito as fronteiras desta para significar a cadeia de autoridade e de subordinação que existe nas diversas instituições da sociedade. É bem conhecida a hierarquia militar; toda administração tem sua hierarquia, as empresas também; evidentemente, todo governo racional é constituído de acordo com uma hierarquia estrita. Fala-se comumente em "via hierárquica" ou em escalões hierárquicos que todo assunto a tratar deve seguir de acordo com regras preestabelecidas. Além disso, em geral, fala-se em "hierarquia de valores".

A razão da existência dessas diversas hierarquias vem da necessidade de manter a boa ordem e a unidade nas decisões tomadas e nas ações empreendidas. Uma sociedade, seja ela qual for, na qual coexistem autoridades independentes umas das outras logo se torna um reino dividido contra si mesmo, cujas forças centrífugas condenam à morte. A Igreja, sendo uma sociedade organizada, não escapa a essa necessidade, e é até notável que seja seu vocabulário nessa matéria que tenha sido retomado na sociedade global, em que a autoridade nada tem de sagrada.

A hierarquia está a serviço do exercício da *autoridade*. Todo exercício da autoridade implica para quem a detém um certo *poder* de decidir a respeito dos outros. Os dois termos são inevitavelmente ligados e, no entanto, diferentes. A autoridade, por sua etimologia, é o que faz crescer na unidade. Ela deve respeitar a liberdade daqueles sobre os quais se exerce. Em geral, distingue-se a autoridade funcional, a daquele ou daquela que foi regularmente instituído numa responsabilidade, e a autoridade pessoal "carismática", a daquele cuja personalidade radiante exerce espontaneamente uma atração e uma influência que lhe permitem ser facilmente convincente. O ideal é que quem exerce uma autoridade funcional também tenha autoridade a título pessoal.

> A autoridade, em geral, proporciona poder. O poder se define como a aptidão para empreender ações eficazes; é uma força que se exerce e se impõe aos membros da sociedade, se necessário, por coerção. Se a autoridade pretende convencer, o poder pretende vencer (Grupo de Dombes). Num Estado, o governo tem o monopólio do uso da violência (polícia, exército) a serviço do bem comum e para impedir o excesso anárquico da violência. Fala-se, assim, da conquista do poder, dos poderes públicos e da separação dos poderes. Porque os homens são os homens, um poder sempre é ameaçado pelo abuso de poder, como se viu nos Estados totalitários do século XX. Um poder deve sempre buscar um justo equilíbrio entre as obrigações da vida em comum e o respeito à liberdade de seus cidadãos.

O exercício da autoridade sempre constituiu um problema. A evolução constante dos regimes políticos através da história nos dá a medida. Mas hoje há mais: nosso mundo atual no Ocidente é complexo com respeito ao exercício da autoridade e do poder. As mudanças culturais que vivemos puseram em dúvida o profundo consenso que servia como fundamento ao exercício tradicional da autoridade. Autoridade e poder são naturalmente suspeitos e contestados. O maior respeito às liberdades é uma boa coisa, mas também corre o risco de se fazer à custa de um enfraquecimento geral da autoridade do Estado, em favor de um individualismo reivindicado como valor último. A autoridade está em crise tanto na sociedade como nas famílias, portanto, não nos surpreende que também esteja em crise na Igreja.

2. Autoridade e poder na Igreja

A Igreja, que é uma sociedade de homens, é submetida às exigências de toda sociedade humana; portanto, ela tem necessidade de uma autoridade para lhe assegurar o "bem comum". Na Igreja também, e sempre porque é humana, o exercício da autoridade passa por uma forma de poder capaz de obrigar. Distinguem-se de forma clássica três grandes poderes na Igreja: o poder de ensinar ou a autoridade doutrinal; o poder de santificar ou a autoridade na administração dos sacramentos; o poder de governar, enfim, ou seja, o de exercer uma jurisdição sobre as pessoas. Trata-se nos três casos de uma autoridade espiritual cujo objetivo é conduzir os fiéis para os caminhos de Cristo e de Deus até a vida eterna, mas essa autoridade pode passar por determinações bem precisas e, por vezes, coercivas. A Igreja tem seu "direito canônico" e seu código penal, ainda que as sanções que adote sejam de ordem espiritual. É claro, o membro da Igreja mantém toda a liberdade de não se submeter, mas nesse caso ele põe em dúvida sua própria cidadania eclesial, ele se marginaliza ou até se isola. A Igreja não escapa a essa lei universal.

O exercício legítimo e necessário da autoridade na Igreja é entregue às mãos de homens que são pecadores, assim como a todos os seus outros membros. Se a Igreja tem as promessas da vida eterna e pode ter confiança no comprometimento de Cristo com ela – a fim de que nunca ela traia a fé e não seja infiel à sua missão de salvação –, os que a governam continuam sendo homens submetidos a seus limites pessoais e aos limites de seu tempo. Nem sempre se tomaram as melhores decisões. Em certos períodos da história, seu ministério foi assoberbado por graves pecados. A Igreja conheceu, inevitavelmente, tempos bons e tempos difíceis, conforme os lugares e as épocas. Isso nos leva ao problema de sua necessária *reforma*. Foi o caso, no século XI, da reforma chamada "gregoriana". Foi o caso, também, no século XVI, das reivindicações da *Reforma* protestante, que, por sua vez, trouxe uma "reforma católica", muitas vezes, chamada de "Contrarreforma". João XXIII convocou o Concílio Vaticano II para um *aggiornamento* da Igreja Católica, outra linguagem para expressar a necessidade de uma reforma. Esse concílio, aliás, reconheceu o princípio segundo o qual a Igreja deve submeter-se a uma reforma permanente (*ecclesia semper reformanda*).

É possível equiparar a Igreja a algum dos regimes políticos que conhecemos na história? Por muito tempo, no passado, estimou-se que a Igreja fosse uma monarquia, ao mesmo tempo no plano universal, sob autoridade do papa, e no plano local, sob autoridade do bispo, à imagem do Império Romano e, mais tarde, das monarquias das nações ocidentais. Certos teólogos até inventaram esse raciocínio, na época incontrolável, para justificar o seguinte ponto de vista: "Cristo quis para sua Igreja a autoridade mais perfeita possível. Ora, a autoridade mais perfeita possível é a monarquia. Portanto, Cristo estabeleceu a Igreja como uma monarquia". Esse raciocínio teria muita dificuldade para provar sua premissa: a de que a autoridade mais perfeita é a monarquia. Hoje, alguns almejam que a Igreja seja uma democracia. Ora, a democracia se define pela soberania e pelo governo do povo pelo povo, governo não submetido a nenhuma autoridade e, portanto, capaz de questionar a todo momento as regras de seu vínculo social, como sua constituição e suas leis. A Igreja não pode ser uma democracia, uma vez que é submetida a Cristo, que a enviou em missão ao mundo e é depositária de uma mensagem de revelação à qual deve permanecer fiel. Isso não significa que não haja na Igreja determinados elementos de monarquia e outros que são próprios da democracia, como por exemplo o sentido da fé (*sensus fidei*) do conjunto dos fiéis (*sensus fidelium*), cujos intérpretes são os bispos e o papa. Ocorre que a Igreja não pode ser reconhecida num sistema político simplesmente humano porque sua autoridade e, correlativamente, seus poderes têm origem e destinação divinas, ou seja, transcendentes a toda responsabilidade humana. Entretanto, como a Igreja vive no mundo, ela é inevitavelmente marcada pela maneira como a autoridade e o poder se exercem no mundo ao qual pertencem seus fiéis. Os procedimentos dos concílios antigos inspiravam-se nos procedimentos do senado romano; os do Concílio Vaticano II, em nossas assembleias políticas modernas.

3. Comunidade, colegialidade e presidência

É possível dizer algo mais preciso sobre o modo de governo da Igreja? No povo de Deus reunido pelo apelo evangélico, podem-se reconhecer três grandes princípios e três dimensões articuladas entre elas, que concorrem para o governo do todo: a dimensão *comunitária*, a dimensão *colegial* e a dimensão *pessoal*. A dimensão comunitária não significa que o povo seja a fonte do poder, mas que, se o considerarmos em seu conjunto, ele é o depositário do dom de Deus e da mensagem evangélica. Sendo assim, o Vaticano II escreve: "O conjunto dos fiéis que receberam a unção do Espírito Santo não pode falhar na fé e manifesta a propriedade específica por meio do sentido sobrenatural da fé de todo povo quando 'desde os bispos até os últimos fiéis leigos' ele expressa seu consentimento universal em matéria de fé e de costumes"[1]. Isso quer dizer que as instâncias especializadas do governo da Igreja e das dioceses devem exercer sua responsabilidade numa comunhão viva e num diálogo constante com o povo de Deus. Esse princípio já fora afirmado no século III por Cipriano de Cartago – "o que concerne a todos deve ser tratado por todos" – e foi oportunamente lembrado pelo padre Congar. Cipriano havia adotado como princípio não decidir nada de acordo com sua opinião, sem o conselho dos padres e dos diáconos e sem o sufrágio de seu povo[2]. Esse povo é titular de uma responsabilidade global que pode ser exercida de diversas maneiras por meio das relações entre as igrejas e fundar iniciativas legítimas e ministérios.

No entanto, na Igreja, nem todos podem fazer tudo, e o povo não efetua espontaneamente o bem comum. O povo tem necessidade de ser governado, ou seja, no caso, mantido em fidelidade e caridade e alimentado pelos dons de Deus, que são os sacramentos. Por isso ele é cercado por um colégio de ministros, cuja origem é o colégio dos doze apóstolos. A dimensão colegial – e hierárquica – da autoridade é

---

1. Vaticano II, constituição dogmática sobre a Igreja, *Lumen gentium*, n. 12.
2. Cyprien de Carthage. *Lettre 14, 4*; trad. fr. Bayard, I, Paris, Les Belles Lettres, 1925, 42.

expressa muito claramente no Novo Testamento, conforme mostra a reunião de Jerusalém (At 15) em que os apóstolos e os anciãos tinham de tomar em conjunto uma decisão temível com respeito à liberdade cristã em relação às observâncias judaicas. Essa assembleia pode ser considerada o modelo dos futuros concílios. Na Igreja, a colegialidade foi organizada em dois níveis: a colegialidade dos bispos, que tem autoridade sobre a Igreja universal, e a colegialidade presbiteral (*presbyterium*) em cada diocese. A dimensão colegial expressou-se ao longo da história pelos sínodos locais e regionais, em que um grupo de bispos tomava as decisões regionais necessárias, e depois pelos concílios ecumênicos, reunindo todos os bispos do mundo. Hoje, o funcionamento regular das conferências episcopais pode ser comparado ao dos sínodos regionais antigos. Essa dimensão colegial deve inspirar todo o funcionamento da autoridade na Igreja.

Contudo, no colégio dos apóstolos, Pedro tem uma função e uma autoridade particulares, destacadas em numerosas tradições do Novo Testamento: é encarregado de confirmar seus irmãos, recebe uma investidura especial da parte de Jesus (Mt 16,19; Jo 21) e também é o porta-voz dos Doze. Nesse colégio, ele exerce uma primazia. De fato, todo colégio precisa de uma presidência. Também, a unidade da Igreja, seja local ou universal, deve ser simbolizada na função de um responsável que se torna a figura personalizada de todo o corpo. É o padre que desempenha esse papel em sua paróquia, o bispo em sua diocese e o papa na Igreja universal. O papa não é um superbispo, ele é o bispo da Igreja de Roma; e, a título da sucessão de Pedro e de Paulo, preside o colégio dos bispos e a Igreja universal; tem como função principal manter essa última na autenticidade da fé evangélica e na comunhão da caridade.

Tal funcionamento é original e pode parecer pouco cartesiano. Poderia ser resumido pelo termo regime de *corresponsabilidade*. Supõe um intercâmbio constante de caridade na vida da Igreja e das igrejas. Desse intercâmbio, os bispos são a plataforma giratória. Por um lado, fazem chegar a Roma o sentir cristão de seu povo e, por outro, devem transmitir a seu povo o que vem da Igreja universal, seja na volta de um concílio, seja por sua relação com o papa. Esse intercâmbio assume formas diversas no decorrer das épocas. Pode também passar por disfunções quando o equilíbrio entre primazia, colegialidade e comunidade não é respeitado.

> A autoridade exercida numa Igreja muito majoritária, chegando às vezes a se confundir com o conjunto da população, tinha evidentemente um alcance político. Os Estados não deixavam de ter interesses envolvidos, e foi essa a origem da célebre "querela das investiduras", pelo fato de os governos civis quererem ter voz na escolha dos bispos. Esse ponto continuou muito sensível até nas concordatas dos tempos modernos. Por outro lado, os nacionalismos marcaram a vida da Igreja – por exemplo, o galicanismo na França – e alimentaram uma competição entre Roma e o episcopado. Também podia acirrar-se o conflito entre o concílio e o papa, como aconteceu no século XV, por ocasião do grande cisma do Ocidente. Quando dois ou três papas disputavam a cadeira de Pedro, o concílio sentia-se responsável por restabelecer a unidade. Daí a afirmar a superioridade do concílio sobre o papa era apenas um passo, fácil de ser dado. Sabe-se também que alguns conclaves não terminavam porque os cardeais se opunham entre si no contexto de lutas por influência. Por isso, ainda hoje, os cardeais ficam "trancados" até "fazerem" o papa, segundo a expressão consagrada. Madame de Sévigné escreve a esse respeito uma carta encantadora para seu primo Coulanges, escandalizado com as peripécias intermináveis de um conclave. Ela dá uma bela lição de fé e ao mesmo tempo de lucidez sem ilusões:
>
> *E sobre os grandes objetivos que devem levar a Deus, você se mostra embaraçado em sua religião quanto ao que está acontecendo em Roma e no conclave: pobre primo, está enganado. Ouvi dizer que um homem muito inteligente chegou a uma conclusão absolutamente oposta [...] de que era preciso que a religião cristã fosse totalmente santa e milagrosa para subsistir assim, por si só, em meio a tantas desordens e profanações. Faça, portanto, como esse homem, tire as mesmas conclusões e pense que essa mesma cidade, em outros tempos, foi banhada*

> *pelo sangue de um número infinito de mártires. [...] Você acredita que, seja qual for a artimanha que haja no conclave, é sempre o Espírito Santo que faz o papa? Deus faz tudo*[3].

A centralização contínua que se produziu na Igreja do Ocidente a partir do século XI e que se afirmou ainda mais depois do século XVI contribuiu para fazer com que a autoridade na Igreja subisse cada vez mais ao seu cume. A autoridade dos bispos viu-se reduzida em proveito da autoridade do papa. Na reflexão teológica, o tratado da Igreja tornava-se, segundo o termo do padre Congar, uma "hierarquiologia". Dela só se mantinha a organização ministerial visível com a representação piramidal do papa, dos bispos, dos padres e, na última categoria, dos batizados. Essa perspectiva se traduziu no plano sociológico.

O Concílio Vaticano II, em sua constituição sobre a Igreja, trata, primeiro, do povo de Deus, o povo dos batizados, antes de abordar a hierarquia eclesial, para mostrar que a solidariedade cristã é mais importante do que a especialização das funções. Teve o objetivo de reequilibrar o papel da colegialidade episcopal em sua relação com o papa. Ressaltou a responsabilidade do laicato. Ao fazê-lo, volta ao pensamento dos Padres da Igreja. Como Cipriano já dizia, "o bispo está na Igreja e a Igreja está no bispo"[4].

4. O fundamento último de toda autoridade e todo poder na Igreja

Estas últimas explicações enfatizaram os aspectos em que a autoridade na Igreja permanece solidária de todo exercício de autoridade nas sociedades humanas. Mostraram também a especificidade do caso eclesial com relação aos funcionamentos simplesmente humanos. De

---

3. Madame de Sévigné ao Monsieur de Coulanges, 26 de julho de 1691, in: *Lettres*, Paris, Hachette, 1862, t. X, 46-47.
4. CYPRIEN DE CARTHAGE, *Lettre* 66, 8, p. 226.

fato, a autoridade na Igreja tem origem e destinação divinas. Se é possível dizer que de certa maneira toda autoridade política vem de Deus (Rm 13,1-2), a autoridade na Igreja vem da revelação realizada na pessoa de Cristo. Esse ponto delicado merece atenção especial[5].

A autoridade na Igreja é um dom de Deus Pai, que lhe vem de Cristo e torna-se ativo nela pelo Espírito Santo. Vejamos alguns textos do Novo Testamento sobre esse dom: "Todo o poder me foi dado no céu e na terra. Ide, então, fazei de todos os povos discípulos, batizando-os em nome do Pai e do Filho e do Espírito Santo" (Mt 28,19). Essa autoridade concerne ao ensinamento da fé e dos mandamentos de Cristo, assim como aos sacramentos, entre eles, o batismo. A frase, colocada na boca do Ressuscitado, foi precedida por duas outras no mesmo evangelho, uma para Pedro e outra para os discípulos: "Tudo o que ligares na terra será ligado nos céus; e tudo o que desligares na terra será desligado nos céus" (Mt 16,19); "Tudo o que ligardes na terra será ligado também no céu e tudo o que desligardes na terra será desligado também no céu" (Mt 18,18). Esse vocabulário mais semítico encontra-se, de certa forma, traduzido numa terceira frase: "Recebei o Espírito Santo. Aqueles a quem perdoardes os pecados serão perdoados; aqueles a quem retiverdes, serão retidos" (Jo 20,22). Esses textos deram ensejo a interpretações diferentes e, por vezes, divergentes entre as confissões cristãs. Deles, guardemos aqui apenas a comprovação da origem divina da autoridade na Igreja.

Mas essa autoridade, original quanto à sua origem e também quanto à sua finalidade, só pode ser exercida à maneira das autoridades mundanas. É uma autoridade de serviço e tem como exemplo a autoridade de Cristo servidor (Fl 2,7-11) dizendo a seus discípulos:

> Os reis das nações as governam e os que exercem autoridade sobre elas se fazem chamar de benfeitores. Que não seja assim convosco. Pelo contrário, o maior dentre vós seja como o menor, e o que chefia, como

---

5. Sobre esse ponto, ver GROUPE DE DOMBES, *"Un seul Maître". L'autorité doctrinale dans L'Église.*

quem serve. Qual é o maior? Quem está à mesa ou quem serve? Não é quem está à mesa? Quanto a mim, estou em vosso meio como quem serve (Lc 22, 26-28).

O próprio Jesus ilustrou essa ordem lavando os pés de seus apóstolos antes de sua paixão:

Compreendeis o que vos fiz? Vós me chamais de Mestre e Senhor, e dizeis bem, porque realmente eu o sou. Se eu, o Senhor e Mestre, vos lavei os pés, também vós deveis lavar os pés uns dos outros. Eu vos dei um exemplo, para que vós também façais como eu fiz (Jo 13,12-15).

O ensinamento de Jesus a seus apóstolos, portanto, é inequívoco. Quem comanda deve ser como quem serve. A autoridade que vem dele é uma autoridade de serviço. Os papas até mantiveram este título oficial: "Servidor dos servidores de Deus (*servus servorum Dei*)". Essa é a configuração de toda autoridade na Igreja. Mas Jesus não tinha pecados, e os responsáveis da Igreja são pecadores. Não estão ao abrigo da tentação constituída por todo poder. A realização desse ideal passa inevitavelmente por vicissitudes históricas. No entanto, nada poderia justificar que este já não fosse objeto de um desejo apaixonado.

II. Uma releitura dos testemunhos sobre a instituição dos ministérios no Novo Testamento

O ensinamento do Novo Testamento sobre os ministérios na Igreja está longe de ser tão claro quanto o que é dado sobre Cristo. Os textos nos falam, antes de tudo, dele; não pregam a Igreja, a não ser em seu pertencimento ao mistério de Cristo de que ela é o corpo. No plano prático, no mais das vezes, falam dela apenas de modo incidental, quando um problema traz à tona o funcionamento das responsabilidades. Devemos ter em conta o testemunho dos próprios evangelhos e das cartas de Paulo. Ora, entre uns e as outras parece, à primeira vista, haver certa distância. As coisas são mais complexas do que a interpretação tradicional levava a pensar.

> Devemos, então, ter a paciência de reler os diversos testemunhos, a fim de discernir o ponto em que convergem e possibilitam a abordagem da fundação da *estrutura ministerial* da Igreja. Esse procedimento e essas análises poderão parecer complexos, mas pertencem às exigências de nosso tempo, que não pode satisfazer-se com respostas fáceis demais, assim como às exigências desta obra que pretende remontar aos fundamentos da fé cristã. Devemos mostrar o vínculo entre a vida das comunidades apostólicas e a raiz dos ministérios que funcionam na escolha dos Doze por Jesus. Descobriremos também que o funcionamento da autoridade apresentou dificuldade desde a época apostólica.

1. O ponto de partida: de Jesus a seus discípulos

Os evangelhos nos dão o fundamento de tudo; tudo parte de Jesus e da autoridade que, desde o início de sua vida pública, ele recebe do Pai por ocasião de seu batismo. Exerce-o proclamando o Reino de Deus e trabalhando, por meio de suas palavras e seus atos, pela vinda desse Reino e pela salvação da humanidade. Sua autoridade é modelo de uma autoridade de serviço.

Em nome de sua autoridade, Jesus escolheu os Doze, dado histórico incontestável; ele os fez compartilhar a associação de uma vida em comum com ele, ao longo da qual os instruiu e formou; instituiu a Ceia na presença deles e deu-lhes a ordem de segui-lo repetindo tudo o que ele havia feito; não lhes poupou a provação da cruz, escandalosa para a fé deles; reuniu-os após sua ressurreição para torná-los testemunhas privilegiadas dela; enviou-os em missão; prometeu-lhes e enviou o Espírito Santo em Pentecostes. A doutrina clássica viu na Ceia o ato de instituição por Jesus do ministério sacerdotal. Hoje, sem negar de modo nenhum a importância dos Doze na Ceia, vê-se a instituição do sacramento da ordem mais na totalidade da formação recebida dos apóstolos no decorrer de sua vida em comum com Jesus.

Jesus confiou essa autoridade que lhe é própria a seus discípulos, enviando-os em missão, pois, a partir da Páscoa, ele já não a exerce de maneira imediata e visível. Essa transmissão, ou "devolução", é uma delegação. A autoridade dos ministros da Igreja, portanto, será sempre a intendência ou a tenência de "mandatários" que respondem ao único mestre e Senhor. Só poderá ser exercida mediante o dom do Espírito. É dada, primeiro, aos discípulos imediatos de Jesus e, depois, a outros, como Paulo. Ela ultrapassa a geração apostólica e se transmite às gerações futuras para que a Igreja permaneça fiel à apostolicidade fundadora (ver as cartas paulinas aos colossenses, aos efésios e as cartas pastorais)[6].

Esse é o dado principal e fundamental ao qual se deve sempre remontar para conhecer a essência do que será chamado, bem mais tarde, de sacramento da ordem. É notável que a figura dos Doze, nas Igrejas do Novo Testamento, continue sendo a referência original da autoridade e da missão, embora no plano histórico a coerência do grupo dos Doze tenha desaparecido. Contudo, essa figura continua sendo geral e ainda não nos fornece uma estruturação concreta da Igreja com a diversidade de seus ministérios. Devemos, então, examinar mais detidamente a vida das comunidades primitivas em gênese.

2. Um vocabulário múltiplo, consequência de uma inovação radical

Se consultarmos as cartas de Paulo, veremos comunidades que funcionam com múltiplas organizações e ministérios com vocabulário muito variado. O termo "diakonos", que significa "servidor" ou "ministro", é empregado a propósito do próprio Cristo (Rm 15,8), depois, de Paulo (Cl 1,23), e de Febe: "que está a serviço" em Cencreia (Rm 16,1)[7]. "*Diakonos*" continua sendo um termo muito genérico que corresponde ao sentido de "ministro".

---

6. Neste parágrafo me inspiro no documento do Grupo de Dombes, citado acima, n. 305-313.
7. Sem dúvida, seria precisão excessiva traduzir por "diaconisa" no sentido que a palavra assumiu da Igreja antiga.

Encontramos também a trilogia paulina da primeira Carta aos Coríntios (1Cor 12,28), que enumera os *apóstolos*, os *profetas* e os *doutores*. Essa trilogia passará para cinco termos na Carta aos Efésios (Ef 4,11-12), que lhe acrescenta os *evangelistas* e os *pastores*. O termo "episkopos", de que origina "bispo" ou "epíscopo", é pouco empregado, apenas cinco vezes, e não é um termo técnico. Seu sentido não se distingue do sentido de *"presbyteros"* a não ser pelo fato de aparecer sempre no singular, ao passo que os presbíteros são geralmente mencionados no plural. Uma vez é associado à função dos servos ou *diáconos* (Fl 1,1). Vemos, assim, o termo "presidente" em algumas cartas paulinas, ou "hegúmeno", "guia" na Carta aos Hebreus.

Em contrapartida, o termo "presbyteros" é empregado sessenta e cinco vezes; etimologicamente, ele significa "antigo" e remete à função dos responsáveis pelas comunidades sinagogais judaicas. De início, esse termo é corrente apenas nas comunidades judaico-cristãs; não se encontra nas cartas propriamente paulinas, mas aparece nas cartas ditas pastorais.

O grande ausente desse vocabulário é o termo propriamente sacerdotal "hiereus" – padre, no sentido do Antigo Testamento –, que designava aqueles que sacrificavam as vítimas animais no Templo. Nunca é empregado para os ministros da nova aliança. Esse termo só é aplicado a Cristo (Hb 3,1), nosso sumo padre, porque é aquele que, pela oferenda de sua vida, aboliu os sacrifícios antigos, figuras do novo sacrifício, o sacrifício que consiste no dom de si de toda a sua existência.

> A esse silêncio geral e certamente intencional só se vê uma exceção: uma única vez Paulo fala "da graça que me foi dada por Deus, de ser servo de Jesus Cristo entre os pagãos, desempenhando o *sagrado serviço (sacerdotal)* do Evangelho de Deus" (Rm 15,16). No entanto ele não aplica o termo a um papel de "sacrificador", mas ao anúncio do Evangelho. Também encontramos o termo "sacerdócio (*hierateuma*)" para o sacerdócio régio (Ap 1,6 e 1Pd 2,9) de todos os batizados. É todo o povo de Deus que se constitui em "sacerdócio", porque em razão de seu batismo ele pode viver como sacrifício espiritual perpetuamente oferecido a Deus (Rm 12,1).

Essa ausência da referência sacerdotal na designação dos ministros é muito significativa: o Novo Testamento recusa-se a retomar para eles o vocabulário sacerdotal do templo de Jerusalém e da Lei antiga, em que havia padres que imolavam as vítimas. Esse regime é abolido pelo sacrifício único de Cristo. O ministério da nova aliança é algo novo e original.

> Mas aqui as línguas modernas, com frequência, nos induzem a erro. Os dois termos do vocabulário do Novo Testamento – "*presbyteros*" e "*hiereus*" – resultam, muitas vezes, em um só vocábulo que confunde os dois significados. Por um lado, temos o registro do responsável pela comunidade que se chama "ancião": "*presbyteros*" em grego, "*presbyter*" em latim, "presbítero", que dará "*prêtre*" [padre, sacerdote] em francês. Por outro lado, encontramos o registro do sacerdócio cultual e do sacrifício que é o de "*hiereus*" em grego, "*sacerdos*" em latim que também dá "*prêtre*" em francês. Duas etimologias bem diferentes dão lugar a uma única e mesma palavra. O adjetivo correspondente é "sacerdotal" nos dois casos. De fato, a significação *sacerdotal* cobre muito amplamente a significação original, que é *presbiteral*[8].

A multiplicidade do vocabulário mostra por si só a dificuldade de encontrar uma denominação que corresponda ao ministério do Novo Testamento. De todo modo, ao termo de sua redação, este não nos dá a trilogia "bispo" [*évêque*], "padre" [*prêtre*], "diácono" [*diacre*], embora tenha as três palavras em ordem dispersa e uma vez o binômio "epíscopos" [*épiscopes*] e "diáconos" [*diacres*]; e não encontramos o termo "*sacerdoce*" aplicado aos ministros.

---

8. Tanto isso é verdade que uma frase do *Lumen gentium* (n. 28), perfeitamente compreensível em latim, torna-se em francês uma tautologia: "Os *prêtres* (*presbyteri*) [...] são verdadeiros *prêtres* (padres) do Novo Testamento".

3. Os ministérios na estrutura da Igreja

À primeira vista, estamos diante de tal diversidade de *configurações* e de *organizações* que cabe indagar se há de fato, acima dessas diversidades, uma *estrutura* fundamental da Igreja no que diz respeito a seus ministérios. O tema foi objeto de inúmeros debates nos anos que se seguiram ao Vaticano II[9]. É uma questão importante, pois o problema consiste em saber se os ministérios na Igreja encontram um fundamento normativo no Novo Testamento ou se as igrejas na história têm liberdade de organizar os ministérios à sua maneira[10]. Em termos modernos, as igrejas de hoje estarão ligadas pelo sacramento da ordem?

> Vejamos, então, algumas constatações básicas comprovadas pelos textos.
> 1. Uma coisa que aparece nitidamente é o *fato comunitário*, isto é, a responsabilidade ativa do conjunto dos membros da comunidade a serviço de todos. Mas, como nem todo mundo pode fazer tudo, constata-se uma especialização de certos membros em uma ou outra função em razão de seus carismas (dons de cura, de assistência, de falar em línguas, ver 1Cor 12). A "ministerialidade" ou a responsabilidade pertence a toda a Igreja. Toda a comunidade está em situação de serviço (*diakonia*) do Evangelho para o mundo. Essa

---

9. Essa foi particularmente a objeção de Hans Küng, apresentada de maneira simples demais: não encontramos em São Paulo nem bispos, nem presbíteros, mas apenas ministérios carismáticos, frutos da espontaneidade do Espírito. No entanto essa interpretação é baseada mais no emprego das palavras do que no entendimento das realidades. Não leva em conta todos os aspectos já institucionais dos ministérios no Novo Testamento.
10. Essa pesquisa supõe análises de textos apuradas, com método preciso. Há alguns anos tentei pesquisar com base em estudos realizados por exegetas profissionais para cada libreto ou cada grupo de libretos do Novo Testamento. Esses estudos foram publicados numa coletânea sob responsabilidade de J. DELORME, *Le Ministère et les Ministères selon de Nouveau Testament. Dossier exégétique et refléxion théologique*, Paris, Éd. du Seuil, 1974. Aqui me limitarei a mostrar sinteticamente algumas conclusões dessa pesquisa.

"ministerialidade" se solidariza com a missão e a apostolicidade da Igreja, solidariza-se também com o fato de toda a Igreja ser instrumento de salvação para a humanidade. Essa exigência primordial da existência cristã resulta no surgimento de um determinado número de serviços ou de ministérios em função dos dons multiformes do Espírito. Esses ministérios compõem um lugar de iniciativa necessário à vida da Igreja. Podemos falar aqui, ainda que a expressão seja contemporânea, de *ministérios batismais,* baseados na própria existência cristã. Não se deve confundir, portanto, ministério e ministério *ordenado.* Esses ministérios se baseiam em carismas, ou seja, dons do Espírito, mas só se tornam ministérios quando têm uma certa estabilidade e são reconhecidos visivelmente na comunidade eclesial. Ora, embora nem todo carisma seja forçosamente ministério, todo ministério é carisma, ou seja, dom gratuito de Deus. Essa responsabilidade dos leigos não deve ser esquecida na compreensão da Igreja de hoje.

2. Não é possível comparar *duas estruturas* eclesiais diferentes, uma puramente "carismática" e espontânea nas comunidades paulinas e outra "institucional" nas comunidades judaico-cristãs. Por exemplo, ministros locais e instituídos existem nas comunidades paulinas: eles "trabalham e cooperam" e "são chefes" (1Ts 5,12; 1Cor 16,15-16). Essas comunidades dispõem de apóstolos, de profetas e de doutores. Paulo se declara solidário a todos esses homens e toma sua defesa. Envia também companheiros itinerantes e colaboradores (Apolo, Barnabé, Timóteo), que exercem a autoridade em seu nome. Paulo, enfim, fundador dessas igrejas, reivindica uma autoridade de apóstolo e a exerce de maneira vigorosa. As coisas se definem e se institucionalizam nas cartas pastorais, em que o redator faz Paulo afirmar fortemente a origem divina de sua missão e fala de uma imposição das mãos para a investidura de seus colaboradores. Vê-se aqui nascer a passagem de uma colaboração direta, que não inclui sinal de investidura, para uma sucessão regular que requer esse sinal. Trata-se particularmente de manter as igrejas na fé verdadeira. Essas cartas atestam até mesmo a instituição de "presbíteros", linguagem nova em relação às cartas precedentes. A Carta aos Hebreus distingue os guias antigos (Hb 2,3-4) e os

guias atuais, que se privam de sono pela comunidade, sendo Jesus o *guia perfeito* (Hb 2,10). A primeira carta de Pedro fala dos presbíteros como *pastores* (5,4) a serviço de Cristo, que é o *pastor supremo*.

3. Se remontarmos aos evangelhos, mas considerando que foram escritos no decorrer do século I, podemos distinguir determinadas alusões ao que acontece na Igreja daquele tempo. Na época, o grupo dos Doze já não existia mais como tal e se dispersara, como mostram os Atos dos Apóstolos a partir do início das missões paulinas (At 8). Por ocasião da escolha dos Sete (diáconos), ainda são os Doze que tomam a decisão. Mas, quanto à grande assembleia de Jerusalém (At 15), trata-se dos "apóstolos e dos anciãos" em geral. Igualmente, Paulo vai a Jerusalém para ser reconhecido em sua missão pelas "colunas de Jerusalém". Ora, os evangelhos insistem muito na escolha dos Doze por Jesus antes da Páscoa, no número simbólico dos Doze que representavam o novo povo de Deus e julgaram as doze tribos de Israel. Essa valorização bem mostra que os Doze constituem a origem do ministério na Igreja, seu fundamento primeiro. Nesse grupo emerge a figura de Pedro como aquele que é a pedra fundamental da Igreja. Jesus lhe dá poder e autoridade para ligar e desligar (Mt 16,18-19), antes de dá-los mais globalmente aos apóstolos (Mt 18,18). Os evangelhos, inclusive o de João (com a investidura de Pedro em João 21), querem mostrar que os Doze estabelecidos por Jesus são os garantes da legitimidade da autoridade estabelecida nas Igrejas depois do desaparecimento desse grupo. Dão claro testemunho da responsabilidade particular do grupo dos apóstolos com respeito a toda a Igreja.

4. Embora essas comunidades tenham organizações diferentes, todas conhecem uma mesma estrutura ministerial, ou seja, uma relação entre *"alguns"*, que têm colegialmente responsabilidade global e principal pela vida de toda a Igreja, que a presidem, que a mantêm em unidade e autenticidade da fé, e *"todos"* os outros da comunidade. Esses ministros têm uma dupla referência: a pessoa de Jesus, que os enviou, e o dom do Espírito que receberam. Seu ministério merece ser chamado apostólico, pois remonta aos apóstolos. No entanto ele se exerce numa Igreja que é inteiramente apostólica, uma vez que mantém a fé dos apóstolos.

O sentido desse ministério apostólico ultrapassa as necessidades da boa ordem numa comunidade. Ele significa e realiza a iniciativa transcendental de Cristo diante de sua Igreja e permite a toda a comunidade celebrar em seu culto a existência cristã de viver o serviço ao Evangelho como um dom recebido. A Igreja é o povo chamado e reunido, mas é também a dinâmica da reunião, num movimento que nunca se conclui. Seus ministros são os que têm a tarefa de "convocá-la" e reuni-la. São chamados "apóstolos", "evangelistas", "administradores", "embaixadores", "líderes", "presidentes", "pastores". Todas essas palavras expressam uma *tenência*: os titulares agem em nome de Cristo, que é o único pastor do rebanho. Eles são "ministros de Cristo" (Cl 1,7), "colaboradores de Deus" (1Cor 3,9), "administradores dos mistérios de Deus" (1Cor 4,1), "ministros da nova aliança" (2Cor 3,6), "ministros da reconciliação" (2Cor 5,18).

As tarefas do ministério apostólico organizam-se em torno de três eixos que constituem uma unidade concreta. (1) O ministério apostólico é, antes de tudo, um ministério da palavra, o anúncio oficial e institucional da Evangelho vivo. Implica um ensinamento e inclui uma dimensão profética. (2) O ministério apostólico é também um ministério de presidência, de guia, de vigia (é o sentido da palavra "epíscopo") e de pastor. Zela pela unidade da comunidade e por seus laços de comunhão com os outros. Inclui também a presidência da oração e da assembleia litúrgica. Faz os gestos em que se cumpre o dom do Espírito; os apóstolos batizam e impõem as mãos. (3) Enfim, o ministério apostólico inclui também um determinado número de serviços concretos da comunidade e de serviços de assistência temporal. Essa dimensão diaconal dará lugar à investidura dos "Sete" (At 6)[11]. O ministério apostólico deve sempre manter a aparência do serviço humilde a exemplo de Cristo.

> Curiosamente para nós, a presidência da eucaristia é mantida em certa sombra. Salvo no episódio de Trôade, em que se vê Paulo presidir a divisão do pão (At 20,7-11), o Novo Testamento silencia a

---

11. Sobre esse episódio, ver CH. PERROT, *Après Jésus. Le ministére chez les premiers chrétiens,* Paris, Éd. De l'Atelier, 2000, 155-157.

> respeito desse ponto. Porém os dados da história mostram que a presidência das refeições na tradição judaica nunca é arbitrária e que obedece a regras de estrita hierarquia. Em família, é o pai ou o dono da casa que preside. Nas associações fraternais ou de amigos, é o mais velho. Na "de amigos" formada por Jesus e seus discípulos, é sempre Jesus que preside. Pode-se pensar, normalmente, que depois da partida de Jesus foi Pedro que presidiu, depois os outros apóstolos e os ministros que exercem a presidência da comunidade. Por outro lado, a coerência dos dados do Novo Testamento enfatiza a solidariedade entre o anúncio da palavra de Deus e a presidência da eucaristia, que é um "anúncio da morte do Senhor". É no momento da refeição do Senhor que a relação estrutural entre os ministros e a comunidade deve funcionar de forma eminente.

Enfim, o ministério apostólico no Novo Testamento articula a dimensão colegial, amplamente atestada, e a dimensão presidencial e pessoal, que é sinal de unidade: é esse o papel de Pedro entre os Doze; ou o de Paulo em suas Igrejas. Entretanto, a trilogia tradicional "bispo, padre, diácono" é uma cristalização que vai além do testemunho do Novo Testamento. É obra das primeiras comunidades, que, depois do desaparecimento dos apóstolos e das testemunhas originais de Jesus, enfrentaram novas necessidades institucionais. Em sua totalidade, essa trilogia cobre o ministério apostólico tal como acaba de ser descrito à luz dos evangelhos e das cartas. Ela dá uma configuração concreta a suas diversas tarefas e organiza a relação entre presidência e colegialidade.

III. Algumas sondagens históricas

Um sacramento é uma realidade concreta e comunitária vivida na história, como vimos. Suas formas evoluem inevitavelmente: tal como para os outros sacramentos, convém percorrer, um pouco pelos pontos altos, as grandes evoluções do sacramento da ordem que contribuíram para fazer dele o que vemos hoje.

1. A sucessão apostólica

A preocupação com a sucessão dos apóstolos depois de seu desaparecimento manifesta-se nitidamente nos últimos documentos do Novo Testamento. A imposição das mãos é um sinal disso. Corresponde a uma questão vital para a Igreja: o que seria dela quando a geração das testemunhas de Jesus desaparecesse? A afirmação dessa sucessão encontra-se pela primeira vez em Clemente de Roma, um dos primeiríssimos "bispos" de Roma, antes do final do século I. Ele nos diz que Cristo foi enviado pelo Pai, e os apóstolos, por Cristo. Por sua vez, "os apóstolos estabeleciam as primícias dos crentes, provavam-nos pelo Espírito, a fim de fazer deles os epíscopos e os diáconos dos futuros crentes. [...] Em seguida, colocaram como regra que, depois da morte desses últimos, outros homens comprovados os sucederiam nesse ofício"[12].

Esse testemunho é fundamental, dada a sua antiguidade. Ireneu, por sua vez, se inscrevera nessa perspectiva estabelecendo a lista da sucessão dos bispos de Roma a partir do apóstolo Pedro. Ele se diz capaz de fazer a mesma coisa para as outras Igrejas. Para ele, a "sucessão apostólica", no sentido pleno do termo, compreende três coisas: uma "sucessão legítima", que se inscreve na linha daqueles que se sucederam publicamente à frente das Igrejas desde os apóstolos; o "carisma da verdade", ou seja, o dom da fidelidade ao ensinamento dos apóstolos e particularmente a conservação integral das Escrituras transmitidas com uma interpretação autêntica; enfim, "a integridade inatacável da conduta" ou "o dom excepcional do amor", ou seja, o exemplo dado da vida de acordo com o Evangelho. Tertuliano retoma o mesmo esquema de transmissão. Contudo, como as Igrejas se multiplicaram e já nem todas têm um apóstolo em sua origem, ele utiliza a imagem da reprodução por mergulhia dos morangueiros. De uma igreja mãe brota um estolho, que, por sua vez, cria raízes para formar uma nova igreja.

---

12. CLÉMENT DE ROME. *Lettres aux Corinthiens,* 42, 4 e 44, 2; SC 167, 169 e 173.

2. A trilogia "bispo, padre, diácono"

Nos textos do final do século I e do início do século II, constatamos a extinção progressiva de vários termos, como "profetas", "doutores", "presidentes". Os termos "epíscopos" e "presbíteros" ainda são equivalentes em Ireneu.

A trilogia "bispo", "padre", "diácono" está cristalizada em Inácio de Antioquia no início do século II, mas ainda não é universal. Essa trilogia remete a uma tipologia mística à qual se relaciona a figura da celebração eucarística: o bispo que preside representa Deus Pai ou Cristo; os padres representam os apóstolos na Ceia; em torno deles, os diáconos cuidam do serviço. A comunidade, de certo modo, fecha o círculo. Toda a comunidade é o "santuário" ou o próprio "Jesus Cristo". O bispo garante a unidade. A esse respeito, logo se falou em "episcopado monárquico", pois o bispo nunca está só. Está sempre cercado pelo *presbyterium* e pelos diáconos. Os bispos, considerados sucessores dos apóstolos, desempenham um papel essencial. No século III, Cipriano foi o grande teólogo da colegialidade episcopal.

Os *presbíteros* ou os padres, que no início cercam o bispo, exerceram gradualmente um ministério de presidência sob sua autoridade numa comunidade menor, nos arredores das cidades ou no campo. Quanto aos *diáconos*, eles não eram diáconos do padre, mas diáconos do bispo e da Igreja. Responsabilizaram-se por um serviço nem pastoral nem imediatamente paroquial; eram, antes, agentes de ligação no nível diocesano. Foram responsáveis pela assistência corporal, pela distribuição dos dons, pela gestão das Igrejas; garantiam a boa ordem na celebração eucarística; levavam a eucaristia aos enfermos. Podiam também anunciar a palavra e dar o batismo, mas com a permissão do bispo. Seu papel mais itinerante e seu vínculo mais próximo com o bispo fariam deles figuras de proa nas comunidades e provocariam a inveja dos padres.

3. A presidência da eucaristia

Diferentemente do Novo Testamento, os testemunhos pós-apostólicos são abundantes, e seu princípio fundamental parece ser o seguinte:

quem preside a uma Igreja é também quem preside à eucaristia dessa Igreja (H. Legrand). Em Inácio, é o bispo; em Justino, é o "presidente"; em Hipólito e Cipriano, ainda é o bispo. Mais tarde, no campo, foram os padres, porque a comunidade cristã era por demais numerosa e dispersa para poder reunir-se todos os domingos em torno do bispo cercado de seus presbíteros. Essa é a origem de nossas paróquias.

> É nesse contexto que vemos a retomada do vocabulário sacerdotal que o Novo Testamento evitara. Faz-se funcionar uma comparação entre os ministérios da antiga Lei e os da nova. Em razão da presidência da eucaristia, mas também em razão do ministério da palavra garantida pelo bispo, o termo "padre" (*"hiereus"* em grego, *"sacerdos"* em latim), ou "grande padre" (*"archi-hiereus"*, *"summus-sacerdos"* ou *"pontifex"*), é utilizado a propósito do bispo. Em Cipriano, um *sacerdos* é sempre um bispo. No século IV, o termo se estende aos *presbíteros*, que passam a presidir a eucaristia nas pequenas cidades. São ditos "padres de segunda categoria". Mas na mentalidade corrente esse termo funciona como uma qualificação atribuída ao bispo e não como a que lhe dá seu nome. Dir-se-á, assim, que o bispo é padre da nova aliança.

4. O nascimento do par "clérigos e leigos"

A distinção de vocabulário entre clérigos e leigos está ausente no Novo Testamento. No entanto, encontramos nele "alguns" e "todos" distinguindo ministros encarregados pela comunidade e o conjunto dela. Todos os membros são chamados de "santos", ou seja, são pessoas já santificadas pelo dom do Espírito Santo recebido no batismo. Quando São Paulo se dirige a uma Igreja, ele cumprimenta "os santos que estão em Filipos, com seus epíscopos e diáconos" (Fl 1,1). Igualmente, a Carta aos Hebreus distingue nessa comunidade "os guias e os santos" (Hb 13,24).

No Novo Testamento, o desenvolvimento da ideia da santidade de todo fiel de Cristo se expressa no tema do sacerdócio universal de todos os batizados, que já encontramos. Dois textos falam deles como de um corpo de padres: "Vós, porém, constituís uma geração escolhida, um sacerdócio régio, uma gente santa, um povo conquistado, a fim de proclamar as grandezas daquele que das trevas vos chamou para sua luz admirável" (1Pe 2,9). Também o Apocalipse fala do sangue de Cristo "que fez de nós um reino de padres para seu Deus e Pai" (Ap 1,6). Essa linguagem inteiramente simbólica vem diretamente do Antigo Testamento (Ex 19,6), que valorizava a escolha do povo eleito por Deus. Trata-se aqui da eleição dos que receberam o batismo e são, por esse fato, consagrados a Deus. Participam do sacerdócio de Cristo, pertencem em pleno direito ao "santuário" dos padres de Deus e são habilitados a lhes render um culto direto, proclamando seu louvor. São convidados a fazer de toda a sua vida uma oferenda pessoal a Deus (Rm 12,1). Aqui não se trata de ministério sacerdotal, como achava Lutero, mas de uma participação existencial ou de uma forma de comunhão com o único sacerdócio de Cristo, único mediador entre Deus e os homens. É um aspecto da responsabilidade dos cristãos na Igreja e no mundo que diz respeito ao corpo da Igreja ao mesmo tempo que a cada um em particular.

O termo "leigo" aparece pela primeira vez em Clemente de Roma, portanto, no final do século I. Ocorre numa comparação entre os ministérios que existem na Igreja e os do Antigo Testamento, que contavam os sumos padres, os padres, os levitas e os leigos. Clemente convida a comunidade de Corinto a respeitar seus ministros quando esta acaba de destituí-los. Cada um, portanto, deve permanecer em sua categoria, e os leigos não podem dispensar seus ministros, mesmo que os tenham eleito. "Quem é leigo é ligado pelos preceitos próprios dos leigos", diz o autor[13]. Ao que parece, a oposição subjacente à distinção entre ministros e leigos é oposição entre sagrado e profano. A definição do leigo

---

13. CLÉMENT DE ROME, *Lettre aux Corinthiens,* 40, 5, p. 167.

oscila sempre entre seu caráter sagrado resultante do batismo e seu caráter profano resultante de seu engajamento no mundo. Ora, deve-se enfatizar também que o próprio Clemente menciona os leigos como membros da comunidade que ele chama, em outro lugar, de "os irmãos, os eleitos, os chamados, os santificados, a porção santa, o rebanho de Cristo". Com relação ao mundo, os leigos são membros do povo consagrado, mas, com relação aos ministros da Igreja, eles são o povo ocupado em atividades profanas. Pode-se dizer que o par clérigos-leigos é o vocabulário que, por séculos, será assumido pela distinção detectada no Novo Testamento entre "alguns" e "todos".

> O termo "leigo" se encontra no século III em textos que insistem em sua dimensão positiva, pois a unção batismal já é uma unção sacerdotal. Orígenes, por sua vez, enfatiza que a distinção entre ministros e leigos não é garantia de salvação. A *Tradição apostólica*, texto de referência frequentemente mencionado nestas páginas, dá testemunho de um ministério de doutor que pode ser ocupado por um leigo. O importante, então, não é o clericato, mas a competência para ensinar. Orígenes, ainda leigo, será cooptado pelos bispos da Palestina para comentar a Escritura por ocasião das celebrações litúrgicas; isso constituirá escândalo aos olhos de alguns e levará à ordenação presbiteral de Orígenes! A tradição da Igreja nos conservou o papel de um determinado número de leigos que receberam um encargo de ensino na Igreja.

Os clérigos e os leigos vivem numa relação mútua a serviço de uma vocação comum. Se estes devem respeito e obediência àqueles, reciprocamente estes últimos estão fundamentalmente a serviço dos leigos e do povo inteiro. Santo Agostinho o expressa para seu povo com estas palavras maravilhosas: "Para vós, sou o bispo. Convosco, sou um cristão. Bispo é o título de um cargo. Cristão é o nome da graça. Que o fato de ser resgatado convosco me seduza mais do que o de ser vosso chefe"[14].

---

14. Augustin, *Sermon* 340,1; *PL* 38, col. 1.483.

5. A Idade Média e as mudanças da sociedade

O fim do mundo antigo e as invasões bárbaras trazem também uma transformação da sociedade e o advento da sociedade feudal, na qual o leigo é geralmente considerado um ignorante que não sabe ler, diferentemente do clérigo, que é o homem instruído. A sociedade global é cristã, mas o povo é praticamente expulso da liturgia que se desenrola no coro da abadia ou da catedral. As igrejas medievais ainda comprovam, com frequência, uma ruptura entre o coro reservado aos clérigos que celebram a liturgia, muitas vezes, separado da nave por grades ou até por uma construção transversal, espécie de barreira arquitetural chamada "jubeu"[15]. O povo dos leigos ficava na nave e acompanhava a missa de muito longe, vendo a hóstia no momento da elevação e recebendo o ensinamento pronunciado para ele do alto do jubeu. Ele tinha uma religião de devoções. Assistem-se também a uma série de dissociações e a uma ruptura da relação comunitária entre os clérigos e os leigos.

O tema do sacerdócio universal dos batizados, ainda presente entre os Padres da Igreja, desapareceu em seguida, uma vez que o termo "sacerdócio" era cada vez mais reservado ao clero. Temia-se uma certa confusão entre os dois sacerdócios. Como no tempo da reforma Lutero proclamava que todos os cristãos eram igualmente padres, que o batismo fazia de cada um "um padre, um bispo e um papa", mas que só alguns deles eram delegados para exercer o ministério, a Igreja Católica, querendo enfatizar a especificidade do sacramento da ordem, manteve esse tema na sombra, até que ele foi retomado no século XIX por teólogos como o alemão Moehler e o inglês Newman. O Concílio Vaticano II voltou a valorizá-lo no quadro de sua teologia do laicato. Porém esse concílio também distingue nitidamente "o sacerdócio comum dos fiéis e o sacerdócio ministerial ou hierárquico". Um é um encargo ministerial recebido pela investidura sacramental da ordenação; outro é a qualidade espiritual e existencial de toda a vida do

---

15. O nome "jubeu" deriva da fórmula de introdução à liturgia das horas: "*Jube, domine, benedicere* (Queira o Senhor abençoar)".

cristão que o habilita para responsabilidades batismais. São duas realidades bem diferentes.

> Esse eclipse do sacerdócio universal dos batizados é correlato de uma evolução da concepção do ministério do padre. Na Idade Média, o vocabulário sacerdotal, presente até aqui para exprimir um aspecto do ministério dos bispos e dos padres (mas não dos diáconos), torna-se o vocabulário dominante. Até dá nome ao ministério ordenado: o padre [*prêtre*], o *presbyter*, tornou-se um *sacerdos*, matiz capital impossível de ser traduzido no francês. Essa mudança de vocabulário tem significado importante. Etimologicamente, o *presbyter,* ministério herdeiro do ancião da sinagoga, era um responsável global pela comunidade, a exemplo do bispo em sua diocese. Bispos e padres tinham três encargos fundamentais: o anúncio da palavra e o ensinamento da fé; a santificação pela celebração dos sacramentos; e finalmente a autoridade de governo da comunidade ordenada para sua manutenção na unidade e na fé[16]. No século IV, as fórmulas de ordenação dos bispos mencionavam essas três funções. A partir de então, o vocabulário sacerdotal dominante passou a ser relacionado principalmente à função de celebração dos sacramentos e, em particular, da eucaristia. A ordenação do padre lhe dá o "poder" de consagrar a eucaristia. Correlativamente, a imagem do padre é centrada no culto; ele é o homem do sagrado. É assim que a teologia de Santo Tomás e, mais tarde, a doutrina do Concílio de Trento partiram da ideia de sacerdócio. Os padres continuaram a ensinar a palavra de Deus e a governar suas Igrejas, mas a função considerada específica de sua ordenação é a do ministério dos sacramentos. Isso leva a uma dissociação entre *poder de Ordem*, isto é, o poder sobre os sacramentos que vem da ordenação, e *poder de jurisdição*, ou seja, a autoridade do governo, a qual os juristas em geral dizem que vem diretamente do papa. O Concílio Vaticano II deve esclarecer esse ponto.

---

16. Essa trilogia é um pouco diferente da trilogia apresentada no Novo Testamento.

A "clericalização" progressiva da Igreja levou a identificá-la com os clérigos e monges. A hierarquia eclesial é considerada por si só como "a Igreja" e torna-se uma ordem autossuficiente da sociedade. Organiza-se por si mesma. Assiste-se também à dissociação entre a ordenação e o vínculo com uma comunidade. São as "ordenações absolutas" (desligadas de toda responsabilidade pastoral sobre um território), que outrora eram proibidas pelo Concílio de Calcedônia. Instala-se o sistema dos benefícios, que estabelece que a alguém que assume um encargo seja dado um rendimento estável do qual possa viver. Mas esse sistema econômico deu ensejo a muitos abusos, pois muitos tentaram obter o benefício sem exercer o encargo que lhe correspondia. Essa é a origem da "comenda" nos mosteiros. O abade "comendatário" nada tinha de um monge que vivia uma vida contemplativa com seus irmãos. Era titular das rendas da abadia e morava em outro lugar. Vê-se, enfim, a multiplicação das igrejas privadas e das fundações de missas para as quais os padres eram exclusivamente ordenados. A ordenação permitia ao novo ordenado dizer as palavras da consagração e nada mais se solicitava dele. O rito de ordenação evoluiu também de maneira "cultural": fazia-se por imposição das mãos; passou a ser feito, então, sobretudo, pela transmissão dos instrumentos de cada ordem, à imagem da entrega das insígnias do cargo por ocasião de uma sagração real ou da entrega das chaves ao rei à sua entrada em uma de suas *bonnes villes*[17]. Igualmente, a Idade Média assiste ao desaparecimento do diaconato como Ordem permanente. O diácono, enviado às paróquias para ajudar os padres, passa a suceder a eles. O diaconato torna-se uma ordem imediatamente preparatória ao presbiterado.

> Essas evoluções da prática explicam a evolução da teologia que foi centralizada no conceito de sacerdócio, em seu vínculo privilegiado

---

17. Foi preciso esperar por Pio XII para esclarecer esse ponto e voltar à adoção da imposição das mãos. [Em linhas gerais, o termo "bonnes villes" indicava aquelas cidades medievais que gozavam de certa autonomia e de privilégios particulares concedidos pela realeza. (N. do E.)]

> com a eucaristia, e considerou-se, então, que o presbiterado se identifica com o sacerdócio. Santo Tomás sistematizou a prática eclesial que ele tinha sob os olhos.

A Idade Média também inscreve os ministérios do bispo, do padre e do diácono no septenário sacramental sob o nome de "sacramento da Ordem". Na série das Ordens Hierárquicas há também o subdiaconato e as Ordens Menores, conhecidos no período antigo, mas que se tornaram etapas a serem vencidas sucessivamente, como degraus de uma escada. A colação da Ordem, que em grego se chamava "imposição das mãos", tornou-se a ordenação (*ordinatio*), ou seja, agregação a uma das Ordens da Igreja. Sabe-se que as Ordens Menores não são sacramentais. O diaconato era julgado sacramental, pois preparava imediatamente para o sacerdócio. Tudo se concentra na ordenação do padre, chamada "ordenação sacerdotal", porque tudo é relacionado ao sacerdócio e elaborado com base nesse conceito. Por isso ainda se discute para saber se o episcopado é sacramental. De fato, quando ministra a missa, o bispo não tem mais poder do que o padre. Santo Tomás, assim, acha que o episcopado não é um sacramento, mas a liberação, num padre, de certos poderes de autoridade e de jurisdição que antes estavam relacionados. Desse modo, o episcopado não é visto como um sacramento, mas como um ofício.

6. Do Concílio de Trento aos tempos modernos

Esse concílio tem consciência da urgência de uma reforma na Igreja e dos abusos que há entre os bispos e os padres. Mas não quer dar razão aos reformadores: fala, portanto, da reforma desses dois ministérios em decretos ditos de reforma, e não doutrinais. É então que se insiste na responsabilidade do ministério da palavra para os bispos e os curas. Do ponto de vista dogmático, opõe-se às ideias de Lutero, afirmando vigorosamente a existência de um sacerdócio ordenado para a celebração do sacrifício de Cristo. Apresenta o sacramento da

Ordem como o do sacerdócio, que dá o duplo poder de celebrar a eucaristia e de perdoar os pecados[18]. O concílio diz simplesmente que os bispos são superiores aos padres, como "Ordem hierárquica", que eles têm o poder de governar a Igreja e que podem ordenar e dar a confirmação. O Concílio de Trento corre até o risco de esbarrar no problema da jurisdição, pois esta envolve a relação dos bispos com o papa. O enviado de Roma transmitiria ao concílio a interdição de se apoderar dessa questão, particularmente da origem "divina" do poder de jurisdição. Praticamente, a dissociação entre o anúncio da Palavra e o governo, de um lado, e o ministério dos sacramentos, de outro, se manteria forte por séculos. O sacramento da Ordem foi reduzido ao poder sobre os sacramentos. Todos esses problemas foram retomados e esclarecidos pelo Concílio Vaticano II.

> A distinção entre clérigos e leigos, de início, formalmente eclesiástica, assumiria, com o passar do tempo, conotações sociais diferentes, que não foram comprometidas por sua importância eclesial. Vimos na Idade Média esse par distinguir as pessoas instruídas (sentido que encontramos em certas expressões como "a traição dos clérigos") e as ignorantes. Nos séculos XVI e XVII, o par clérigo-leigo opõe o clero ao mundo. Numa época em que a Igreja praticamente se confunde com a sociedade, diz-se de um jovem que ingressa nas ordens que ele entra na Igreja, ao passo que o jovem religioso ou o clérigo estavam na Igreja desde seu batismo. A Igreja como instituição reduzia-se a sua hierarquia, como se vê por ocasião dos estados gerais de 1789, em que as três ordens representadas são a nobreza, a Igreja (ou seja, o clero) e o terceiro Estado. No século XIX, um homem "leigo" era um promotor da laicidade do Estado, de início, polêmico em face da Igreja.

No século XX falar-se-ia de "laicato" para designar as diversas organizações da Ação Católica. Em 1954, o padre Congar publicou um

---

18. O vocabulário dominantes é o dos "*sacerdotes*"; o dos "*presbyteri*" só aparece para distinguir o bispo do padre.

livro que se tornou famoso, intitulado *Jalons pour une théologie du laïcat*[19] [Marcos para uma teologia do laicato]. Toda uma reflexão atuaria em favor de uma "promoção do laicato" na Igreja e levaria aos ensinamentos do Concílio Vaticano II.

A definição do Vaticano II recapitula a doutrina contemporânea sobre os leigos:

> Por leigos entendem-se aqui todos os fiéis que não sejam os membros da Ordem Sagrada e do Estado religioso reconhecido pela Igreja, fiéis que, incorporados a Cristo pelo batismo, são constituídos como Povo de Deus e, participando à sua maneira da função sacerdotal, profética e régia de Cristo, preenchem por sua parte a missão de todo o povo cristão na Igreja e no mundo.
>
> O caráter secular é próprio e particular dos leigos [...]. Pertence aos leigos, por sua vocação, gerando as coisas temporais e ordenando-as de acordo com Deus, procurar o Reino de Deus. Eles vivem no século, isto é, em todos e cada um dos empregos e trabalhos do mundo e nas condições ordinárias da vida social e familiar, que constituem como que o tecido de sua existência.[20]

Essa definição tenta ser duplamente positiva, embora comece por uma qualificação negativa: os leigos não são clérigos nem religiosos. Enfatiza a consagração batismal e sacerdotal do leigo a serviço do Reino de Deus e, ao mesmo tempo, sua responsabilidade própria na gestão do mundo. O leigo é um cristão que vive no mundo.

7. O século XX e o Concílio Vaticano II

Vamos nos deter nos pontos principais pelos quais o Concílio Vaticano II deslocou toda a paisagem do ministério ordenado e batismal para sair de uma eclesiologia de "hierarquiologia", como dizia o padre

---

19. Paris, Éd. du Cerf, 1954.
20. Vaticano II, *Lumen gentium*, n. 31.

Congar. As grandes "novidades" do Vaticano II constituem, de fato, uma volta à tradição antiga. Os dois documentos básicos sobre nosso tema, *Lumen gentium*, sobre a Igreja, e *Presbyterorum ordinis*, sobre os padres, seguem o mesmo movimento. O concílio estuda prioritariamente a Igreja como povo de Deus antes de abordar a hierarquia, que se situa no interior da vocação cristã.

De acordo com a mesma lógica, o concílio expõe prioritariamente o *sacerdócio régio* ou universal dos batizados, que ele afirma ser diferente em essência, e não em grau, do sacerdócio ministerial. "Ambos participam, cada um de maneira particular, do sacerdócio único de Cristo[21]." O primeiro é um sacerdócio *existencial*: em razão de seu batismo e de sua participação na eucaristia, o cristão pode fazer de toda a sua existência uma oferta num sacrifício "vivo, santo e agradável a Deus" num "culto espiritual" (Rm 12,1). O sacerdócio ministerial é um encargo que tem como objeto permitir à comunidade cristã exercer esse sacerdócio universal como dom recebido de Deus. O bispo e o padre não são mediadores no sentido do antigo sacerdócio; eles são os ministros do *único mediador*, Jesus, o Cristo. Eles tornam visível e efetiva sua mediação única. O termo "sacerdócio" já não é reservado aos ministros ordenados; é atribuído a eles no sentido ministerial. O bispo e o padre exercem um ministério que tem importância sacerdotal.

O ministério apostólico é tratado a partir do episcopado, ponto de referência de todo o ministério ordenado. A categoria mãe é o *envio em missão*, que remonta ao envio dos apóstolos por Jesus. Correlativamente, o concílio afirma a sacramentalidade do episcopado, como grau supremo do sacramento da ordem e, portanto, do sacerdócio ministerial. Esse sacerdócio constitui uma configuração para o Cristo Padre e permite agir em seu nome (*in ejus persona*). Os padres são os *cooperadores* dos bispos na mesma missão. Os bispos formam um colégio, conectado à sua frente o bispo de Roma. Cada um, além de ter a seu cargo uma igreja particular, pertence a um colégio que o torna um agente de relação e de transmissão entre as igrejas particulares e a igreja universal.

---

21. Vaticano II, *Lumen gentium*, n. 10.

O caráter sacerdotal da missão concerne às *três grandes tarefas (munera)* dos bispos e dos padres, tal como entendidas pela tradição antiga. A prioridade é dada ao anúncio do Evangelho e à função doutrinal. A esse respeito, o Vaticano II retoma as fórmulas do Concílio de Trento em seus decretos disciplinares. A segunda função é a de santificar por meio dos sacramentos, cujo ápice é a eucaristia. A terceira é a autoridade do governo, ou seja, a tal jurisdição sobre a qual se debatia havia séculos. Essa jurisdição, isto é, a responsabilidade conferida ao bispo de conduzir seu povo à salvação, tem sua fonte na ordenação, e não no papa. A ordenação episcopal confere esses três encargos de acordo com as fórmulas litúrgicas antigas da ordenação episcopal.

> Se é permitido prolongar o ensino formal do concílio permanecendo fiel à sua intenção, a ordenação que tem lugar pela imposição das mãos, gesto que acompanha a oração para que o Espírito Santo venha dar ao ordenando os dons necessários a seu ministério, é um sinal de "não poder" (J. Moingt). Isso quer dizer que o bispo não transmite um poder que lhe pertenceria a título pessoal, mas que ele pede a Deus que invista o ordenando de seu encargo e de sua responsabilidade na ordem da salvação.

O presbiterado é tratado como a ordem cooperadora do episcopado. Os padres participam da missão do bispo em tudo, mas com responsabilidade mais reduzida[22]. O desenvolvimento que lhes concerne é calcado, com as necessárias adaptações, no que trata dos bispos em *Lumen gentium*. O diaconato é restabelecido como Ordem permanente. Poderá ser conferido a homens casados.

> Esse ensinamento adquire aspecto real com a forma de entender as ordenações e os ministérios nos últimos séculos. Mas essa

---

22. O termo *"presbyteri"* substitui em latim *"sacerdotes"*. *O decreto sobre os padres chama-se Presbyterorum ordinis*, título escolhido deliberadamente; encontram-se 125 ocorrências de *"presbyteri"* para 32 de *"sacerdotes"* e *"sacerdotium"*.

> aparente novidade é, de fato, um retorno ao mais antigo. O Concílio Vaticano II almejou ser um concílio eclesiológico. Ora, esse tema diz respeito primordialmente à "estrutura" da Igreja, na qual se deve reconhecer o papel convergente e complementar das três dimensões já destacadas no governo original da Igreja: a dimensão comunitária, que é a do povo de Deus em seu conjunto; a dimensão colegial, que é a do ministério de "alguns" (os colégios dos bispos e do *presbyterium*); e finalmente a dimensão da presidência pessoal, que é a do papa, do bispo e do padre.

IV. Diaconato permanente e ministérios dos leigos

1. A especificidade do ministério diaconal

O Concílio Vaticano II restaurou o diaconato permanente, mas manteve-se bastante vago a respeito da especificidade própria a esse grau do sacramento da Ordem. De fato, a questão foi colocada no concílio pelos episcopados dos países chamados do "terceiro mundo", que se viam confrontados com uma falta temível dos padres em suas igrejas. Os debates referiam-se, sobretudo, à questão de saber se a Igreja deveria abrir-se para a ordenação de diáconos já casados. Esse ponto foi aceito, mas não sem reservas. O concílio via nos diáconos casados um "auxílio aos padres", mantendo a consciência de que seu ministério tinha uma especificidade diferente. Segundo uma fórmula muito antiga, "o diácono é ordenado não para o sacerdócio, mas para o serviço (*ministerium*)". O termo "serviço" é símbolo do diaconato. A referência neotestamentária invocada disso é a instituição dos Sete (At 6) pelos apóstolos por ocasião de um conflito entre judeu-cristãos e pagão-cristãos para a distribuição dos dons na comunidade cristã. Sete homens escolhidos liberam os apóstolos de determinadas tarefas materiais para que eles possam dedicar-se ao ministério da palavra. A referência simbólica do diaconato seria Jesus lavando os pés de seus discípulos na véspera de sua paixão (Jo 13,1-17).

A trilogia dos ministérios dos diáconos dada pelo concílio é a "diaconia da liturgia, da palavra e da caridade", três tarefas por meio das quais eles podem ajudar o bispo, os padres e a comunidade. A diaconia da liturgia se exerce em suas intervenções no decorrer da celebração eucarística, da celebração do batismo e do casamento, da distribuição da eucaristia aos fiéis e aos enfermos. A diaconia da palavra autoriza-os a dar a homilia. A diaconia da caridade, ilustrada no passado pela distribuição dos dons aos que têm necessidade, pode tomar formas muito diversas: responsabilidade por uma obra de caridade na Igreja ou na sociedade, correspondendo à necessidade prioritária de uma conjuntura (particularmente, as novas necessidades que não são assumidas pelos serviços públicos); gestão financeira; serviços diversos, que se exerceriam mais no nível da diocese do que da paróquia.

> Mas que serviço deve ser mais importante e dar a aparência concreta a uma Ordem que a perdeu há uma dezena de séculos? Sobre esse ponto, o Vaticano II ficou no meio do caminho e deu ensejo a duas interpretações diferentes que vemos se concretizar hoje em dia. Uma vê o diácono, antes de tudo, como aquele que ajuda o padre em suas funções e o substitui o máximo possível; outra vê nele o titular de um ministério específico na Igreja, dedicado prioritariamente a testemunhar a caridade. Essa última configuração predominou na Igreja antiga, em que os diáconos eram personagens importantes. A outra generalizou-se na Idade Média e chegou a reduzir o diaconato a um tempo de estágio pastoral; o diaconato tornava-se, então, puramente transitório. Os documentos romanos mais recentes vão no sentido da substituição do padre; recentemente, o episcopado francês tomou posição a favor do ministério da caridade. Nesse debate, a escassez crescente de padres nas últimas décadas faz com que certos bispos partidários da segunda configuração sejam levados, entretanto, a confiar a seus diáconos permanentes uma tarefa de substituição do padre. Na atual gênese do ministério diaconal, esse dilema não se esclarece, e há exemplos das duas configurações. De fato, são principalmente os países de antiga cristandade que tomaram o rumo da

> ordenação de vários diáconos casados. Contam-se hoje 14.000 diáconos nos Estados Unidos; a Europa totaliza 9.200 (dos quais cerca de 1.800 na França). Mas ao que parece o diaconato permanente ainda não tem total aceitação na Igreja[23], o que não é de surpreender ao se compreender que se tratava de uma Ordem a ser recriada.

2. Ministério batismal e ministério pastoral dos leigos

A Igreja não pode viver sem as iniciativas e o engajamento de seus leigos. Isso é atestado pela Escritura e pela tradição. O serviço ativo dos leigos pode assumir formas muito diversas, quer puramente espontâneas, quer individuais ou coletivas. Quando estes prestam, de modo estável, um serviço específico e reconhecido na Igreja, pode-se falar a seu respeito em ministério batismal: catecismo, liturgia, visita a enfermos e a detentos, permanências e acolhimento, manutenção da paróquia, serviços de gráfica etc.

Nos últimos quarenta anos, em alguns países, a falta de padres levou um bom número de bispos a enviar leigos em missão propriamente pastoral, ou seja, em missão de cooperação com o ministério dos padres. Nesse sentido, sua tarefa é sensivelmente diferente da tarefa dos diáconos. É imediatamente pastoral e inscreve-se na trilogia das responsabilidades do padre: anúncio oficial da palavra, participação no ministério dos sacramentos, responsabilidade por comunidades, capelanias ou paróquias. Todavia, eles não fazem tudo e não ministram a eucaristia.

Fazem, no entanto, o que leigos não podem fazer simplesmente com base em seu batismo. São ministérios assumidos por leigos, mas não são ministérios batismais, pois se exercem em nome de um envio em missão específica recebido do bispo. A partir do momento em que a delegação e o envio de leigos em missão tornam-se assunto da

---

23. Ver B. Sesboüé, "Le diaconat permanent a-t-il vraiment trouvé ses marques dans l'Église?", in: Dumons, B. e D. Moulinet (org.), *Le Diaconat permanent*, Paris, Éd. du Cerf, 2007, 189-208.

Igreja, amplamente difundido no espaço e no tempo, seu ministério merece e requer uma interpretação teológica.

> Também propus a seguinte reflexão[24]: o envio em missão de um leigo por intermédio de seu bispo é um ato de jurisdição, de administração de sua comunidade, do mesmo tipo da designação de um cura para uma paróquia. O bispo realiza esse ato baseado em seu próprio envio em missão apostólica, que remonta ao envio dos apóstolos por Cristo. Além disso, o Concílio Vaticano II disse claramente que essa jurisdição lhe vem por meio de sua ordenação episcopal. Por intermédio desse envio em missão, o bispo "enxerta" o leigo em seu próprio envio em missão. Sem dúvida, de maneira não sacramental e parcial, mas real, confia-lhe tarefas que pertencem à esfera do ministério presbiteral. Ele faz desse leigo um novo cooperador de seu próprio ministério. Essa posição é surpreendente, mas ela simplesmente afirma o que os bispos fazem e traduz em linguagem doutrinal o que João Paulo II disse no plano da dependência hierárquica dos leigos assim investidos. O futuro também deverá decantar esse ponto.

V. Uma questão discutida: o celibato dos padres

O celibato dos padres é um ponto de disciplina eclesial. O celibato para o Reino dos Céus é aconselhado por Jesus, que manteve sua castidade. Na Igreja, esse conselho foi interpretado como uma característica da vida religiosa, consagrada pelos três votos – de pobreza, de castidade e de obediência – vividos no contexto de uma vida comum. Paulo VI esclarece em sua encíclica sobre o celibato sacerdotal: "O próprio Jesus não fez disso uma condição prévia ao escolher os Doze,

---

24. Ver B. Sesboüé, *N'ayez pas peur! Regards sur l'Église et les ministéres aujourd'hui*, Paris, DDB, 1996.

tampouco os apóstolos com respeito aos homens que eram prepostos às primeiras comunidades cristãs"[25].

Foi por uma evolução histórica gradual que a Igreja do Ocidente chegou a impor o celibato a seus padres. Nos primeiros séculos, vê-se que alguns bispos vivem em continência. A partir do século IV, os bispos e padres casados tornam-se menos numerosos, e os que vivem em continência parecem mais visados. Duas disposições legislativas vigoram: um só casamento para o padre e nenhum casamento depois de uma ordenação; o padre viúvo, portanto, não pode se recasar[26]. Depois, difunde-se a ideia de que não convém que os bispos e os padres tenham relações conjugais com suas esposas, mesmo que mantenham a vida em comum.

A partir do século V, o Oriente e o Ocidente divergem quanto à sua disciplina. No século VI, o Oriente fixa a sua. O bispo casado deve, a partir de sua ordenação, separar-se da mulher, mas não o padre casado. O Oriente, portanto, é mais flexível do que o Ocidente com os padres, mas, na época, mais rigoroso com os bispos.

No século VI, o Ocidente impõe a continência aos bispos e aos padres. Mas, como é praticamente impossível controlar o respeito a essa regra, a Igreja limita-se a impor sanções aos padres que têm filhos. A Idade Média desenvolve as escolas clericais, formadoras de futuros padres, que serão ordenados jovens e, portanto, ainda solteiros. A reforma gregoriana proíbe, no século XI, a coabitação do padre com sua mulher.

A partir do século XII, a Igreja só aceita a ordenação de indivíduos solteiros que assumam o compromisso de não se casar. Atualmente, o casamento constitui impedimento ao presbiterado. No entanto a inobservância dessa lei parece frequente na Idade Média, se pensarmos na repetição constante dos mesmos dados legislativos e de seu agravamento. No século XII, o celibato sacerdotal era praticado precariamente.

---

25. Paulo VI, encíclica sobre *O celibato sacerdotal* de 24 de junho de 1967, n. 5.
26. Vale o mesmo, hoje, para o diácono permanente casado.

Quais são as motivações dessa evolução? Uma alta estima pela virgindade, mas também um motivo ritual: necessidade para o celebrante de se abster de toda relação conjugal antes de celebrar. Na Idade Média, a Igreja queria, sobretudo, a continência de seus padres. O celibato é um meio necessário para obtê-la. Acrescenta-se a isso uma razão econômica: é preciso evitar que os bens da Igreja caiam, por via de sucessão, nas mãos das mulheres e dos filhos dos clérigos. No plano social e político, o celibato eclesiástico é um instrumento a serviço da autonomia da Igreja com relação ao mundo. No século VII, as motivações invocadas, no quadro da reforma tridentina, são mais espirituais. O clero deve representar a santidade e a moral. Seu status lhe confere uma autoridade indiscutível. Destaca-se o valor espiritual da prática positiva da castidade.

As motivações dadas hoje são expressas pelo concílio e pela encíclica de Paulo VI sobre *O celibato sacerdotal*. São dadas três significações principais. Em primeiro lugar, o *sentido cristológico* do celibato: o padre ministro de Cristo consagra-se totalmente ao Reino, à imagem da virgindade de Cristo. É uma forma de atestar no centro de sua existência sua consagração à sua missão. Em seguida há o *sentido eclesiológico*: os padres testemunham diante dos homens que querem consagrar-se sem divisões à tarefa que lhes é confiada. Há, enfim, um *sentido escatológico*: os padres são o sinal vivo do mundo futuro em que os filhos da ressurreição não tomam nem mulher nem marido (Lc 20,27-38).

A questão do celibato sacerdotal obrigatório foi recolocada depois do Concílio Vaticano II, sobretudo por motivos pastorais, dada a escassez de padres. O papa Paulo VI, por ocasião do sínodo romano dos bispos, de 1971, colocara a seguinte questão: estes deveriam dizer se preferiam a manutenção total da disciplina atual (resposta A) ou se aceitavam, em razão das necessidades pastorais, a possibilidade de homens casados por iniciativa do supremo pontífice

> (resposta B). A resposta A obteve 107 sufrágios; a resposta B, 87 sufrágios. Desde então, a questão não voltou a ser colocada por Roma.

Tal problema deve ser apresentado e estudado, antes de tudo, tendo em vista o bem da Igreja. Não devemos confundir a *ordenação de homens casados* com o *casamento dos padres*. Há uma diferença essencial entre os dois casos, que nos remete à lei antiga: não há casamento após a ordenação. O testemunho de padres solteiros é importante para a vida da Igreja, que não pode renunciar a ele. Sem pretender que a ordenação de homens casados seja uma solução milagrosa, é legítimo pensar que a razão principal nesse sentido é a possibilidade, para toda a comunidade local, estável e suficientemente robusta, de ser presidida e de celebrar a eucaristia dominical. Pois há um direito dos fiéis aos sacramentos.

O que seria possível é a existência de duas formas de clero, dos padres solteiros e dos padres casados, sendo as vias de acesso ao ministério realmente diferentes: os primeiros, formados já na juventude, os outros, em idade mais madura, com casamento bem-sucedido e num momento em que as responsabilidades de pais já foram assumidas. Seriam duas configurações bastante diferentes e complementares, tanto pela própria natureza da vocação como pela trajetória de formação e pela natureza dos ministérios assumidos. Isso supõe que a trajetória se faça gradualmente, a fim de permitir um tempo de coexistência entre esses dois tipos de padres e um tempo de adaptação dos fiéis[27].

Não cabe aqui entrar em detalhes dos diálogos ecumênicos ocorridos desde o Concílio Vaticano II sobre a questão dos ministérios. Entre as Igrejas da ortodoxia e a Igreja Católica não há problema, pois a Igreja Católica reconhece a perfeita validade das ordenações ortodoxas; a

---

27. Não entrarei na questão da ordenação das mulheres no presbiterado: essa questão muito difícil não pertence formalmente a nosso tema e, na atual conjuntura, é preferível manter silêncio sobre esse ponto.

recíproca é um pouco menos verdadeira, uma vez que está ligada ao reconhecimento da validade dos sacramentos dados fora da igreja ortodoxa[28], mas deveria ser possível resolvê-lo sem muita dificuldade.

No Ocidente, a situação é muito diferente, porque a Igreja Católica não reconhece a validade das ordenações feitas fora da sucessão episcopal contínua desde os apóstolos, ou seja, a da Igreja da Reforma. Essa recusa diz respeito também à Comunhão Anglicana, embora essa sucessão não tenha sido materialmente interrompida nessa Igreja, pelo fato de os primeiros bispos anglicanos terem modificado os textos litúrgicos da ordenação a tal ponto que já não se reconhece neles a intenção de fazer o que a Igreja faz quando ordena.

O diálogo ecumênico, ilustrado por inúmeros documentos internacionais, nacionais, oficiais e oficiosos, bilaterais e multilaterais[29], fez o problema avançar consideravelmente. É possível falar hoje em sérias convergências sobre a doutrina. Entretanto, o passo essencial continua sendo o da reconciliação dos ministérios. Várias hipóteses foram propostas com a intenção de respeitar o que cada confissão considera imprescritível. No entanto esse passo decisivo, que abriria para uma vida comum muito mais ampla entre as igrejas, supõe um acordo global na fé sobre o qual se reconhecem ainda hoje, e de todas as partes, dificuldades fundamentais. Assim, esse passo ainda não foi dado.

---

28. Ver página 105.
29. GROUPE DES DOMBES, *Pour une réconciliation des ministères,* 1972; *Le Ministère épiscopal,* 1976; *Le Ministère de communion dans l'Église universelle,* 1986, in *Pour la communion des Églises. L'apport du Groupe des Dombes 1937-1987,* Paris, Éd. du Centurion, 1988; *"Un seul Maître", L'autorité doctrinale dans l'Église,* Paris, Bayard, 2005. – COMMISSION ANGLICANE-CATHOLIQUE ROMAINE (ARCIC), *Ministère et ordination,* 1973; *L'Autorité dans l'Église,* I et II, 1976 et 1981, in *Jalons pour l'unité, rapport final,* Paris, Éd. du Cerf, 1982. – COMMISSION INTERNATIONALE CATHOLIQUE-LUTHÉRIENNE, *Le Repas du Seigneur,* 1978, in *Face à l'unité,* Paris, Éd. du Cerf, 1986. – FOI ET CONSTITUTION, *Baptême, eucharistie, ministère,* Paris/Taizé, Éd. du Centurion – Presses de Taizé, 1982.

CAPÍTULO X

O casamento, instituição humana e sacramento da Igreja

O sétimo e último sacramento da Igreja é o casamento, sacramento muito original em comparação com os outros, uma vez que neste caso uma situação humana fundamental, relação entre homem e mulher, é assumida no nível de um dom de Deus e marcada pelo sinal da relação entre Cristo e a Igreja. Esse sacramento sempre suscitou alguns problemas delicados no plano da doutrina, dada a sua particularidade. Hoje, levando-se em conta a evolução dos costumes na sociedade moderna, ele está na origem de situações difíceis e, às vezes, dolorosas para muitos católicos.

Devemos destacar, a respeito do casamento, quatro pontos principais: primeiro, consideraremos o que se pode chamar de crise do casamento em nossa sociedade (1). Em seguida, abordaremos a complexa questão da instituição desse sacramento por Cristo (2). Veremos, então, a grande diversidade de formas de celebração do casamento ao longo da história (3) e o sentido do casamento cristão enquanto sacramento (4). Para terminar, nos deteremos em diversos problemas pastorais suscitados pelo casamento.

I. O casamento em crise hoje

1. Um desuso crescente do casamento

Isto é um fato da sociedade: os jovens se casam cada vez menos; os números foram apresentados no primeiro capítulo deste livro. Os jovens preferem, na maioria das vezes, o que chamamos de "coabitação juvenil", ou uma ou outra fórmula legal, a mais leve possível[1]. Sua ideia predominante é a de que seu amor mútuo se basta e não tem necessidade de ser enquadrado por uma instituição sempre portadora de obrigações jurídicas. Essa característica da sociedade global vale também para os jovens pertencentes a famílias católicas. Essa evolução dos costumes se fez sem crise, de maneira pacífica, e impõe-se amplamente na sociedade. O que era considerado uma exceção perturbadora ainda há três décadas tornou-se fenômeno comum. Diante dessa evolução, as exigências clássicas do casamento cristão e o bem conhecido rigor da Igreja Católica para com tudo o que diz respeito à sexualidade parecem pertencer a outro mundo. É uma nova moral que se estabelece. Observe-se que tudo isso é vivido em grande inocência subjetiva. O amor se sente sempre inocente e justifica o resto.

> A que causas pode ser atribuída essa mudança tão radical? Nos meios católicos é preciso, evidentemente, levar em conta a crise da transmissão da fé. O exemplo familiar, mesmo dado por cristãos abertos que viveram com alegria o *aggiornamento* da Igreja no momento do Vaticano II, parece inoperante. A influência da família, em outros tempos normalmente repercutida pela influência da escola e do colégio, já não parece decisiva na orientação da liberdade

---

1. No momento em que estou escrevendo estas linhas, as mídias constatam uma "explosão" do *pacs* [*pacte civil de solidarité* – união estável] na sociedade francesa. Essa forma legal de vida de casal tem como efeito assegurar um certo reconhecimento social e vantagens fiscais aos parceiros.

dos jovens, que, aliás, são muito solidários das ideias dominantes em seu mundo. Mas é possível buscar causas mais precisas, pois a crise concerne ao conjunto das sociedades ocidentais.

Uma delas é a permissividade sexual que se difundiu como realidade social generalizada[2]. Em muitos meios a união sexual perdeu amplamente o valor propriamente humano de um dom de amor que compromete duas pessoas num dom e numa oblatividade mútuos. Intensamente sacralizada no passado, reduziu-se a um gesto banal e frequentemente desconectado de uma perspectiva de futuro. No limite, não compromete mais do que compartilhar uma boa refeição. A ausência de um compromisso propriamente humano no ato de amor questiona a própria ideia do envolvimento num amor duradouro, mesmo que os parceiros tenham consciência de que se trata de algo diferente de um encontro fácil. Ora, a dificuldade diante de todo envolvimento duradouro é típica de nosso tempo, que reduz a existência a uma sucessão de instantes dos quais se deve extrair de imediato o maior proveito possível.

O casamento, mesmo o casamento civil, supõe um compromisso para a vida toda. Muitos têm medo desse tipo de compromisso. "Hoje, nós nos amamos", dizem, "e é fato que um amor verdadeiro pretende ser para sempre e não por algum tempo. Mas não temos segurança quanto a nós mesmos nem quanto a nosso futuro. Se nossa vida de casal fracassar, como vemos acontecer com tantas outras à nossa volta, o que poderemos fazer? Não é preferível viver o dia a dia sem nos 'ligarmos'?" Essa hesitação diante do compromisso para a vida toda é muito perceptível entre jovens, no entanto, muito generosos e capazes de doar um ou vários anos de sua vida para causas humanitárias de grande valor.

---

2. Ela é também, em parte, consequência dos progressos da pesquisa médica, que traz, por outro lado, muitos efeitos positivos.

2. Sobre o casamento civil

Apesar de tudo, não se devem esquecer todos os que aceitam se casar. Uns o fazem no plano civil, os outros, no plano religioso. Vamos considerar os primeiros, que já estão dando um passo considerável, pois aceitam entrar na perspectiva do "para sempre", geralmente ligada à aceitação de dar vida a filhos. Nesse plano, as coisas também mudaram: antigamente, ficava-se casado por quinze ou vinte anos; hoje, os casamentos duram cinquenta ou até sessenta anos. É por um tempo muito longo, com seus períodos e estações, que um homem e uma mulher que compartilham a vida juntos vão se desenvolver, amadurecer e, então, envelhecer juntos. O primeiro período marca a procura por trabalho e o primeiro emprego, que, como sabemos, raramente é definitivo, e deverá dar ensejo a uma ou várias mudanças, até mesmo a deslocamentos geográficos. Também é o da chegada dos filhos. Em seguida, vem o tempo da educação dos filhos, que pode se prolongar por períodos de estudos cada vez mais longos. Depois de vinte ou vinte e cinco anos, os filhos se dispersam e os pais veem-se novamente sozinhos, um diante do outro, confrontados a curto prazo com a aposentadoria. A aposentadoria cria condições de vida completamente novas entre dois temperamentos que evoluíram de modo diferente e, com frequência, em universos que não são os mesmos. É preciso reencontrar um *modus vivendi* completamente novo, que respeite a legítima autonomia de cada um. Chega, finalmente, a terceira ou até a quarta idade, em que um dos esposos adoece ou torna-se mais ou menos incapacitado, precisando dos cuidados do outro. Não estou falando das provações mais particulares que sempre podem afetar o casal, casado "para o melhor e o pior", conforme a fórmula estabelecida. As vicissitudes da vida são inúmeras; nos melhores casos, elas aprofundam o amor; em outros, este não resiste.

Mas, em razão do que os jovens veem à sua volta nas famílias e entre os amigos, eles já têm na ideia a hipótese do divórcio. As estatísticas revelam que o número de casamentos que acabam em divórcio é considerável: na França, entre os casados, um casal em cada três, ou até, em certas regiões, um em cada dois. A sociedade protege muito menos as famílias. Até elogia um tanto intempestivamente as famílias "recompostas", se diz que pelo bem tanto dos filhos como dos pais. No entanto se esquece um pouco depressa o peso do sofrimento vivido por crianças numa idade particularmente sensível, quando estas têm necessidade de viver asseguradas pelo amor mútuo dos pais. O amor pode transformar-se em ódio, e os pais divorciados podem impor aos filhos seu próprio conflito, ao passo que não se tem o direito de pedir a uma criança que escolha entre as duas ligações vitais representadas para ela pelo pai e pela mãe. É verdade que hoje muitos divórcios acontecem sem conflitos, sem processo, amigavelmente, e que os pais divorciados mantêm uma relação cordial e combinam cooperar da melhor maneira possível para a educação coerente de seus filhos. Só podemos comemorar isso, perguntando-nos, no entanto, a que concepção de amor isso corresponde.

> Por que todos esses fracassos? Talvez seja possível invocarmos dois casos quase opostos: o primeiro é um investimento afetivo na vida do casal tão intenso e, às vezes, tão exclusivo que só pode acabar levando à decepção. O casamento não resolve automaticamente os problemas pessoais que cada indivíduo leva consigo. Pode ajudar a vivê-los e a suportá-los, às vezes, até a fazê-los caminhar para uma resolução feliz, mas não existe milagre. Alguns desses problemas afetam profundamente uma personalidade e, assim, o esposo é obrigado a aceitá-los. É preferível que ele tome consciência dessas questões antes de resolver se casar. Diante de certas incompreensões mútuas, cada um é tentado a projetar no outro um problema que na verdade vem de si mesmo. A outra possibilidade é que o amor tenha permanecido superficial, por demais ligado à atração física inicial entre um e outro e insuficientemente humanizado por um diálogo que permita elaborar um projeto de vida baseado em valores humanos sérios e compartilhados. Nesse caso, o casal fica à mercê de um terceiro encontro sobre o qual um poderá dizer ao outro: "Nós não nos amávamos de verdade, e eu encontrei o amor da minha vida". O compromisso por toda a vida fora de fato assumido, mas não se

> tinha enraizado. Cedeu diante da prova ou da dificuldade. Pois paira no ambiente a ideia de que sempre é possível "refazer a vida". Vê-se, então, que a questão do comprometimento afeta até mesmo aqueles que se dizem capazes de assumi-lo.

3. O casamento "na igreja"

Vamos considerar, então, o caso dos cristãos que fazem questão de se casar perante a Igreja, solicitando o sacramento do casamento. Eles sabem, pelo menos teoricamente, que a Igreja Católica considera o casamento absolutamente indissolúvel. Nos últimos quarenta anos, a preparação para o casamento torna-se mais exigente. Leva tempo e implica vários encontros entre os noivos, o padre e alguns casais mais velhos que introduzem no diálogo dos noivos uma reflexão sobre os problemas inerentes à vida de casal. Verifica-se a situação de cada um dos noivos com respeito ao casamento e os possíveis impedimentos; pede-se a cada um que assine uma declaração de intenções, expressando claramente seu empenho na fidelidade mútua, num casamento indissolúvel e na aceitação dos filhos. As condições da maturidade afetiva também são levadas em conta. Teoricamente falando, são verificadas as condições de um comprometimento duradouro, o que não quer dizer que existam sempre e em toda parte. Mas a experiência também mostra que ninguém pode se opor a um casamento desejado pelos dois envolvidos, mesmo que pareça quase evidente ao observador que eles não são feitos um para o outro.

> Os esposos católicos, entretanto, vivem na sociedade global e partilham amplamente as convicções predominantes de seu tempo. Seu compromisso também é mais ou menos coberto pela possibilidade do divórcio civil. Os que esbarram no fracasso da vida em comum e querem refazer a vida encontram, então, a intransigência da Igreja Católica diante dos divorciados que se casam novamente.

O casamento, instituição humana e sacramento da Igreja

> Note-se que esposos divorciados no âmbito civil não são privados dos sacramentos pela Igreja, que os considera esposos simplesmente separados por razões justas. No entanto a Igreja se recusa a abençoar um segundo casamento e exclui do acesso aos sacramentos de reconciliação e de eucaristia os esposos recasados no civil. Com frequência, essa atitude provoca reações violentas ou, pelo menos, incompreensão. Vamos nos deter por enquanto nessas constatações dolorosas concernentes a lares cada vez mais numerosos[3]. É possível até perguntar se, estatisticamente, os lares católicos são mais estáveis do que os outros.

4. O casamento: um lance de humanidade

A evolução do casamento e correlativamente da família representa hoje um desafio para toda a sociedade, da qual essa instituição sempre constituiu um pilar básico. É *a fortiori* um desafio para a Igreja. À primeira vista, não vemos como conciliar sua concepção muito elevada do casamento com a evolução dos costumes contemporâneos. Mas voltemos ao lance humano que se inscreve na relação homem-mulher.

> Um homem como Paul Valéry já havia reconhecido, em outros tempos, os perigos de uma sociedade que dispensa suas regras de vida e as instituições que as preservam:
> "O indivíduo busca uma época muito agradável em que ele seja o mais livre e o mais auxiliado possível. Ele a encontra perto do início do fim de um sistema social.
> Então, entre a ordem e a desordem reina um instante delicioso. Obtido todo o bem possível proporcionado pelo arranjo dos poderes e dos deveres, é agora que se pode desfrutar os primeiros

---

3. Voltarei adiante à pastoral dos divorciados recasados e a seu *status* exato na Igreja.

afrouxamentos desse sistema. As instituições ainda se mantêm. São grandes e imponentes. Mas, sem que nada visível se altere nelas, já não têm mais do que essa bela presença: suas virtudes produziram-se todas, seu futuro esgotou-se secretamente, seu caráter já não é sagrado ou então é apenas sagrado; a crítica e o desprezo as extenuam e as esvaziam de todo valor próximo. O corpo social perde lentamente seu amanhã. É hora do desfrute e da consumação geral.[4]"

Esse "instante delicioso" é aquele em que ainda desfrutamos os benefícios das instituições, quando cada um começa a fazer "o que quer", distanciando-se delas. Mas esse momento não dura muito e, mais dia, menos dia, a sociedade se vê confrontada com a confusão de valores resultante do desaparecimento ou da perda de autoridade de suas instituições. "Por essa recusa de inscrever nas instituições de sua sociedade sua existência, tal como começa a se estruturar por sua relação entre homem e mulher, esses jovens significam assim que empreendem, por sua conta e risco, uma estruturação diferente de toda a sua vida humana. [...] A sociedade é recusada como parte integrante na estruturação da existência deles" (E. Pousset). Muitas coisas dependem da reação a longo prazo da sociedade a esses valores em questão. Talvez nossa sociedade já tenha ultrapassado o "instante delicioso" evocado por Valéry. A reflexão dele parece valer justamente para a instituição do casamento.

Mas o casamento é uma instituição tão velha quanto a humanidade, embora tenha passado por evoluções e a monogamia não tenha sido universal na história. Pois a relação homem-mulher se institucionalizou sempre e em toda parte na história das sociedades humanas pela razão muito simples de que a passagem da sexualidade animal ao amor humano engendra uma aliança entre as pessoas, aliança geralmente sancionada por um juramento e que obedece a certas leis, sendo a primeira a lei da interdição do incesto, reconhecidamente

---

4. VALÉRY, P., "Préface aux Lettres persanes, H" ["Prefácio a Cartas Persas"], *Variété II,* Paris, Gallimard, [12]1930, 60-61.

universal. Essa aliança, por sua vez, engendra a família com todos os graus de parentesco, geralmente muito codificados nas diversas culturas. A família é um lugar vivo de deveres e direitos entre pais e filhos. A Bíblia inscreve nos mandamentos de Deus o mandamento "honra teu pai e tua mãe". A sabedoria de toda a história humana mostra que, queiramos ou não, a união do homem e da mulher, inevitavelmente ligada à procriação, mesmo que não se reduza a ela – o ato sexual tem função significativa e personalizante para cada um dos parceiros –, não depende exclusivamente da vontade deles. A razão disso não é apenas a possível vinda do filho, que será um indivíduo por direito, mas também a estabilidade afetiva do casal, o respeito de cada um pelo outro, que não deve de modo algum ser instrumentalizado como simples meio, e a solidariedade que essa célula social básica deve manter com a sociedade global. Os Estados o sabem muito bem, pois organizam a instituição civil do casamento e zelam por ela em nome da moralidade pública e do bem comum da sociedade.

> Sem dúvida, é de lamentar que em muitas sociedades a instituição do casamento tenha sido por demais manipulada pelas famílias em detrimento da liberdade e do amor dos contraentes: casamentos, se não forçados, pelo menos decididos pelos pais por razões de conveniência social ou de patrimônio, pressões sociais ou políticas diversas. O teatro e o romance o ilustraram sobejamente. Embora seja possível compreender que a autorização dos pais tenha sido julgada necessária para filhos menores em razão de sua fragilidade, não é de modo nenhum justificável a escolha do parceiro imposta pelos pais. Mesmo hoje, quando os costumes mudaram radicalmente, a mentalidade ainda sente em grande medida a relação entre amor e obrigação como um conflito.

O casamento representa, portanto, um lance extremamente grave no plano humano, um lance de humanidade e um lance para a humanidade. Se posso me permitir uma afirmação paradoxal, o casamento é mais do que um sacramento; ele pertence à condição humana e diz respeito à humanidade inteira. Constitui uma das três esferas de toda existência humana: a *esfera afetiva*, a *esfera econômica* e a *esfera política*. A primeira é a do exercício humano da sexualidade, que absolutamente não se reduz ao acasalamento dos animais destinado a assegurar a perenidade da espécie ou da raça, mas que é a expressão de um amor de pessoa por pessoa, que se torna constitutivo das pessoas que o vivem[5]. A segunda é a esfera do trabalho e das trocas de seus frutos, esfera indispensável à satisfação das necessidades inerentes à vida mas que tampouco se reduz à produção do mínimo de alimentos, desenvolvendo um conjunto de bens culturais. A terceira é a esfera em que os homens empenham a liberdade uns com relação aos outros, a fim de construir uma sociedade tão vivível quanto possível, cujo bem comum é preciso garantir. Essas três esferas têm raízes no caráter eminentemente social do homem.

Contudo, voltemos à primeira esfera, que é objeto desta nossa reflexão. O casamento suscita muitos problemas morais[6]. A relação sexual humana é de alcance completamente diferente do acasalamento animal. Este é comandado pelo instinto e condicionado pelos períodos de cio; não implica nenhuma relação duradoura entre o macho e a fêmea, a não ser as relações comandadas pela espécie. O instinto maternal é um instinto que dura justamente o tempo necessário para que o filhote se torne independente e capaz de se alimentar por conta própria. A relação humana é acompanhada por um sentimento chamado amor, sem o qual ela se rebaixa à busca mais ou menos brutal do prazer, eventualmente, ao estupro. Esse sentimento, certamente com raízes na condição carnal de nossa existência e mediatizado pela sedução e pela atração mútua dos corpos, transcende essa dinâmica elementar. O simples fenômeno do ciúme e até mesmo o da violência diante de um amor traído mostra a profundeza em que ele habita nos corações humanos.

---

5. Seria impensável uma humanidade que contasse apenas com homens ou apenas com mulheres. Seria ela viável?
6. Mas abordarei aqui apenas os problemas doutrinais e institucionais do casamento.

Esse sentimento nasce do encontro de duas pessoas que se reconhecem como tais de maneira única, reconhecimento que contribui para humanizar e personalizar mais cada uma delas. O amor humano "absolutiza", de certo modo, o ser amado e almeja, em nome de sua mais profunda espontaneidade, ser "de sempre para sempre". A descoberta do amor, ou seja, a tomada de consciência por um rapaz de que ele se torna único para uma moça e reciprocamente é para muitos namorados uma forma de experiência inominável de Deus; experiência de um dom gratuito, do acesso a uma existência completamente nova do próprio valor, uma vez que outra pessoa o reconheceu. A relação conjugal entre os esposos é a abertura para o outro da intimidade mais íntima de si mesmo. Visa a ser mantida por uma vida em comum que esteja à sua altura. Excede-se na linguagem amorosa e numa série de gestos afetuosos que expressam um vínculo de ordem espiritual. Prova disso é que, se a idade vier atenuar a frequência ou a intensidade das relações carnais, o amor se transforma numa ternura que se expressa de maneira diferente, mas permanece, porque "sou eu e é você". Tudo isso pertence ao homem e à mulher enquanto homem e mulher. Não será isso a que visam todos os humanos, portanto, também os jovens de hoje, mas que infelizmente aparece como um ideal dificilmente acessível, para não dizer utópico?

O envolvimento duradouro do homem e da mulher também está, como vimos, na base da constituição de uma família. A troca de amor entre um e outro está, em todos os níveis de seu exercício – carnal, afetivo, individual e espiritual –, na base do nascimento dos filhos, que, para se tornarem adultos, ainda têm necessidade do amor e da solicitude dos pais durante quinze ou vinte anos. Um recém-nascido é em princípio, mas apenas em princípio, uma pessoa. Ele o é antes de tudo no amor e no desejo dos pais, que o consideram seu filho e carne de sua carne, mas que têm a responsabilidade de fazê-lo trilhar todo o caminho de seu desenvolvimento como pessoa. Cada um de nós nasce – ou deveria nascer – numa família como fruto de um amor e de um desejo que o suscitaram em sua existência e de uma ternura que deve levá-lo lentamente rumo à idade de suas próprias responsabilidades. É nessa família que ele se torna verdadeiramente uma pessoa humana, reconhecida em sua unicidade. É inútil elucubrar sobre essa necessidade quando se veem os resultados catastróficos, para o equilíbrio e a felicidade de tantos meninos e meninas, da falta desse amor criador, da qual jamais se recuperarão.

Estas reflexões são suficientes para mostrar que o casamento é uma instituição humana incontornável, da qual certas formas, sem dúvida, podem ser criticadas, da qual se pode esperar uma renovação, mas que vai além do que sentem espontaneamente dois jovens namorados que acham que são os únicos implicados em sua relação. Essa instituição inclui um envolvimento livre de pessoa a pessoa que, para se manter autenticamente humano, encontra determinadas obrigações. Mas não é próprio do amor querer se "ligar" ao ser amado? Essa instituição se aprimorou ao longo das eras da humanidade, e o cristianismo teve sua participação nisso em razão de seu elevado senso da pessoa humana e também da sexualidade como expressão do amor entre pessoas. Em sua doutrina do casamento, a Igreja tem consciência de uma responsabilidade particular com respeito não apenas a seus fiéis, mas também ao serviço da humanidade. Essa pretensão, atualmente, sem dúvida, é muito mal compreendida.

É preciso reconhecer essa crise incontestável do casamento e da família em nosso tempo. Pois só o reconhecimento das realidades permite fundamentar uma esperança saudável. Evidentemente, não se trata de julgar os jovens de hoje, que cresceram num mundo cada vez mais complicado e, com frequência, têm dificuldade para tomar consciência de valores essenciais à existência humana. Trata-se menos ainda de não esperar que eles tenham capacidade para exercer esses valores com o carisma próprio de sua geração. Ao propor e defender o casamento, a Igreja sente-se empenhada numa luta autenticamente humana; ela busca o bem do homem e da mulher. As linhas que se seguem tentarão mostrá-lo.

II. O CASAMENTO CRISTÃO: INSTITUIÇÃO E SACRAMENTO

1. O casamento instituído já na Criação

Acabamos de apresentar a dimensão humana do casamento. Constatamos que essa instituição não é própria do cristianismo, mas existe em formas diversas em todas as tradições. Nesse sentido, é bem anterior à instituição de um sacramento por Cristo. Em termos cristãos, essa instituição é ligada, antes de tudo, à intenção criadora de Deus sobre o homem enquanto homem e mulher. É muito significativo que a revelação bíblica nos fale do casamento já em suas primeiras páginas, quando trata justamente da Criação. Vamos nos libertar de todas as representações falsamente históricas na leitura desses textos a fim de descobrir o lance humano das grandes afirmações que se encontram neles. Mais uma vez, a Bíblia não nos descreve as modalidades do *início* do mundo – isso é de domínio da ciência –, porém ela nos revela o sentido de sua *origem*[7].

Para a Bíblia, o casamento pertence à ordem da criação original. No poema que abre o Gênesis, Deus, no sexto dia, "criou o homem à sua imagem, à imagem de Deus ele o criou; homem e mulher ele os criou" (Gn 1,27). É notável que a menção ao homem imagem de Deus seja, a princípio, ilustrada pela diferença sexual. Há aí uma indicação, muito velada, sem dúvida, de que a alteridade sexual é uma imagem da alteridade misteriosa que existe entre as pessoas divinas. A outra tradição que nos conta a criação – numa linguagem inevitavelmente mítica, uma vez que não era possível haver testemunha histórica do próprio ato da criação do homem! – insiste mais ainda nessa diferença entre o homem e a mulher, diferença irredutível e necessária para permitir um verdadeiro amor. Entre o homem e a mulher tudo é semelhante e tudo é diferente, desde a constituição da célula elementar até as mais elevadas formas da vida afetiva e espiritual. Adão é simbolicamente criado a partir do limo terrestre pelo próprio sopro de Deus (Gn 2,7): ele é, portanto, ao mesmo tempo, carne e espírito. Mas logo

---

7. Ver *Croire* [*Pensar e Viver a Fé*], 129-143.

Deus disse: "Não é bom que o homem esteja só. Vou fazer-lhe um auxiliar que lhe convenha" (Gn 2,18); Eva é criada, também simbolicamente, a partir da costela de Adão, para enfatizar sua solidariedade original. E Adão exclama: "Desta vez, sim! É osso de meus ossos, e carne de minha carne! Esta se chamará mulher, isto é, a humana, porque do homem foi tirada" (Gn 2,23). Essa unidade-união de origem funda a união conjugal, como lei geral da humanidade: "É por isso que o homem deixará pai e mãe, e se apegará à sua mulher, e serão uma só carne" (Gn 2,24). O amor conjugal tem primazia, portanto, sobre o amor filial. O casamento é uma vocação inscrita na condição humana das origens. Transforma a relação sexual animal numa relação autenticamente humana de amor e de aliança. Também é ordenado para a perpetuação da humanidade: Adão e Eva têm por missão povoar a Terra (Gn 1,28). Encontramos aqui, na palavra bíblica, a correspondência exata do que vimos sobre o casamento em geral, que é, em primeiro lugar, uma instituição humana, antes de se tornar sacramento.

> No século XVI, esse ponto passa a ser objeto de polêmica entre católicos e protestantes. Lutero lembraria, com razão, que o casamento pertence à ordem da criação, mas disso concluiria que ele não pode ser um sacramento. Segundo ele, o casamento é objeto de um mandato divino já na origem do mundo e uma "realidade mundana". Portanto, não depende da Igreja, uma vez que é anterior a ela. Existe uma obrigação geral ao casamento, exceto para os inaptos e para os que Deus isentou por meio de um dom natural.

O Antigo Testamento fala do casamento como uma aliança santa (Ez 16,8) celebrada por uma bênção, seja de forma pública (como no casamento de Rebeca e Isaac, Gn 24,60), seja de forma privada entre os noivos (casamento de Tobias e Sara, Tb 8,4-8). É também objeto de uma legislação precisa: o adultério é considerado uma ofensa à lei de Deus e pode ser objeto de castigo público (seria o motivo da ocorrência entre Jesus e a mulher adúltera no Evangelho). O casamento entre estrangeiros é objeto de interdições severas (Dt 7,3), pois é uma ofensa à santidade do povo. Mais profundamente ainda, a analogia do casamento expressa as relações entre Deus e seu povo, particularmente nos profetas. A fidelidade de Deus e sua ternura são cantadas com imagens nupciais (como em Oseias). Os pecados do povo de Israel são associados a um adultério ou a uma prostituição. Essas mesmas imagens seriam retomadas no Novo Testamento para as relações entre Cristo e sua Igreja.

2. Jesus e a instituição do casamento

Jesus, portanto, não "instituiu" o casamento. Ele mesmo não se casou (ainda que hoje alguns o pretendam). Parece que foi até mesmo objeto do epíteto infamante "eunuco". Assim, ele responde que sua situação não provém do que seus adversários suspeitam, mas que ele quis, como outros, ser "eunuco para o reino dos céus"; e acrescenta "Compreenda quem puder!", indicando que se trata de uma preferência misteriosa que não exclui de modo algum a legitimidade do casamento.

Mais do que isso: Jesus fala de si mesmo como o "esposo". Respondendo à acusação de que seus discípulos não jejuam, ele afirma: "Será que os convidados para um casamento podem ficar tristes, enquanto o esposo está com eles?" (Mt 9,15; Lc 5,35). Na parábola das dez virgens, ele se compara implicitamente ao esposo que demorava a chegar (Mt 25,5-6). Essas indicações podem parecer levianas, mas esse tema tem raízes no tema da aliança antiga em que Deus se comportava como esposo amoroso e até ciumento de Israel, e veremos que o tema de Jesus esposo de sua Igreja seria retomado por Paulo. Jesus expressa o amor de Deus pela humanidade em termos conjugais; esse amor se traduz pelo compromisso irrevogável que ele assumiu conosco tornando-se homem e pelo dom total de si mesmo até a morte. Em sua vida e em sua morte, Jesus é a nova aliança, definitiva e eterna, entre Deus e sua Igreja: essa aliança cria uma comunhão perfeita e, ao mesmo tempo, respeita totalmente a alteridade da esposa. Nesse sentido, Jesus é o *fundamento* do sacramento do casamento.

Jesus *fundador* também interveio por meio de sua palavra para confirmar o casamento e fundá-lo aos olhos da Igreja como sacramento. Interrogado por adversários maldosos que lhe queriam armar uma cilada, ele confirmou explicitamente o casamento como instituição divina. Remonta para além da Lei de Moisés para referir-se à Gênese e lembrar que o casamento foi almejado por Deus já na Criação. E lembra sua indissolubilidade absoluta (Mc 10,1-10). Ele completa, assim, a citação do texto do Gênesis: "Portanto, o que Deus uniu o homem não separe" (Mt 19,6). Reafirma a indissolubilidade do casamento contra a concessão dada por Moisés que permitia ao marido dispensar sua esposa: "Moisés vos permitiu repudiar vossas mulheres por causa da vossa dureza de coração. Mas, no início, não foi assim" (Mt 19,8).

3. O ensinamento de Paulo

Paulo é uma testemunha importante das primeiras comunidades cristãs, tanto pela doutrina como pela prática do casamento. Nas cartas, o casamento é algo sagrado que deve ser constituído "no Senhor". Em sua longa exortação da primeira Carta aos Coríntios sobre o casamento, ele dá conselhos muito concretos: "Não vos negueis um ao outro, a não ser de comum acordo, por breve tempo, para vos entregardes à oração" (1Cor 7,5). Ele lembra a lei da indissolubilidade: "Aos casados ordeno, e não eu, mas o Senhor: que a mulher não se separe do marido. Quando acontecer um caso de separação, que ela fique sem se casar, ou que faça as pazes com o marido. E o marido não se divorcie de sua esposa" (1Cor 7,10-11). O Novo Testamento também vê no casamento o fundamento de uma família que mora numa casa, considerada uma pequena Igreja local, da qual vimos a solidariedade na ordem da fé a propósito do batismo[8].

A passagem sobre o casamento da Carta aos Efésios, até recentemente muito utilizada para a liturgia das missas de casamento,

---

8. Ver páginas 89-91.

atualmente agrada menos aos jovens por causa da menção "as mulheres sejam submissas aos seus maridos". No entanto ela contém grandes exigências para os maridos: "Quem ama sua esposa ama a si mesmo, e nunca ninguém deixou de amar sua própria carne; pelo contrário, a alimenta e cuida dela [...]. Enfim, que cada um de vós ame sua esposa como a si mesmo, e que a esposa respeite o seu marido" (Ef 5,28-33). Pois o modelo desse amor mútuo é o de Cristo, que "se entregou à sua Igreja" e a considerou como seu próprio corpo. Assim se exerceu sua autoridade sobre sua esposa. O autor da carta termina a citação do Gênesis com a frase "Este mistério é sublime. Digo isso porque ele se refere a Cristo e à Igreja" (Ef 5,32). O termo "mistério" foi traduzido em latim por "*sacramentum*" e em francês por "*sacrement*" [sacramento]. Essa expressão tem um papel seguro na inscrição do casamento no septenário sacramental.

Decididamente, o Novo Testamento confirma a instituição divina do casamento na Criação e introduz sua dimensão cristológica. O primeiro Testamento dizia que Deus tem algo a ver com o casamento porque ele é seu criador e toda união se faz em razão de seu desígnio. O Novo Testamento nos diz, mais precisamente, que Cristo é parte integrante de todo casamento entre batizados. O casamento é uma imagem do amor incondicional de Cristo por sua Igreja. Portanto, há uma especificidade do casamento cristão com relação ao casamento na humanidade em geral, especificidade que não concerne apenas à ordem ética, mas inclui "o dom de uma participação, pela graça do Espírito de Deus, na nova criação no corpo de Cristo" (P. Vallin). Por essa razão o casamento é um sacramento.

III. A CELEBRAÇÃO DO CASAMENTO AO LONGO DA HISTÓRIA

Assim como para os outros sacramentos, convém fazer um pequeno percurso histórico para compreender melhor a evolução da celebração do casamento ao longo do tempo, o desenvolvimento de sua doutrina e as novas prescrições que as necessidades pastorais levaram a Igreja a adotar. O que foi dito sobre a penitência também vale aqui:

por meio do casamento, a Igreja está constantemente em contato com os costumes da sociedade global e deve adaptar sua disciplina às épocas e aos momentos da história.

1. A celebração do casamento na Igreja antiga

Nos três primeiros séculos, o casamento cristão não deu ensejo a nenhuma celebração na Igreja. Os cristãos normalmente se submetiam aos costumes do casamento romano tradicional. O direito romano considerava que os esposos entravam no estado conjugal por consentimento mútuo. É a concepção "consensual", do casamento como "contrato". Não é exigida nenhuma forma de celebração; o Estado não interferia diretamente, mas protegia o casamento e impunha algumas condições. A publicidade do casamento era assegurada por festas e cerimônias de natureza familiar, previstas de acordo com um costume bastante rigoroso, que incluía uma inscrição nas "tábuas nupciais", espécies de arquivos de famílias. Hoje os historiadores acham que os cristãos faziam o mesmo. "Eles se casam como todo o mundo, têm filhos, mas não abandonam seus recém-nascidos", diz a Carta a Diogneto[9], que data do final do século II.

> Entretanto, por muito tempo, dois textos motivaram uma interpretação no sentido contrário. Inácio de Antioquia considerava que "convém aos homens e às mulheres que se casam contrair sua união com parecer do bispo, a fim de que seu casamento se faça de acordo com o Senhor"[10]. Tertuliano, por sua vez, falou da "felicidade do casamento administrado pela Igreja, confirmado pela oferenda, selado pela bênção; os anjos o proclamam, o pai celeste o ratifica"[11]. Mas o texto de Inácio não se refere à celebração, e o de Tertuliano evoca a santificação do casamento pela vida cristã.

---

9. *Lettre à Diognète*, V, 6; SC 33 *bis*, 63.
10. IGNACE D'ANTIOCHE, *À Polycarpe*, 5; SC 10 *bis*, 174-177.
11. TERTULIEN. *À son épouse*, II, 8, 6; SC 273, 149.

O casamento, instituição humana e sacramento da Igreja

Num âmbito doutrinário, considerava-se que o casamento tivesse para os cristãos um valor sagrado resultante de seu batismo e de sua fé em Cristo (Tertuliano, Clemente de Alexandria), essa, assumindo sua inteira dimensão pela participação na eucaristia. O casamento, portanto, era uma realidade "de acordo com o Senhor", por isso, sem ser celebrado na Igreja. A doutrina cristã apropriava-se sem problemas da concepção "consensual" do direito romano: a decisão mútua de esposar-se constitui o casamento. Os cristãos submetiam-se a determinadas regras: casamentos desaconselhados ou proibidos (impedimentos recenseados); indissolubilidade, sinal de contraste com os pagãos; em nenhum caso a esterilidade atribuída à mulher justifica a separação ou o recasamento; privação da comunhão para os divorciados que voltam a se casar; reconhecimento do direito ao casamento para os escravos.

A partir dos séculos IV-V (conforme as regiões), criou-se o hábito de convidar o clero para a celebração familiar. Também se atesta que as orgias "pagãs" deveriam ser evitadas. Na África, convidava-se o bispo a assinar as "tábuas nupciais". Em alguns lugares, pedia-se ao clero que abençoasse os esposos em suas primeiras núpcias. Esse rito evoluiu para uma liturgia pública: os esposos passaram a ser levados à bênção do padre, que, primeiro, ocorre diante da igreja, sob o pórtico. No século VI, surgiu o formulário de uma missa "para o esposo" e uma fórmula de bênção. Com o tempo, essa bênção se torna obrigatória e a questão passa a ser puramente eclesiástica. No século IX, as cerimônias civis de casamento aproximam-se da igreja, "de tal modo que, com o tempo, os usos populares tornam-se assunto da Igreja e uso litúrgico" (E. Schillebeeckx). No ano 1000, o casamento passou ao poder jurisdicional da Igreja. Para se casar perante a Igreja, de forma válida e legítima, é preciso passar pelo ato litúrgico da Igreja.

2. A doutrina de Agostinho, decisiva para o Ocidente

Agostinho usa muito o termo "*sacramentum*" referindo-se ao casamento, mas num sentido que ainda não é o do septenário. Não o emprega para mencionar o casamento numa enumeração dos ritos cristãos. Ele o faz com base na tradução latina da Carta aos Efésios 5,32: "Este mistério (*sacramentum*) é sublime", dizia Paulo. "Digo isso porque ele se refere a Cristo e à Igreja", e Agostinho mostra o simbolismo desse texto.

Para ele, o termo "sacramento" reveste-se de dois sentidos a propósito do casamento, sendo que um interfere no outro. O *sacramento* é, por um lado, um "vínculo sagrado", que intervém como terceiro termo da trilogia dos três bens que o casamento inclui: os filhos (*proles*), a fidelidade (que exclui todo adultério, *fides*) e o compromisso indissolúvel (*vinculum*), em referência ao juramento feito (*juramentum*). O *sacramento* é, por outro lado, um símbolo sagrado (*signum*), que volta o fiel para o mistério da unidade de Cristo e da Igreja; é o sacramento-símbolo "de uma realidade superior". "Primeiro, Santo Agostinho e, depois, a escolástica aproximaram as duas ideias: justamente porque é símbolo desse mistério, o casamento, 'vínculo sagrado' já em âmbito natural, é verdadeiro e radicalmente indissolúvel" (E. Schillebeeckx). Assim, o sacramento-símbolo relaciona o sacramento-vínculo com o mistério de Cristo.

3. O casamento sacramento na Idade Média

O texto da Carta aos Efésios já citado (Ef 5,32) teve, evidentemente, papel importante na inscrição do casamento no septenário sacramental. Cada vez mais, a Idade Média reflete sobre o casamento inserido na categoria de sacramento. Mas então coloca-se a questão de saber o que torna o casamento um sacramento: é o consentimento dos esposos em si mesmo, conforme a teoria consensual antiga? É o ministério do padre e sua bênção, como pensavam o Oriente a partir do século IX e alguns teólogos ocidentais? O casamento sacramental consistira, então, na celebração litúrgica do consentimento e, como tal, seria considerado mistério. Sobre esse ponto, o Oriente e o Ocidente adotaram duas orientações diferentes: o Oriente vê o sacramento no ministério e na bênção do padre; o Ocidente o vê no consentimento dos esposos. Por isso se diz que os esposos são os "ministros" do sacramento de seu casamento. Essa divergência não seria resolvida pelo Concílio de Trento.

Entretanto, tem-se consciência do caráter muito original do "símbolo" constituído pelo casamento: em geral, um sacramento "realiza o que ele significa"; ora, o casamento não realiza a união de Cristo e da Igreja, de que é símbolo. É a realidade preexistente do mistério de Cristo e da Igreja que lhe confere um novo valor do qual se torna símbolo. No século XII, ainda não se reconhece nele uma eficácia na ordem da salvação. De fato, o casamento não é necessário à salvação e não é feito por todos os cristãos. Não corresponde, portanto, à definição de sacramento que já fora elaborada. Só no século XIII é reconhecida nesse sacramento, como nos outros, uma eficácia de graça. Mas, então, a opinião dominante dos teólogos identifica a seu respeito o contrato e o sacramento: *para os cristãos o contrato matrimonial é o sacramento do casamento*. Há concordância em reconhecer, entretanto, que os casamentos clandestinos, proibidos pela Igreja, são válidos.

4. A doutrina do casamento em Lutero e Calvino

Na interpretação do texto da Carta aos Efésios (5,32), Lutero segue Erasmo: trata-se do mistério de Cristo e da Igreja; também Calvino julga que se deve traduzir o "*mysterium*" grego não por "*sacramentum*", mas por "*arcanum*", e em francês por "secret" [segredo] ou "mystère". O casamento é um estado divino, pois é símbolo do mistério da união de Cristo e da Igreja, e nesse sentido pertence ao plano da fé. Mas não é um sacramento. A partir de 1520, Lutero mostra que o casamento não é um sacramento porque não corresponde à sua definição: uma promessa de graça, um símbolo e a instituição divina por Cristo. Calvino o segue a respeito desse ponto; de fato, ambos são rigorosos quanto ao aspecto da atestação escriturária da instituição dos sacramentos por Cristo. Os homens não podem "instituir" sacramento.

No conjunto, Lutero tem uma visão pessimista do casamento, o qual ele julga corrompido pelo pecado e apenas uma forma de remediar a concupiscência. Coloca como condição de validade o consentimento dos pais. Acha também que o casamento depende da disciplina do Estado, que goza de uma espécie de delegação da autoridade parental. Essa posição, ligada à sua concepção do casamento "realidade terrestre", permanece estranha aos debates posteriores sobre a autoridade do Estado e da Igreja no assunto, mas abre-lhes o caminho. Lutero julga que o divórcio é um pecado, pois a indissolubilidade é uma apelação evangélica da ordem da fé. No entanto a lei pode regulamentá-lo para reprimir os abusos. Ele permite o recasamento do cônjuge inocente em razão da exceção inscrita no evangelho de Mateus: "exceto em caso de união ilegal", impudicícia, adultério (Mt 5,32 e 19,9). Lutero e Calvino insistem no caráter público do compromisso matrimonial. As igrejas protestantes foram levadas a estabelecer uma disciplina eclesiástica do casamento. A liturgia não é essencial à existência do casamento, mas é moralmente obrigatória para os que querem viver o casamento cristão.

5. O Concílio de Trento

A obra do Concílio de Trento concernente ao casamento refere-se a dois pontos principais, dos quais um pertence à doutrina – o casamento é um verdadeiro sacramento – e o outro diz respeito à reforma da Igreja – o casamento deve ser celebrado publicamente segundo uma forma "canônica" precisa. Pois a existência de muitos casamentos clandestinos na época constituía, de fato, um abuso gritante. Lembremo-nos do casamento clandestino entre Romeu e Julieta na peça de Shakespeare. Já encontramos menção ao casamento no contexto do septenário na Idade Média[12], apesar de seu caráter completamente original; e já ele é objeto da solidariedade da Igreja. No entanto, mais uma vez, é o Concílio de Trento que vai expressar uma doutrina circunstanciada do casamento.

---

12 Ver p. 50-51.

O casamento é um sacramento. O casamento ser ou não um sacramento era um dos pontos simbólicos que distinguiam os católicos dos protestantes (como o termo "transubstanciação" para a eucaristia). Também a preocupação primordial da exposição doutrinal do concílio é mostrar como se pode entender que o casamento seja um sacramento. A instituição divina do casamento como "vínculo perpétuo e indissolúvel" é relacionada, antes de tudo, ao texto do Gênesis 2,23-24, cuja proclamação é atribuída a Adão. Ora, o próprio Cristo citou essas palavras "como pronunciadas por Deus" e "confirmou" a solidez desse vínculo. A instituição, portanto, é duas vezes divina, sendo o papel de Cristo o da confirmação que faz do casamento um sacramento: "Ele instituiu e levou à perfeição os veneráveis sacramentos". Portanto, há uma novidade no casamento cristão com relação "às núpcias da Lei Antiga". Essa originalidade é um símbolo, o símbolo do amor de Cristo pela Igreja (segundo Ef 5,32).

O casamento implica uma graça que leva o amor humano rumo à sua perfeição e confirma sua unidade indissolúvel; ela santifica os esposos. Essa graça foi merecida pela paixão de Cristo, no decorrer da qual ele se entregou à Igreja, sua esposa: é o que Paulo "insinua" (Ef 5,25 e 32). Quanto ao essencial, o concílio apenas recapitula e formaliza os dados bíblicos que encontramos.

Uma vez que foi instituído por Cristo e implica uma graça, o casamento é um verdadeiro sacramento da Nova Lei. O concílio apela aqui, de forma generalizante, para os padres, os concílios e a tradição universal, numa passagem muito polêmica. A título de sacramento, o casamento é submetido à jurisdição da Igreja, que, portanto, tem o direito de estabelecer as normas disciplinares constituídas pelos impedimentos, de ensinar que uma vida em comum que se tornou insuportável – que não proíbe um regime de separação, ou ainda o adultério – não rompe o casamento e que o cônjuge inocente não pode se recasar se o outro cônjuge estiver vivo. Mas aqui a redação do texto foi sutilmente corrigida, pois o concílio não queria condenar a prática ortodoxa que autoriza o recasamento do cônjuge inocente. Sua decisão justifica a prática católica sem se pronunciar sobre o conteúdo do problema. A Igreja, portanto, defende aqui firmemente sua competência sobre o sacramento sem dar atenção à competência dos poderes civis.

6. A forma canônica do casamento (o decreto chamado de "Tametsi")

A Igreja considerava que os casamentos clandestinos, fato social difundido no final da Idade Média, eram uma praga. Havia também "divórcios clandestinos", que implicavam o risco de recasamentos públicos com a bênção da Igreja. A moralidade pública se ressentia. Por outro lado, no plano social, a onipotência das famílias sobre o casamento dos filhos era tanta que muitos jovens se casavam clandestinamente, à revelia dos pais, seja com a presença de um padre, seja diretamente entre eles.

Esses casamentos sempre tinham sido proibidos, desde que a Igreja tomara em suas mãos a celebração litúrgica do sacramento. O uso de publicar as proclamas existia havia séculos, mas, dada a doutrina consensual do casamento geralmente admitida, esses casamentos eram considerados ilícitos (não permitidos), mas não eram inválidos. A preocupação do Concílio de Trento foi, portanto, a de se opor aos casamentos clandestinos, tornando-os inválidos. Os padres conciliares julgavam que a única maneira de fazê-los desaparecer era decidir que a publicidade e uma forma jurídica precisa, "canônica", do casamento eram uma condição de sua validade.

> Contudo essa intenção apresentava um problema doutrinal delicado sobre o papel da Igreja quanto à instituição sacramental. A Igreja teria o poder e a autoridade de colocar uma condição de validade para o casamento que afetaria do exterior o consentimento dos esposos, que é o único constitutivo do casamento, segundo o ensinamento bíblico? Por outro lado, como invalidar no futuro casamentos cujo validade era reconhecida no passado? A solução foi encontrada numa disposição jurídica que, sem tocar na realidade do casamento, colocava condições disciplinares para sua celebração. Consiste em declarar a incapacidade das pessoas para contrair matrimônio fora da forma prescrita. O decreto visava, portanto, apenas a casamentos futuros, sendo que a recusa da forma constituía um impedimento dirimente que afetava os contraentes.

O texto do concílio começa pela conhecida concessão que deu nome ao decreto: "Embora (*tametsi*)" os casamentos clandestinos sejam válidos, a Igreja os abomina e sempre os proibiu. O texto continua descrevendo os danos pastorais criados pelo costume dos casamentos clandestinos e chega a uma decisão jurídica. A partir de então, a celebração do casamento exige uma publicação tripla das proclamas; implica uma forma litúrgica que inclui interrogar os esposos sobre seu consentimento e as palavras do padre "Eu vos uno pelo casamento, em nome do Pai, do Filho e do Espírito Santo." Esse padre deve ser o cura da paróquia da celebração ou um padre devidamente delegado por ele, e deve haver "duas ou três testemunhas". O cura mantém um registro no qual anota o nome dos esposos e das testemunhas, assim como a data e o lugar do casamento. Os que se casam de forma diferente tornam-se, pelo concílio, "absolutamente inaptos a contrair matrimônio dessa maneira". Seus casamentos, portanto, são inválidos e nulos. Finalmente, o concílio recomenda a confissão e a comunhão antes do casamento. Esse decreto seria aplicado com grande rigor. Contribuiria para fazer do casamento um assunto puramente eclesiástico.

7. O conflito entre a Igreja e o Estado nos tempos modernos

Esse decreto entraria em vigor rapidamente, e a forma de casamento decidida pelo concílio inspiraria, em seguida, o casamento civil. Mas esse decreto ocorre no momento da ruptura eclesial do século XVI. Lutero e Calvino insistem, também eles, na publicidade do engajamento matrimonial, e as igrejas protestantes são levadas a estabelecer uma disciplina eclesiástica do casamento. Porém a cisão eclesial e a presença de membros de outras religiões ou de não fiéis nos Estados modernos abrem caminho para a intervenção dos poderes públicos. Ora, em Trento, a Igreja Católica queria manter autoridade total sobre o casamento de seus fiéis, uma vez que no regime da cristandade medieval o Estado não interferia nesse domínio. Mas na nova situação ela já não podia almejar o monopólio da autoridade sobre o casamento. Esse é um aspecto da longa e gradual separação entre Igreja e Estado. A autoridade reivindicada pelo Estado refere-se justamente à forma pública do casamento e ao estabelecimento dos impedimentos. O magistério católico travou um longo debate com os Estados e os governos sobre esse ponto. A Igreja Católica estava, de fato, muito relutante em dividir com eles a autoridade sobre a união conjugal de seus fiéis. Iniciado já no século XVIII, o conflito entre Roma e os poderes civis ocupou praticamente todo o século XIX, e a tensão aumentou sob o pontificado de Pio IX. A Igreja não queria que o poder civil organizasse a celebração de um casamento civil para seus próprios membros. Reconhecer-lhe esse poder equivalia também a lhe dar o poder de autorizar legalmente o divórcio. Leão XIII fez as coisas avançarem convidando os Estados a uma cooperação, em vez de estabelecer um confronto. No entanto ele recusou a divisão da realidade conjugal em dois domínios separados, um dependente do Estado, da sociedade civil e da cultura, e outro, da Igreja, da fé e do sacramento. Ele mantém a solidariedade do contrato e do sacramento num momento em que se queria separá-los – pois o casamento é um sacramento enquanto contrato entre dois batizados.

O debate se concluiu da seguinte forma: a Igreja mantém sua plena autoridade sobre os casamentos dos católicos. Estes seriam válidos ou inválidos em função das regras que ela estabelecer. O Estado, por seu lado, estabelece a seguinte regra: nenhum padre deve celebrar o casamento religioso sem que os esposos tenham antes se casado no civil, dando seu consentimento mútuo. Se o fizer, será passível de prisão. Por isso o padre sempre pede, na entrada da igreja, a certidão do casamento civil celebrado antes.

IV. O casamento e a aliança de Deus com a família humana

1. O casamento e a condição humana

O que significa o fato de o casamento cristão ser um sacramento? Sem pretender abordar agora toda a espiritualidade do casamento nem desenvolver os dados canônicos, ou seja, jurídicos e morais que o envolvem, eu gostaria de propor uma breve reflexão que vá ao essencial. O casamento é uma realidade capital da condição humana, diz respeito à identidade do homem, a seu destino e ao sentido de sua existência. Envolve sua relação com Deus. É de fato, por excelência, o lugar de expressão do amor, que é o fim de toda a Criação, e sabemos que Deus é amor. Por isso, o casamento é da ordem do definitivo. Seu sim ultrapassa o tempo que corre. O casamento é uma *aliança* entre duas pessoas simbolizada pela troca de dois anéis entre os esposos, anéis justamente chamados de *alianças*. Toda aliança exige fidelidade. "Aos próprios olhos da consciência comum, o laço conjugal comporta o irreversível, o indelével. [...] O dom é dado. O dom ativo é fruto de um dom passivo. Recebemos o próprio movimento pelo qual damos, e damos ao outro" (X. Lacroix). O casamento é uma pedagogia do amor sob todas as formas – amor conjugal, amor parental, amor filial e fraternal. Todo homem e toda mulher pertencem à célula familiar; percorrem o mesmo itinerário que vai da família de origem à família fundada. A criança, suscitada pelo amor dos pais, apoia-se no amor deles para, por sua vez, aprender a amar e a se socializar no quadro da fratria. O adolescente abre-se para o amor e, mais tarde, torna-se marido ou mulher. Faz a descoberta do amor conjugal que envolve todas as esferas de sua personalidade – física, afetiva, psicológica e espiritual. Rapaz e moça tornam-se pais, por sua vez, ou seja, descobrem uma nova forma de amor responsável para com aqueles que engendraram e que devem conduzir à vida adulta. Homem e mulher maduros tornam-se finalmente avô e avó e criam, com a vida de seus filhos – por sua vez casados – e netos novas formas de relações afetivas. Todos nós sabemos como a esfera familiar é essencial para um desenvolvimento feliz e conhecemos os dramas gerados por suas perturbações.

2. O casamento como sacramento

Humanamente falando, como vimos, o casamento é uma aliança; no desígnio divino, ele se inscreve no quadro da aliança de salvação que Deus quis contrair com a humanidade. Por isso, Cristo quis que ele fosse entre cristãos um verdadeiro sacramento. "Cristo elevou o casamento à dignidade de sacramento", dizia Leão XIII. O fato de o casamento ser aos olhos da Igreja um sacramento nos diz que este, sede de todas as nuances do amor, tem a ver com nossa salvação e nossa vocação divina. Ele é uma pedagogia de nossa vida de relações com Deus, de nossa entrada na família de Deus como filhos adotivos, filhos do Pai e irmãos do Filho. A união dos esposos que se tornam uma só carne tem algo a ver com o amor de Cristo, que se fez carne para unir-se à humanidade da qual deseja fazer sua Igreja. Há um aspecto nupcial no amor que Deus tem por nós e no amor que devemos ter por ele. Por isso, falar de símbolo e de analogia entre nosso amor por Deus e todas as formas de amor humano nada tem de artificial. O casamento, pedagogia do amor no plano humano, é também um lugar importante da pedagogia do amor de Deus de acordo com seus dois sentidos, percepção do amor de Deus por nós e descoberta do amor que devemos ter por ele. Por isso ele é sacramento e, por essa razão, símbolo e causa. Por isso é investido da graça divina. Segundo a linguagem do Concílio Vaticano II, Cristo "vem ao encontro dos esposos cristãos pelo sacramento do casamento"[13]. Nem toda a paleta das nuances do amor humano é suficiente para expressar a riqueza do amor de Deus por nós e a de nossa vocação para o amor de Deus. Isso nos permite compreender também a comparação feita pelo mesmo concílio entre o casamento e a vida da "família" da Trindade em sua eterna troca de amor.

---

13. VATICANO II, *Gaudium et spes*, n. 48, 2.

A sacramentalidade do casamento, portanto, é original, pois está relacionada a uma realidade humana que já existe e que, por sua vez, já se refere a Deus em razão da Criação. Nesse sacramento, portanto, a Criação e a salvação em Cristo se conjugam. A graça de Cristo "aperfeiçoa" e "firma" o amor humano, como dizia o Concílio de Trento; ela o "torna perfeito", acrescentava Leão XIII. Os esposos são "rodeados e fortalecidos" pelo dom de Cristo. "É pelo próprio autor da natureza e pelo restaurador de nossa natureza, Cristo, nosso Senhor, que o casamento foi munido de suas leis, confirmado e elevado." A sacramentalidade do casamento cristão quer dizer que a celebração que o institui de início e a vida que procede dele têm simultaneamente significado divino e eficácia de graça. Aos esposos cristãos, declara o Concílio Vaticano II, o sacramento do casamento concede "significar participando dele o mistério da unidade e do amor fecundo entre Cristo e a Igreja"[14]. A vida conjugal é "como que consagrada" pelo sacramento. É, finalmente, a expressão da igualdade entre homem e mulher. O casamento cristão funda a família como uma "Igreja em miniatura", lugar de transmissão da fé ao mesmo tempo que do amor. No entanto a ênfase intensamente cristológica dada ao casamento cristão deixou demasiadamente no implícito a presença do Espírito nesse sacramento.

3. Rumo a futuros desenvolvimentos

> "É possível que a doutrina do casamento, tal como enunciada pelo magistério latino, seja menos elaborada que a de outros sacramentos. A preocupação pastoral se voltou, de fato, mais para questões éticas (unidade, fidelidade, responsabilidade pelos filhos, lugar na sociedade) do que para problemas propriamente teológicos e sacramentais. Por outro lado, a participação dos leigos na reflexão sobre um sacramento que eles vivem pode ter, afinal, efeitos benéficos. Enfim, o espaço dado ao casamento no diálogo ecumênico contemporâneo leva a

---

14. *Lumen gentium*, n. 11, 2.

esperar um aprofundamento comum do que quer dizer a fé evangélica a propósito da união conjugal" (H. Bourgeois)[15].

Esse autor assinala alguns pontos obscuros da doutrina católica atual do casamento. Vimos que há uma diferença sensível entre o Oriente e o Ocidente sobre o ministro ou os ministros do casamento, o padre ou os esposos, ou então o padre e os esposos juntos. A questão é mais complexa do que parece, pois tem consequências sobre a possibilidade de um verdadeiro casamento não sacramental entre batizados que perderam a fé, à qual deveremos voltar. A relação entre a vocação para o casamento e a vocação para o celibato também mereceria ser aprofundada. Finalmente, colocam-se várias questões ligadas à evolução dos costumes e da cultura. Como pode a Igreja manter o foco na mensagem fundamental de que ela é depositária e ao mesmo tempo manter um diálogo positivo com a cultura?

V. Sobre alguns problemas pastorais

De todos os sacramentos, o casamento, sem dúvida, é o que suscita mais problemas pastorais. Não é de surpreender, pois ele envolve simultaneamente duas pessoas, e a fragilidade humana o expõe a muitas vicissitudes. O que fazer, particularmente, quando a vida conjugal de um casal fracassa totalmente?

1. A gestão da indissolubilidade: as declarações de nulidade

Em nome da palavra de Jesus "Todo aquele que se divorciar de sua mulher, exceto em caso de união ilegal[16], expõe-na ao adultério"

---

15. Em H. Bourgeois, B. Sesboüé e P. Tihon, *Histoire des* dogmes, t. III, *Les Signes du salut*, Paris, Desclée, 1995, 337-338.
16. É a famosa "exceção mateusiana". O termo grego *"porneia"*, literalmente "impudicícia", remete a uma situação difícil de identificar. As traduções modernas hesitam entre "união ilegal", "fornicação" e "adultério".

(Mt 5,32 e 19,9), as igrejas ortodoxas podem, em determinados casos, reconhecer o fracasso do casamento e eventualmente permitir a bênção de um novo casamento para um esposo julgado inocente, exceção que não questiona, a seus olhos, a indissolubilidade do casamento. As igrejas protestantes também têm instâncias capazes de analisar os casos de fracasso para avaliar se eventualmente um novo casamento é legítimo. Essas exceções são sempre administradas caso a caso.

O procedimento da Igreja Católica é completamente diferente. Considerando, em nome das palavras evangélicas, que um casamento válido e consumado[17] é absolutamente indissolúvel, essa instituição verifica por meio de uma nova pesquisa, por solicitação de pelo menos um dos cônjuges, se esse casamento era originalmente real e válido. Três causas podem levar ao reconhecimento da invalidade original de um casamento: primeiro, um impedimento "dirimente" (por exemplo, consanguinidade ou afinidade), sem dispensa possível, que não foi detectado no momento das núpcias; depois, a ausência da jurisdição necessária por parte do padre que celebrou o casamento; e, finalmente, o vício do consentimento. Em vista da atenção que se dá hoje à preparação para o casamento, o primeiro motivo não se apresenta praticamente nunca; o segundo é extremamente raro[18]. Digamos até que pode assumir um aspecto um tanto escandaloso, porque a anulação do primeiro casamento é obtida por uma razão puramente administrativa e estranha ao caso concreto. A terceira razão pouco interferia no passado. Sem dúvida, os casamentos forçados

---

17. A consumação carnal do casamento é, na verdade, um elemento essencial nesse caso. Um casamento não consumado pode ser rompido. Esse dado, às vezes importante na história, hoje tem pouca incidência, salvo no caso de impotência total do marido ou da recusa na consumação por um marido que se revela homossexual.
18. Digamos por curiosidade que ele concerne mais aos bispos do que aos padres! Um padre que celebra um casamento fora de sua paróquia geralmente não se esquece de solicitar a jurisdição ao cura do lugar, e este também cuida disso. O esquecimento pode vir do bispo, que tem jurisdição em toda a sua diocese sem nada solicitar aos curas, mas não a tem quando celebra em outra diocese. Nesse caso, ele deve solicitar a jurisdição ao cura do lugar. Houve casos em que o bispo se esqueceu disso.

tornaram-se raros (embora ainda existam), mas, tendo em conta os problemas de *maturidade afetiva*, atualmente, é cabível invocá-la em alguns casos. Trata-se de verificar se um ou outro dos cônjuges emitiu realmente um "sim" conjugal responsável e fundamentado. Se for constatada uma imaturidade afetiva, o casamento deve ser declarado nulo por falta de consentimento. Hoje, esse caso é o que autoriza o maior número de declarações de nulidade. Por exemplo, uma jovem quer deixar de morar com os pais e se casa mais para escapar deles do que para se casar de fato. Alguns casos de reconhecimento de nulidade estão associados, aliás, à proibição de um novo casamento durante um determinado tempo a fim de permitir que o interessado chegue a uma maturidade suficiente.

Quanto ao processo, na verdade, ele é mais simples do que pensa a opinião pública. A solicitação de anulação instruída pelo oficial da diocese, que ouve as testemunhas, pode pedir uma ou outra verificação, e então se emite um primeiro julgamento com base nas partes. Em seguida, o oficial transmite o dossiê do processo à instância metropolitana, ou seja, o outro oficial é quem vai julgar em segunda instância. Se os dois julgamentos coincidirem, a decisão será definitiva. O recurso a Roma só ocorre quando os dois julgamentos se opõem. A rota romana reserva-se, então, a solução dos casos mais difíceis. Salvo nessa última hipótese, o conjunto do processo não ultrapassa um ano. No entanto, tradicionalmente, Roma reserva para si os casos dos casamentos principescos; ao contrário do que muitas vezes se diz, esses casos demoram mais para serem resolvidos e são examinados com mais rigor do que os dos outros fiéis[19].

2. Os casamentos "mistos", entre cristãos de confissões diferentes

Um casamento dito misto – de fato, todos o são, em sentido elementar! – é aquele celebrado entre uma católica ou um católico e uma

---

19. Antes de iniciar um processo propriamente dito, convém aconselhar-se com um padre, para investigar, à primeira vista, se a anulação tem alguma possibilidade de ser reconhecida.

ortodoxa, anglicana ou protestante ou um ortodoxo, anglicano ou protestante. A Igreja Católica reconhece a validade dos batismos celebrados nessas igrejas e, salvo para a Ortodoxia[20], a recíproca é verdadeira. Trata-se, portanto, de um casamento entre dois batizados que é reconhecido como sacramental. No plano pastoral, é desejável que a preparação para o casamento se faça com ajuda dos ministros das duas Igrejas em questão e que os problemas suscitados pela diferença de confissões sejam levados em conta pelos envolvidos. No plano canônico, a Igreja Católica dá autorização para esse casamento. Antigamente, se exigia que fosse celebrado pela Igreja Católica e de acordo com a forma canônica. Hoje, o bispo pode dispensar da forma canônica e permitir que o casamento se realize em outra igreja, sob condição de que o consentimento dos esposos seja expresso publicamente.

Para as igrejas ortodoxas, o casamento é um sacramento pela mesma razão que para a Igreja Católica. Para as igrejas derivadas da Reforma, ele não é formalmente considerado um sacramento, mas "a aliança conjugal recebe um sentido particular da aliança de Cristo com a Igreja, plenitude da aliança de Deus com os homens", diz um documento doutrinal comum aos católicos e aos protestantes estabelecidos na França. O texto acrescenta: "Na tradição católica e ortodoxa essa aliança é um sacramento. Do lado protestante, o emprego desse termo se presta à discussão. A mesma realidade cristã própria do casamento é plenamente reconhecida, como atestam as liturgias protestantes"[21].

3. Os casamentos entre fiéis de religiões diferentes

Esse caso, que hoje diz respeito sobretudo a casamentos entre judeus ou muçulmanos e católicos, deve ser claramente distinguido do

---

20. A Ortodoxia mantém-se fiel ao princípio de Vipriano: todo sacramento celebrado numa Igreja dissidente, ou seja, hoje, não ortodoxa, é considerado inválido em si. Algumas concessões podem ocorrer em nome do princípio de economia (ver página 105). Nos casos de casamentos mistos celebrados numa igreja ortodoxa, frequentemente, a parte católica é rebatizada.
21. Acordo doutrinal sobre o casamento estabelecido pelo Comitê Misto Católico-Protestante da França, dezembro de 1972, n. 4 e 6.

anterior. É chamado casamento "com disparidade de culto", ou seja, de religião. Pois, por hipótese, trata-se de um casamento entre um batizado e um não batizado. Só dois batizados podem receber os outros sacramentos e, particularmente, contrair matrimônio sacramental, em que os esposos, além de sujeitos, são também os ministros do sacramento. Tal casamento, portanto, não pode ser sacramental. O casamento ou é sacramental para os dois esposos ou não o é para nenhum. Entretanto, ele pode ser autorizado pela Igreja pelo fato de o direito ao casamento vir da criação do homem e ter prioridade sobre a confissão de fé. O batizado, cujo casamento será celebrado com as devidas autorizações, será considerado autenticamente casado aos olhos da Igreja e será normalmente admitido nos sacramentos. Porém os cônjuges deverão ser advertidos das dificuldades, às vezes, graves, que poderão sobrevir como resultado dessa diferença religiosa em sua vida de casal, particularmente no que diz respeito ao status da mulher e à religião dos filhos.

É o único caso em que a Igreja reconhece, para um batizado, a possibilidade de um casamento *legítimo mas não sacramental*. Casamento "legítimo" quer dizer casamento baseado na criação original do homem e da mulher, cuja complementaridade ordena um ao outro no amor. Esse casamento legítimo está sujeito às mesmas exigências fundamentais que o casamento sacramental, de fidelidade, de indissolubilidade e de procriação. Contudo essas exigências são menos radicais do que no caso do casamento sacramental e podem comportar algumas exceções.

> De fato, nas primeiras comunidades cristãs, São Paulo via-se confrontado com muitos casos de casamentos em que um era crente e batizado e o outro não era. Na maioria das vezes, tratava-se de um casal originalmente pagão, sendo que um deles se convertera depois do casamento. Assim, Paulo exorta esses casais: "Se um irmão tem uma mulher que não crê, mas que admite conviver com ele, que ele não se divorcie dela. E quando uma mulher se casar com um marido que não crê, mas que admite conviver com ela, que ela não abandone o marido. Pois o marido que não crê é santificado por sua mulher, que crê, e a mulher que não crê é santificada pelo marido que crê"

> (1Cor 7,12-14). No entanto, pode ser que essa situação crie outra situação de grave conflito. Paulo acrescenta: "Mas, se a parte que não crê quiser se separar, que se separe. Neste caso, o irmão ou a irmã não estão mais ligados, pois Deus nos chamou para viver em paz" (1Cor, 7,15). É o que a Igreja aplica – raramente, é preciso convir, e com toda a prudência necessária – sob o nome de privilégio paulino ou privilégio da fé. Portanto, ela se reserva o direito de anular um casamento "legítimo" em caso de verdadeira necessidade.

4. Um casamento legítimo entre dois batizados?

Mas o caso de um casamento entre duas pessoas de religião diferente, que hoje não é excepcional, chama a atenção para o fato de que a Igreja recusa qualquer possibilidade de casamento legítimo entre dois batizados que perderam a fé. Ao contrário, ela reconhece plenamente o casamento legítimo de dois batizados. Em seu critério, batizado sempre significa fiel, o que já não é o caso. Para o direito canônico, o batismo confere todos os direitos e os deveres da cidadania cristã. Portanto, entre dois batizados só pode haver um casamento sacramental, pelo próprio fato de que a troca de consentimentos constitui o sacramento e de que para eles não é possível separar contrato e casamento. Aos olhos da Igreja, seu casamento civil não passa de concubinato ou coabitação juvenil. Não tem nenhum caráter matrimonial.

Atualmente, essa avaliação constitui um problema[22]. Num mundo em que muitos batizados perderam a fé, todo casamento entre batizados é necessariamente sacramental[23]? Pois a perda da fé, mesmo supostamente responsável ou condenável, não faz de modo nenhum

---

22. Ver J.-M Aubert, "Foi et sacrement dans le mariage. À propos du mariage de baptisés incroyants" [Fé e sacramento no casamento. Sobre o casamento de batizados não crentes], *La Maison-Dieu,* n. 104, 1970, 116-143.
23. De acordo com o título do livro de J.-B. Sequeira, *Tout mariage entre baptisés est-il nécessairement sacramentel?,* Paris, Éd. du Cerf, 1985, que aborda todo o debate histórico entre contrato e sacramento.

com que se perca o direito ao casamento, uma vez que este está inscrito na Criação. Por outro lado, todos os sacramentos são sacramentos da fé. Pode-se obrigar ou pressionar noivos, quando ambos reconhecem não ter ou já não ter fé, a realizar um sacramento cujas exigências são particularmente rigorosas? Por que recusar a dois batizados o que é aceito no caso de um só? A Igreja não poderia reconhecer o casamento civil de dois batizados como um casamento legítimo? Diante desses casos, de fato, muitos padres aconselham aos noivos que se limitem ao casamento civil, ao mesmo tempo por honestidade e por coerência. Parece-lhes errado que jovens se casem na igreja simplesmente em razão de uma pressão ou de uma tradição familiar. Também parece muito positivo valorizar, aos olhos dos jovens, o compromisso próprio do casamento civil. No plano pastoral, é impossível deixar de pensar que eles têm razão. No entanto, estão em oposição formal à doutrina afirmada. É uma situação perniciosa. Uma única vez o cardeal Ratzinger evocou, como efeito da Congregação para a doutrina da fé, essa questão delicada. Mas não parece que lhe tenha sido dada uma sequência concreta. É de esperar que uma nova reflexão deduza as consequências da diferença entre batizados não crentes e batizados crentes para os quais a identidade entre contrato e sacramento se mantenha plenamente. O reconhecimento de um casamento legítimo e válido, mas não sacramental, poderia, então, permitir a pedagogia de um encaminhamento dos dois esposos para a fé e o casamento sacramental[24]. Levar em conta o casamento civil entre batizados teria consequências com relação aos casamentos sucessivos das personalidades midiáticas que, depois de várias uniões civis, ousam apresentar-se à Igreja para receber o casamento sacramental.

---

24. Em algumas regiões da África, a Igreja Católica esbarra num outro aspecto do mesmo problema, em razão da realização crescente do casamento segundo os costumes. Os cristãos normalmente obedecem aos costumes de sua etnia, que autoriza a vida em comum antes que o casamento seja considerado totalmente definitivo. Assim, muitas vezes, por razões financeiras ou familiares, eles só se casam na igreja depois de bastante tempo. Por isso são privados dos sacramentos. Outros batizados ainda não estão prontos para assumir todas as exigências cristãs do casamento.

5. O caso doloroso dos "divorciados recasados"

Sabe-se que, em razão de sua concepção da indissolubilidade do casamento, a Igreja Católica recusa o acesso aos sacramentos de penitência e de eucaristia aos divorciados recasados no civil. Trata-se de uma prática extremamente antiga. Vimos que o acesso à comunhão eucarística supunha que o casamento fosse sacramental, fosse qual fosse o modo de sua celebração. O impacto sobre a comunidade de um divórcio ou de um repúdio era extremamente forte e julgado intolerável. Ainda hoje, o novo casamento coloca os contraentes em situação de contradição, objetivamente pecadora, com relação às leis da Igreja. Essa situação não muda com o passar do tempo. Também os divorciados recasados são submetidos à lei antiga da penitência perpétua, até que sua situação seja regularizada, ou se eles aceitarem viver como irmão e irmã. Não são canonicamente excomungados, mas o são sacramentalmente. Entretanto, são convidados a praticar todas as exigências da fé que lhes continuam acessíveis e a participar da melhor maneira possível da vida da Igreja.

Atualmente, essa atitude é vivida de forma cada vez mais dolorosa por católicos divorciados que se casam novamente mas que são profundamente crentes e aspiram a manter uma vida sacramental. Houve muitas tentativas de considerar o assunto de uma maneira nova, mas a disciplina oficial da Igreja permanece. Ainda não se encontrou a conciliação entre a exigência da manutenção da indissolubilidade do casamento e a misericórdia pastoral, que é tão grande em outros domínios. Mas vimos que as igrejas ortodoxas julgam tê-la encontrado pelo menos em certos casos.

Alguns argumentos, entretanto, militam não pela abolição do princípio, que continua válido, mas a favor de maior flexibilidade em sua aplicação. Em primeiro lugar, todos os casos são considerados iguais em nome de sua objetividade exterior. Está claro, para aqueles que ouviram certas confidências, que as situações variam extremamente. Uma coisa é o caso do casamento de juventude que não durou muito tempo mas cuja anulação não conseguiu ser reconhecida; outra coisa é o do esposo ou da esposa traído ou traída pelo adultério do cônjuge, ou subitamente abandonado ou abandonada e que se julga inocente; outra ainda é o da descoberta de uma incompatibilidade de humor insuperável. Há também o caso do esposo ou da esposa que, depois do fracasso do casamento, acha que não conseguirá viver sem mulher ou sem marido e pensa que um novo casamento é infinitamente mais moral do que um nomadismo sexual. Poderíamos enumerar muitos outros. Esses casos não podem ser assimilados ao do cônjuge que cometeu adultério ou abandonou o parceiro.

A relação, com o tempo, também cria uma situação nova. Seja qual tenha sido a culpa inicial na ruptura de um primeiro casamento, será que se pode considerar que essa culpa continua sendo a mesma depois de vinte ou trinta anos, quando o novo casal mostrou estabilidade e fidelidade, educou bem seus filhos, e uma vez que a vida em comum dos pais é necessária ao bem desses filhos? As coisas já não são como no início. Não será de pensar que depois de um certo tempo a Igreja poderia julgar que a penitência da recusa dos sacramentos foi suficiente?

Na situação atual, esses casos só podem ser administrados no foro íntimo, ou seja, no diálogo secreto entre quem sofre particularmente com a situação e o padre ou o bispo. A responsabilidade e também os méritos subjetivos de cada um poderão então ser mais bem considerados. Toda lei tem exceções. Infelizmente, nenhum discurso pastoral autorizado assegura uma regulamentação suficiente desses discernimentos secretos. Tanto é assim que as pessoas em questão estão à mercê da atitude mais aberta ou mais rigorosa do clérigo que encontram. Essa situação não é benéfica, e pode tornar-se injusta. Esperamos que ainda não tenha sido dada a última palavra a respeito desse ponto tão doloroso.

O cristianismo está ligado ao vínculo entre o carnal e o espiritual. O casamento constitui esse vínculo entre a criação, pela qual existimos, e a salvação. O fato de o casamento cristão ser um sacramento é consequência direta do mistério da Encarnação. Ireneu já dizia que, se a carne do homem, ou seja, sua condição concreta, frágil e lugar de todas as nossas relações, não devesse ressuscitar para a vida eterna, jamais o filho de Deus se teria feito "carne", de acordo com o que diz o prólogo do evangelho de João. Tertuliano, por sua vez, não hesitava em dizer que nossa carne humana se tornara, pela Encarnação, o "próximo" de Deus, e que, se Deus nos mandou amar nosso próximo, ele próprio não pode desobedecer a esse mandamento. Cristo, que tomou em si nossa carne, quis santificar a realidade profundamente humana do casamento, que passa pela carne, humaniza a carne e lhe faz portar o amor humano ao mesmo tempo carnal e espiritual. O casamento é a parábola vivida da dimensão carnal do amor de Deus por nós. Se a família é uma igreja em miniatura, a Igreja por sua vez é uma grande família, que procura desenvolver o amor em cada um de seus membros. Mas tampouco podemos esquecer que a encarnação levou Cristo à cruz. O casamento também pode levar a ela, ele implica um risco. Mas não é o risco uma grandeza da liberdade do homem?

CONCLUSÃO

O septenário sacramental

Em *Croire* [*Pensar e Viver a Fé*], havíamos percorrido os ensinamentos dos três artigos do Credo cristão. Este livro acaba de oferecer um percurso análogo dos sete sacramentos cristãos. A continuidade entre um e outro é evidente. Por isso o padre Yves de Montcheuil, teólogo jesuíta fuzilado em 1944 por ter sido encontrado no *maquis* de Vercours, referia-se aos sacramentos como "dogma vivido". O Credo é a fé professada; os sacramentos são a fé vivida. É a fé que, sem esquecer o domínio essencial da palavra, passa ao domínio do agir, é a fé que toma corpo concretamente, é a fé que se engaja na vida.

A organização dos sete sacramentos pode parecer, à primeira vista, uma bela panóplia que previu tudo no domínio religioso, no qual impera o rito. Ao começar esta obra, já evoquei as diversas objeções feitas a esse respeito. Essa organização, ao contrário, nos faz sair do rito que funciona simplesmente como rito, do rito que satisfaz simplesmente pelo fato de ter sido cumprido. Pois, se vividos dessa maneira, os sacramentos se tornariam caricaturas de si mesmos. Os sacramentos, situados na confluência da palavra e do gesto, pressupõem, a montante, a fé do candidato e lhe dão, a jusante, a capacidade de um comportamento evangélico. Porque lhe dão, a exigem, por assim dizer. Os sacramentos não são, de modo algum, um álibi para o engajamento do cristão no serviço a seus irmãos e a Deus. Eles são seu alimento necessário. O cristão é convidado a levar uma vida eucarística.

Esses sete ritos essenciais, constitutivos da Igreja, são sete dons permanentes do Deus trinitário aos homens. O número sete representa simbolicamente uma totalidade. São João da Cruz dizia que Deus nos deu tudo por intermédio de seu filho Jesus, verbo encarnado. É esse mesmo dom "crístico" que Deus torna permanente na Igreja por meio dos sacramentos.

Voltando ao Pai, Cristo nos deixou dois viáticos para viver dele até o fim dos tempos: o viático do Evangelho, atestado nas Escrituras e recapitulado no Credo, e o viático dos sete sacramentos, instrumentos do dom de sua vida, dons do pai e realizados na potência do Espírito Santo. Eles formam um instrumento único, pois todos têm origem no mesmo e único Cristo, sacramento de Deus; são também instrumentos múltiplos, pois querem alcançar nossa existência em suas diversas necessidades e no âmago de nossas experiências vitais. Já foi apresentada a comparação entre o estabelecimento do cânone ou da regra das Escrituras e o estabelecimento do "cânone" dos sete sacramentos: são os dois testamentos de Cristo, embora o segundo, apesar de vivido desde a origem, tenha sido formalizado bem mais tarde. O Concílio Vaticano II enfatizava a analogia entre o pão da palavra e o pão da eucaristia.

Os sacramentos são também testemunhas do sentido de nossas vidas. Receber um sacramento é professar em ato que Cristo, vindo de uma vez para sempre a nosso mundo para nele viver e nele morrer, continua presente nas diversas formas de memorial do que realizou em nosso favor. Os sacramentos nos fazem passar do "uma vez para sempre" para o cotidiano. Já não cabe senão a nós levar uma vida batismal, confirmada pelo Espírito, eucarística, reconciliada, tranquilizada na provação, vivida no amor e a serviço da humanidade no casamento, ou a serviço da Igreja pelo sacramento da ordem.

É tarefa da Igreja, ou seja, de todos os membros do povo de Deus, torná-los novamente desejáveis e fazer nosso mundo compreender que eles são beijos que Cristo nos dá; são por excelência a expressão da ternura de Deus.

Vocabulário dos termos mais técnicos

N. B. Este vocabulário só contém os termos pertencentes à doutrina dos sacramentos e à vida cultual da Igreja.

Absolvição: fórmula litúrgica pela qual o padre dá a quem se confessa o perdão da Igreja e de Deus. Essa fórmula (ver página 221) é uma oração dirigida à Trindade seguida por uma declaração de perdão. Ao proferi-la, o padre impõe a mão direita sobre o penitente.

Ágape: do grego "*agapè*", que significa o amor de dom, de generosidade e de bondade (distinguindo-se de *eros*, que representa o amor que deriva do desejo); designa uma refeição fraternal celebrada numa comunidade que tem dimensão religiosa e pode incluir elementos de celebração.

Aliança: termo exaltado no Antigo Testamento para expressar o vínculo criado entre Deus e o povo escolhido por ele (eleição). A aliança é o contrato que une Deus a Israel. O Antigo Testamento dá o relato de várias alianças sucessivas, com Noé depois do dilúvio (Gn 9,8-17), com Abrão mediante sua fé (Gn 15,9-12 e 17), e a aliança com Moisés concluída no Sinai, que inclui o decálogo e a exigência da Lei (Torá). O evento pascal de Jesus Cristo é considerado pelos cristãos não como renovação da antiga aliança, mas como uma nova aliança, marcada nos corações. Sua teologia é longamente descrita na Carta aos Hebreus[1].

---

1   O texto das seguintes entradas do Vocabulário foi traduzido diretamente do original francês *Croire. Invitation à la foi catholique...*, 1999, e acrescentado a

Anáfora: literalmente, "que eleva". Exprime uma atitude de oferenda a Deus. Em liturgia, a anáfora ou o cânone (verificar este vocábulo) designam o conjunto da oração eucarística desde o prefácio até o *Pater*.

Anamnese: termo grego que significa "memória" (verificar este vocábulo). Jesus diz na ceia, literalmente "fazei isto em minha anamnese". Em liturgia, a anamnese designa não a aclamação dos fiéis que se segue à consagração, mas a oração que vem logo depois e começa por "fazendo memória da paixão, da ressurreição e da ascensão...".

Arcano: disciplina do segredo praticado pela igreja antiga, que proibia a comunicação aos não batizados do conteúdo dos mistérios cristãos, ou seja, dos sacramentos. O Credo só era revelado no decorrer da última fase do catecumenato, e a catequese sobre os sacramentos só era dada durante a semana de Páscoa, depois do recebimento dos sacramentos da iniciação.

Arrependimento: termo que expressa a atitude de contrição com referência ao mal cometido. Hoje, dá-se maior atenção à dimensão coletiva do arrependimento quando se trata da conduta de um grupo social, de uma corporação ou de uma paróquia.

Atrição: contrição imperfeita, porque motivada por um temor ainda egoísta mais do que pelo amor de Deus.

Ázimo: pão não fermentado utilizado na Páscoa judaica. A Igreja Católica latina utiliza o pão ázimo para a celebração da eucaristia.

Batismo de desejo: o catecúmeno que prepara seu batismo é imbuído pelo desejo deste. Se vier a morrer antes de sua celebração, já terá recebido o batismo e o dom da graça em razão de seu desejo.

---

este volume: Aliança; Cânone das Escrituras; Ecumenismo; Gnose (gnósticos); Graça; Justificação; Mistério; Ortodoxia; Sacrifício, Símbolo. (N. do E.)

Batismo de sangue: na igreja antiga, julgava-se que quem morresse pela fé no decorrer de uma perseguição antes de ser batizado teria recebido o batismo de sangue.

Cânone das Escrituras: O termo grego *canon* (*kânon*) significa regra. O cânone das escrituras é a lista oficial dos livros pertencentes respectivamente ao Antigo Testamento e ao Novo Testamento. De fato, na abundante literatura judaico-cristã, o povo judeu em primeiro lugar e a igreja cristã, depois, respectivamente discerniram a constituição dos cânones dos dois Testamentos por inclusão ou exclusão de diferentes livros. A preocupação era a de estabelecer os livros dos quais se reconhecia a autoridade pela fé. Historicamente, essa determinação realizou-se por um processo lento e complexo. Para os dois Testamentos surgiram conflitos, em virtude de que: 1. alguns judeus queriam se ater aos livros escritos em hebraico (bíblia palestina) enquanto outros incluíam alguns escritos em grego; 2. alguns cristãos não reconheciam os últimos livros do Novo Testamento. Os livros analisados por um tempo são geralmente chamados de "deuterocanônicos". Os livros rejeitados foram chamados de *apócrifos*, porque reivindicavam para si a autoridade de um profeta ou de um apóstolo que não a tinham.

Canônica (oração eucarística): oração que vai do prefácio ao *Pater* e cuja regra ("*kânon*", em grego) é determinada pela Igreja. Esse termo é empregado principalmente para designar a primeira oração eucarística da liturgia atual, chamada cânone romano.

Canônico (Direito): ver Direito canônico.

Caráter sacramental: os três sacramentos que não se repetem – o batismo, a confirmação e a ordem – imprimem em quem os recebe uma marca permanente e independente das disposições da pessoa. A imagem bíblica é a do *selo* (*sphragis*) irrevogável. Esses sacramentos, portanto, podem ser válidos porque o ato de Cristo foi posto, sem ser frutífero, ou seja, sem dar a graça. Não são reiterados, mas voltam a revestir sua eficácia de graça quando a pessoa reencontra as disposições necessárias.

Carisma: termo de origem grega que exprime a posse por parte de uma pessoa ou de um grupo de um dom particular para exercer esta ou aquela atividade. Uma pessoa pode ter ou não ter o dom de falar em público. No Novo Testamento, o termo exprime a diversidade de dons ofertados pelo Espírito Santo aos membros das comunidades cristãs no domínio dos diferentes serviços a serem feitos.

Catarse: etimologicamente, purificação ou alívio. Diz-se de todo processo de liberação que se segue a uma provação, um luto ou algum trauma que afetou muito a personalidade.

Catecumenato: mesma origem de "catequese". Tempo de preparação para o batismo ao longo do qual os *catecúmenos* adultos recebem o ensinamento da fé. Esquecido por muito tempo, atualmente, o catecumenato dos adultos voltou a se desenvolver.

Catequese: termo grego que significa "ensinamento oral". Designa o ensinamento da fé cristã antes e depois do batismo. O termo "catecismo" tem a mesma origem, e a partir do século XVI passou a designar os livros que condensam esse ensinamento, seja para crianças, seja para adultos.

Ceia: em latim, refeição da noite. Designa a última refeição de Jesus com seus discípulos, na véspera de sua morte, durante a qual ele instituiu a eucaristia. Nas Igrejas da Reforma, o culto da Santa Ceia designa a celebração eucarística da comunidade.

Cisma: um cisma é a ruptura de comunhão entre igrejas. O cisma entre o Oriente e o Ocidente ocorreu por ocasião das excomunhões mútuas de 1054. Chama-se Grande Cisma do Ocidente (1378-1417) a divisão da Igreja latina, quando houve dois ou três papas disputando a autoridade pontifical entre Roma e Avignon. No entanto, esse cisma foi encerrado. A Reforma Protestante do século XVI levou a uma nova separação duradoura no interior da Igreja do Ocidente.

Clérigo: o termo "clérigo" provém de *"klèros"*, do grego, que evoca o sorteio de um prêmio; esse prêmio pode ser um bem material, um encargo ou um status. De fato, todos os cristãos, membros da Igreja pelo batismo, são igualmente herdeiros desse "prêmio" dos bens da salvação. Todos formam um "sacerdócio régio", ou seja, uma "nação santa". Mas na Igreja o termo se especializou gradualmente, passando a designar seus responsáveis. Vai compor um binômio com "leigo", expressando a relação entre os que receberam uma consagração ministerial e os batizados.

Clero: termo coletivo que designa o conjunto dos ministros da Igreja. Antigamente, entrava-se no clero ou no clericato pelo recebimento da tonsura. Hoje o termo abrange todos os ministros sagrados, desde o bispo até o diácono. O clero diocesano é chamado secular; os padres que pertencem a ordens religiosas formam o clero regular.

Concelebração: a concelebração reúne vários padres (ou bispos) na celebração comum da eucaristia. Manifesta particularmente a unidade e a comunhão entre os membros do *presbyterium*. Todos pronunciam juntos e em voz alta uma parte importante da oração eucarística. A concelebração existe também para a ordenação dos bispos e dos padres, assim como para a unção dos enfermos entre os orientais.

Confissão dos pecados: ato do sacramento de reconciliação pelo qual o fiel confessa seus pecados ao padre e lhe pede absolvição. Os outros atos que dependem do penitente são a contrição e a satisfação (verificar esses vocábulos). O confessor é obrigado a manter o segredo absoluto com respeito a tudo o que ouve em confissão.

Contrição: a contrição (do latim *"conterere"*, que significa triturar) expressa os sentimentos de arrependimento do penitente pelos pecados cometidos. A contrição chamada de "perfeita" é aquela em que os motivos dominantes são o amor por Deus e pelo próximo. Ver *atrição*.

Contricionismo: o contricionismo era uma opinião teológica que considerava a contrição perfeita absolutamente indispensável para receber todo perdão de Deus. Essa doutrina foi condenada pelo Concílio de Trento. No século XVII, cresceu a querela entre os diversos matizes de contricionistas e de atricionistas, a tal ponto que o papa Alexandre VII teve de proibir que os teólogos se condenassem mutuamente quanto a essa questão.

Crisma (santo): o santo crisma (*chrisma*) é um óleo de oliva perfumado com bálsamo (em grego, o termo "*myron*" significa "perfume") em sinal de alegria. É consagrado pelo bispo na missa "crismal" durante a semana santa. Serve para a unção pós-batismal, a confirmação, a ordenação dos bispos, a consagração dos altares, das igrejas e das pias sagradas.

Culto: termo genérico que designa todo ato comunitário de celebração. Um culto pode ser litúrgico, isto é, oficialmente regulamentado pela Igreja, ou pode ser um culto de devoção às formas mais livres. Esse termo é pouco empregado na Igreja Católica e muito mais nas igrejas derivadas da Reforma, que correntemente chamam a celebração dominical de "culto da Santa Ceia".

Diácono, diaconato: o terceiro grau do sacramento da ordem. Os diáconos não formam um colégio, diferentemente dos padres e dos bispos, mas fala-se em diaconato para designar o conjunto dos diáconos e de seus ofícios.

Direito canônico: o código de direito canônico é o conjunto legislativo vigente na Igreja. O primeiro código moderno, que organiza num todo múltiplas legislações acumuladas ao longo da história, data de 1917. Foi reformulado em 1983, na esteira do Concílio Vaticano II. O livro IV do direito canônico atual contém uma seção referente a cada um dos sacramentos e aos outros atos do culto divino. Define as condições de cada celebração, determina seu ministro e seu tema; indica as disposições particulares próprias dos diferentes sacramentos.

Dirimente: impedimento de casamento que torna inválida a eventual celebração deste. Alguns impedimentos dirimentes nunca podem ser objeto de dispensa, como por exemplo a consanguinidade em linha direta entre irmão e irmã.

Doxologia: em grego, "palavra de glorificação". Fórmula de conclusão de uma oração dirigida ao Pai que menciona as três pessoas da Trindade. Pode resumir-se também na simples fórmula "Glória ao Pai...". A oração eucarística termina com uma doxologia solene.

Economia: por analogia com a gestão de uma casa ou de uma cidade, que implica diversas disposições ou procedimentos, os padres da Igreja chamavam de "economia" os diversos acontecimentos da realização do desígnio de Deus com vistas à nossa salvação (por exemplo, as alianças com Noé, Abraão e Moisés). Essa economia tem seu apogeu na encarnação do filho de Deus. O termo pode ser empregado no plural, pois as disposições de Deus para nossa salvação são muitas; também pode ser empregado no singular para destacar a unidade profunda do desígnio de Deus recapitulado na pessoa de Cristo.

Num sentido muito diferente, as igrejas ortodoxas empregam o termo "economia" para designar uma concessão que, em determinados casos, considera válidos atos sacramentais normalmente julgados inválidos por elas.

Ecumenismo: na igreja antiga, os concílios eram chamados de ecumênicos quando reuniam bispos vindos de toda a "terra habitada" (*oikuménè*). A ecumenicidade era solidária da universalidade da Igreja. No século XIX, o termo ecumenismo foi retomado com um novo sentido, ou seja, para designar o movimento que se desenvolveu sobretudo nas igrejas anglicanas e protestantes, tendo em vista restabelecer uma plena comunhão de fé e de vida entre as igrejas divididas. Hoje, todas as grandes igrejas participam desse movimento ecumênico. A Igreja Católica se "converteu" a favor desse movimento no Concílio Vaticano II.

Epiclese: termo que designa a invocação dirigida ao Pai para que ele envie seu Espírito na celebração dos sacramentos, seja sobre os dons que vão servir nela, seja sobre o fiel ou os fiéis que o recebem. A eucaristia compreende duas epicleses, uma antes da consagração sobre o pão e o vinho; outra, depois da consagração, sobre a assembleia, a fim de que o Espírito faça dela o corpo de Cristo.

Epíscopo: termo grego (*"episkopos"*) que significa literalmente "aquele que *cuida* ou *vigia*". Raramente empregado no Novo Testamento, logo se torna o termo principal para designar o responsável por uma Igreja situada numa cidade importante. Originou em francês o termo *"évêque"*, em inglês, *"bishop"*, em alemão, *"Bischof"*, em italiano, *"vescovo"* [em português, "bispo"] etc. A forma mais etimológica, "epíscopo", foi retomada atualmente para designar os bispos da igreja primitiva, para evitar projetar neles a figura cultural dos bispos da Idade Média (príncipes bispos) ou dos tempos modernos.

Espécies eucarísticas: nome dado às oblatas (ver essa palavra) depois da epiclese e da consagração, para evitar que se continue a chamar de pão e vinho o que é reconhecido na fé como corpo e sangue de Cristo.

Etiológico: do grego *"aitia"*, que significa "causa". Diz-se de todo discurso explicativo de uma situação a partir de suas causas. Um mito *etiológico* nos diz, por exemplo, por que nosso mundo é bom e, no entanto, marcado pelo mal.

Eucaristia: em grego, reconhecimento e ação de graças. Celebração do sacramento instituído por Jesus por ocasião da última ceia. O termo usual é também "missa".

"*Ex opere operato*": literalmente, "pela obra operada" ou "pelo fato de o ato se ter operado". Essa expressão medieval significa que um sacramento válido, celebrado com a intenção de fazer o que a Igreja faz, é um ato do próprio Cristo, cujo valor não depende do ministro que operou o gesto. Evidentemente esse dom gratuito de Cristo não dispensa o sujeito do sacramento de recebê-lo com as disposições de fé e de caridade desejadas. Se estas não vierem responder à iniciativa de Cristo, o sacramento poderá ser válido, mas não será frutífero. No século XVI a expressão tornou-se um pomo de discórdia entre católicos e protestantes, estes acusando aqueles de ensinar uma concepção mágica dos sacramentos. Não se trata disso numa compreensão correta da fecundidade de graça dos sacramentos.

Extrema-unção: termo tradicional para designar o sacramento hoje chamado, de preferência, "unção dos enfermos".

Gnose (gnósticos): Chama-se *gnose* ou gnosticismo um movimento que se desenvolveu na época das origens cristãs, o qual propunha a obtenção da salvação por meio do conhecimento. A gnose representa uma tentação constante do espírito humano. Ressurge de tempos em tempos. Falou-se recentemente de uma nova forma, científica, de gnose: a gnose de Princeton. De modo geral, a gnose designa toda atitude religiosa que visa a obter a salvação por meio do conhecimento ("*gnôsis*" significa "conhecimento").

Graça: A graça não é uma "coisa", mas uma atitude "gratuita" de benevolência e de generosidade na comunicação viva entre as pessoas. Pode-se estar nas "boas graças" de alguém, conhecer a "desgraça" ou "voltar à graça". O anjo da Anunciação diz a Maria: "Achaste graça diante de Deus" (Lc 1,30). A graça de Deus no homem é o efeito da benevolência amorosa, generosa e gratuita de Deus que se comunica a ele. Estar em "estado de graça" é viver na amizade divina. A graça santificante, ou seja, a que é solidária da habitação da Trindade em nós, é fruto normal de todos os sacramentos. Ela se particulariza em razão da situação original à qual cada um deles pretende responder.

Gregoriana (reforma): reforma da Igreja do Ocidente empreendida pelo papa Gregório VII (1073-1085), a fim de libertá-la das influências conflitantes dos príncipes temporais. Essa reforma, muito necessária em princípio, levou a Igreja do Ocidente a uma primeira centralização papal.

Habitudinário: penitente que recai frequentemente no mesmo pecado.

Hierarquia: etimologicamente, "governo sagrado". O papa, os bispos, os padres e os diáconos constituem os escalões da hierarquia cristã nos tempos antigos e na Igreja Católica de hoje. As igrejas ortodoxas e anglicanas reconhecem ainda a hierarquia dos bispos, padres e diáconos.

Ícone: termo grego que significa "imagem". Em um sentido mais restrito, designa as imagens sagradas da liturgia oriental que obedecem a um código técnico e espiritual de manufatura muito preciso.

Impedimento ao casamento: tal como o direito civil, o direito canônico reconhece impedimentos ao casamento. Os impedimentos *dirimentes* tornam o interessado ou os interessados incapazes de contrair casamento. Em geral, são razões de moralidade elementar: crime, impotência permanente, casamento com uma mulher raptada, certos casos de consanguinidade ou de afinidade, decência pública, parentalidade legal (adotante e adotado[a]) etc. Para alguns desses impedimentos a dispensa é impossível. Os impedimentos simplesmente *proibidores*, como o caso de religião mista (entre dois batizados pertencentes a confissões cristãs diferentes) ou de disparidade de culto (casamento entre um católico e um não batizado pertencente a outra religião), podem receber a dispensa do bispo.

Imposição das mãos: gesto litúrgico que representa a invocação do dom do Espírito sobre o sujeito de um sacramento. Em si, é polivalente, e seu sentido é definido pela palavra que o acompanha. É utilizado na celebração de vários sacramentos em formas diversas.

Indulgência: originalmente, no tempo da penitência pública, a indulgência era uma redução em dias, meses ou anos, ou até mesmo uma remissão da pena penitencial imposta ao pecador. Depois, tornou-se a comutação de uma pena longa por uma pena mais breve, porém mais severa, ou por uma esmola. Essa última possibilidade deu origem ao tráfico em torno das indulgências desenvolvido na Idade Média e foi uma das causas do apelo à Reforma de Lutero. Hoje, a indulgência é uma intercessão oferecida pela Igreja, em determinadas circunstâncias (jubileu, ano santo), visando a nos liberar das consequências negativas de nossas culpas. A indulgência supõe, por parte do sujeito, as disposições espirituais de fé, esperança e caridade.

Jurisdição: autoridade recebida por direito para estabelecer certos atos e governar os fiéis. A jurisdição é uma das três autoridades ou dos poderes dados aos bispos e aos padres em diversos graus. É um sentido muito próximo daquele da jurisdição civil, embora seu objeto seja propriamente espiritual.

Justificação: doutrina cristã segundo a qual o homem pecador não pode ser salvo por suas obras, mas apenas pela graça amorosa de Deus, que o torna justo mediante sua fé. A justificação é o ato gratuito de Deus que toma a iniciativa de reconhecer o homem pecador como justo e lhe dá sua graça. O homem recebe essa justificação pela fé e sem nenhum mérito prévio. Suas boas ações são consequência, e não causa, da justificação.

Essa doutrina foi desenvolvida por Paulo em sua Carta aos Romanos. Foi retomada no Ocidente por Santo Agostinho, que a compreendeu à luz de sua experiência espiritual. No século XVI, Lutero fez o mesmo, opondo-a às práticas ou "obras" propostas pela Igreja Católica da época de maneira ambígua, e declarou que ela constituía "o artigo que faz a Igreja se manter ou cair". Essa doutrina também foi proposta pela Igreja Católica no Concílio de Trento, mas num clima polêmico com a Reforma. Os diálogos ecumênicos recentes entre diversas confissões a esclareceram o suficiente para que se possa dizer que hoje ela já não é objeto de uma divergência de fé, pelo menos não quanto ao essencial.

Leigo: etimologicamente, o leigo (*laikos*) é o membro do povo (*laos*). O termo é empregado desde as origens cristãs para designar os fiéis cristãos batizados que não são nem ministros da Igreja nem religiosos. O leigo é ao mesmo tempo consagrado a Deus por seu batismo e aquele que vive sua profissão cristã no seio dos assuntos mundanos.

Levita: no Antigo Testamento, os membros da tribo de Levi, ou levitas, eram designados para servir ao Templo de Jerusalém.

Liturgia: em grego, "serviço público". Termo empregado para designar as celebrações oficiais do culto da Igreja.

Memorial: termo aplicado primordialmente à eucaristia celebrada em *memória* da morte e da ressurreição de Cristo. O memorial (ver *anamnese*) é muito mais do que uma lembrança subjetiva. Quando o padre da Igreja celebra a eucaristia em memória do Senhor e de acordo com a ordem que ele deu, Cristo torna presente o evento passado de forma sacramental.

Mérito: o mérito está ligado a toda boa ação realizada pelo homem justificado estabelecido na graça. É uma consequência da justificação pela graça, e nunca sua causa. "Coroando nossos méritos, coroas teus próprios dons", dizia Santo Agostinho.

Ministério: termo genérico que traduz o grego "*diakonia*", que significa "serviço". Distinguem-se hoje o ministério global de toda a Igreja a serviço da fé, da justiça e da caridade no mundo; o ministério ordenado do episcopado, do presbiterado e do diaconato; e o ministério batismal, que todo fiel leigo pode exercer com fundamento no sacerdócio comum. Hoje, certos leigos recebem uma missão de participação no exercício do ministério pastoral.

Missa: originalmente o termo "missa" não era empregado para designar a celebração eucarística na Igreja latina. "*Missa*" significava, a princípio, a dispensa do povo ou da comunidade no final de uma celebração qualquer. Encontramos esse sentido no conhecido "*Ite missa est*" (Ide, a missa acabou). Como a frase era empregada principalmente ao final da celebração eucarística, o termo "missa" passou a designar apenas essa celebração, a partir do início do século VI. Seu significado, portanto, é muito limitado, e os próprios padres da Igreja tinham consciência disso. Então, hoje tem-se preferência pelo termo "eucaristia", sem que este tenha, no entanto, suplantado o termo corrente "missa".

Mistagogia: literalmente, "condução aos mistérios" ou "iniciação aos mistérios". As catequeses mistagógicas dão o ensinamento concernente aos mistérios ou aos sacramentos cristãos.

Mistério: na história das religiões, o mistério evoca, antes de tudo, o que é secreto. Nas religiões de "mistérios" do Oriente Próximo antigo, na época inicial do cristianismo, o novo fiel era "iniciado" nesses mistérios, ou seja, os atos sagrados do culto. No Novo Testamento, o termo "mistério" é empregado para designar a iniciativa de Deus revelando-se aos homens e realizando sua salvação. Esse mistério estava escondido em Deus desde a origem; agora, se manifesta em Jesus e concerne aos pagãos, bem como aos judeus.

Mais tarde, o termo "mistérios", no plural, passou a designar os sacramentos da iniciação cristã: batismo, confirmação, eucaristia. No Ocidente, falou-se em mistérios com referência às grandes cenas evangélicas da vida de Jesus. Hoje, o termo é empregado sobretudo para designar as três grandes afirmações específicas do cristianismo: a trindade, a encarnação e a redenção.

Mistérios: termo grego que designa atos sagrados de culto. Foi assumido pelos sacramentos da Iniciação cristã e da Ordem na Igreja antiga do Oriente.

Místico: literalmente, "que tem relação com o mistério", portanto, se refere à relação do homem com Deus. Em outros tempos, adjetivo utilizado a propósito dos sacramentos, que pode ser traduzido por "sacramental". A eucaristia na Alta Idade Média era chamada de "corpo místico" de Cristo, no sentido de "corpo sacramental"; hoje, o *corpo místico* expressa a realidade espiritual da Igreja. Mística designa também, em geral, toda experiência pessoal de encontro do homem com Deus.

Mito: história fictícia situada fora de nosso espaço-tempo destinada a expressar as origens ou o fim da existência da humanidade. O mito não é real como relato, mas a mensagem que ele veicula pode ser verdadeira. É utilizado para exprimir o que está além de toda experiência histórica ou natural. Assim, os primeiros relatos do Gênesis podem ser chamados de mitos, pois nos contam o sentido revelado da criação do Universo e do homem e o primeiro encontro do homem com Deus.

Neófito: quem acaba de receber o batismo.

Nulidade do casamento: reconhecimento posterior de que um casamento normalmente celebrado era nulo ou sem efeito por impedimento ou falha desconhecida na época. O caso mais comum de nulidade do casamento se definia por razão de imaturidade afetiva de um dos contratantes.

Oblata: etimologicamente, "objeto de uma oferenda". Na liturgia eucarística, chamam-se oblatas o pão e o vinho preparados no altar antes de sua consagração. Um indivíduo consagrado numa terceira ordem, mas que vive no mundo, é chamado de "oblato".

Óleo dos catecúmenos: óleo consagrado durante a Semana Santa pelo bispo na missa chamada "crismal" e destinada à unção que precede a administração do batismo. O rito atual é uma sobrevivência da série de unções de purificação que antigamente, durante a quaresma, acompanhavam a preparação dos adultos para o batismo.

Óleo dos enfermos: óleo também consagrado durante a Semana Santa pelo bispo, na missa chamada "crismal" e destinada à administração do sacramento da unção dos enfermos, ou extrema-unção.

Oração: todo ato pelo qual o fiel se volta para Deus a fim de louvá-lo, render-lhe graças pelos dons recebidos, recomendar-lhe seus desejos e suas necessidades e lhe pedir perdão por suas faltas.

Ortodoxia: etimologicamente, "retidão da doutrina". Este termo tem dois sentidos. O primeiro expressa o caráter de uma doutrina da fé autêntica e isenta de toda heresia. O segundo designa as igrejas do Oriente, separadas de Roma desde 1054, que reivindicaram para si a plena retidão da fé cristã, assim como a Igreja Romana reivindicou o título de "católica" e as igrejas da Reforma, o de "evangélicas".

Papa: nome dado na igreja antiga aos bispos de cidades muito grandes que aos poucos passou a ser reservado ao bispo de Roma. O papa é o bispo que, por seu título de vigário e por ser sucessor de Pedro, é encarregado de manter a igreja universal na ortodoxia da fé e na harmonia da caridade. Por essa razão, o Concílio Vaticano I reconheceu-lhe uma jurisdição universal sobre a Igreja. Isso não o compromete forçosamente a governar a Igreja, como o faz hoje na Igreja Católica. Historicamente, o papa governava a Igreja latina na qualidade de patriarca do Ocidente. Depois da ruptura, em 1054, entre Oriente e Ocidente, o papa passou a assumir as duas funções para a Igreja Católica.

Pedobatismo: tradição eclesial de batizar as crianças logo depois de seu nascimento ou antes da idade da razão. O pedobatismo é rigorosamente recusado pela tradição das igrejas batistas, que veem no batismo o comprometimento do fiel.

Penitência: diz-se de todo ato de reparação de um mal cometido. Na Igreja, chama-se sacramento de penitência ou de reconciliação o sacramento instituído para o perdão dos pecados cometidos depois do batismo. A penitência é também a reparação imposta pelo padre durante a confissão.

Performática: tipo de linguagem na qual o dizer e o fazer coincidem. Um compromisso é uma linguagem performática; dizer "eu prometo" é comprometer-se a cumprir sua promessa. O "sim" por meio do qual os esposos se comprometem no sacramento do casamento é um exemplo típico de palavra performática, pois realiza o que significa.

Perícope: relato bíblico ou evangélico que constitui uma unidade literária.

Poderes das chaves: por referência às palavras de Jesus ditas a Pedro e repetidas a seus discípulos "Eu te darei as chaves do reino dos céus..." (Mt 16,19 e 18,18), na Igreja chama-se "poder das chaves" tudo o que está ligado à jurisdição. A jurisdição do bispo e do padre se exerce no governo da comunidade cristã que lhes é confiada; também é necessária para a celebração de dois sacramentos – a penitência, ou reconciliação, e o casamento.

Presbitério: chama-se "presbitério" o colégio dos padres diocesanos cooperadores do bispo.

Presbítero, padre: o presbítero, literalmente "o ancião" (*presbuteros*), era o responsável pela comunidade sinagogal judaica. O termo se transmitiu para as comunidades judaico-cristãs e se generalizou. De início, não se diferenciava de "epíscopo". Depois, a hierarquia do epíscopo, do presbítero e do diácono foi definida, e o presbítero se tornou o "padre de segunda categoria".

Nas linguagens modernas, o significado próprio do termo "padre" é amplamente coberto pelo termo latino "*sacerdos*" [sacerdote] ou pelo grego "*hiéreus*" ou "*archi-hiéreus*". Esses termos, no Templo de Jerusalém, designavam aqueles que eram encarregados de ofertar as vítimas animais, ou seja, eles eram os *sacrificadores*. Como já não há sacrifícios exteriores no Novo Testamento, os evangelistas e os apóstolos evitaram retomar esse termo para designar os ministros do Evangelho, cujas tarefas eram bem diferentes. Entretanto, por volta do século III, a preocupação de comparar os ministros do Novo Testamento com os do Antigo Testamento – para enfatizar tanto sua diferença quanto sua semelhança – levou a retomar os termos "*hiereus*" e "*sacerdos*" para designar, primeiro, o bispo, depois, o padre, porque são eles que presidem a eucaristia, memorial do sacrifício único de Cristo. Hoje os dois vocabulários se misturam, pois o adjetivo correspondente a "padre" é "sacerdotal". Pode-se recorrer à sua distinção para mostrar que o sacerdócio de Cristo é único e que os bispos e os padres participam dele de modo ministerial.

Presença real: diz-se da presença de Cristo na eucaristia. No entanto Cristo também está presente em sua Igreja de outras formas: na oração dos que se reúnem em seu nome de acordo com sua promessa, nos destinatários de toda obra de caridade, na Igreja que anuncia o Evangelho e dirige o povo cristão...

Reconciliação: ver *penitência*. A expressão "sacramento de reconciliação" enfatiza a nova situação criada entre dois parceiros: um que perdoa (Cristo, pelo ministério da Igreja) e o outro pecador (que pede perdão).

Representar, re-presentar: expressão empregada para representar a relação da eucaristia com a Cruz. Uma representa a outra no sentido de torná-la presente, portanto, no sentido literal. Por isso, às vezes, se grafa "re-presentar".

Rito: atividade religiosa programada e recorrente encarregada de representar o significado de uma situação humana fundamental. O rito é gratuito, sem eficácia imediata; tem sua finalidade em si mesmo. Em geral, compreende a associação de um gesto e de uma palavra. Os sacramentos são os grandes ritos cristãos.

Rubrica: texto impresso em vermelho (*"rubor"*, em latim, significa "vermelho") nos livros litúrgicos, indicando o que o padre deve fazer recitando determinada oração ou administrando determinado sacramento. As rubricas são lidas, mas não são ditas. Geralmente são muito precisas, daí seu excesso ser chamado de "rubricismo".

Sacerdócio comum (ou universal) e sacerdócio ministerial: na nova aliança já não há mais do que um só sacerdócio, o de Cristo, "sumo sacerdote à maneira de Melquisedec" (Hb 5,10). A esse sacerdócio a Igreja reconhece duas participações. Uma é existencial e torna todo batizado, membro do povo que Deus conquistou (1Pd 2,9), capaz de entrar no santuário, ou seja, apto a se apresentar diretamente diante de Deus em sua oração e em sua oferenda por toda a vida (Rm 12,1). A outra participação é a do sacerdócio ministerial. Alguns membros da comunidade eclesial, escolhidos por serem padres ou bispos, são encarregados de exercer visivelmente o ministério da única mediação de Cristo em seus três aspectos: o anúncio da palavra, a santificação pelos sacramentos e o governo das comunidades.

Sacerdócio ministerial: já definido no item anterior, *Sacerdócio comum (ou universal)*.

Sacramental: segundo o direito canônico, os sacramentais são "sinais sagrados por meio dos quais, à imitação dos sacramentos, são significados e obtidos por oração da Igreja efeitos sobretudo espirituais" (Cânone 1166). Os sacramentais são gestos rituais estabelecidos ou reconhecidos pela Igreja e realizados na fé. Não são atos de Cristo. Exemplos: a consagração de um altar ou de uma igreja, os ritos preparatórios para o batismo, a profissão religiosa, a instituição de determinados ministérios não ordenados, os funerais cristãos, ou certos gestos, como o de se persignar com água benta.

Sacramento: ato da Igreja instituído por Cristo para comunicar aos fiéis cristãos os dons de sua graça. Os sacramentos, recebidos com as disposições necessárias, são sinais eficazes da graça. Eles realizam o que significam. Ver definição dada na página 34.

Sacrifício: segundo Santo Agostinho, é sacrifício todo ato bom que nos une a Deus para nossa felicidade. De acordo com a paridade dos dois primeiros mandamentos, o amor a Deus e o amor ao próximo, é igualmente sacrifício todo ato exercido em favor do outro e reportado a Deus. Em outros termos, o sacrifício é a atitude pela qual cada ser humano prefere Deus e os outros a si mesmo. É o exercício da caridade. O sacrifício só se torna doloroso em razão do pecado, que nos mantém no egoísmo. Foi nesse sentido que Cristo cumpriu na cruz o sacrifício perfeito.

Sagrado: termo usual na ciência das religiões para representar tudo o que tem relação com o divino. O sagrado opõe-se ao profano. É próprio do sagrado cristão estabelecer uma comunicação completa entre a esfera divina e a da existência humana. Nesse sentido, para um cristão, tudo é sagrado e nada é profano.

Satisfação: etimologicamente, ato de "fazer o suficiente" na ordem da reparação do pecado para demonstrar a sinceridade do seu arrependimento. Termo utilizado no contexto do sacramento de penitência ou de reconciliação com respeito à penitência imposta, que é o terceiro ato do penitente, depois da contrição e da confissão. Esse termo, em seguida, foi usado a propósito da Redenção, quando Cristo na cruz "satisfez seu pai" pelos pecados dos homens. Infelizmente, ele foi interpretado no sentido de uma compensação igual ao peso do pecado, exigida por uma justiça vingadora, ao passo que nesse caso expressa o amor do Cristo por seu pai, mais forte do que todos os pecados do mundo e, particularmente, os que o fizeram morrer.

Secularização: dizia-se e diz-se ainda da volta de um religioso ou de uma religiosa à vida leiga [laica] ou da "vida no século [vida secular]".

Há algumas décadas, o termo adquiriu sentido cultural para exprimir a passagem de nossas sociedades de uma situação em que o religioso tinha um lugar importante na vida pública para uma nova situação em que as referências que lhe são feitas desvaneceram-se amplamente. Termo próximo de "laicização".

Selo: o selo simboliza uma marca irrevogável de Cristo, colocada por um sacramento. Fala-se, assim, do selo do batismo. O termo ocidental correspondente é "caráter".

Septenário: lista dos sete sacramentos estabelecida no século XII e retomada desde então pelos concílios.

Símbolo: a origem do termo "símbolo" remete a um costume adotado em muitos contratos na Antiguidade. Dois contratantes quebram ao meio uma ficha de jogo ou um pequeno objeto e cada um guarda uma metade, como garantia do acordo que fizeram. Podem transmitir essa peça a seus herdeiros. Cada metade da ficha em si não tem nenhum valor, mas quando as duas voltam a ser colocadas juntas (*sum-ballô*, colocar junto, de onde deriva "*symbolon*", [símbolo]) pelos contratantes ou por quem de direito, elas recuperam seu valor e cada um deve respeitar suas obrigações. Pode-se dizer que hoje uma cédula de dinheiro, um cheque ou um cartão de crédito são símbolos. O objeto em si não tem valor nenhum, mas o adquire quando utilizado no contexto de um código social que determina que ele corresponde a uma reserva real.

Na igreja antiga, chegou-se a chamar a confissão de fé de símbolo porque corresponde a uma aliança entre o fiel e Deus. O símbolo também era um sinal de reconhecimento entre cristãos, uma espécie de senha que permitia, aos irmãos, se encontrar. Por isso se fala em "símbolo dos apóstolos" para designar o Credo ocidental.

O termo "símbolo" conheceu um grande desenvolvimento na filosofia da linguagem porque a linguagem humana baseia-se num jogo complexo de correspondências entre os diversos significantes.

Também chamamos de símbolo um sinal do código de trânsito ou um pictograma.

O sentido do termo também é longamente explicado no primeiro capítulo deste livro, nas páginas 30-34.

Sínodo: etimologicamente, "sínodo" significa "reunião". Na Igreja antiga, o termo designava os encontros regulares entre os bispos de uma província ou de uma região. Os concílios ecumênicos são sínodos que reúnem os bispos de toda a Igreja. Hoje, há um sínodo dos bispos, em Roma, a cada três anos, e cada conferência episcopal elege alguns representantes. O direito canônico de 1983 restaurou a possibilidade de realizar sínodos diocesanos que reúnem padres, diáconos e leigos em torno do bispo, que os convoca de acordo com uma lei eleitoral estabelecida.

Sucessão apostólica: toda a Igreja vive na sucessão apostólica, isto é, na continuidade da fé dos apóstolos. No seio dessa sucessão global, a sucessão episcopal tem papel fundamental. Os bispos são os sucessores dos apóstolos, ligados a eles pela cadeia sucessiva dos titulares, já invocados por Ireneu de Lyon.

Transubstanciação: termo técnico da teologia que designa a mudança que ocorre nas oblatas da celebração eucarística no momento da epiclese e da consagração. O que era pão e vinho torna-se corpo e sangue de Cristo. Essa mudança não deve ser entendida no âmbito dos elementos nem no sentido material, pois diz respeito à substância que não é o substrato material, mas a razão de ser do objeto considerado (ver páginas 180-181). No caso da eucaristia, a transubstanciação é fruto da ação de Cristo e do espírito: o que era pão e vinho, ou seja, alimento e bebida dos homens, torna-se, pela vontade de Cristo e do Espírito Santo, corpo e sangue de Cristo, ou seja, alimento e bebida da vida eterna. O pão e o vinho já não são mais do que espécies sacramentais, ou seja, símbolos. Por isso fala-se de "presença real" de Cristo na eucaristia, presença sacramental discernida na fé.

Trento, Concílio de: concílio realizado no século XVI (1545-1563) para definir determinados pontos da fé católica diante das contestações da Reforma Protestante. Esse concílio desenvolveu amplamente a doutrina dos sacramentos.

Triságio: forma de doxologia empregada principalmente nas liturgias orientais. Consiste na tripla aclamação da santidade de Deus. O *Sanctus* litúrgico começa com um triságio: "Santo, santo, santo...".

Unção: gesto sacramental que consiste em aplicar óleo em determinada parte do corpo representando o dom do Espírito Santo. A unção é utilizada no batismo, na confirmação, na unção dos enfermos e nas ordenações.

Unção dos enfermos (ou extrema-unção): sacramento que consiste numa unção com óleo ministrada aos fiéis em situação de perigo vital em razão da enfermidade ou da idade.

Verbo: termo de origem latina (*verbum*) que significa "palavra". Em algumas línguas, adquiriu um sentido gramatical preciso – verbo, o que se conjuga, expressa uma ação por oposição ao substantivo, que designa um objeto ou um ser. De acordo com a fé cristã, o Verbo, com maiúscula, é o Filho de Deus ou Cristo. O Prólogo do evangelho de João designa a vinda de Cristo à Terra como a "encarnação do Verbo" – "o Verbo se fez carne" (Jo 1,14) –, presente desde o início junto a Deus como sua palavra eterna. Na pessoa de Cristo, Deus nos "dirige a palavra" enviando-nos seu filho.

Elementos de bibliografia

N. B.: Estão indicados aqui apenas alguns livros, mais facilmente acessíveis e referentes aos sacramentos em geral. Nas notas serão encontrados diversos elementos bibliográficos sobre cada sacramento em particular.

CHAUVET, L.-M., *Les Sacrements. Parole de Dieu au risque du corps*, Paris, Éd. ouvrières, 1993.
DENIS, H., *Sacrements, sources de vie*, Paris, Éd. du Cerf, 1982.
GANOCZY, A., *La Doctrine catholique et les sacrements,* Paris, Desclée, 1988.
GROUPE DES DOMBES, *L'Esprit, l'Église et les sacrements* (1979), in *Pour la communion des Églises,* Paris, Éd. du Centurion, 1988.
GRUAU, M., *L'Homme rituel. Anthropologie du rituel catholique français*, Paris, Métaillé, 1999.
GUILLET, J., *Entre Jésus et l'Église,* Paris, Éd. du Seuil, 1985.
_____. "De Jésus aux sacrements", *Cahiers Évangile,* n. 57, 1986.
JOUNEL, P., *La Célébration des sacrements*, Paris, Desclée, 1983.
QUESNEL, M., *Aux sources des sacrements,* Paris, Éd. du Cerf, 1977.
RAHNER, K., *Les Sacrements de l'Église,* Montrouge, Nouvelle Cité, 1987.

Edições Loyola

editoração impressão acabamento

Rua 1822 n° 341 – Ipiranga
04216-000 São Paulo, SP
T 55 11 3385 8500/8501, 2063 4275
www.loyola.com.br